Mozart
Bibliographien / Bibliographies

Karl F. Stock · Rudolf Heilinger · Marylène Stock

Mozart-Bibliographien

Selbständige und versteckte Bibliographien
und Nachschlagewerke zu Leben und Werk
Wolfgang Amadeus Mozarts
und seiner Familie

2. erweiterte Ausgabe

K·G·Saur München 2006

Karl F. Stock · Rudolf Heilinger · Marylène Stock

Mozart Bibliographies

Independent and hidden bibliographies
and reference works on the life and work
of Wolfgang Amadeus Mozart
and his family

2. enlarged edition

K·G·Saur München 2006

Die Exlibris-Illustration des Einbandes wurde vom österreichischen Briefmarkenstecher Prof. Werner Pfeiler für den Jazz-Bassisten, Exlibris-Sammler und Archivar der Österreichischen Exlibris-Gesellschaft Peter Rath geschaffen.

The bookplate illustration depicted on the cover was made by the Austrian stamp collector Prof. Werner Pfeiler, for the Jazz bassist, bookplate collector and archivist of the Austrian Bookplate Society, Peter Rath.

Anschrift der Redaktion / Editorial address:

Karl F. Stock
Wienerstraße 260 - A-8051 G r a z
Österreich/Austria
Tel. +43(316) 681-443
E-mail: kfstock@aon.at
www.members.aon.at/kfstock
www.kfstock.at

Bibliographic information published by Die Deutsche Bibliothek
Die Deutsche Bibliothek lists this publication in the Deutsche Nationalbibliografie; detailed bibliographic data is available in the Internet at
http://dnb.ddb.de.

∞
Printed an acid-free paper
© 2006 by K. G. Saur Verlag GmbH, München
Printed in Germany
All Rights Strictly Reserved
No part of this publication may be reproduced, stored in a retrieval system, or transmitted in any form or by any means, electronic, mechanical, photocopying, recording, or otherwise, without permission in writing from the publisher
Computer typesetting using K. F. Stock's bibliographic program system
BIBLIOGRAMM in PowerBASIC, Corel Ventura 7 and WORD 2003
Printed and bound by Strauss GmbH, Mörlenbach
ISBN-13: 978-3-598-11755-8
ISBN-10: 3-598-11755-8

Vorwort

"Weiß selbst der Mozart-Experte überhaupt, wieviele selbstständige und in Zeitschriften bzw. Sammelwerken enthaltene Schriften über diesen großen österreichischen Musiker existieren? Trotz der zahlreichen Bibliographien und Nachschlagewerke über diesen Künstler wird niemand genau darüber Auskunft geben können. Wir drei Bearbeiter österreichischer Bibliographien und Personalbibliographien konnten lediglich feststellen, daß über 1.000 selbständige und versteckte Bibliographien und Nachschlagewerke über Mozart existieren."

Mit diesen Einleitungssätzen begann unser Vorwort zur 1. Auflage unserer *Mozart-Bibliographien* anlässlich des 200. Todestages im Dezember 1991. Mittlerweile sind 15 Jahre vergangen und im Januar 2006 wurde des 250. Geburtstages gedacht und vielfach weltweit gefeiert. Anlässlich dieses Gedächtnisjahres ist es wieder an der Zeit, einen Überblick über Publikationen und Forschungsergebnisse zu geben. Nicht um die einzelnen Publikationen geht es hier, wie etwa ein Rezensent der 1. Auflage glaubte, da er nicht zwischen Bibliographien und einer "Bibliographie der Bibliographien" unterscheiden konnte, sondern eben um eine Bibliographie der Mozartbibliographien. Die Zahl der in dieser 2. Auflage nachgewiesenen Werke ist von 1.083 auf 1.612 angewachsen. Sicher haben wir auch diesmal noch lange nicht alles aufspüren und autopsieren können, was in diesem Themenkreis relevant ist. Doch die Ausbeute ist beachtlich, wie das vorliegende Verzeichnis zeigt. Würde man nur jedem der hier nachgewiesenen Titel zehn weitere unikate Fundstellen zurechnen, so käme man auf über 15.000 weitere Titelnachweise, was vielleicht viele Experten als weit unterschätzt ansehen werden. Dies ist vielleicht gar nicht so wichtig, vielmehr zählt, dass die Qualität und Anmut der Musik Mozarts und die Resonanz darauf so viele beschäftigt haben. Die Beschäftigung mit der Mozart-Literatur – sei diese auch nur bibliographisch – ist auch eine Beschäftigung mit dem Genie Mozart. Auch die überblicksmäßige Durchsicht einer Bibliographie eröffnet ungeahnte Einsichten, wie die Betrachtung aus einer Vogelperspektive, und lässt Zusammenhänge in großem Stil sichtbar werden. So will auch unser Band sich als Beitrag zum Mozart-Jahr und als Verbeugung vor dem Genius verstehen.

Die *Mozart-Bibliographien* sind eine Teilausgabe aus den größeren und umfassenderen "Personalbiliographien österreichischer Persönlichkeiten". Die Einträge sind chronologisch-alphabetisch geordnet. Das 'feinmaschige' Register soll vielfältige thematische Einstiege und Einblicke ermöglichen und den Benutzern den Weg zu weiteren Informationen weisen.

Graz, am 13. Januar 2006
Karl F. Stock, Rudolf Heilinger, Marylène Stock

Preface

"Do even Mozart experts know how many works on this great Austrian musician exist independently and in journals and collected editions? Despite the numerous bibliographies and reference works about this artist, nobody knows the answer to this question. All we three compilers of the Austrian bibliographies and personal bibliographies can establish is that there are over 1,000 independent and hidden bibliographies and reference works about Mozart in existence."

This was the opening sentence of the foreword to the 1st edition of our *Mozart bibliographies*, on the occasion of the 200th anniversary of his death in December 1991. In the meantime, 15 years have passed and in January 2006 his 250th birthday was commemorated and celebrated in many places around the world. In this commemoration year it is once again time to provide an overview of publications and research results. This work is not concerned with the individual publications themselves (as one reviewer believed of the 1st edition, because he was unable to distinguish between bibliographies and "bibliographies of bibliographies") but rather it is a bibliography of Mozart bibliographies. The number of recorded works in this 2nd edition has grown from 1,083 to 1,612. Again, we were certainly unable to find and autopsy everything relevant to this subject. However, the yield is considerable, as this bibliography shows. If only ten further unique sources of information were added to each of the titles recorded here, one would have far in excess of 15,000 additional title records, a figure which many experts would perhaps see as considerably underestimated. This is not so really important; what counts much more is that, with the quality, charm and resonance of his music, the phenomenon of Mozart has occupied so many people. To deal with literature on Mozart (even if only bibliographically) is also to deal with the genius Mozart. The overview perspective offered by a bibliography also reveals unexpected insights, like a birds-eye view, and makes connections visible on a large scale. Thus, our volume is intended as a contribution to this 'Mozart Year' and as a bow to the genius.

The *Mozart Bibliographies* is a part edition derived from the larger more extensive "Personalbiliographien österreichischer Persönlichkeiten" (Personal Bibliographies of Austrian Personalities). The entries are arranged alphabetically and chronologically. The 'finely woven' index makes it possible to gain insights and access through numerous subjects, and points the user in the direction of further information.

Graz, 13th January 2006
Karl F. Stock, Rudolf Heilinger, Marylène Stock

Inhalt / Contents

Mozart, (Familie) [1-27]: 1

Mozart, Constanze [28-42] 2

Mozart, Karl [43-45] 3

Mozart, Leopold [46-98] 3

Mozart, Maria Anna (Nannerl) [99-108] 7

Mozart, Wolfgang Amadeus [109-1594] 7

Mozart, Wolfgang Amadeus d. J. (Franz Xaver Wolfgang) [1595-1612] . . 96

Register / Index 99

Mozart, (Familie)

M-1 Buff, Adolf: Mozart's Augsburger Vorfahren. - Augsburg, 1891. - 36 S.
(Aus: Zeitschrift des Historischen Vereins für Schwaben; 1891.)
Quellen u. biobibliogr. Material im Text u. in 84 Fußnoten; S. 36: Stammtafel.

M-2 Engl, Johann Evangelist: Die Mozart-Familien in Augsburg, Salzburg und Wien. - In: Engl, Johann Evangelist: Festschrift zur Mozart-Centenarfeier in Salzburg. - Salzburg, 1891, S. 9-37.
Biobibliogr. u. genealog. Material im Text.

M-3 Weber, Genovefa von: Das Grab Leopold Mozarts in Salzburg. - In: Mitteilungen für die Mozart-Gemeinde in Berlin. - 6. 1898, S. 177-183.
Stammtafeln d. Familien Mozart u. Weber S. 182-183.

M-4 Blümml, Emil Karl: Mozarts Kinder. - In: Mozarteums-Mitteilungen. - Salzburg. 1. 1918/19, H. 3, S. 1-6.
Quellen u. biobibliogr. Material im Text u. in 53 Fußnoten.

M-5 Ferner, Lorenz: Kurze Biographie über die Familie Mozart / hrsg. v. Lorenz Ferner. - Salzburg: Rathmayr & Urlesberger (Drucker), 1932 [vielm. 1936]. - 11 S.
Biograph.-genealog. Material.

M-6 Huber, Heinrich: Die Herkunft der Familie Mozart. - In: Augsburger Mozartbuch. - Augsburg, 1943, S. 512-516.
(Zeitschrift des Historischen Vereins für Schwaben; 55. 56.)
Genealog. Material.

M-7 Schmidt, Ernst Fritz: Zum Namen Mozart. - In: Zeitschrift für Musik. - Regensburg. 112. 1951, S. 633-637.
Quellen u. Bibl. in 36 Fußnoten.

M-8 Layer, Adolf: Künstlerische und geistige Begabung in der Augsburger Mozart-Sippe. - In: Neues Augsburger Mozartbuch / Schriftl.: Heinz Friedrich Deininger. - Augsburg: Seitz, 1962, S. 227-239.
(Zeitschrift des Historischen Vereins für Schwaben; 62. 63.)
Quellen u. biobibliogr. Material im Text u. in 26 Fußnoten.

M-9 Hummel, Walter: Übersicht der seit 1956 neu aufgefundenen Briefe: [des W. A. Mozart d. J.] - In: Mitteilungen der Internationalen Stiftung Mozarteum. - Salzburg. 15. 1967, H. 3/4, S. 20-21.
Mit Besitznachweisen u. Angabe über Veröffentlichungen im Druck.

M-10 Layer, Adolf: Die Augsburger Künstlerfamilie Mozart / hrsg. v. d. Deutschen Mozartgesellschaft. - Augsburg: Verlag Die Brigg, [1970]. - 96 S., Illustr.
Quellen u. Bibl. S. 85-91.

M-11 Eibl, Joseph Heinz: Das "Große Gemälde der Mozartischen Familie". - In: Österreichische Musikzeitschrift. - 27. 1972, S. 389-395.
Ikonographisches Material im Text; Bibl. in 41 Anmerk. S. 394-395.

M-12 Schuler, Heinz: Der "H: Verwalter von Strobl": Johann Joseph Sigismund Berchtold zu Sonnenburg und seine Nachkommen. - In: Acta Mozartiana. Augsburg. 22. 1975, S. 65-68.
Quellen u. biobibliogr. Material im Text u. S. 67-68 in 22 Anmerk.

M-13 Evertz, Leonhard: Zusammenstellung neuer Forschungsergebnisse über Mozartgedenkstätten der "Großen Kunstreise der Familie Leopold Mozart 1763-1766", sowie über Personen, die unmittelbar mit Familie Mozart in Verbindung standen. - Aachen: M. u. L. Evertz, 1976. - 19 Bl.
Biobibliogr. Material im Text.

M-14 Schuler, Heinz: Berchtold von Sonnenburg: Zurr Genealogie einer Altsalzburger Beamtenfamilie und ihre Beziehungen zu den Mozart. - In: Genealogisches Jahrbuch. Neustadt a. d. Aisch. 21. 1981, S. 15-94.
Biogr.-genealog. Material im Text; Ahnenliste des letzten Reichsfreiherren von Sonnenburg S. 62-69; Quellen u. Bibl. S. 70-94 in 251 Anmerk.

M-15 Angermüller, Rudolph: St. Gilgen und die Mozarts. / Rudolph Angermüller; Hans Peter Kaserer. - In: Mitteilungen der Internationalen Stiftung Mozarteum. - Salzburg. 32. 1984, H. 1-4, S. 1-15.
Quellen u. biobibliogr. Material im Text u. in 50 Fußnoten.

M-16 Schuler, Heinz: Die Herren und Grafen von Arco und ihre Beziehungen zu den Mozarts: Anmerkungen zu Mozart-Briefen. - In: Mitteilungen der Internationalen Stiftung Mozarteum. - Salzburg. 32. 1984, H. 1-4, S. 19-34.
Quellen u. biobibliogr. Material im Text u. in 71 Fußnoten.

M-17 Schuler, Manfred: Mesmer und die Mozarts. - In: Franz Anton Mesmer und die Geschichte des Mesmerismus: Beiträge zum Internationalen wissenschaftlichen Symposium ... in Mersburg ... / hrsg. von Heinz Schott. - Wiesbaden: Steiner, 1985, S. 215-227.
Bibl. in 63 Fußnoten.

M-18 Schuler, Heinz: Freimaurer und Illuminaten aus Alt-Bayern und Salzburg und ihre Beziehungen zu den Mozarts. - In: Mitteilungen der Internationalen Stiftung Mozarteum. - Salzburg. 35. 1987, H. 1-4, S. 11-39.
Quellen u. biobibliogr. Material im Text u. in 158 Fußnoten; Nachtr.: Schuler: Freimaurer im Rhein-Gebiet zur Mozart-Zeit. - Ebda. S. 40-41.

M-19 Schmid, Manfred: Musikalien des Mozartschen Familienarchivs im Stift St. Peter. - In: Das Benediktinerstift St. Peter in Salzburg zur Zeit Mozarts: Musik und Musiker - Kunst und Kultur. / Red.: Petrus Eder u. Gerhard Walterskirchen. - Salzburg, 1991, S. 173-185.
Bestandsverzeichnis im Text; Bibl. in 10 Fußnoten.

M-20 Schneider, Erich: Die Mozartsippe in Schwaben und Vorarlberg. - In: Montfort. - Dornbirn. 43. 1991, S. 274-280.
Quellen u. biobibliogr. Material im Text u. in 16 Anmerk. S. 280.

M-21 Abendempfindung bis Zufriedenheit: schöne Stücke aus den Sammlungen der Internationalen Stiftung Mozarteum; Katalog .... - Salzburg: Internationale Stiftung Mozarteum, 1993. - 152 S.
Kommentierter Ausstellungskatalog mit biobibliogr. Material: 123 Objekte; Register.

M-22 Goerge, Dieter: Ist Johann Nepomuk della Croce der Maler des großen Mozartschen Familienbildes? - In: Mozart-Jahrbuch. - Salzburg. 1994, S. 65-78.
Bibl. in 57 Fußnoten.

M-23 Angermüller, Rudolph: "Können sie denn noch ein paar Zimmer anbauen lassen?": zur Geschichte des Mozart-Wohnhauses. - In: Mitteilungen der Internationalen Stiftung Mozarteum. - Salzburg. 44. 1996, H. 1-2, S. 1-83.
Chronologie des Hauses 1614-1996 mit biobibliogr. Material im Text; Werke A. W. Mozarts enstanden im Tanzmeisterhaus 1773-1783 S. 4-7; Briefe aus und in das Tanzmeisterhaus S. 7-22.

M-24 Cadieux, Daniel: Le grand tableau de la famille Mozart: un savant calcul de l'objet cause du désir par Leopold Mozart. - In: Mozart-Jahrbuch. - Kassel. 1997, S. 317-344.
Bibl. in 60 Fußnoten.

M-25 Halliwell, Ruth: The Mozart family: four lives in a social context. - Oxford: Clarendon Press, 1998. - 732 S.
Quellen u. Bibl. S. 667-676; Register.

M-26 Pieck, Werner: Die Mozarts: Porträt einer Familie. - Hamburg: Europäische Verlagsanstalt, 1998. - 405 S.
Zeittafel mit Werkangaben S. 381-386; Bibl. S. 387-396; Namen-Register.

M-27 Engl, Johann Evangelist: Die den Vater überlebenden Söhne: Carl und Wolfgang. - In: Jahresbericht der Internationalen Stiftung Mozarteum. - Salzburg. 13. 1893, S. 38-51.
Biobibliogr. Material im Text u. in Fußnoten.

Mozart, Constanze

*1762 Zell im Wiesental: +1842 Salzburg, Sängerin, geb. Weber, W. A. Mozarts Frau, verh. 1782

M-28 Mozart, Constanze. - In: Wurzbach von Tannenberg, Constant: Biographisches Lexikon des Kaiserthums Österreich. - Wien. 19. 1868, S. 295-297.
Biographie mit Literaturangaben.

M-29 Mozart, Constanze: Briefe, Aufzeichnungen, Dokumente 1782-1842 / hrsg. v. Arthur Schurig. - Dresden, 1922. - XLVIII, 192 S., 1 Stammtaf. gef.
Bibl. in Fußnoten; S. XLI-XLII u. 179-180: Verzeichnis der zu seinen Lebzeiten gedruckten Werke Mozarts; Register.

M-30 Abert, Hermann: Konstanze Mozarts Briefe an Breitkopf und Härtel in Leipzig. - In: Mozart-Jahrbuch. - München. 3. 1929, S. 147-208.
Erläuterungen u. biobibliogr. Material in Anmerk. S. 206-208.

M-31 Tenschert, Roland: Mozarts Kompositionen für Konstanze. - In: Mozart-Almanach / hrsg. von Heinrich Damisch. - Wien: Österr. Landesverlag, 1941, S. 97-100.
Bibl. im Text: Werke.

M-32 Valentin, Erich: Testament der Constanze Mozart-Nissen. - In: Neues Mozart-Jahrbuch. - Regensburg. 2. 1942, S. 128-175.
Quellen u. Bibl. in 145 Fußnoten.

M-33 Sjoeqvist, Viggo: To gange fuldkommen lykkelig: Constanze Mozarts ægteskaber; et bidrag til Mozart-forskningen. - [Koebenhavn]: Gyldendal, 1975. - 159 S., Illustr.
Quellen u. Bibl. S. 138-143 u. in 137 Anmerk. S. 144-155; Reg.

M-34 Farmer, Henry George: Mozart's wife - Konstanze Weber. - In: Farmer, Henry George: New Mozartiana / by Henry George Farmer and Herbert Smith. - New York: AMS Press, 1979, S. 29-52.
Bibl. in zahlr. Fußnoten.

M-35 Carr, Francis: Mozart und Constanze / aus dem Englischen übers. und hrsg. v. Dietrich Klose. - Stuttgart, 1986. - 266 S.
(Universal-Bibliothek; 8280[3].)
Bibl. S. 253-255; Reg.

M-36 Gärtner, Heinz: Mozarts Requiem und die Geschäfte der Constanze M. - München: Langen-Müller, 1986. - 319 S.
Zeittafel S. 292-296; Bibl. S. 308-312 u. in 126 Anmerk. S. 297-307; Diskographie des Requiems S. 313-315; Register.

M-37 Adamovics, Annette: Eine rezeptionsgeschichtliche Aufarbeitung des Lebens von Wolfgang Amadé Mozart im Jahre 1782: mit besonderer Berücksichtigung seines musikalischen Schaffens und einer kritischen Betrachtung der Literatur über seine Ehefrau Constanze Mozart. - Wien: Univ. Diplomarb., 1992. - VI, 232 Bl.
Bibl. Bl. 226-232; biobibliogr. Material im Text u. in Fußnoten.

M-38 Allihn, Ingeborg: Die Darstellung der Konstanze Mozart in der neueren Mozart-Literatur. - In: Wolfgang Amadeus Mozart: Forschung und Praxis ... / Red.: Renate Herklotz. - Leipzig: Ed. Peters, 1993, S. 66-71. (Dokumente zur Gewandhausgeschichte; 9.)
Zeittafel Constanze Mozart S. 67-69; Bibl. in 24 Anmerk. S. 70.

M-39 Schuler, Manfred: Die schwäbischen Freunde der Mozarts in Wien. - In: Internationaler Musikwissenschaftlicher Kongreß zum Mozartjahr 1991, Baden, Wien: Bericht / hrsg. von Ingrid Fuchs. - Tutzing: Schneider, 1993, Bd 2, S. 911-920.
Quellen u. Bibl. in 61 Fußnoten.

M-40 Hoyer, Johannes: Ein unbekannter Brief von Constanze Nissen, verwitwete Mozart. - In: Neues musikwissenschaftliches Jahrbuch. - Augsburg. 4. 1995, S. 93-98.
Quellen u. Bibl. in 39 Fußnoten.

M-41 Mozart, Constanze: Tagebuch meines Brief/Wechsels in Betref der Mozartischen Biographie: (1828-1837) / Constanze Nissen-Mozart; Neuübertragung u. Kommentar von Rudolph Angermüller. - Bad Honnef: Bock, 1998. - 174 S.
Zeittafel zu Constanze S. 9-31; Bibl. S. 153-163 u. in 144 Anmerk. S. 123-141; Namen-Register.

M-42 Angermüller, Rudolph: Briefe von und an Constanze Nissen-Mozart vom September 1828 bis Februar 1837. - In: Mitteilungen der Internationalen Stiftung Mozarteum. - Salzburg. 47. 1999, H. 1-2, S. 57-75.
Chronolog. Verz. von 549 Briefen; Namenregister.

Mozart, Karl

*1784 Wien: +1858 Mailand, Komponist, Steuerbeamter; voller Name: Carl Thomas Mozart

M-43 Hummel, Walter: W. A. Mozarts Söhne: Quellen und Schrifttum ihrer Lebensbilder. - In: Mozart-Jahrbuch. - Salzburg. 1954, S. 65-72.
Quellen u. Bibl. im Text.

M-44 Hummel, Walter: W. A. Mozarts Söhne. - Kassel, Basel, 1956. - X, 383 S.
S. 306-309: W. A. Mozarts Kinder, Tauf- u. Sterberegister; S. 312: Wohnungen der Familie Mozart in Wien; S. 314-321: Werkverzeichnis W. A. Mozart (Sohn); S. 324-352: Verlassenschaftsverz. W. A. Mozarts (Sohn); S. 346-352: Zeittafel zur Familie Mozart; Quellen u. Bibl. S. 354-372 u. in 491 Anmerk. S. 252-304; Namen- u. Ortsreg.

M-45 Farmer, Henry George: Mozart's son - Karl. - In: Farmer, Henry George: New Mozartiana / by Henry George Farmer and Herbert Smith. - New York: AMS Press, 1979, S. 79-94.
Bibl. in zahlr. Fußnoten.

Mozart, Leopold

*1719 Augsburg: +1787 Salzburg, Komponist, Hofkomponist und Vizekapellmeister in Salzburg

M-46 Mozart, Leopold. - In: Wurzbach von Tannenberg, Constant: Biographisches Lexikon des Kaiserthums Österreich. - Wien. 19. 1868, S. 287-291.
Biographie mit Werkverz. u. Lit.

M-47 Mozart, Leopold: Ausgewählte Werke / eingel. und hrsg. v. Max Seiffert. - Leipzig, 1908. - LVIII, 254 S.
(Denkmäler deutscher Tonkunst; 2,9,2.)
Bibl. S. IX-LV in den Fußnoten der Einleitung; S. XLI-LV: Thematisches Verzeichnis der erhaltenen und verschollenen Werke; S. LVI-LVIII: Kritischer Kommentar mit Standortnachweisen.

M-48 Abert, Hermann: Leopold Mozarts Notenbuch von 1762. - In: Gluck-Jahrbuch. - Leipzig. 3. 1917, S. 51-87.
Bibl. in Fußnoten.

M-49 Mozart, Leopold: Reise-Aufzeichnungen 1763-1771 / hrsg. und erl. v. Arthur Schurig. - Dresden, 1920. - 110 S.
S. 11-60: Itinerarien; S. 61-80: Erläuterungen; S. 83-103: Wolfgang-Amadeus-Mozart-Ikonographie; Register.

M-50 Mozart, Leopold: Briefe an seine Tochter / hrsg. v. Otto Erich Deutsch und Bernhard Paumgartner. - Salzburg, Leipzig, 1936. - XVI, 592 S.
Erläuterungen u. biobibliogr. Material in zahlr. Anmerk. S. 489-569.

M-51 Posch, Franz: Leopold Mozart als Mensch, Vater und Erzieher der Aufklärung. - In: Neues Mozart-Jahrbuch. - Regensburg. 1. 1941, S. 49-78.
Bibl. in 77 Fußnoten.

M-52 Schenk, Erich: Ein unbekannter Brief Leopold Mozarts: mit Beitr. zum Leben W. A. Mozarts. - Wien: Rohrer in Komm., 1947. - 49 S., 2 Bl. Abb., Faks. des Briefes.
(Veröffentlichungen der Kommission für Musikforschung; 1.) (Österreichische Akademie der Wissenschaften: Phil.-hist. Kl.: Sitzungsberichte; 225,1.)
Bibl. in zahlr. Fußnoten.

M-53 Schmid, Ernst Fritz: Leopold Mozart und die Kindersinfonie. - In: Mozart-Jahrbuch. - Salzburg. 1951, S. 69-86; 1952, S. 117-118.
Bibl. in 45 Fußnoten.

M-54 Müller von Asow, Erich Hermann: Leopold Mozarts Münchner Reise 1786. - In: Musikerziehung. - Wien. 8. 1954/55, S. 236-240.
Quellen u. biobibliogr. Material im Text u. in 69 Anmerk. S. 239-240.

M-55 Kozár, Alois: Wolfgang Amadeus Mozart (1756-1791) im Spiegel der Briefe seines Vaters Leopold Mozart: e. Beitr. z. Kulturgeschichte des 18. Jh. - Graz: Univ. Diss., 1955. - 353, 4 Bl.
Bibl. Bl. 5-41 u. in 1006 Anmerk. Bl. 284-330; Orts- u. Personenreg.

M-56 Plath, Wolfgang: Beiträge zur Mozart-Autographie: 1-2. [s.l.], 1960-1977.
1. Die Handschrift Leopold Mozarts. - In: Mozart-Jahrbuch. - Salzburg. 1960/61, S. 82-117.
Quellen u. Bibl. im Text u. in 95 Fußnoten.
[1. Erg.] Miscellanea Mozartiana. 1: Nachträge zur Handschrift Leopold Mozarts. - In: Festschrift Otto Erich Deutsch / hrsg. v. Walter Gerstenberg [u.a.] - Kassel, 1963, S. 135-138.
Bibl. in 10 Fußnoten.
2. Schriftchronologie 1770-1780. - In: Mozart-Jahrbuch. - Kassel. 1976/77, S. 131-173.
Quellen u. Bibl. im Text u. in 106 Fußnoten.

M-57 Layer, Adolf: Beziehungen von Leopold und Wolfgang Amadeus Mozart zu Musikern des Augsburger Domstiftes. - In: Neues Augsburger Mozartbuch / Schriftl.: Heinz Friedrich Deininger. - Augsburg: Seitz, 1962, S. 245-261.
(Zeitschrift des Historischen Vereins für Schwaben; 62. 63.)
Quellen u. Bibl. in 45 Fußnoten.

M-58 Layer, Adolf: Leopold und Wolfgang Amadeus Mozarts schwäbischer Bekannten- und Freundeskreis in Salzburg. - In: Neues Augsburger Mozartbuch / Schriftl.: Heinz Friedrich Deininger. - Augsburg: Seitz, 1962, S. 293-315.
(Zeitschrift des Historischen Vereins für Schwaben; 62. 63.)
Quellen u. biobibliogr. Material im Text u. in 69 Fußnoten.

M-59 Theiß, Ernst Ludwig: Die Instrumentalwerke Johann Georg Leopold Mozarts. - In: Neues Augsburger Mozartbuch / Schriftl.: Heinz Friedrich Deininger. - Augsburg: Seitz, 1962, S. 397-402.
(Zeitschrift des Historischen Vereins für Schwaben; 62. 63.)
S. 400-402: Werkverz.

M-60 Wegele, Ludwig: Das Mozarthaus in Augsburg. - Augsburg, 1962. - 16 S.
Beschreibung einer Gedenkstätte.

M-61 Mozart, Leopold: Gründliche Violinschule: Faks.-Nachdruck d. 3. Aufl., Augsburg 1789 / erläutert und kommentiert v. Hans Rudolf Jung. - 4. Aufl. - Leipzig, 1968. - 268 S., 4 Bl., 32 S.
S. 1-32: Erläuterungen u. Kommentar; Bibl. in 60 Anmerk. S. 29-32.

M-62 Leopold Mozart: 1719-1787; Bild einer Persönlichkeit / mit Beiträgen von Werner Egk [unda.] im Auftrag der Deutschen Mozartgesellschaft hrsg. v. Ludwig Wegele. - Augsburg: Verlag Die Brigg, 1969. - 139 S., 56 S. Abb. u. Faks. [mit Portr.]
Bibl. S. 129-132; Personenregister.

M-63 Schmid, Manfred Hermann: Die Musikaliensammlung der Erzabtei St. Peter in Salzburg: Katalog. - Salzburg: Internationale Stiftung Mozarteum; Inst. f. Musikwissenschaft der Universität Salzburg; Auslieferung: Kassel, Basel, Tours, London: Bärenreiter, 1970. - T. 1.
1. Leopold und Wolfgang Amadeus Mozart; Joseph und Michael Haydn / Mit einer Einführung in die Geschichte der Sammlung vorgelegt von Manfred Hermann Schmid. - 300 S.
S. 11-17: Zur Geschichte des Archivs; S. 20-26: Biogramme der namentlich bekannten Schreiber; S. 27-34: Anonymi; S. 40-288: Sehr genauer Katalog: S. 40-43: Werke von Leopold Mozart; S. 44-75: Wolfgang Amadeus Mozart; S. 76-102: Joseph Haydn; S. 103-288: Michael Haydn; Bibl. S. 289-290; S. 291-296: Personenregister.
[Umschlagtitel]: Musikarchiv St. Peter Salzburg: Katalog Mozart - Haydn.
(Schriftenreihe der Internationalen Stiftung Mozarteum; 3/4.) (Publikationen des Instituts für Musikwissenschaft der Universität Salzburg; 1.)

M-64 Mozart, Leopold. - In: Écrits imprimés concernant la musique / publ. sous la direction de François Lesure. - München, Duisburg. Bd 2. 1971, S. 600-602.
(Répertoire international des sources musicales; B,6.)
Verz. aller Ausgaben von Leopold Mozarts "Violinschule" (mit Bibliotheksstandorten).

M-65 Berger, Michael Ellsworth: Leopold Mozart's Partita in D: an edition. - Kansas City: Univ. Diss., 1974. - VI, 31 S., S. 32-94 Noten, S. 95-97.
Mikrofilm; Ann Arbor, Mich. 1974: Univ. Microfilms.

M-66 Layer, Adolf: Eine Jugend in Augsburg - Leopold **Mozart** 1719-1737 / hrsg. v. d. Deutschen Mozartgesellschaft. - Augsburg: Die Brigg, [um 1974]. - 102 S., Illustr.
S. 89-91: Zeittafel zu Leopold Mozarts Jugend; Quellen u. Bibl. S. 92-93; Namenreg.

M-67 Webster, James Carson: The Bass part in Haydn's early string quartets and in Austrian chamber music, 1750-1780. - Princeton, N. J.: Princeton Univ. Diss., 1974. - XII, 429 S.
Verz. von Kammermusikwerken von Joseph und Michael Haydn S. 371-382; Verz. von Kammermusikwerken Leopold und Wolfgang Amadeus Mozarts S. 387-397 (mit Quellen u. Bibl. u. Standortnachweisen); Bibl. S. 416-429.

M-68 Carlson, David Morris: The vocal music of Leopold **Mozart** (1719-1787): authenticity, chronology and thematic catalog. - Ann Arbor, Mich.: Univ. of Michigan Diss., 1976. - XVIII, 269 S.
Thematischer Katalog mit Lit. u. Besitznachweisen S. 141-222; Konkordanzen S. 225-227; Alphabet. Index of secondary copyists S. 228-231; Bibl. S. 270-284.

M-69 Leopold **Mozart**. - In: Répertoire international des sources musicales: A, I. Einzeldrucke vor 1800. - Kassel, Basel. Bd 6. 1976, S. 43-44.
Verz. d. Erst- und Frühdrucke vor 1800; genaues Verz. mit Bibliotheksstandorten.

M-70 Langegger, Florian: **Mozart**, Vater und Sohn: e. psycholog. Untersuchung. - Zürich, 1978. - 164 S.
Bibl. S. 156-157 u. in Anmerk. S. 143-155; Namen- u. Sachreg.

M-71 Schuler, Heinz: Die Hochzeit der Eltern **Mozart**s: eine Quellenstudie. - In: Acta Mozartiana. - Augsburg. 28. 1981, S. 3-11.
Quellen u. biobibliogr. Material im Text u. in 32 Anmerk. S. 10-11.

M-72 Zaslaw, Neal: The "Lambach" Symphonies of Wolfgang and Leopold **Mozart**. - In: Music and civilization: essays in honor of Paul Henry Lang / ed. by Edmond Strainchamps and Maria Rika Maniates. - New York, London, 1984, S. 15-28.
Bibl. in 42 Fußnoten.

M-73 Eisen, Cliff: The symphonies of Leopold **Mozart** and their relationship to the early symphonies of Wolfgang Amadeus Mozart: a bibliographical and stylistic study. - Ithaca, NY: Cornell Univ. Diss., 1986. - 366 S.
Quellen u. Bibl. S. 357-366, im Text u. in Fußnoten.

M-74 Eisen, Cliff: Leopold **Mozart** discoveries. - In: Mitteilungen der Internationalen Stiftung Mozarteum. - Salzburg. 35. 1987, H. 1-4, S. 1-10.
Quellen u. biobibliogr. Material im Text u. in 19 Fußnoten.

M-75 Eisen, Cliff: The Symphonies of Leopold **Mozart**: their chronology, style and importance for the study of Mozart's early symphonies. - In: Mozart-Jahrbuch. - Kassel. 1987/88, S. 181-193.
Bibl. in 15 Fußnoten; tabellar. Verz. d. Symphonien S. 187-189.

M-76 Krombach, Gabriela: Leopold **Mozart**, Michael Haydn und die Kirchenmusik in Salzburg. - In: Singende Kirche. - Wien. 34. 1987, S. 53-59.
Bibl. im Text u. S. 58-59 in 65 Anmerk.

M-77 Leopold **Mozart** zum 200. Todestag: Ausstellung des Stadtarchivs Augsburg in Verbindung mit der Bayerischen Vereinsbank; Katalog ... / hrsg. von Wolfram Baer. - Augsburg: Stadtarchiv Augsburg, 1987. - getr. Zählung.
Ausstellungskatalog S. 1-30: 260 Exponate mit biobibliogr. Material.

M-78 Mancal, Josef: "... durch beyhülff hoher Recommendation ...": Neues zu Leopolds beruflichem Anfang. - In: Deutsches Mozartfest der Deutschen Mozart-Gesellschaft. - Augsburg. 36. 1987, S. 23-36.
Quellen u. Bibl. in 107 Anmerk. S. 32-36.

M-79 Mancal, Josef: Neues über Leopold **Mozart**. - In: Österreichische Musikzeitschrift. - Wien. 42. 1987, S. 282-291.
Quellen u. biobibliogr. Material im Text u. in 34 Anmerk. S. 290-291.

M-80 Valentin, Erich: Leopold **Mozart**: Porträt e. Persönlichkeit. - München, 1987. - 223 S.
Bibl. S. 202-203; S. 204-217: Zeittafel mit Hinweisen auf Familie, Freunde u. Musikgeschichte; Namenreg.

M-81 Schmid, Manfred Hermann: Zu den Klaviersonaten von Leopold **Mozart**. - In: Mozart-Jahrbuch. - Kassel. 1989/90, S. 23-30.
Bibl. in 28 Fußnoten.

M-82 Eisen, Cliff: **Mozart**'s Salzburg copyists: aspects of attribution, chronology, text, style, and performance pratice. - In: Mozart studies / ed. by Cliff Eisen. - Oxford: Clarendon Press, 1991, S. 253-307.
Bibl. in 94 Fußnoten; S. 284-285: Comparative dates of autographs and autograph copies; S. 300-307: Authentic copies, in whole or in part, ... of works by Leopold and Wolfgang Amadeus Mozart.

M-83 Katalog zur Ausstellung Salzburg zur Zeit der **Mozart** ... / Red.: Albin Rohrmoser. - Salzburg: Salzburger Museum; Dommuseum zu Salzburg, 1991. - 387 S.
(Jahresschrift des Salzburger Museums Carolino Augusteum; 37/38.) (Sonderausstellung Salzburger Museum Carolino Augusteum; 152.) (Sonderausstellung / Dommuseum zu Salzburg; 15.)
Ausstellungs-Katalog: 1095 Exponate mit reichhaltigen Materialien zu Leopold und Wolfgang Amadeus Mozart; Bibl. S. 384-387.

M-84 Kumpf, Johann Heinrich: Die Mozarts und die Steuern: Divertimento fiscale in zehn Sätzen. - Köln, 1991. - 134 S.
Quellen u. Bibl. in 166 Anmerk. S. 126-134.

M-85 Plath, Wolfgang: Beiträge zur Mozart-Autographie. - 1-2. - In: Plath, Wolfgang: Mozart-Schriften: ausgewählte Aufsätze / hrsg. von Marianne Danckwardt. - Kassel: Bärenreiter, 1991, S. 28-73; 221-265.
(Schriftenreihe der Internationalen Stiftung Mozarteum, Salzburg; 9.)
1: S. 28-73: Die Handschriften Leopold Mozarts.
Quellen u. Bibl. in 101 Anmerk. S. 69-73.
2: S. 221-265: Schriftenchronologie.
Quellen u. Bibl. S. 261-265.

M-86 Stowell, Robin: Leopold Mozart revised: articulation in violin playing during the second half of the eighteenth century. - In: Perspectives on Mozart performance / ed. by R. Larry Todd. - Cambridge: Univ. Press, 1991, S. 126-157.
(Cambrdige studies in performance practice; 1.)
Bibl. in 129 Fußnoten.

M-87 Voigt, Anton: Biographie eines Zeitgenossen: Franz Xaver Glöggl (1764-1839) über Leopold Mozart, Wolfgang Amadé Mozart und Franz Xaver Süßmayr. - In: Die Klangwelt Mozarts: Wien, Neue Burg, Sammlung alter Musikinstrumente; eine Ausstellung des Kunsthistorischen Museums / Leitung: Gerhard Stradner; Organisation u. Durchführung: Wilfried Seipel. - Wien, 1991, S. 149-157.
Quellen u. Bibl. in 78 Anmerk. S. 154-157.

M-88 Angermüller, Rudolph: Leopold Mozarts Verlassenschaft. - In: Mitteilungen der Internationalen Stiftung Mozarteum. - Salzburg. 41. 1993, H. 3-4, S. 1-32.
Quellen, Bibl. u. Erläuterungen in 271 Fußnoten.

M-89 Mancal, Josef: Briefe - nur "Briefe"? : Vorüberlegungen zur Informationsbewertung einer Quellengattung der Mozart-Forschung. - In: Acta Mozartiana. - Augsburg. 40. 1993, S. 50-73.
Bibl. in 122 Anmerk. S. 65-73.

M-90 Angermüller, Rudolph: "du wirst, wenn uns Gott gesund zurückkommen läst, schöne Sachen sehen": Veduten aus dem Nachlaß Leopold Mozarts in der Graphiksammlung des Salzburger Museums Carolino Augusteum. / Rudolph Angermüller; Gabriele Ramsauer. - In: Mitteilungen der Internationalen Stiftung Mozarteum. - Salzburg. 42. 1994, H. 1-2, S. 1-48.
Bibl. in 61 Fußnoten; Kommentiertes Verz. der Veduten im Text.

M-91 Mancal, Josef: Fürsterzbischof, Vizekapellmeister, Konzertmeister: Macht, Musik und die Mozarts. - In: Acta Mozartiana. - Augsburg. 41. 1994, S. 79-97.
Bibl. in 56 Anmerk. S. 92-97.

M-92 Mancal, Josef: Leopold Mozart: auf dem Weg zu seinem Verständnis / hrsg. von Josef Mancal, Wolfgang Plath. - Augsburg: Wißner, 1994. - III, 198 S.
Enth. u. a.:
S. 97-117: Plath, Wolfgang: Zur Echtheitsfrage bei Mozart.
Quellen u. biobibliogr. Material im Text u. in 51 Fußnoten.
S. 119-130: Allroggen, Gerhard: Mozarts Lambacher Sinfonie: Gedanken zur musikalischen Stilkritik.
Bibl. in 56 Fußnoten.
S. 131-141: Münster, Robert: Neue Funde zu Mozarts symphonischem Jugendwerk.
Quellen u. biobibliogr. Material im Text u. in 24 Fußnoten.
S. 143-156: Zaslaw, Neal: The "Lambach" Symphonies of Wolfgang and Leopold Mozart.
Quellen u. biobibliogr. Material im Text u. in 42 Fußnoten.
S. 157-169: Mancal, Josef: "... durch beyhülff hoher Recommandation ...": Neues zu Leopold Mozarts beruflichem Anfang.
Quellen u. biobibliogr. Material im Text u. in 112 Fußnoten.
(Beiträge zur Leopold-Mozart-Forschung; 1.)

M-93 Mancal, Josef: Mozart-Schätze in Augsburg. - Augsburg: Wißner, 1995. - 197 S.
(Beiträge zur Leopold-Mozart-Forschung; 3.)
S. 47-60: Zur Geschichte einzelner Augsburger Mozart-Bestände (betr. Leopold u. W. A. Mozart); S. 95-157: Augsburger Mozart-Bestände (Handschriften u. Drucke aus dem Besitz Augsburger Bibliotheken, Archive, Vereine usw.); Bibl. S. 165-168; Register (Namen, Orte, Werke, Handschriften, Drucke).

M-94 Barth-Scalami, Guda: Weibliche Dienstboten in der Stadt des ausgehenden 18. Jahrhunderts: Leopold Mozarts "Seccaturen mit den Menschern". - In: Mitteilungen der Gesellschaft für Salzburger Landeskunde. - Salzburg. 137. 1997, S. 199-218.
Quellen u. Bibl. in 90 Anmerk. S. 215-218.

M-95 Beiträge des Internationalen Leopold-Mozart-Kolloquiums, Augsburg 1994 / Hrsg.: Josef Mancal, Wolfgang Plath. - Augsburg: Wißner, 1997. - 234 S.
Enth. u. a.:
S. 29-46: Hochradner, Thomas: "Meistens nur um eine Uebung in der Radierkunst zu machen": Leopold Mozarts kompositorisches Erstlingswerk: die "Sonate Sei" (1740)
Bibl. in 39 Fußnoten.
S. 57-67: Eisen, Cliff: The present state of research

on Leopold Mozart's symphonies.
Forschungsbericht; Tabelle zum aktuellen Forschungsstand S. 58; Bibl. in 37 Fußnoten.
S. 191-201: Raab, Armin: "Im Lichtkreis seines Sohnes, ohne den er im Dunkeln stände": Leopold Mozart im Verständnis der Mozart-Biographik.
Bibl. in 71 Fußnoten.
(Beiträge zur Leopold-Mozart-Forschung; 2.)

M-96 Panagl, Clemens: Leopold **Mozart**: zum ökonomischen und sozialen Status eines Musikers am Salzburger Fürstenhof im 18. Jahrhundert. - Salzburg: Univ. Diplomarb., 1997. - V, 135 Bl.
Bibl. Bl. 122-135 u. in 365 Fußnoten.

M-97 Mancal, Josef: "Augsburg meine Vaterstadt" (L. **Mozart** 1756): "die vatterstadt meines Papa" (W. A. **Mozart** 1777); "meine eigndliche [sic!] Stammstadt" (Fr. X. W. A. **Mozart** 1821). - In: Acta Mozartiana. - Augsburg. 46. 1999, S. 3-31.
Quellen u. Bibl. in 119 Fußnoten; Materialien zu Mozart-Stätten u. Mozart-Beständen in Augsburg im Text.

M-98 Biener, Roland: Zu Leopold **Mozart**s Leben. - In: Acta Mozartiana. - Augsbrug. 50. 2003, S. 105-117.
Bibl. im Text u. in 22 Fußnoten.

Mozart, Maria Anna

*1751 Salzburg: +1829 Salzburg, Pianistin, genannt Nannerl Mozart

M-99 Berchtold, Maria Anna Reichsfreiin von: (**Mozart**s Schwester). - In: Wurzbach von Tannenberg, Constant: Biographisches Lexikon des Kaiserthums Österreich. - Wien. 1. 1856, S. 290-291.
Biographie mit Lit.

M-100 Mozart, Leopold: Briefe an seine Tochter / hrsg. v. Otto Erich Deutsch und Bernhard Paumgartner. - Salzburg, Leipzig, 1936. - XVI, 592 S.
Erläuterungen u. biobliogr. Material in zahlr. Anmerk. S. 489-569.

M-101 Hummel, Walter: Nannerl, Wolfgang Amadeus **Mozart**s Schwester. - Wien, 1952. - 103 S.
Bibl. S. 101-102.

M-102 Mozart, Nannerl: Nannerl **Mozart**s Tagebuchblätter: mit Eintragungen ihres Bruders Wolfgang Amadeus Mozart / vorgelegt und bearb. v. Walter Hummel. - Salzburg, 1958. - 135 S.
S. 103-129: Erläuterungen; Bibl. S. 130; Namenregister; Erg. dazu: Hummel, Walter: Nannerl Mozarts Tagebuchblätter: neue Funde, neue Fragen. - In: Mitteilungen der Internationalen Stiftung Mozarteum. - Salzburg. 7. 1958, H. 3/4, S. 7-9.

M-103 Schuler, Heinz: Nannerl **Mozart**s Stiefkinder: Ergänzende Mitteilungen z. Berchtold-Genealogie. - In: Acta Mozartiana. Augsburg. 23. 1976, S. 30-35.
Quellen u. biobibliogr. Material im Text u. S. 34-35 in 43 Anmerk.

M-104 Schmid, Manfred Hermann: Nannerl **Mozart** und ihr musikalischer Nachlaß: zu den Klavierkonzerten im Archiv St. Peter in Salzburg. - In: Mozart-Jahrbuch. - Kassel, 1980/83, S. 140-147.
Quellen u. Bibl. im Text u. in 38 Fußnoten.

M-105 Cantatore, Liliana: Donna Nannerl: autobiografia e musica nel Don Giovanni di **Mozart**. - Firenze, 1990. - 116 S.
(Collezione Basilea; Biografie; 6.)
Biobibliogr. Material im Text u. in Fußnoten.

M-106 Rieger, Eva: Nannerl **Mozart**: Leben einer Künstlerin im 18. Jahrhundert. - Frankfurt/M., 1990. - 405 S.
Bibl. S. 386-393; S. 394-395: Zeittafel; Personenregister.

M-107 Mozart, Maria Anna: "meine tag ordnungen": Nannerl **Mozart**s Tagebuch blätter 1775-1783 mit Eintragungen ihres Bruders Wolfgang und ihres Vaters Leopold / hrsg. u. kommentiert von Geneviève Geffray .... - Bad Honnef: Bock, 1998. - LXIV, 278 S.
Zeittafel S. IX-XLVII; Erläuterungen u. biobibligr. Material in 633 Anmerk. S. 185-244; Fundorte der Tagebuchblätter S. 246-247; Bibl. S. 248-256; Namen-Register.

M-108 Mittendorfer, Monika: Unterdrückte Kreativität: Cornelia Goethe und Nannerl **Mozart**. - In: Maria Anna Mozart: die Künstlerin und ihre Zeit / hrsg. von Siegrid Düll & Otto Neumaier. - Möhnesee: Bibliopolis, 2001, S. 135-154.
Bibl. in 58 Anmerk. S. 149-153.

Mozart, Wolfgang Amadeus

*1756 Salzburg: +1791 Wien, Komponist, Konzertmeister und Hoforganist in Salzburg, k. k. Kammerkompositeur in Wien, Freimaurer

M-109 Fuchs, Aloys: Catalog der Werke **Mozart**s. - Wien, [o. J.]. - 124 Bl.
Thematisches Verz.

M-110 Catalogue thématique des oeuvres de J. Haydn et W. A. **Mozart**, qui se vendant chez Artaria et Comp. à Vienne. - Wien, o. J. - 29 Bl.

M-111 Mozart, Wolfgang Amadeus: Thematisches Verzeichnis sämmtlicher Kompositionen von W. A. **Mozart**, so wie er solches vom 9ten Februar 1784 an, bis zum 15ten November 1791 eigenhändig niedergeschrieben hat / nach dem Original-Manuskript hrsg. von A. André. - Offenbach a. M., 1805. - 63 S.
141 Titel.

M-112 Weber, Gottfried: Ergebnisse der bisherigen Forschungen über die Echtheit des **Mozart**schen Requiem. - Mainz, 1826. - XXIV, 96 S.
Bibl. im Text u. in Fußnoten.

M-113 Mozart, Wolfgang Amadeus: W. A. **Mozart**'s thematischer Catalog, so wie er solchen vom 9. Februar 1784 bis zum 15. November 1791 eigenhändig geschrieben hat: nebst einem erläuternden Vorbericht / von Anton André. - Neue ... Ausg. - Offenbach, 1828. - 63 S.
145 Titel.

M-114 Schlosser, Johann Aloys: Wolfgang Amad. **Mozart**: eine begründete und ausführliche Biographie desselben. - Prag, 1828. - VIII, 192 S.
Biobibliogr. Material im Text u. in Fußnoten; Werkverz. S. 169-192.

M-115 Bürkli, Johann Georg: Biographie von Wolfgang Amadeus **Mozart**. - Zürich, 1832-1833. - Abt. 1: 16 S. - Abt. 2: 12 S.
(Neujahrsgeschenk an die Zürcherische Jugend von der allgemeinen Musik-Gesellschaft; 20. 21.)
Abt. 2, S. 9-12: Werkverz.

M-116 Fuchs, Aloys: Thematisches Verzeichnis der sämtlichen Compositionen von W. A. **Mozart**. - Wien, 1837. - 152 Bl.
Manuskript der Deutschen Staatsbibliothek Berlin.

M-117 Thematisches Verzeichnis derjenigen Originalhandschriften von W. A. **Mozart** ... welche Hofrath André ... besitzt. - Offenbach, 1841. - 77 S.
280 Titel.

M-118 Fuchs, Aloys: Verzeichnis aller Abbildungen Wolfgang Amadeus **Mozart**s. - In: Allgemeine Wiener Musik-Zeitung. - 5. 1845, S. 584-586.
Ikonograph. Verz. v. Lithographien, Kupferstichen, Münzen, Medaillen, Büsten u. Statuetten: 58 Objekte.

M-119 Potter, Philip Cipriani: A thematic catalogue of **Mozart**'s pianoforte works, with and without accompaniment. - London, 1848.

M-120 W. A. **Mozart**. - In: Schmidt, August: Denksteine. - Wien, 1848, S. 75-93.
Bibl. im Text u. in Anmerk.: Werke.

M-121 Holmes, Edward: **Mozart**'s pianoforte works: an analytical and thematic index. - In: Novello, Joseph Alfred: Catalogue of music printed and published by Joseph Alfred Novello. - London, 1852, S. 164-187.
Kommentiertes thematisches Verzeichnis.

M-122 Erinnerungs-Blätter an Wolfgang Amadeus **Mozart** Säcularfest im September 1856 zu Salzburg. - Salzburg, 1856. - VIII, 96 S.
S. 38-42: Werkverz.; S. 42-44: Verz. der im Archiv des Mozarteums zu Salzburg sich vorfindenden Handschriften Mozarts; S. 44-62: Mozart-Erinnerungs-Kalender (Zeittafel mit Werkhinweisen).

M-123 Jahn, Otto: W. A. **Mozart**. - Leipzig, 1856-1859. - Bd 1-4.
1. XXXX, 716 S.
S. 701-716: Verz. d. mehrstimmigen Instrumentalwerke komponiert bis 1777: 106 Titel.
2. VIII, 568 S..
3. VIII, 514, 22 S.
S. 506-514: Verz. der in Mozarts Nachlaß gefundenen Fragmente u. Entwürfe.
4. VIII, 828, 16 S.
S. 751-755: Übersicht der auf dem k. k. Hoftheater von 1783 bis 1791 aufgeführten italienischen Opern. Quellen u. biobibliogr. Material im Text u. in zahlr. Fußnoten.

M-124 Thematisches Verzeichnis werthvoller meist noch ungedruckter Original-Handschriften W. A. **Mozart**s. - Berlin, 1856. - 15 S.
38 Handschriften.

M-125 Ulibischeff, Alexander: **Mozart**s Leben und Werke / neu bearb. und wesentlich erweitert von Ludwig Gantter. - 2. Aufl. - Stuttgart, 1859. - Bd 1-4.
1. XIX, 331 S..
2. 328 S.
Anhang S. 310-325: Mozarts eigenhändiger Werkkatalog 1784-1791: 145 Titel..
3. 392 S..
4. 348 S.
Bibl. S. 341-348.

M-126 Köchel, Ludwig von: Über den Umfang der musikalischen Produktivität W. A. **Mozart**'s. - In: Mitteilungen der Gesellschaft für Salzburger Landeskunde. - 2. 1861/62, S. 113-121.
Werkübersicht nach Entwicklungsperioden und Kompositionstypen.

M-127 Köchel, Ludwig von: Chronologisch-thematisches Verzeichnis sämmtlicher Tonwerke Wolfgang Amade **Mozart**'s: nebst Angabe der verloren gegangenen, unvollendeten, übertragenen, zweifelhaften und unterschobenen Compositionen desselben. - Leipzig, 1862. - XX, 551 S.
S. 1-24: Übersicht der vollständigen Kompositionen nach Gattung und Zahl.
S. 25-494: Chronolog. Verz. d. vollständigen Kompositionen (Thematisches Verz. mit Angabe der Autographen u. Drucke, Besitznachweise, Kommentar u. bibliogr. Material): 626 Titel.
S. 495-531: Anhang: Verloren gegangene Kompositionen, unvollständige, übertragene, zweifelhafte, unterschobene: 294 Titel.
S. 532-551: Namen- u. Sachregister.

Ergänzung: Köchel, Ludwig von: Nachträge und Berichtigungen zu von Köchel's Verzeichnis der Werke Mozart's. - In: Allgemeine musikalische Zeitung. - Leipzig. N.F. 2. 1864, Sp. 493-499.
Folgt der Numerierung des Grundwerkes.
Ergänzung: Nachtrag zum chronologisch-thematischen Verzeichnis sämtlicher Tonwerke Wolfgang Amade Mozarts. - Leipzig, 1889. 32 S..

M-128 Moyses, Karl: Systematischer Katalog über sämtliche im **Mozart**eums-Archive zu Salzburg befindliche Autografe und sonstige Reliquien W. A. Mozarts. - Salzburg, 1862. - 10 Bl.
Autographe, Briefe, Urkunden, Gegenstände aus dem Nachlaß.

M-129 Lorenz, Franz: W. A. **Mozart** als Klavier-Komponist. - Breslau, 1866. - 63 S., 4 Bl.
4 Bl.: Thematisches Verz. d. angeführten Klavierwerke Mozarts.

M-130 Mozart, Wolfgang Amadeus. - In: Wurzbach von Tannenberg, Constant: Biographisches Lexikon des Kaiserthums Österreich. - Wien. 19. 1868, S. 170-286.
Biographie S. 170-203; Verz. der gedruckten Kompositionen Mozarts S. 203-224; Lit. zur Biographie S. 224-229; Zeittafel S. 229-235; Mozarts Wohnungen in Salzburg, Wien u. anderen Städten S. 235-238; Lit. zu Mozarts Sterben, Tod und Grab S. 238-239; Lit. zu Geschichte u. Kritik von Mozarts größeren Tonwerken S. 240-247; Mozarts Briefe S. 247-249; Reliquien (Autographe, Instrumente, Gegenstände) S. 249-253; Ikonographie S. 253-260; Denkmäler und Erinnerungszeichen S. 260-262; Mozart in der Dichtung S. 262-267; Urteile über Mozart S. 267-273; Stiftungen zu Ehren Mozarts S. 273-274; Genealogisches Material u. Stammtafel S. 274-276; Besitzer der Mozart-Autographe S. 276-279; Mozart-Feiern S. 279-280; Populäre Bezeichnungen Mozartscher Kompositionen S. 280-283; Einzelheiten S. 283-285; weitere Lit. zu Leben und Werk S. 285-286.

M-131 Wurzbach von Tannenberg, Constantin: **Mozart**-Buch. - Wien, 1869. - 6 Bl., 295 S., 6 Bl.
Bibl. S. 68-106: Werke; Biograph. Quellen S. 107-124; Briefe S. 168-171; Ikonographie S. 180-195; Sekundärlit. S. 201-232.

M-132 Jelinek, Franz: Verzeichnis der im **Mozart**-Archive, Chiemseegasse Nr. 8, 1. Stock, zu Salzburg aufbewahrten Relikten Mozarts und dessen Familie. - Salzburg, 1871. - 2 Bl.
Verz. von 28 Objekten.

M-133 Mozart, Wolfgang Amadeus: Werke: kritisch durchgesehene Gesamtausgabe / hrsg. v. Johannes Brahms, Franz Espagne [unda.] - Leipzig, 1876-1905. - Ser. 1-24: 69 Bände.
Revisionsbericht / von Paul Graf Waldersee in 2 Supplementbänden. - 1883-1889. [Mehr nicht erschienen.].
Revisionsbericht mit Angaben von Autographen, Drucken und Standortnachweisen.

M-134 Pirckmayer, Friedrich: Zur Lebensgeschichte **Mozart**s. - In: Mitteilungen der Gesellschaft für Salzburger Landeskunde. - 16. 1876, S. 130-151.
Quellenmaterial im Text u. in Fußnoten.

M-135 Verzeichnis sämmtlicher Werke von W. A. **Mozart**, L. van Beethoven, F. Mendelssohn Bartholdy. - Leipzig: Breitkopf & Härtel, 1876. - 20 S. (Breitkopf und Härtel's Gesammtausgaben musikalischer Classiker..)
S. 2-13: Die Werke Mozarts.

M-136 Hammerle, Alois Josef: **Mozart** und einige Zeitgenossen: zur Ergänzung oder Berichtigung der betreffenden Biographien und Nachrichten. - Salzburg, 1877. - 96 S.
(Neue Beiträge für Salzburgische Geschichte, Literatur und Musik.)
Biobibliogr. Materialien im Text _.

M-137 Waldersee, Paul von: Die Gesamtausgabe der Werke **Mozart**s. - In: Sammlung musikalischer Vorträge / hrsg. von Paul Graf Waldersee. - Leipzig, 1879, Ser. 1,7, S. 195-212.
Forschungsbericht.

M-138 Nohl, Ludwig: **Mozart** nach den Schilderungen seiner Zeitgenossen. - Leipzig, 1880. - 410 S.
Biobibliogr. Material im Text u. in Fußnoten; Namen- u. Sachreg.

M-139 Nottebohm, Gustav: **Mozart**iana: von Mozart herrührende und ihn betreffende, zum großen Teil noch nicht veröffentlichte Schriftstücke. - Leipzig, 1880. - XII, 139 S.
Biobibliogr. Material im Text u. in den Fußnoten.

M-140 Internationale Stiftung Mozarteum in Salzburg: Jahresbericht der Internationalen Stiftung **Mozart**eum in Salzburg. / Internationale Stiftung Mozarteum in Salzburg. - Salzburg, 1881-1961.
1. 1881 - 41. 1936-1950.
1951-1961 [Mehr nicht erschienen.].
Vereins- und Schulmitteilungen, Aufführungen, Statistiken, Programme, Bibliotheks- und Archivberichte, Zuwachsverzeichnis, Literaturberichte, Personalia, Mozartiana.

M-141 Pressel, Gustav: Die aufgefundene Original-Handschrift der Nummer VIII und IX des **Mozart**'schen Requiems. - In: Der Klavier-Lehrer. - Berlin. 1. 1881, S. 209-211, 228-230, 242-244, 256-259, 272-274.
Materialien zu den Handschriften des Requiems u. bibliogr. Material im Text.

M-142 Horner, Johann: Katalog des **Mozart**-Museums im Geburts- und Wohnzimmer Mozart's zu Salzburg / ... zusammengest. und hrsg. v. J. Horner. - Salzburg: Selbstverlag, 1882. - 24 S.
Beschreibung der Objekte.

M-143 Scheurleer, Daniel François: Mozart's verblijf in Nederland en het muziekleven aldaar in de laatste helft der achtiende eeuw. - s'Gravenhage, 1883. - 157 S.
Bibl. S. 147-157: 94 Titel.

M-144 Horner, Johann: Katalog der Bücherei der "Internationalen Stiftung **Mozart**eum" in Salzburg. - In: Jahresbericht der Internationalen Stftung Mozarteum in Salzburg. - 6. 1886, S. 21-29; 7. 1887, S. 28-30; 8. 1888, S. 22; 9. 1889, S. 29.
Zusammen 194 Titel, jeweils alphabetisch geordnet, hauptäschlich Musikwissenschaft, davon viele Mozartiana.

M-145 Prieger, Karl: Urteile bedeutender Dichter, Philosophen und Musiker über **Mozart**: anschließend: hervorragende Musikschriftsteller; Gedichte. - Wiesbaden, 1886. - 288 S.
Jeweils mit Quellenangabe, Namen- u. Sachregister.

M-146 Engel, Karl: Die Don-Juan-Sage auf der Bühne. - Dresden, Leipzig, 1887. - 265 S.
Don-Juan-Stoffgeschichte; S. 87-150: reichhalt. bibliogr. Material zu Mozarts Don Giovanni im Text u. in Fußnoten; S. 221-262: Zusammenstellung der Don-Juan-Schriften (S. 232-241: Mozarts Don Juan: Titel Nr. 27-63); Namenreg.

M-147 Engl, Johann Evangelist: W. A. **Mozart** in der Schilderung seiner Biographen, in seiner körperlichen Erscheinung und im Bilde. - Salzburg, 1887. - 91 S.
Biobibliogr. u. ikonographisches Material im Text.

M-148 Freisauff, Rudolf von: Mozarts Don Juan 1787-1887: e. Beitr. zur Geschichte dieser Oper. - Salzburg, 1887. - VIII, 197 S.
Bibl. S. VII-VIII; weiteres bibliogr. Material u. Angaben zu Entstehung, Partitur, Textbuch u. Aufführungen im Text; S. 105-173: Zur Bühnenstatistik des 'Don Juan'; S. 181-186: Prieger, Erich: Verzeichnis einer Literatur über "Don Juan" (zumeist aus Zeitschriften); Namenreg.

M-149 Haberl, Franz Xaver: Mozart als Kirchen-Componist. - In: Kirchenmusikalisches Jahrbuch. - Regensburg. 2. 1887, S. 45-62.
Bibl. im Text u. in Fußnoten.

M-150 Rogge, H. C.: De opvoeringen van **Mozart**'s "Don Juan" in Nederland. - In: Tijdschrift der Vereeniging voor Noord-Nederlands-Muziekgeschedenis. - Amsterdam. 2. 1887, S. 237-277.
Bibl. in zahlr. Fußnoten; Verz. der Don-Juan-Auffführungen in den Niederlanden 1794-1887 S. 274-277.

M-151 Hortschansky, Klaus: Autographe Stimmen zu **Mozart**s Klavierkonzert KV 175 im Archiv André zu Offenbach. - In: Mozart-Jahrbuch. - Kassel. 1989/90, S. 37-54.
Bibl. in 32 Fußnoten.

M-152 Albrecht, Constantin: Thematisches Verzeichnis der Streich- und Clavier-Trios, Quartette und Quintette von Haydn, **Mozart**, Beethoven, Schubert, Mendelssohn-Bartholdy und Schumann: Chronolog. geordnet und metronomisiert. - Leipzig, Moskau, 1890. - XX, 66 S.
S. XIII-XV: Chronolog. Tabelle; S. XVI-XX: Vergleichende Übersicht der Numerierungen in den verschiedenen Ausgaben; S. 27-36, 62: Betr. Mozart.

M-153 Engl, Johann Evangelist: Das Requiem und die Requiemfrage. - In: Engl, Johann Evangelist: Festschrift zur Mozart-Centenarfeier in Salzburg. - Salzburg, 1891, S. 73-123.
Biobibliogr. Material im Text.

M-154 Schnerich, Alfred: Der Messen-Typus von Haydn bis Schubert: (Joseph und Michael Haydn, **Mozart**, Beethoven, Schubert.) - Wien, 1892.
(Aus: St. Leopoldsblatt. - Wien, 1892, Nr. 1-2.)
S. 16-23: Thematisches Verzeichnis der Messen.

M-155 Wolfgang Amadeus **Mozart**. - In: Adler, G.: Fach-Katalog der musikhistorischen Abteilung von Deutschland und Oesterreich-Ungarn. - Wien, 1892, S. 273-285.
109 Exponate: Autographen, Drucke, Bildmaterial.

M-156 Artaria, August: Verzeichnis von musikalischen Autographen, revidierten Abschriften und einigen seltenen gedruckten Original-Ausgaben ... aus dem Nachlasse Joseph Haydns und Ludwig van Beethovens: Ferner der Manuskripte von **Mozart** ... und anderen ... im Besitze von August Artaria in Wien. - Wien, 1893. - 26 S.
Nachweis von 224 Titeln, und zwar:.
Nr. 22-58: Joseph Haydn.
Nr. 59-61: Michael Haydn.
Nr. 77-92: Wolfgang Amadeus Mozart.
Nr. 107-123: Franz Schubert.
Nr. 124-224: Ludwig van Beethoven.

M-157 Verzeichnis von musikalischen Autographen, revidierten Abschriften u. einigen seltenen gedruckten Original-Ausgaben vornehmlich der reichen Bestände aus dem Nachlasse Joseph Haydn's u. Ludwig van Beethoven's: Ferner d. Manuskripte von **Mozart**, Schubert, Rossini und anderen namentlichen Wiener Tonsetzern im Besitze von August Ar-

taria in Wien. - Wien, 1893. - 26 S.
Insgesamt 224 Titel; S. 8-10: Mozart (Nr 77-92).

M-158 Mozartgemeinde in Berlin:
Mitteilungen für die **Mozart**gemeinde in Berlin. / Mozartgemeinde in Berlin. - Berlin, 1895-1925. - Jg 1-43.
Wissenschaftl. Artikel mit biobibliogr. Material, Forschungs- und Literaturberichte, Rezensionen, Kritiken, Vereinsnachrichten usw.

M-159 Sterneck, Carl von: Der Freundeskreis **Mozart**s in Salzburg. - In: Jahresbericht der Internationalen Stiftung Mozarteum in Salzburg. - 15. 1895, S. 36-57.
Bibl. in Fußnoten.

M-160 Verzeichnis der Musikhandschriften W. A. **Mozart**s im Besitze der Königlichen Bibliothek in Berlin. - In: Mitteilungen für die Mozart-Gemeinde in Berlin. - 1. 1895, S. 5-17.
225 Titel.

M-161 Weltner, Albert Josef: Mozart's Werke und die Wiener Hof-Theater: Statistisches und Historisches. - Wien, 1896. - 108 S.
Verz. der an den Wiener Hoftheatern aufgeführten Werke Mozarts mit Aufführungsdaten u. Besetzungen S. 5-46; Statist. Übersicht dazu S. 47-54; Personenreg. mit Lebensdaten S. 55-92.

M-162 Henkel, Heinrich: Über **Mozart**sche Manuskripte. - In: Mitteilungen für die Mozart-Gemeinde in Berlin. - 5. 1898, S. 156-163.
Bibl. im Text u. in Fußnoten; Verz. d. Manuskripte im Mozart-Archiv Offenbach S. 162-163: 14 Titel.

M-163 Mirow, L.: Mozart: ein Beitrag zum Mozart-Kultus in übersichtlicher Darstellung des für Mozart in Wort und Tat in letzter Zeit Geschaffenen. - Hildesheim, 1898. - 47 S.
Behandlung d. Mozart-Lit. im Text.

M-164 Musikalien-Anzeigen **Mozart**scher Werke aus seiner Lebenszeit. - In: Mitteilungen für die Mozart-Gemeinde in Berlin. - 7. 1899, S. 214-217.
Bibl. im Text.

M-165 Procházka, Rudolph von: Mozart in Prag. - Prag, 1899. - VIII, 236 S.
Biobibliogr. Material im Text u. in zahlr. Fußnoten.

M-166 Vogel, Emil: Mozart-Portraits. - In: Jahrbuch der Musikbibliothek Peters. - Leipzig. 6. 1899, S. 11-37.
Ikonograph. Material im Text; Bibl. in Fußnoten; Register der Maler, Bildhauer, Kupferstecher usw. S. 35-37.

M-167 Fleischer, Oskar: Mozart. - Berlin, 1900. - 215 S.
(Geisteshelden; 33.)
Bibl. S. 189-215: 248 Titel.

M-168 Breakspeare, Eustace J.: Mozart. - London, New York, 1902. - X, 300 S.
(The master musicians.)
S. 250-251: Stammtafel; S. 257-262: Verz. d. Kompositionen; Bibl. S. 263-268; S. 269-292: Personen- u. Sachregister (mit Biogrammen); S. 293-300: Zeittafel.

M-169 Mozart, Wolfgang Amadeus: Mozarts Verzeichnis seiner Werke seit dem Jahre 1784: vollständig nach seiner Handschrift. - In: Mitteilungen für die Mozart-Gemeinde in Berlin. - 16. 1903, S. 187-219.
Kommentierter Abdruck von Mozarts Werkverzeichnis.

M-170 Jahn, Otto: W. A. **Mozart** / bearb. und erg. v. Hermann Deiters. - 4. Aufl. - Leipzig, 1905-1907. - T. 1-2.
1. 1905. - XLII, 852 S.
Bibl. in zahlr. Fußnoten.
2. 1907. - XIV, 911, 37 S.
S. 717-729: Familiendokumente; S. 739-755: weitere Dokumente u. Zeugnisse; S. 755-766: Texte der Kirchenmusik Mozarts; S. 766-769: Bearbeitungen v. Mozarts Kirchenmusik; S. 846-847: Mozarts Wohnungen in Wien; S. 847-859: Mozarts Porträts; S. 859-864: Ein Verz. v. Mozarts Jugendwerken; S. 865-889: Verz. d. Kompositionen; S. 890-911: Namen- u. Sachregister.

M-171 Köchel, Ludwig von: Chronologisch-thematisches Verzeichnis sämtlicher Tonwerke Wolfgang Amade **Mozart**s: nebst Angabe der verloren gegangenen, unvollendeten, übertragenen, zweifelhaften und unterschobenen Kompositionen desselben / bearb. u. erg. v. Paul von Waldersee. - 2. Aufl. - Leipzig, 1905. - XLVIII, 676 S.
S. XXV-XLVIII: Übersicht der vollständigen Kompositionen nach Gattung und Zahl.
S. 1-594: Chronolog. Verz. d. vollständigen Kompositionen (Thematisches Verz. d. Autographen u. Drucke, Besitznachweise, Kommentar u. bibliogr. Material): 626 Titel.
S. 595-656: Anhang: Verloren gegangene Kompositionen, angefangene, übertragene, zweifelhafte, unterschobene: 294 Titel.
S. 657-676: Namen- u. Sachregister.

M-172 Curzon, Henri Parent de: Essai de bibliographie **Mozart**ine: revue critique des ouvrages relatifs à W. A. Mozart et à ses oeuvres. - Paris: Fischbacher, 1906. - 39 S.
(Aus: Bibliographie moderne. - 10. 1906, S. 85-121.)
453 Titel, systematisch geordnet.

M-173 Hirsch, Paul: Katalog einer **Mozart**-Bibliothek. - Frankfurt/M., 1906. - 75 S.
S. 3-18: Mozart-Literatur; S. 21-75: Drucke von Mozart-Kompositionen.

M-174 Katalog des **Mozart**-Museums im Geburts- und Wohnzimmer Mozarts zu Salzburg ... / hrsg. v. Johann Evangelist Engl. - 4. Aufl. - Salzburg, 1906. - XV, 62 S., 1 Stammtaf. gef.
S. III-X: Mozarts Augsburger Vorfahren; Quellen u. biobibliogr. u. genealog. Material im Text u. in Fußnoten; S. 1-62: Katalog des Mozart-Museums mit biobibliogr. Material.

M-175 Scheurleer, Daniel François: **Mozart**iana: portretten en herinneringen aan zijn verblijf in Nederland. - Den Haag, 1906. - 18 S.
Mozart-Ikonographie S. 9-18: 71 Objekte.

M-176 Challier, Ernst: Sonaten-Tabelle: eine nach Tonarten alphabetisch geordnete Aufstellung sämmtlicher Clavier Sonaten von Clementi, Haydn, **Mozart** in allen Ausgaben. - 4., verm. u. verb. Aufl. - Gießen, 1907. - 16 S.

M-177 Genée, Rudolph: Die neuesten Schätze der Musiksammlung in der Berliner Königlichen Bibliothek: e. Beitr. z. Geschichte d. **Mozart**-Handschriften. - In: Mitteilungen für die Mozart-Gemeinde in Berlin. - 26. 1908, S. 91-100.
Materialien zu den Handschriften im Text.

M-178 Die Opernhandschriften **Mozart**s im Berliner Besitz. - In: Mitteilungen für die Mozart-Gemeinde in Berlin. - 26. 1908, S. 103-104.
Verz. von 16 Handschriften der Staatsbibliothek Berlin.

M-179 Preibisch, Walther: Quellenstudien zu **Mozart**s "Entführung aus dem Serail": ein Beitrag zur Geschichte der Türkenoper. - Halle-Wittenberg: Univ. Diss., 1908. - 55 S.
Bibl. S. 7-10.

M-180 Wyzewa, Teodor de: W. A. **Mozart**, sa vie musicale et son oeuvre. / Teodor de Wyzewa; Georges de Saint-Foix. - Paris, 1912-1946. - Bd 1-2.
1. XIV, 522 S..
2. 451 S.
Chronolog. Werkverz. S. 403-424; Konkordanz; Personen- u. Werkregister.

M-181 Rückward, Fritz: Zur Kritik der Großen C-Moll-Messe **Mozart**s. - In: Mitteilungen für die Mozart-Gemeinde in Berlin. - 36. 1913, S. 123-150.
Bibl. in Fußnoten; Pressestimmen S. 140-150: 62 Titel.

M-182 Engel, Erich Wilhelm: W. A. **Mozart**s Leben und Werke im Bilde. - Berlin, 1914. - 8, 189 S.
Bibl. S. 4-6; Reg. S. 7-8; S. 1-189: chronolog. Mozart-Ikonographie.

M-183 Leitzmann, Albert: **Mozart**s Persönlichkeit: Urteile der Zeitgenossen. - Leipzig, 1914. - 199 S.
Bibl. S. 178-190; S. 191-198: Namenreg.; S. 199: Register d. erwähnten Werke Mozarts.

M-184 Moißl, Franz: Die Kirchenmusik in **Mozart**s Briefen. - In: Musica Divina. - Wien. 2. 1914, S. 350-359.
Erläuterungen u. Bibl. in den Fußnoten.

M-185 Moißl, Franz: Salzburger **Mozart**-Literatur. - In: Musica Divina. - Wien. 2. 1914, S. 380-382.
Lit. aus 1882-1912.

M-186 Mozart, Wolfgang Amadeus: Die Briefe W. A. **Mozart**s und seiner Familie: erste kritische Gesamtausgabe / von Ludwig Schiedermair. - München, Leipzig, 1914. - Bd 1-5.
1. Die Briefe W. A. Mozarts. - 1. XXIX, 311 S.
S. XIX-XXV: Verz. d. Originale u. Faks. mit Standorten; S. 295-305: Erläuterungen u. Bibl. in 145 Anmerk.; S. 307-311: Verz. d. Briefe (146)..
2. Die Briefe W. A. Mozarts. - 2. 389 S.
S. 367-381: Erläuterungen u. Bibl. in den Anmerk. 147-352; S. 383-389: Verz. d. Briefe (Nr. 147-352)..
3. Die Briefe Leopold Mozarts. - 1. 403 S.
S. 391-398: Erläuterungen u. Bibl. in 173 Anmerk.; S. 399-403: Verz. d. Briefe (175)..
4. Die Briefe Leopold Mozarts (2) und der übrigen Familie. - 453 S.
S. 391-397: Erläuterungen u. Bibl. in den Anmerk. 177 [!]-318; S. 399-404: Verz. d. Briefe Nr. 176-321 u. weitere; S. 421-453: Gesamtregister (Namen, Autoren, Köchel-Nummern)..
5. Mozart-Ikonographie. - XII, 157, 15 S.
S. 1-157: Bilder; S. 3-8: Ikonographische Erläuterungen dazu; S. 11-13: Register.

M-187 Mozart, Wolfgang Amadeus. - In: Kinsky, Georg: Musikhistorisches Museum von Wilhelm Heyer in Cöln: Katalog; Bd 4. - Köln: Heyer; Leipzig: breitkopf u. Härtel, 1916. - 4. Musik-Autographen. - XXX, 870 S. - S. 128-137.
Autographen-Nr. 182-187: mit Erläuterungen u. biobibliograph. Materialien im Text u. in Fußnoten.

M-188 Lach, Robert: W. A. **Mozart** als Theoretiker. - Wien, 1918. - 100 S.
(Kaiserliche Akademie der Wissenschaften in Wien: Denkschriften; Phil.-hist. Kl. 61,1.)
Bibl. S. 3-4 u. in 243 Anmerk. S. 42-48.

M-189 Lert, Ernst: **Mozart** auf dem Theater. - 2. Aufl. - Berlin, 1918. - XXII, 491 S.
Bibl. S. XVI-XXII; S. 481-487: Personenreg.; S. 487-491: Sachreg.

M-190 Mandyczewski, Eusebius: **Mozart** schrieb in deutscher Sprache. - In: Mozarteums-Mitteilungen. - Salzburg. 1. 1918/19, H. 1, S. 18-19.
Chronolog. Verz. deutschsprachiger Mozart-Vertonungen 1766-1791.

M-191 Mandyczewski, Eusebius: Die **Mozart**iana der Gesellschaft der Musikfreunde in Wien: (Museum, Archiv, Bibliothek.) / Eusebius Mandyczewski; R. von Lewicki. - In: Mozarteums-Mitteilungen. - Salzburg. 1. 1918/19, H. 2, S. 8-10.
Autographe, Abschriften, Bilder usw.

M-192 Mozarteums-Mitteilungen. - Salzburg, 1918-1921. - 1. 1918/19 - 3. 1920/21. [m.n.e.]
Einschlägige Artikel zu Mozart und sein Umfeld mit Quellen u. biobibliogr. Materialien, Vereinsmitteilungen, Archivalien, Bibliotheks-, Literatur- u. Sammlungsberichten.

M-193 Verzeichnis der autographen **Mozart**-Handschriften der k. k. Hofbibliothek in Wien. - In: Mozarteums-Mitteilungen. - Salzburg. 1. 1918/19, H. 1, S. 12-13.

M-194 Wallner, Berta Antonia: Neuere **Mozart**-Literatur. - In: Neue Musikzeitung. - Stuttgart. 39. 1918, S. 167-172, 182-185.
Literaturbericht, Bibl. im Text.

M-195 Die ältesten Aufsätze über **Mozart**s Grab. - In: Mozarteums-Mitteilungen. - Salzburg. 2. 1919/20, S. 97-101.
Bibl. in 24 Fußnoten.

M-196 Die **Mozart**sammlung des Aloys Fuchs. - In: Mozarteums-Mitteilungen. - Salzburg. 2. 1919/20, S. 36-37.
Sammlungsübersicht.

M-197 Speyer, Edward: Notes on the iconography of Wolfgang Amadeus **Mozart**. - In: The Musical Quarterly. - New York. 5. 1919, S. 175-191.
Ikonograph.-biobibliograph. Material im Text u. in Fußnoten.

M-198 Blümml, Emil Karl: Mozart und seine Werke im Lichte der Dichtkunst. - In: Mozarteums-Mitteilungen. - Salzburg. 3. 1920/21, S. 72-75.
Bibl. in 21 Fußnoten.

M-199 Gugitz, Gustav: Zu **Mozart**s Tod. - In: Mozarteums-Mitteilungen. - Salzburg. 3. 1920/21, S. 1-8.
Quellen u. Bibl. in 22 Fußnoten.

M-200 Jungwirth, Augustin: Mozarts Handschriften im Stifte St. Peter in Salzburg. - In: Mitteilungen der Salzburger Festspielhaus-Gemeinde. - 3. 1920, Nr. 5, S. 1-4.
Verz. d. Handschriften.

M-201 Kurthen, Wilhelm: Studien zu W. A. **Mozart**s kirchenmusikalischen Jugendwerken (bis zur ersten italienischen Reise). - In: Zeitschrift für Musikwissenschaft. - Leipzig. 3. 1920/21, S. 194-222, 337-381.
Bibl. in zahlr. Fußnoten: Lit.; Werkangaben mit Standortnachweisen im Text.

M-202 Mozart, Leopold: Reise-Aufzeichnungen 1763-1771 / hrsg. und erl. v. Arthur Schurig. - Dresden, 1920. - 110 S.
S. 11-60: Itinerarien; S. 61-80: Erläuterungen; S. 83-103: Wolfgang-Amadeus-Mozart-Ikonographie; Register.

M-203 Waltershausen, Hermann Wolfgang von: Die Zauberflöte: eine operndramaturgische Studie. - München: Drei Masken-Verlag, 1920. - 126 S. (Musikalische Stillehre in Einzeldarstellungen; 1.)
Bibl. S. 121-126 in 45 Anmerk.

M-204 Mozart: seine Persönlichkeit in den Aufzeichnungen und Briefen seiner Zeitgenossen und seinen eigenen Briefen / hrsg. v. Otto Hellinghaus. - Freiburg/Br., 1922. - XXIII, 254 S.
Bibl. S. XVII-XVIII; Zeittafel mit Werkhinweisen S. XVIII-XXIII; Quellenangaben u. Anmerk. S. 251-254.

M-205 Mozart, Constanze: Briefe, Aufzeichnungen, Dokumente 1782-1842 / hrsg. v. Arthur Schurig. - Dresden, 1922. - XLVIII, 192 S., 1 Stammtaf. gef.
Bibl. in Fußnoten; S. XLI-XLII u. 179-180: Verzeichnis der zu seinen Lebzeiten gedruckten Werke Mozarts; Register.

M-206 Schiedermair, Ludwig: Mozart: sein Leben und seine Werke. - München, 1922. - XVIII, 495 S.
Bibl. in zahlr. Anmerk. S. 444-469; Chronolog. Verz. der Werke Mozarts S. 470-477; Systemat. Verz. der Werke Mozarts S. 478-487; Namenregister.

M-207 Blümml, Emil Karl: Aus **Mozart**s Freundes- und Familienkreis. - Wien, Prag, Leipzig, 1923. - VIII, 246 S.
Enth. u. a. folgende Beiträge:.
S. 1-9: Mozarts Kinder: e. Matrikenstudie. /Quellen u. biobibliogr. Material im Text u. in 56 Anmerk. S. 181-183.
S. 104-118: Karoline Pichler als Musikerin und Mozart. /Quellen u. biobibliogr. Material im Text u. in 82 Anmerk. S. 200-202.
S. 163-179: Stammt das Quartett "D'Bäurin hat d'Katz verlor'n" von Mozart? /Quellen u. Bibl. in 93 Anmerk. S. 218-222.

M-208 Blümml, Emil Karl: Ausdeutungen der "Zauberflöte". - In: Mozart-Jahrbuch. - München. 1. 1923, S. 109-146.
Bibl. in Fußnoten.

M-209 Mozart-Jahrbuch / hrsg. von Hermann Abert. - München, 1923-1929. - Bd 1-3.
Artikel zu Mozart mit biobibliogr. Materialien; Rezensionen, laufende Bibl., Noten- u. Zeitschriftenschau.

M-210 Schurig, Arthur: Wolfgang Amade Mozart: sein Leben, seine Persönlichkeit, sein Werk. - Leipzig, 1923. - Bd 1-2.
1. 463 S.
Quellen u. Bibl. S. 34-38 u. in zahlr. Fußnoten.
2. 514 S.
Mozarts Nachlaß an Büchern und Musikalien S. 453-459; Ahnentafeln S. 460-465; Mozarts Wohnungen in Wien S. 465-466; Register.

M-211 Groag-Belmonte, Carola: Die Frauen im Leben Mozarts. - 2., neubearb. Aufl. - Zürich, Wien, Leipzig, 1924. - XII, 159 S.
(Amalthea-Bücherei; 40.)
Bibl. S. 149-150 u. in Anmerk. S. 151-159.

M-212 Zur Aufführung von Mozarts ernster Oper Idomeneus im Staatsopernhause zu Dresden 1925. - In: Mitteilungen für die Mozart-Gemeinde in Berlin. - 43. 1925, S. 27-28.
Pressestimmen.

M-213 Blaschitz, Mena: Die Salzburger Mozartfragmente. - Bonn: Univ. Diss., 1926 (1928). - 306 Bl.
60 handschriftl. Mozartfragmente im Mozarteum Salzburg (Datierung, Konkordanzen, themat. Verz., Beschreibung); Auszug in: Jahrbuch der Philosophischen Fakultät Bonn. - 3. 1924/25, S. 237-240.

M-214 Leisching, Julius: Wolfgang A. Mozarts Bildnisse. - In: Salzburger Museumsblätter. - 5. 1926, Nr. 5/6, S. 1-6.
Ikonographisches Material im Text.

M-215 Leitzmann, Albert: Wolfgang Amadeus Mozarts Leben: in seinen Briefen und Berichten der Zeitgenossen. - Leipzig, 1926. - 518 S.
S. 450-488: Erläuterungen u. bibliogr. Material; S. 489-493: Verz. v. Mozarts hinterlassenen Büchern: 85 Objekte; Sach-, Werk- u. Personenregister.

M-216 Das Mozart-Museum zu Salzburg. - Salzburg: Mozartgemeinde, 1926. - 29 S.
Übersicht über die Bestände.

M-217 Bayer, Friedrich: Über den Gebrauch der Instrumente in den Kirchen- und Instrumentalwerken von Wolfgang Amadeus Mozart. - In: Studien zur Musikwissenschaft. - Wien. 14. 1927, S. 33-74.
Bibl. in 121 Fußnoten.

M-218 Bellaigne, Camille: Mozart: biographie critique. - Paris, 1927. - 124 S.
(Les musiciens célèbres.)
S. 116-123: Werkverz.; Bibl. S. 123-124.

M-219 Keller, Otto: Wolfgang Amadeus Mozart: Bibliographie und Ikonographie / zusammengest. und nach Materien geordnet aus dem Musik- und Theaterarchiv G. Fr. Hagen und anderen Quellen. - Berlin, Leipzig: Paetel, 1927. - XI, 274 S.
Bibl. S. 1-212: 4280 Titel nach 14 Sachgruppen; Ikonographie S. 215-228: Nr. 4281-4520 nach 13 Sachgruppen; Personen-, Orts- u. Sach-Register S. 242-274.

M-220 Hussey, Dyneley: Wolfgang Amade Mozart. - London, 1928. - XIII, 368 S.
Zeittafel zu Leben u. Werk S. 333-357; Index S. 359-365; Werkregister S. 365-368.

M-221 Internationale Stiftung Mozarteum:
Die Zauberflöte: Ausstellung / veranstaltet von der Internationalen Stiftung Mozarteum. - Salzburg, 1928. - 76 S.
Katalog mit 992 Objekten, mit biobibliogr. Material.

M-222 Tenschert, Roland: Neuere Mozartliteratur: Folge 1-3. - In: Jahresbericht des Konservatoriums Mozarteum in Salzburg. - 1928/29, S. 6-18; 1929/30, S. 2-8; 1930/31, S. 3-11.
Systematisch geordnet.

M-223 Tiersot, Julien: Don Juan de Mozart: étude historique et critique; analyse musicale. - Paris, 1928. - 226 S.
(Les Chefs-d'oeuvre de la musique expliqués; 1.)
Bibl. S. 223-226.

M-224 Bacher, Otto: Mozarts Opern im Frankfurt des 18. Jahrhunderts. - In: Mozart-Jahrbuch. - München. 3. 1929, S. 107-145.
Bibl. in zahlr. Fußnoten.

M-225 Bernhardt, Reinhold: W. A. Mozarts Messias-Bearbeitung und ihre Drucklegung in Leipzig 1802-1803. - In: Zeitschrift für Musikwissenschaft. - Leipzig. 12. 1929/30, S. 21-45.
Quellen u. biobibliogr. Material im Text u. in Fußnoten.

M-226 Hoffmann, Hans: Über die Mozartschen Serenaden und Divertimenti. - In: Mozart-Jahrbuch. - München. 3. 1929, S. 59-79.
Bibl. in Fußnoten; Tabelle der Serenaden u. Divertimenti S. 78-79.

M-227 Musikmanuskripte Wolfgang Amadeus Mozarts: aus dem Besitz von André Erben. - Berlin, 1929-1932. - T. 1-2.
1. Textband.
Von Georg Kinsky. - 1929. - 44 S. /36 Objekte..
Tafelband. - 1929. - 13 Taf..
2. Von Johannes Kahn. - 1932. - 34 S., IX Taf.
32 Objekte.

M-228 Schenk, Erich: Mozarts Salzburger Vorfahren. - In: Mozart-Jahrbuch. - München. 3. 1929, S. 81-93.
Quellen u. biobibliogr. u. genealog. Material im Text u. in Fußnoten.

M-229 Buenzod, Emmanuel: Mozart. - Paris: Rieder, 1930. - 80, LX S.
(Maîtres de la musique ancienne et moderne; 7.)
Bibl. S. 75; Diskographie S. 75-76.

M-230 Curzon, Henri de: Bibliographie **Mozart**ienne française. - In: Societé d'Etudes Mozartiennes: Bulletin. - Paris. 1. 1930/32, S. 137-141.
Verzeichnis der französischen Mozart-Literatur.

M-231 Brachtel, Karl: Mozart im Urteil berühmter Musiker und Dichter. - In: Mozart-Almanach / Hrsg.: Heinrich Damisch. - Wien, Leipzig, 1931, S. 139-151.
Bibliogr. Material im Text.

M-232 Cloeter, Hermine: An der Grabstätte W. A. **Mozart**s: ein Beitrag zur Mozartforschung. - Wien, Leipzig, 1931. - 28 S.
Quellen u. Bibl. S. 27.

M-233 Damisch, Heinrich: Die Wiener **Mozart**-Häuser: e. musikhistor. Studie. - Wien: Alldeutscher Verb., 1931. - 1 Bl.
(Aus: Monatsberichte über Politik u. Wirtschaft; Nr. 29.)
Beschreibung der Mozart-Häuser.

M-234 Damisch, Heinrich: Zeitgenossen **Mozart**s. - In: Mozart-Almanach / Hrsg.: Heinrich Damisch. - Wien, Leipzig, 1931, S. 185-207.
Biogramme, alphabetisch geordnet.

M-235 Deutsch, Otto Erich: Mozart-Drucke: e. bibliogr. Ergänzung zu Köchels Werkverzeichnis. / Otto Erich Deutsch; Cecil B. Oldman. - In: Zeitschrift für Musikwissenschaft. - Leipzig. 14. 1931/32, S. 135-150, 337-351.
Zahlreiche Ergänzungen u. Berichtigungen zu den Ausgaben 1862 u. 1905 des "Köchel-Verzeichnisses"; weitere Ergänzungen: Kinsky, Georg: Einige Ergänzungen zur Bibliographie der Mozart-Drucke. - In: Zeitschrift für Musikwissenschaft. - 14. 1931/32, S. 421-422.

M-236 Mozart-Almanach / Hrsg.: Heinrich Damisch. - Wien, Leipzig: Wiener Akademische Mozartgemeinde, 1931. - 224 S.
Mozarts Reisewege S. 171-176; Ortsregister dazu S. 176-178; Mozartliteratur S. 179-185.

M-237 Oldman, Cecil B.: Mozart and modern research. - In: Proceedings of the Royal Musical Association. - London. 58. 1931/32, 16. Febr., S. 43-66.
Forschungsbericht; Bibl. im Text.

M-238 Preiss, Cornelius: Mozart in Oberösterreich. - Linz: Pirngruber, 1931. - 15 S.
(Sonderabdrucke aus den Heimatgauen; 19.)
Biobibliogr. Material im Text u. in Fußnoten.

M-239 Tenschert, Roland: Mozart: ein Künstlerleben in Bildern und Dokumenten. - Leipzig, Amsterdam: Meulenhoff, [1931]. - VII, 277 S.
(Meulenhoff-Ausgaben.)
Bibl. S. 257-262 in 109 Anmerk.; Ikonographisches Material S. 263-272; Namenregister.

M-240 Wiener Figaro: Mitteilungsblatt / der **Mozart**gemeinde Wien. - Wien, 1931ff.. - Jg 1ff.
Laufend mit Literaturberichten u. Diskographien, Aufführungen, Veranstaltungen, Vereinsmitteilungen, Mozart-Aufsätze mit biobibliogr. Materialien.

M-241 Böhme, Erdmann Werner: Mozart in der schönen Literatur. - Greifswald, Bamberg (2: Salzburg), 1932-1960. - T. 1-2.
T. 2 u. d. T.: Mozart in der schöngeistigen Literatur..
Buchausgabe der von Böhme als Zeitschriftenbeiträge veröffentlichten Bibliographien, verzeichnet zusammen rund 600 Titel.

M-242 Böhme, Erdmann Werner: Mozart in der schönen Literatur: (Drama, Roman, Novelle, Lyrik.) - In: Bericht über die musikwissenschaftliche Tagung der Internationalen Stiftung Mozarteum in Salzburg / hrsg. v. Erich Schenk. - Leipzig, 1932, S. 179-297.
S. 179-243: Motivgeschichtl. Abhandlung; Bibl. S. 243-297: 411 Titel; weiteres bibliogr. Material in 145 Fußnoten.

M-243 Deutsch, Otto Erich: Mozart und die Wiener Logen: zur Geschichte seiner Freimaurer-Kompositionen / hrsg. v. d. Großloge von Wien. - Wien: Wiener Freimaurer-Zeitung, 1932. - 35 S.
Bibl. in 58 Anmerk. S. 28-34.

M-244 Haas, Robert: Mozartforschung und Meisterarchiv. - In: Bericht über die Musikwissenschaftliche Tagung der Internationalen Stiftung Mozarteum in Salzburg / hrsg. v. Erich Schenk. - Leipzig, 1932, S. 298-301.
Archivbericht über das Phonogrammarchiv der Österr. Nationalbibliothek mit Werkangaben.

M-245 Schenk, Erich: Mozarts mütterliche Familie. - In: Bericht über die Musikwissenschaftliche Tagung der Internationalen Stiftung Mozarteum in Salzburg / hrsg. v. Erich Schenk. - Leipzig, 1932, S. 45-68.
Quellen u. biobibliogr. u. genealog. Material im Text u. S. 63-68 in 199 Anmerk.

M-246 Saint-Foix, Georges de: Les éditions françaises de **Mozart** 1765-1801. - In: Mélanges de musicologie offerts à M. Lionel de la Laurencie. - Paris, 1933, S. 247-258.
(Publications de la Société Française de Musicologie; 2,3-4.)
Bibl. im Text u. in den Fußnoten.

M-247 Brukner, Fritz: Die Zauberflöte: unbekannte Handschriften und seltene Drucke aus d. Frühzeit v. **Mozart**s Oper / hrsg. u. eingel. v. Fritz Brukner. - Wien: Gilhofer & Ranschburg, 1934. - 214 S., mit 24 Theaterzettel Facs.
Bibl. in 70 Anmerk. S. 207-213; Personenreg.

M-248 Hévesy, André de: Vie de **Mozart**. - Paris: Ed. des Portiques, 1934. - 249 S.
[Umschlagtitel:] Firmin-Didot 1936.
Bibl. S. 241-242; Diskographie S. 243-249.

M-249 Doldinger, Friedrich: Mozart. - Stuttgart: Jauss, [um 1935]. - 208 S.
Zeittafel mit Werkangaben S. 175-208.

M-250 Gilhofer & Ranschburg: Musik: Instrumental- und Vokalmusik von Beethoven, Haydn, **Mozart**, Schubert in Originalausgaben. Bücher, Stiche, Autographen. / Gilhofer & Ranschburg. - Wien, 1936. - 18.
(Gilhofer & Ranschburg. Katalog; 259..)
Antiquariatskatalog: Noten, Bücher, Musikerporträts, Musikermedaillen, bildliche Darstellungen, Autographen: 293 Titel.

M-251 Hummel, Walter: Marksteine der Geschichte der Internationalen Stiftung **Mozart**eum in Salzburg: und 40. Jahresbericht (über die Jahre 1918-1935) / erstattet von Walter Hummel. - Salzburg: Mozarteum, 1936. - 100 S.
(Jahresbericht der Internationalen Stiftung Mozarteum in Salzburg; 40.)
Vereinsberichte, Konzerte, Mozart-Gedenkstätten, Mozartforschung, Archiv- und Bibliotheksberichte, Anzeigen der Veröffentlichungen, Mitgliederverzeichnisse.

M-252 Stenke, Emilie: Mozart in der deutschen Dichtung. - Wien: Univ. Diss., 1936. - 173 Bl.
Bibl. Bl. 162-167: Lit.; Bibl. zu "Mozart in der Dichtung" Bl. 168-173.

M-253 Thieme, Carl: Der Klangstil des **Mozart**orchesters: ein Beitrag zur Instrumentationsgeschichte des 18. Jahrhunderts. - Leipzig: Univ. Diss., 1936. - 88 S.
Bibl. S. 3-7 u. in 190 Fußnoten.

M-254 Wyzewa, Teodor de: W. A. **Mozart**: sa vie musicale et son oeuvre. / Teodor de Wyzewa; Georges de Saint-Foix. - Paris, 1936-1946. - Bd 1-5.
1. XIV, 526 S..
2. 457 S.
Konkordanz zu den Köchel-Nummern S. 437-442; Verz. der Kompositionen S. 453-457.
3. 424 S.
Verz. der Kompositionen S. 419-424.
4. 396 S.
Verz. der Kompositionen S. 393-396.
5. 368 S.
Verz. der Kompositionen S. 337-339; Konkordanz zu den Köchel-Nummern S. 341-434; Register zu allen 5 Bänden. Bibl. in Fußnoten.

M-255 Deutsch, Otto Erich: Wolfgang Amadeus **Mozart**: Drei Lieder für den Frühling; (zur Geschichte der Frühlingslieder.) - Wien: Reichner, 1937. - 8 Bl. quer-8°.
2 Bl. Nachwort mit bibliogr. Material.

M-256 King, Alec Hyatt: The **Mozart** autographs in the British Museum. - In: Music and Letters. - London. 18. 1937, S. 343-354.
Bestandsübersicht.

M-257 Köchel, Ludwig von: Chronologisch-thematisches Verzeichnis sämtlicher Tonwerke Wolfgang Amade **Mozart**s: nebst Angabe der verloren gegangenen, unvollendeten, übertragenen, zweifelhaften und unterschobenen Kompositionen desselben / bearb. u. erg. v. Alfred Einstein. - 3. Aufl. - Leipzig, 1937. - XLIX, 984 S.
Bibl. S. XLVIII-XLIX.
S. 1-824: Chronolog. Verz. d. echten Kompositionen (Themat. Verz. mit Angabe d. Autographen u. Drucke, Besitznachweise, Kommentar u. bibliogr. Material): 626 Titel.
S. 827: Anhang: Verlorengegangene, teilweise wiedergefundene Werke; S. 827-834: Angefangene Werke.
S. 835-843: Eigenhändige Abschriften Mozarts; S. 844-852: Übertragene Kompostionen.
S. 852-874: Zweifelhafte Werke; S. 874-909: Unterschobene Werke.
S. 910-926: Übersicht der Gesamt-Ausgaben.
S. 927-950: Übersicht der echten u. vollständigen Kompositionen nach Gattung und Zahl.
S. 951-966: Namen- und Sachregister; S. 967-981: Register der Gesangtexte.
Ergänzungen und Berichtigungen:.
Einstein, Alfred: Mozartiana und Köcheliana: Supplement zur 3. Aufl. von L. von Köchels Chronologisch-thematischem Verzeichnis sämtlicher Tonwerke Wolfgang Amadeus Mozarts. - In: The Music Review. - Cambridge. 1. 1940, S. 313-342; 2. 1941, S. 68-77, 151-158, 235-242, 324-331; 4. 1943, S. 53-61; 6. 1945, S. 238-242.

M-258 Anheisser, Siegfried: Für den deutschen **Mozart**: das Ringen um gültige deutsche Sprachform der ital. Opern Mozarts; e. Vermächtnis an das deutsche Volk. - Emsdetten: Lechte, 1938. - XIII, 250, 8 S.
(Die Schaubühne; 26.)
S. 229-231: Übersicht über die Übersetzungen; Bibl. S. 233-236 u. in Fußnoten; S. 237-242: Verz. d. besprochenen Textstellen; Namensreg.

M-259 Curzon, Henri de: Mozart. - Paris, 1938. - 218 S.
(A la gloire de ....)
Bibl. S. 195-202 u. in 78 Anmerk. S. 203-213.

M-260 Mozart, Wolfgang Amadeus: Verzeichnis aller meiner Werke: Faksimile der Handschrift / hrsg von Otto Erich Deutsch. - Wien, Leipzig, 1938. - 29 Bl.
Beilage:.
Deutsch, Otto Erich: Mozarts Werkverzeichnis, 1784-1791. - Wien, Leipzig, 1938. - 32 S. /Erläuterungen zur Faksimile-Ausgabe.
Thematisches Verzeichnis.

M-261 Nettl, Paul: Mozart in Böhmen / hrsg. als zweite, vollständig neubearb. und erw. Ausg. von Rudolph Freiherrn von Procházkas "Mozart in Prag". - Prag, Karlín: Neumann, 1938. - 255 S.
Biobibliogr. Material im Text u. in zahlr. Fußnoten.

M-262 Pincherle, M.: Quelques éditions anciennes de **Mozart**. - In: Revue de musicologie. - Paris. 19. 1938, Nr. 66/67, S. 103-105.
Ergänzungen zu: Saint-Foix, Georges de: Les éditions françaises de Mozart 1765-1801. - 1933.

M-263 Turner, Walter James Redfern: Mozart: the man and his works / W. J. Turner. - London: Gollancz, 1938. - 391 S.
Werkverz. S. 362-384; Bibl. S. 385-386; Index.

M-264 Damisch, Heinrich: Mozarts Reisen in Deutschland und ins Ausland. - In: Mitteilungen der Wiener akademischen Mozartgemeinde. - Wien. 9. 1939, Juli/August, S. 5-6.
Chronologie der Reisen.

M-265 Ghéon, Henri: Wanderung mit **Mozart**: der Mensch, das Werk und das Land. - Salzburg, Leipzig, [um 1939.]. - 464 S.
Bibl. S. 429: 20 Titel, davon 12 französ.; S. 460-461: Einführung in Mozart auf Schallplatten: 80 Titel Symphonien, Instrumentalwerke, Ouvertüren u. Arien: Diskographie.

M-266 Reeser, Eduard: De Klaviersonate met vioolbegeleiding in het Parijsche muziekleven ten tijde van **Mozart**. - Rotterdam, 1939. - 178 S., 102 S. Noten.
Bibl. S. 168-171 u. in zahlr. Anmerk. S. 155-167; Register.

M-267 Cumming, G. J.: A discography of **Mozart**'s piano concertos. - In: Gramophone. - Harrow. 1940, S. 130.

M-268 Flothuis, Marius: W. A. **Mozart**. - 's-Gravenhage, 1940. - 120 S.
(De muziek; 9.)
Kommentierte Bibl. S. 109-112; Diskographie S. 113-119.

M-269 Hirsch, Paul: Some early **Mozart** editions. - In: The Music Review. - Cambridge. 1. 1940, S. 54-67.
Kommentiertes Verz. v. frühen Mozart-Ausgaben; Forts. dazu: Hirsch: More early Mozart editions. - Ebda. 3. 1942, S. 38-45.

M-270 Holz, Hans: Mozarts Krankheiten und sein Tod. - Leipzig; Jena: Univ. Diss., 1940. - 31 S.
Bibl. S. 30-31.

M-271 Kinsky, Georg: Mozart-Instrumente. - In: Acta musicologica. - Kopenhagen. 12. 1940, S. 1-21.
Artikel über Musikinstrumente, die Mozart besessen hat; Bibl. in 71 Fußnoten.

M-272 Kraus, Hedwig: W. A. **Mozart**s Musikhandschriften im Besitze der Gesellschaft der Musikfreunde in Wien. - In: Wiener Figaro. - Wien. 10. 1940, Mai/Juni/Juli, S. 2-5.
Verz. im Text.

M-273 Mozart-Museum Salzburg der Stiftung Mozarteum: Katalog. / Mozart-Museum Salzburg der Stiftung Mozarteum. - Salzburg, 1940. - 12 S.
254 Objekte mit biobibliogr. Material.

M-274 Schünemann, Georg: Mozart in deutscher Übertragung. - In: Jahrbuch der Musikbibliothek Peters. - Leipzig. 47. 1940, S. 62-69.
Bibl. im Text.

M-275 Zeleny, Walter: Die **Mozart**-Handschriften der Wiener Stadtbibliothek. - In: Wiener Figaro. - Wien. 10. 1940, Sept./Okt., S. 3-4.
Verz. im Text.

M-276 Abert, Anna Amalie: Neuere **Mozart**-Literatur. - In: Deutsche Musikkultur. - Kassel. 6. 1941/42, S. 81-87.
Kommentierter Literaturbericht.

M-277 Deutsch, Otto Erich: The subscribers to **Mozart**'s private concerts. - In: Music and letters. - London. 22. 1941, S. 225-234.
S. 226-234: Alphab. Verz. d. Subskribenten.

M-278 Engels, Irmgard: W. A. **Mozart** in der Hausmusik: Werkverz. mit prakt. Hinweisen. - Leipzig: Peters, 1941. - 24 S.
Kommentiertes Werkverz.

M-279 Führer durch die **Mozart**-Gedenkstätten der Internationalen Stiftung Mozarteum / Mit Beitr. v. Alfred Heidl [unda.], hrsg. v. Ludwig Jauner. - Salzburg: Pustet, [um 1941.]. - 95 S., 12 S. Beil. [Illustr.]
S. 7-86: Führer durch die Gedenkstätten; S. 87-95: Diskographie.
Beilage: Mozart-Museum Salzburg der Stiftung Mozarteum. - 12 S.
Katalog der 254 Objekte.

M-280 Heidenreich, Carl L.: Titel-, Bei- und Übernamen von **Mozart**-Kompositionen. - In: Wiener Figaro. - Wien. 11. 1941, Sept., S. 10-11.
Alphabetisches Verzeichnis.

M-281 King, Alec Hyatt: Mozart manuscripts at Cambridge. - In: The Music Review. - Cambridge. 2. 1941, S. 29-35.
Bestandsübersicht im Text.

M-282 Kinsky, Georg: Eine frühe Partitur-Ausgabe von Symphonien Haydns, **Mozart**s und Beethovens. - In: Acta Musicologica. 13. Kopenhagen 1941, S. 78-84.
Bibl. im Text und in 20 Fußnoten.

M-283 Mozart-Erinnerungen im Stadt-Museum. - In: Salzburger Museumsblätter. - 20. 1941, Nr. 5/6, Sp. 1-4.
Mozartiana im Städtischen Museum Salzburg.

M-284 Müller von Asow, Erich Hermann: Mozart-Gedenkbüchlein: Kalendarium 1942. - Salzburg: Mozartgemeinde, 1941. - 12 S.
Kalendarium mit Daten u. Ereignissen aus Mozarts Leben.

M-285 Müller von Asow, Erich Hermann: Zum 150. Todestage Wolfgang Amadeus **Mozart**s: Beiträge zur Familien- und Sippengeschichte (mit 3 Nachkommenstafeln). - Berlin: Metzner, [1941]. - 7 S.
(Aus: Familie, Sippe, Volk; 7,12.)
Biograph.-genealog. Material.

M-286 Rosenthal, Karl August: Mozart's sacramental litanies and their forerunners. - In: The Musical Quraterly. - New York. 27. 1941, S. 433-439.
Bibl. im Text u. in Fußnoten.

M-287 Spohr, Wilhelm: Mozart: Leben und Werk; Briefe, Zeitberichte, Dokumente, Bilder. - Berlin: W. Hoffmann, [1941]. - 478 S.
Literaturbericht S. 459-462; Ikonographie S. 463-468; Register.

M-288 Stoverock, Dietrich: Mozarts Jugend: ein Lebensbild in zeitgenössischen Aufzeichnungen. - Köln, 1941. - 72 S.
(Staufen-Bücherei; 28.)
Bibl. S. 67-69 in 28 Anmerk.; Jugendkompositionen Mozarts (Köchel-Nr., Werk, Entstehungszeit, Verlag) S. 70-72.

M-289 Tenschert, Roland: Mozarts Kompositionen für Konstanze. - In: Mozart-Almanach / hrsg. von Heinrich Damisch. - Wien: Österr. Landesverlag, 1941, S. 97-100.
Bibl. im Text: Werke.

M-290 Valentin, Erich: Mozart und die Dichtung seiner Zeit. - In: Neues Mozart-Jahrbuch. - Regensburg. 1. 1941, S. 79-113.
Bibl. im Text u. in 70 Fußnoten.

M-291 Valentin, Erich: Wege zu **Mozart**: mit Briefen, Urteilen der Zeitgenossen und der Nachwelt. - Regensburg: Bosse, 1941. - 230 S.
(Deutsche Musikbücherei; 2.)
Zeittafel mit Werkhinweisen S. 223-225; Bibl. S. 227-230.

M-292 W. A. **Mozart** / hrsg. zur Mozartwoche des Deutschen Reiches in Zusammenarbeit mit dem Reichsmin. für Volksaufklärung und Propaganda und dem Reichsstatthalter in Wien von Walter Thomas. - Wien: Die Pause [usw.], 1941. - 104 S.
Zeittafel zu Leben u. Werk S. 102-104.

M-293 Zenger, Max: Falsche **Mozart**bildnisse. - In: Neues Mozart-Jahrbuch. - Regensburg. 1. 1941, S. 218-224; 2. 1942, S. 176-180.
Ikonograph. Material im Text.

M-294 Breazul, G.: Die ersten **Mozart**-Aufführungen in Rumänien. - In: Festschrift Erich H. Müller von Asow zum 50. Geburtstag. - Salzburg, 1942, 15 Bl. [ohne Zählung.].
Bibl. in 56 Anmerk.

M-295 Fellerer, Karl Gustav: Mozartbearbeitungen im frühen 19. Jahrhundert. - In: Neues Mozart-Jahrbuch. - Regensburg. 2. 1942, S. 224-230.
Bibl. im Text.

M-296 Haas, Robert: Aufgaben und Ziele der **Mozart**-Forschung. - In: Neues Mozart-Jahrbuch. - 2. 1942, S. 78-100.
Forschungsbericht; Bibl. im Text u. in 13 Fußnoten.

M-297 King, Alec Hyatt: A survey of recent **Mozart** literature. - In: The Music Review. - Cambridge. 3. 1942, S. 248-258.
Kommentierte Bibliographie.

M-298 Kolodin, Irving: Mozart on records. - New York, 1942. - 94 S.
S. 77-94: Diskographie.

M-299 Müller von Asow, Erich Hermann: Die **Mozart**handschriften der Stadtbibliothek Leipzig. - In: Neues Mozart-Jahrbuch. - Regensburg. 2. 1942, S. 243-265.
Verz. im Text.

M-300 Rauschenberger, Walther: Mozarts Abstammung und Ahnenerbe. - In: Neues Mozart-Jahrbuch. - Regensburg. 2. 1942, S. 101-127.
Biobibliogr. u. genealog. Material im Text u. in 31 Fußnoten; Ahnentafel S. 125-127.

M-301 Stahl, Ernst Leopold: Mozart am Oberrhein: Schicksalswende in Mannheim; mit einem Beitrag: Mozarts Mannheimer Werke / Von Wilhelm Petersen. - Straßburg: Hünenburg-Verlag, 1942. - 56 S., 40 Taf.
Biobibliogr. Material im Text; S. 47-51: Petersen, Wilhelm: Mozarts Kompositionen aus seiner Mannheimer Zeit.

M-302 Augsburger **Mozart**buch. [s.l.], 1943. - XV, 592 S.
(Zeitschrift des Historischen Vereins für Schwaben; 55. 56.)
Enth. zahlreiche Einzelbeiträge mit zahlr. bibliogr. Nachweisen in Fußnoten.

M-303 Boetticher, Wolfgang: Neue Mozartiana. - In: Neues Mozart-Jahrbuch. - Regensburg. 3. 1943, S. 144-184.
Bibl. im Text u. in 22 Fußnoten.

M-304 Conrad, Leopold: Mozarts Dramaturgie der Oper. - Würzburg: Triltsch, 1943. - VIII, 431, XXVIII S. Zugl. Jena Univ. Diss.
(Das Nationaltheater; 8.)
Bibl. S. 380-383 u. in zahlr. Anmerk. S. 385-429.

M-305 Krieg, Walter: Um Mozarts Totenmaske: ein Beitrag zur Mozartikonographie. - In: Neues Mozart-Jahrbuch. - Regensburg. 3. 1943, S. 118-143.
Bibl. in 67 Fußnoten.

M-306 Luin, Elisabeth I.: Mozarts Aufenthalt in Rom. - In: Neues Mozart-Jahrbuch. - Regensburg. 3. 1943, S. 45-62.
Quellen u. Bibl. in 27 Fußnoten.

M-307 Mozart, Wolfgang Amadeus: Verzeichnis aller meiner Werke / hrsg. von E. H. Müller von Asow. - Wien [usw.]: Doblinger, 1943. - 103 S.
Thematisches Verzeichnis; Orts- u. Namensregister.

M-308 Preiss, Cornelius: Mozarts Beziehungen zu den Familien von Thun-Hohenstein. - In: Neues Mozart-Jahrbuch. - Regensburg. 3. 1943, S. 63-86.
Quellen u. Bibl. in 24 Fußnoten.

M-309 Rauschenberger, Walther: Mozarts Ahnentafel. - In: Augsburger Mozartbuch. - Augsburg, 1943, S. 419-421.
(Zeitschrift des Historischen Vereins für Schwaben; 55. 56.)

M-310 Sabel, Hans: Maximilian Stadler und Wolfgang Amadeus Mozart. - In: Neues Mozart-Jahrbuch. - Regensburg. 3. 1943, S. 102-112.
Quellen u. Bibl. in 24 Fußnoten; Verz. der von Stadler ergänzten Werke Mozarts S. 108-112.

M-311 Schenk, Erich: Neues zu Mozarts erster Italienreise. - In: Neues Mozart-Jahrbuch. - Regensburg. 3. 1943, S. 22-44.
Quellen u. Bibl. in 77 Fußnoten.

M-312 Schmid, Ernst Fritz: Mozart und das geistliche Augsburg, insonderheit das Chorherrnstift Heilig Kreuz. - In: Augsburger Mozartbuch. - Augsburg, 1943, S. 40-202.
(Zeitschrift des Historischen Vereins für Schwaben; 55. 56.)
Quellen u. Bibl. in zahlr. Fußnoten.

M-313 Valentin, Erich: Geschichtliches und Statistisches zur Mozartpflege. - In: Neues Mozart-Jahrbuch. - Regensburg. 3. 1943, S. 247-264.
Statistisches Material im Text; Bibl. in 20 Fußnoten.

M-314 Wörsching, Joseph: Wolfgang Amadeus Mozart und die Orgel. - In: Augsburger Mozartbuch. - Augsburg, 1943, S. 419-421.
(Zeitschrift des Historischen Vereins für Schwaben; 55. 56.)
Bibl. in Fußnoten.

M-315 Ullrich, Hermann: Maria Theresia Paradis and Mozart. - In: Music and letters. - London. 27. 1946, S. 224-233.
Biobibliogr. Material im Text u. in 48 Fußnoten.

M-316 Frühdrucke von Werken Wolfgang Amadeus Mozarts. - In: Katalog der Musikbibliothek Paul Hirsch / hrsg. v. Kathi Meyer u. Paul Hirsch. - Cambridge. Bd 4. 1947, S. 3-102.
(Publications of the Paul Hirsch Music Library; Ser. 2, vol. 4.)
237 Titel mit Köchel-Nummern.

M-317 Köchel, Ludwig von: Chronologisch-thematisches Verzeichnis sämtlicher Tonwerke Wolfgang Amadé Mozarts: nebst Angabe d. verlorengegangenen, angefangenen, übertragenen, zweifelhaften und unterschobenen Kompositionen / bearb. v. Alfred Einstein. - 3. Aufl. (photolithogr. Neudr.) mit e. Suppl. "Berichtigungen u. Zusätze" v. Alfred Einstein. - Ann Arbor, Mich.: Edwards, 1947. - XLIX, 1052 S. [mit Portr. u. Noten.]
Nachdruck d. 3. Aufl. 1937 des Köchel-Verzeichnisses.
Suppl.: Einstein, Alfred: Berichtigungen und Zusätze S. 982-1052.
Vgl. dazu: Müller-Asow, Erich H. von: Mozartiana: zur amerikanischen Ausgabe des Köchel-Verzeichnisses. - In Die Musikforschung. - Kassel. 8. 1955, S. 7483.
Folgt den laufenden Nummern des Köchel-Verzeichnisses mit Berichtigungen, Zusätzen, Standortnachweisen u. Lit..
Nachtrag dazu: Virneisel, Wilhelm: Neue Fundortangaben. - In: Die Musikforschung. - Kassel. 8. 1955, S. 345-346.
Weitere Ergänzung: Jonas, Oswald: Bibliographische Miszellen zu Mozart und Chopin. - In: Die Musikforschung. - Kassel. 9. 1956, S. 20.
Neue Fundortangaben.

M-318 Schenk, Erich: Ein unbekannter Brief Leopold Mozarts: mit Beitr. zum Leben W. A. Mozarts. - Wien: Rohrer in Komm., 1947. - 49 S., 2 Bl. Abb., Faks. des Briefes.
(Veröffentlichungen der Kommission für Musikforschung; 1.) (Österreichische Akademie der Wissenschaften: Phil.-hist. Kl.: Sitzungsberichte; 225,1.)
Bibl. in zahlr. Fußnoten.

M-319 Valentin, Erich: Mozart. - Hameln, 1947. - 351 S.
Bibl. S. 328-343 in 151 Anmerk.; Zeittafel mit Werkangaben u. parallelen Hinweisen auf Geschichte, Kunst, Literatur, Wissenschaft u. Theater S. 344-351.

M-320 Ward, Martha Kingdon: Mozart and the Clarinet. - In: Music and letters. - London. 28. 1947, S. 126-153.
List of Mozart's works including Clarinets (and Basset Horns) S. 151-153.

M-321 Bory, Robert: Wolfgang Amadeus **Mozart:** sein Leben und sein Werk in Bildern. - Genf, 1948. - 225 S.
Reichhaltiges ikonograph. Material; S. 219-223: Namens- u. Ortsreg.; Bibl. S. 223-224; S. 224-225: Verz. d. erwähnten Kompositionen Mozarts.

M-322 Brierley, Peter: Mozart recorded: the symphonies. - In: Disc. - Bristol. 2. 1948, Nr. 8, S. 152-160.
Diskographie S. 159-160.

M-323 Patera, Jaroslav: Bertramka v Praze: **Mo**zartovo památné sidlo. - (Vyd. 1.) - Praha: Pro Mozartovu obec v Ceskoslovensku vyd. Hudební matice Umelecké besedy, 1948. - 158 S., Illustr.
[Die Villa Bertramhof in Prag, eine Mozartgedenkstätte.].
Bibl. S. 147-149.

M-324 Schmid, Ernst Fritz: Ein schwäbisches **Mozart** Buch / hrsg. im Auftrag der Stadt Augsburg. - (1.-5. Tsd.) - Lorch (Württ.), Stuttgart: Bürger, 1948. - 496 S.
Bibl. S. 375-480 in 837 Anmerk.; Personen- u. Ortsregister.

M-325 Brierley, Peter: Mozart recorded: instrumental music. - In: Disc. - Bristol. 3. 1949, Nr. 11, S. 163-169.
Diskographie S. 167-169.

M-326 Ullrich, Hermann: Maria Theresia Paradis und **Mozart**. - In: Österr. Musikzeitschrift. - 4. 1949, S. 316-327.
Bibl. in 46 Fußnoten: Werke u. Lit.

M-327 Wodnansky, Wilhelm: Die deutschen Übersetzungen der **Mozart**-Daponte-Opern "Le nozze di Figaro", "Don Giovanni" und "Così fan tutte" im Lichte text- und musikkritischer Betrachtung: ein Beitrag zur Geschichte des deutschen Opernlibrettos. - Wien: Univ. Diss., 1949. - 214 Bl. [Maschinschr.]
Tabelle der Übersetzungen Bl. 209-212; Bibl. Bl. 213-214.

M-328 Brierley, Peter: Mozart recorded: vocal works. - In: Disc. - Bristol. 4. 1950, Nr. 14, S. 66-73.
Diskographie S. 71-73.

M-329 Brierley, Peter: Mozart recorded: the rest of the vocal works and some recent issues. - In: Disc. - Bristol. 4. 1950, Nr. 15, S. 113-118.
Diskographie S. 116-118.

M-330 Haas, Robert: Wolfgang Amadeus **Mozart**. - 2., neubearb. Aufl. - Potsdam: Akademische Verlagsgesellschaft Athenaion, 1950. - 160 S., Illustr. (Die großen Meister der Musik.)
Bibl. S. 31-32, 44, 104, 157-158; Namen- u. Sachregister.

M-331 Mozart-Jahrbuch. - Salzburg (ab 1975: Kassel), 1950ff.
Laufende Mozart-Bibliographie, Mozart-Artikel mit Bibl., Forschungs- und Literaturberichte.

M-332 Schmid, Ernst Fritz: Auf **Mozart**s Spuren in Italien. - In: Mozart-Jahrbuch. - Salzburg. 1950, S. 17-48.
Bibl. in 103 Fußnoten.

M-333 Schmid, Ernst Fritz: Aus **Mozart**s schwäbischer Sippe. - In: Mozart-Jahrbuch. - Salzburg. 1950, S. 99-115, 128-135.
Quellen u. biobibliogr. u. genealog. Material im Text u. in Fußnoten; Nachkommenliste u. Nachkommentafel S. 128-135.

M-334 Schmid, Ernst Fritz: Zu **Mozart**s Leipziger Bach-Erlebnis. - In: Zeitschrift für Musik. - Regensburg. 111. 1950, S. 297-303.
Bibl. in 26 Fußnoten.

M-335 Skalicki, Wolfram: Das Bühnenbild der Zauberflöte. - Wien: Univ. Diss., 1950. - 156, 31, 7 Bl.
Verz. der Zauberflöte-Inszenierungen 1791-1949 4 Bl. (Ort, Regisseur, Dirigent, Bühnenbildner); Bibl. 4 Bl.

M-336 Dennerlein, Hanns: Der unbekannte **Mo**zart: die Welt seiner Klavierwerke. - Leipzig: Breitkopf & Härtel, 1951. - XII, 328 S., VI Taf. gef.
[Taf. u. d. T.:] Mozarts Lebenswerk.
Biobibliogr. Material, Tabellen, Materialien zu den Klavierwerken im Text; Personenreg.

M-337 Elvers, Rudolf: Mozart-Bibliographie: für 1945-1950 / zusammengestellt von Rudolf Elvers und Géza Rech ([später:] Richard Schaal, Otto Schneider.) - In: Mozart-Jahrbuch. - Salzburg. 1951, S. 151-157; Für 1951-1956. - In: 1952, S. 119-120; 1953, S. 162-163; 1954, S. 209-210; 1955, S. 263-264; 1956, S. 206-208; 1957, S. 233-241; Für 1957-1961 / zusammengestellt von Richard Schaal. - In: 1958, S. 119-121; 1959, S. 300-303; 1960/61, S. 236-239; 1962/63, S. 299-305; Für 1962-1972 / zusammengestellt von Otto Schneider. - In: 1964, S. 199-205; 1965/66, S. 204-212; 1967, S. 392-395; 1968/70, S. 398-409; 1971/72, S. 432-438; 1973/74, S. 298-300.

M-338 Engel, Hans: Über **Mozart**s Jugendsinfonien. - In: Mozart-Jahrbuch. - Salzburg. 1951, S. 22-33.
Bibl. in Fußnoten; S. 32-33: Tabelle der Fragmente mit Standortnachweisen.

M-339 Gottron, Adam Bernhard: Mozart und Mainz. - Mainz: Verlag für Kunst und Wissenschaft, 1951. - 77 S., 4 Taf.
Bibl. S. 59-61: 38 Titel u. in Anmerk. S. 62-77.

M-340 Hummel, Walter: Chronik der Internationalen Stiftung **Mozart**eum in Salzburg. - Salzburg, 1951. - 107 S., XIX S. Abb.
(Jahresbericht der Internationalen Stiftung Mozarteum in Salzburg; 41.)
Vereinsberichte, Konzerte, Mozart-Gedenkstätten, Mozartforschung, Archiv- u. Bibliotheksberichte, Zusammenstellung der Veröffentlichungen, Mitgliederverzeichnis.

M-341 Internationale Stiftung Mozarteum: Mozart-Gedenkstätten in Salzburg: mit einem Verzeichnis der in Mozarts Geburtshaus ausgestellten Gegenstände. / Internationale Stiftung Mozarteum. - 2. Aufl. - [Salzburg]: Internationale Stiftung Mozarteum, [1951]. - 64 S.
S. 5-56: Gedenkstätten und Mozart-Archiv; S. 58-64: Verz. d. in Mozarts Geburtshaus ausgestellten Gegenstände: 109 Objekte.

M-342 Köchel, Ludwig von: Der Kleine Köchel: chronologisches und systematisches Verzeichnis sämtlicher musikalischen Werke von Wolfgang Amadeus **Mozart**, geb. 27. Jan. 1756, gest. 5. Dez. 1791; zusammengest. auf Grund d. 3., von Alfred Einstein bearb. Aufl. des "Chronologisch-thematischen Verzeichnisses sämtl. Tonwerke Wolfgang Amadé Mozarts" / hrsg. v. Hellmuth von Hase. - Wiesbaden: Breitkopf & Härtel, 1951. - 96 S.
S. 13-48: Mozarts Werke, nach der Entstehungszeit geordnet; S. 48-49: Werke aus dem Anhang des Köchel-Verz., die in der 3. Aufl. auch Nummern im Hauptteil bekommen haben; S. 50-87: Werke nach der Besetzung geordnet; S. 88-96: Thematische Anfänge der Werke mit gleichem Titel u. gleicher Tonart.

M-343 Köchel, Ludwig von: W. A. **Mozart**: Gesamtkatalog seiner Werke; "Köchel-Verzeichnis" / neubearb. und hrsg. v. Karl Franz Müller. - Wien: Kaltschmid, 1951. - 448 S., Illustr.
S. 17-20: Verzeichniß alles desjenigen was dieser 12 jährige Knabe seit seinen 7ten Jahr componiert, und in originali kan aufgezeiget werden (von Leopold Mozart); S. 21-30: Erläuterungen dazu; S. 31-47: Verzeichnüß aller meiner Werke (von W. A. Mozart); S. 47-65: Erläuterungen dazu; S. 67-274: Köchel-Verzeichnis Nr. 1-626; S. 275-287: Neuaufgefundene Werke seit Köchel u. Waldersee: 76 Titel; Anhang: S. 289-305: Verlorengegangene u. teilw. wiedergefundene Werke, angefangene Werke, eigenhändige Abschriften, übertragene Kompositionen, zweifelhafte Werke, unterschobene Werke; Werkübersichten: S. 309-321: nach Köchel; S. 322-323: nach Paul Graf Waldersee; S. 324-348: nach Alfred Einstein; S. 349-366: nach Karl Franz Müller; S. 367-396: W. A. Mozarts Werke: krit.-durchges. Gesamtausgabe des Verlages Breitkopf & Härtel (Werkübersicht); S. 397-402: Tabellen zum Verz. der Gesamtausgabe von Breitkopf & Härtel (Werke, die in der Gesamtausgabe fehlen, unterschobene Werke, zweifelhafte Werke, Fragmente, bearbeitungen); S. 402-424: Themat. Übersicht der Werke; S. 425-445: Register (Titel, Namen, Stich- u. Schlagworte, Textanfänge); Bibl. S. 447-448.

M-344 Cherbuliez, Antoine E.: Sequenzentechnik in **Mozart**s Klaviersonaten. - In: Mozart-Jahrbuch. - Salzburg. 1952, S. 77-94.
Bibl. S. 85; S. 86-88: Tabelle der wichtigsten Sequenzen in Mozarts Klaviersonaten; S. 89-94: Legende.

M-345 Internationale Stiftung Mozarteum, Salzburg: Mitteilungen der Internationalen Stiftung **Mozart**eum. / Internationale Stiftung Mozarteum, Salzburg. - Salzburg, 1952ff.. - 1ff.
Wissenschaftliche Arbeiten zu Mozart u. anderen Personen mit biobibliogr. Materialien, Mozartiana, Vereinsmitteilungen, Verz. der Aufführungen u. Veranstaltungen, Archiv-, Forschungs- u. Bibliotheksberichte, Personalia, Salisburgensia, Rezensionen, Berichte der Mozart-Gemeinden im In- und Ausland usw.

M-346 Kenyon, Max: Mozart in Salzburg: a study and guide. - (1. publ.) - London: Putnam, 1952. - XI, 225 S., 8 S. Abb., mit Notenbeisp.
Bibl. S. 204-212; S. 213-214: Diskographie; S. 215-222: Index; S. 223-225: Werkindex (nach Köchel-Nr.).

M-347 King, Alec Hyatt: A census of **Mozart** musical autographs in England. - In: The Musical Quarterly. - New York. 38. 1952, S. 566-580.
Autographenverz. nach Standorten u. Köchel-Nummern.

M-348 Mohr, Albert Richard: Die Zauberflöte: eine Studie zum Lebenszusammenhang Ägypten, Antike, Abendland. / Albert Richard Mohr; Siegfried Morenz. - Münster, Köln: Böhlau, 1952. - 93 S., 2 Bl. Abb.
(Münstersche Forschungen; 5.)
Bibl. in zahlr. Anmerk.

M-349 Teichl, Robert: Mozart und die Wiener Hofbibliothek. - In: Biblos. - Wien. 1. 1952, S. 87-91.
Quellen u. Bibl. im Text u. in 14 Fußnoten.

M-350 Belza, Igor F.: Mocart i Salieri. - Moskva, 1953. - 135 S.
Bibl. in 75 Anmerk. S. 127-135.

M-351 Burke, C. G.: Mozart on microgrove: P. 1-6. - In: High fidelity. - Great Barrington, Mass. 3. 1953, Nr. 2, S. 61-68; Nr. 3, S. 65-72; Nr. 4, S. 81-96; Nr. 5, S. 60-64, S. 122-124; Nr. 6, S. 76-88; 4. 1954/55, Nr. 1, S. 72-85.
Kommentierte Diskographie mit folgender Gliederung: 1. Symphonies and violin concertos; 2. Concertos, overtures; 3. Concert arias, opera, songs; 4. Divertimentos, serenades, cassations and church

music; 5. Miscellaneous orchestral, chamber music; 6. Sonatas, instrumental addendum, postscript.

M-352 Deutsch, Otto Erich: Mozarts Nachlaß: aus den Briefen Konstanzes an den Verlag André. - In: Mozart-Jahrbuch. - Salzburg. 1953, S. 32-37.
Materialien zum Nachlaßbestand im Text.

M-353 Engel, Hans: Mozart in der philosophischen und ästhetischen Literatur. - In: Mozart-Jahrbuch. - Salzburg. 1953, S. 64-80.
Bibl. in 90 Fußnoten.

M-354 Gall, Hannes: Wolfgang Amadeus **Mozart**. - Wien, München, Zürich: Pechan, 1953. - 131 S., 1 Kt. gef.
(Pechan-Reihe; 1054.)
Werkangaben u. biograph. Material im Text; S. 117-122: Die Wohnungen Mozarts in Wien; S. 122-128: Zeittafel; nach S. 128: Karte zu Mozarts Reisen; Bibl. S. 129-131.

M-355 Die neue **Mozart**-Ausgabe. - In: Mozart-Jahrbuch. - Salzburg. 1953, S. 5-8.
Forschungs- und Arbeitsbericht.

M-356 Tiénot, Yvonne: W.-A. **Mozart**: esquisse biographique / suivi d'un tableau chronologique et thématique de ses oeuvres d'après les classements de L. von Köchel et de Théodore de Wyzewa et Georges de Saint-Foix. - Paris: Lemoine, 1953. - 157 S., 19 Bl. Tab., mit Portr. u. Noten.
(Pour mieux connaître.)
Chronolog.-themat. Werkverz. Bl. 1-19; Bibl. in zahlr. Fußnoten.

M-357 Valentin, Erich: Mozart: Wesen und Wandlung. - 2., verb. Aufl. - Salzburg, 1953. - 281 S.
Bibl. S. 261-272 in 154 Anmerk.; Zeittafel S. 274-281.

M-358 Wolfgang Amadeus **Mozart**. - In: Kahl, Willi: Repertorium der Musikwissenschaft: Musikschrifttum, Denkmäler u. Gesamtausgaben in Auswahl (1800-1950); mit Besitzvermerken dt. Bibliotheken u. musikwissenschaftl. Institute / im Auftr. d. Ges. f. Musikforschung bearb. v. Willi Kahl u. Wilhelm Martin Luther. - Kassel, Basel: Bärenreiter, 1953, S. 165-168.
Titel Nr. 1902-1940.

M-359 Acta **Mozart**iana: Mitteilungen der deutschen Mozart-Gesellschaft. - Augsburg, 1954-. - 1-.
Laufend mit Bibl., Forschungs- u. Literaturberichten, Artikeln mit biobibliogr. Material, Veranstaltungen, Besprechungen, Vereinsmitteilungen usw.

M-360 Biancolli, Louis: The **Mozart** Handbook: a guide to the man and his music / compiled and ed. by Louis Biancolli. - (1. ed.) - Cleveland [usw.]: The World Publ. Comp., 1954. - XXI, 629 S., Illustr.
S. 579-593: Werkverz.; S. 594-601: Zeittafel; Bibl. S. 602-605; Index.

M-361 Jarocinski, Stefan: Wolfgang Amadeusz **Mozart**. - Kraków: Polskie wydawnictwo muzyczne, 1954. - 200 S.
(Male monografie muzyczne; 3.)
Bibl. S. 179-180 u. in 178 Anmerk. S. 181-189; S. 190-196: Verz. d. erwähnten Werke Mozarts; Namenreg.

M-362 Lauener, Dorothea: Die Frauengestalten in **Mozart**s Opern. - Zürich: Brunner & Bodmer, 1954. - 84 S., mit Noten. [Text maschinschr. vervielf.]
[Zugl.:] Zürich: Univ. Diss.
Bibl. S. 6-9 u. in Fußnoten; S. 76-84: Tabellen zu den Frauengestalten, den Tonarten u. zur Instrumentierung.

M-363 Nettl, Paul: Frühe **Mozart**-Pflege in Amerika. - In: Mozart-Jahrbuch. - Salzburg. 1954, S. 78-88.
Materialien zur Mozartpflege u. Bibl. im Text.

M-364 Abert, Hermann: W. A. **Mozart** / Neubearb. und erw. Ausg. v. Otto Jahns Mozart. - 7. Aufl. - Leipzig: Breitkopf & Härtel, 1955-1956. - T. 1-2, Reg., mit Faks. [mit Portr.]
1. 1756-1782. - 1955. - XXVI, 848 S., 4 Faks..
2. 1783-1791. - 1956. - 736 S..
[3.] Register / angefertigt v. Erich Kapst. - 1966. - 174 S..
Reichhalt. biobibliogr. Material im Text u. in zahlr. Fußnoten; Registerband: S. 7-44: Werkverz. nach Köchel- u. Einstein-Nummern; nach Gattungen S. 44-79; S. 80-157: Personen- u. Sachregister; S. 158-174: Autorennachweis.

M-365 Dalchow, Johannes: W. A. **Mozart**s Krankheiten. - Bergisch-Gladbach: Engber, 1955. - T. 1. [mehr nicht ersch.]
1. 1756-1763. - 1955. - X, 83 S.
Bibl. S. 76-83 u. in Fußnoten.
(Veröffentlichungen des Internationalen Musiker-Brief-Archives.)

M-366 Deutsch, Otto Erich: Mozarts Verleger. - In: Mozart-Jahrbuch. - Salzburg. 1955, S. 49-55.
Angaben der von den einzelnen Verlegern herausgegebenen Mozart-Werke im Text.

M-367 Dumesnil, René: Le Don Juan de **Mozart**: Don Giovanni. - Paris: Plon, 1955. - 189 S.
(Éditions d'histoire et d'art.)
Bibl. S. 179-180; Index.

M-368 Engel, Hans: Die Meister liebten **Mozart**. - In: Mozart-Jahrbuch. - Salzburg. 1955, S. 170-180.
Zeugnisse großer Musiker zu Mozart; Bibl. in 38 Fußnoten.

M-369 Engländer, Richard: Die **Mozart**-Skizzen der Universitätsbibliothek Uppsala: e. entstehungsgeschichtl. Studie. - In: Svensk Tidskrift för Musikforskung. - Stockholm. 37. 1955, S. 96-118.
Bestandsangaben im Text; Bibl. in Fußnoten; Erg. dazu: Engländer, R.: Die Mozart-Skizzen der Universitätsbibliothek Uppsala: e. ergänzender Hinweis. - In: Die Musikforschung. - Kassel, Basel. 9. 1956, S. 307-308.

M-370 Fellerer, Karl Gustav: **Mozart**-Überlieferungen und Mozart-Bild um 1800. - In: Mozart-Jahrbuch. - Salzburg. 1955, S. 145-153.
Bibl. im Text.

M-371 Fellerer, Karl Gustav: Mozarts Kirchenmusik. - Salzburg, Freilassing: Schäffler, 1955. - 151 S.
Verzeichnis der Kirchenmusik Mozarts S. 141-147; Register.

M-372 Hesse, Vera: Wolfgang Amadeus **Mozart**: e. Material f. Festveranstaltungen zur 200. Wiederkehr seines Geburtstages am 27. Januar 1956. - Berlin: Kulturbund zur Demokrat. Erneuerung Deutschlands, 1955. - 80 S.
Mozart-Materialien: Noten u. Bücher.

M-373 King, Alec Hyatt: Mozart in retrospect: studies in criticism and bibliography. - London, New York, Toronto, 1955. - XIII, 279 S.
Bibl. S. XII-XIII; S. 78-99: A census of Mozart's musical autographs in Great Britain; S. 198-215: Mozart's composition for mechanical organ; S. 216-227: Mozart's last and fragmentary compositions; Autoren-, Herausgeber- und Sachregister.

M-374 Kozár, Alois: Wolfgang Amadeus **Mozart** (1756-1791) im Spiegel der Briefe seines Vaters Leopold Mozart: e. Beitr. z. Kulturgeschichte des 18. Jh. - Graz: Univ. Diss., 1955. - 353, 4 Bl.
Bibl. Bl. 5-41 u. in 1006 Anmerk. Bl. 284-330; Orts- u. Personenreg.

M-375 Luin, Elisabeth I.: Mozart - Ritter vom Goldenen Sporn. - In: Studien zur Musikwissenschaft. - Wien. 22. 1955, S. 30-84.
Quellen u. biobibliogr. Material im Text u. in 92 Fußnoten.

M-376 Mandelli, Alfredo: Bibliografia mozartiana: contributo bibliografico relativo alle opere edite in Italia. / Alfredo Mandelli; Alberto Zedda. - In: Città di Milano. - 72. 1955, S. 718-735.
Verz. v. Lit. u. Kompositionen.

M-377 Mozart: 1. La vita / a cura di Beniamino Dal Fabbro; 2. Le opere teatrali / a cura di Guglielmo Barblan [unda.]; Discografia / a cura di Rodolfo Colletti. - Milano: Edizioni della Scala, 1955. - 321 S., 40 Illustr.
S. 284-296: Discographie; S. 297-298: Le opere teatrali di Mozart.

M-378 Mozart, Wolfgang Amadeus: Neue Ausgabe sämtlicher Werke / Editionsleiter: Ernst Fritz Schmid. - Kassel, Basel, 1955-.
Reichhaltiges bibliogr. Material, Quellen, Besitznachweise, Editionsberichte usw. in den einzelnen Bänden; Veröffentlichung noch nicht abgeschlossen (1991).

M-379 Nettl, Paul: W. A. **Mozart**: 1756-1956 / mit Beiträgen von Alfred Orel, Roland Tenschert und Hans Engel. - Frankfurt/M., Hamburg: Fischer, 1955. - 202 S. [Zwischentitel]: Mozart: Suite für Klavier; nach kürzlich entdeckten Skizzen Mozarts für ein Ballett / bearb. von René Frank.
(Fischer-Bücherei; 108.)
Diskographie S. 183-202.

M-380 Novello, Vincent: A **Mozart** pilgrimage: being the Travel Diaries of Vincent & Mary Novello in the year 1829 / transcribed and compiled by Nerina Medici di Marignano; ed. by Rosemary Hughes. - (1. print.) - London: Novello, 1955. - XLI, 361 S., mit Illustr. u. Notenbeisp.
Bibl. S. 355 u. in 242 Anmerk. S. 340-354; Index.

M-381 Nowak, Leopold: Kirchenmusikautographen **Mozart**s in der Musiksammlung der Österreichischen Nationalbibliothek. - In: Singende Kirche. - Wien. 3. 1955/56, H. 2, S. 4-6.
Bibl. S. 6 u. im Text.

M-382 Öllerer, Anton: Göttlicher **Mozart**: Mosaik in Worten und Versen. - Wien: Birken-Verlag, 1955. - 142 S.
Mozart-Zeugnisse, Literarisches zu Mozart, Mozart-Bekenntnisse usw.

M-383 Ostoja, Andrea: Mozart e l'Italia: contributo biografico nel bicentenario della nascita. - Bologna, 1955. - 44 S.
Documenti Bolognesi Mozartiani inediti S. 7-14; Osservazioni bibliografiche e archivistiche S. 15-21; Documenti S. 23-44.

M-384 Rech, Géza: Die Salzburger **Mozart**-Sammlungen. - In: Österr. Musikzeitschrift. - 10. 1955, S. 252-255.
Bestandsübersicht.

M-385 Rech, Géza: Wolfgang Amadeus **Mozart**. - München, Berlin, 1955. - 45 S., 76 S. Abb.
(Lebenswege in Bildern.)
Biobibliogr. u. ikonograph. Material im Text u. in Fußnoten.

M-386 Schenk, Erich: Mozart in Mantua. - In: Studien zur Musikwissenschaft. - Wien. 22. 1955, S. 1-29.
Quellen u. biobibliogr. Material im Text u. in 98 Fußnoten.

M-387 Schenk, Erich: Wolfgang Amadeus **Mozart**: eine Biographie. - Zürich, Leipzig, Wien, 1955. - 830 S.
Bibl. S. 797-803: 162 Titel Lit.; Ortsregister.

M-388 Schneider, Otto: Mozart in Wirklichkeit / mit einer Einführung von Hans Joachim Moser. - Wien, 1955. - 400 S.
Quellennachweis S. 349-358; S. 359-373: Mozart-Literatur: Versuch einer Bibliographie; Namen- u. Ortsregister.

M-389 Steglich, Rudolf: Das Auszierungswesen in der Musik W. A. **Mozart**s. - In: Mozart-Jahrbuch. - Salzburg. 1955, S. 181-237.
Bibl. in 97 Fußnoten.

M-390 Togl, Margarete: Literatur für das **Mozart**jahr 1956. - In: Musikerziehung. - Wien. 9. 1955/56, S. 124-132.
Bücher S. 124; Notenwerke S. 124-132; Verlagsregister S. 132.

M-391 Valentin, Erich: Mozart in der Literatur. - In: Musikhandel. - Bonn. 6. 1955, S. 349-352; 7. 1956, S. 5-6.
Belletristische u. wissenschaftliche Mizartliteratur im Text.

M-392 "Wenn **Mozart** ein Tagebuch geführt hätte ..." / (Verfaßt unter Verwendung von Orig. Texten und Dokumenten.) - Budapest: Litteratura, 1955. - 128 S.
Biobibliogr. Materialien u. Werkhinweise im Text.

M-393 Wolfgang Amadeus **Mozart**: ein Leben für die Kunst / eingel. und verf. von Norbert Tschulik, Erich Schenk [u.a.] - Wien, 1955. - 87 S.
(Österreich-Reihe; 10.)
Werkverz. (Auswahl) S. 82-87.

M-394 Zouhar, Zdenek: Wolfgang Amadeus **Mozart**: 1756-1956; vyberová bibliografie. - Brno: Universitní Knihovna, 1955. - 35 S.
[W. A. Mozart: Auswahlbibliographie.].
(Vyberové seznamy; 11.)
Bibl. S. 18-22; Werkverz. S. 23-32; Diskographie S. 33-35.

M-395 Barbier, Jean-Joël: Les disques de l'année **Mozart**. - In: Mozart: L'année Mozart en France; livre d'or du bi-centenaire. - Paris, 1956, S. 261-270, 299-302.
(La Revue musicale; 1956,231.)
Diskographie im Text.

M-396 Barblan, Guglielmo: Mozart in Italia: i viaggi / a cura di Guglielmo Barblan ...; Le lettere / a cura di Andrea Della Corte; ed. celebrativa del 2. Centenario della nascita di W. A. Mozart. - Milano: Ricordi, 1956. - 306 S., XXXIV S. Abb., 3 Kt.
S. 203-209: Chronolog. Übersicht zu Mozarts italienischen Reisen; S. 211-214: Werke, die Mozart in Italien komponiert hat; Bibl. in zahlr. Fußnoten.

M-397 Baumgartner, Ulrich: Mozart und Graz: Grazer Mozartfest 1956; gemeinsam veranstaltet von den Vereinigten Bühen Stadt Graz - Land Steiermark und dem Musikverein für Steiermark; eine kleine Zusammenstellung von Zeugnissen der Mozartverehrung, -pflege u. -forschung in Graz. / Gestaltung: Ulrich Baumgartner. - Graz, 1956. - 31 S., 4 Bl. Abb.
Materialien zur Mozartpflege an der Grazer Oper u. zu Grazer Mozartstätten.

M-398 Berljand-Cernaja, Elena Semenovna: Mocart: zizn i tvorcestvo. - Moskva: Muzgiz, 1956. - 295 S. [Russ.]
[Mozart: sein Leben u. Schaffen.].
Bibl. S. 288-295: 100 Titel.

M-399 British Council: Mozart und England: British Council Ausstellung. / British Council. - [Wien]: British Council, [1956]. - IV, 21 Bl. [Text maschinschr. vervielf.]
66 Objekte mit biobibliogr. Material.

M-400 British Museum: Mozart in the British Museum / publ. for the Trustees of British Museum. - London, 1956. - 27 S., mit Illustr. u. Faks. - quer-8°.
Select list of Mozart-Items in the British Museum S. 21-27.

M-401 Buchner, Alexander: Bertramka, památník W. A. **Mozart**a a manzelu Duskovych. - (Vyd. 1.) - v Praze: Státní telovychnové Nakl., 1956. - 31 S., Illustr. [Umschlagtitel.].
[Mit russ., dt., franz. u. engl. Zusammenfassung.].
[Dt. Zsfassg u. d. T.:] Die Gedenkstätte W. A. Mozarts und der Eheleute Dusek.
Mozart-Materialien.

M-402 Burke, C. G.: Mozart on records: a selective discography. - In: High fidelity. - Great Barrington, Mass. 5. 1956, S. 93-100.
Diskographie S. 96-100.

M-403 Cloeter, Hermine: Die Grabstätte W. A. **Mozart**s auf dem St. Marxer Friedhof in Wien. - 3., durchges. Aufl. - Wien: Verl. f. Jugend u. Volk, 1956. - 33 S.
Bibl. S. 33.

M-404 Davenport, Marcia: Mozart. - New York: Scribner, 1956. - XIX, 402 S. [mit Illustr. u. Noten.]
Bibl. S. 389-393; Index.

M-405 Deutsch, Otto Erich: Mozart-Portraits. - In: The Mozart Companion / ed. by Howard Chandler Landon and Donald Mitchell. - London, 1956, S. 1-9.
Ikonographisches u. bibliogr. Material im Text u. S. 8-9.

M-406 Deutsch, Otto Erich: Mozart's catalogue of his works: 1784-1791. - New York, 1956. - 29 Bl. Faks. u. Beil. 32 S.
Mozarts eigenhändiger Werkkatalog in Faksimile mit engl. Übersetzung: 145 Titel mit Köchel-Nummern.

M-407 Deutsche Grammophon Gesellschaft: 1756-1791. Mozart. Mozart-Musik auf Schallplatten / hrsg. v. d. Deutschen Grammophon Gesellschaft. - Hannover: Jänecke [Druck], 1956. - 58 S., Illustr.
Diskographie.

M-408 Discografia de Mozart. - In: Discofilia. - Madrid. 1. 1956, Nr. 1, S. 7-8.

M-409 Duparcq, Jean-Jacques: Le bi-centenaire de Mozart à travers la presse française. - In: Mozart: l'année Mozart en France; livre d'or du bicentenaire. - Paris, 1956, S. 279-298.
(La Revue musicale; 1956,231.)
Presseschau.

M-410 Exposiçao comemorativa do 2° centenário do nascimento de W. A. Mozart. - Rio de Janeiro: Museu dos teatros do Rio de Janeiro, [1956]. - 9 Bl.
[Umschlagtitel:] Mozart 1756-1956.
Ausstellungskatalog mit biobibliogr. Material.

M-411 Feicht, Hieronim: Mozart w Polsce na przelomie 18 i 19 wieku. - Warszawa: Komitet roku Mozartowskiego w Polsce, [1956]. - 24 S.
[Mozart in Polen an der Wende vom 18. zum 19. Jahrhundert.].
Bibl. in 52 Anmerk. S. 23-24.

M-412 Giazotto, Remo: Annali mozartiani. - Milano: Suvini Zerboni, 1956. - 165 S.
S. 15-41: Ausführl. Zeittafel zu Leben u. Werk; S. 42-61: Konkordanzen zu den verschiedenen Werkverzeichnissen Mozarts; S. 64-119: Chronolog. Werkverz.; S. 121-127: Verz. d. szenischen Werke; S. 129-135: Verz. d. in Mozarts Briefen zitierten Kompositionen; S. 137-147: Alphab. Index der Werke; S. 151-158: Verz. d. im Handel erhältlichen Werke Mozarts; Bibl. S. 159-165.

M-413 Giegling, Franz: Probleme der Neuen Mozart-Ausgabe. - In: Schweizerische Musikzeitung. - Zürich. 96. 1956, S. 41-43.
Arbeitsbericht.

M-414 Greither, Alois: Die sieben großen Opern Mozarts: Versuche über das Verhältnis der Texte zur Musik. - Heidelberg, 1956. - 240 S.
Bibl. S. 228-239.

M-415 Hadamowsky, Franz: Mozart: Werk und Zeit; Ausstellung im Prunksaal d. Österr. Nationalbibliothek, 30. Mai - 30. Sept. 1956; Katalog / bearb. v. Franz Hadamowsky u. Leopold Nowak. - Wien: Österreichische Nationalbibliothek, 1956. - 87 S.
Ausstellungskatalog mit reichhalt. biobibliogr. Material, Standortnachweise.

M-416 Heckmann, Eleonore: Wolfgang Amadeus Mozart: 1756-1791; [Katalog.] / Bearb. v. Eleonore Heckmann. - Frankfurt/M.: Städtische Volksbüchereien, Musikbücherei, 1956. - 40 S.
Werke, Literatur, Schallplatten.

M-417 Hess, Ernst: Über einige zweifelhafte Werke Mozarts. - In: Mozart-Jahrbuch. - Salzburg. 1956, S. 100-129.
Bibl. im Text u. in 32 Fußnoten; Quellenübersicht S. 129.

M-418 Hummel, Walter: Die Mozart-Gedenkstätten Salzburg. - In: Internationale Konferenz über das Leben und Werk W. A. Mozarts: Praha 27.-31. Mai 1956; Bericht. - Praha, 1956, S. 167-174.
Beschreibung der Gedenkstätten.

M-419 Hummel, Walter: W. A. Mozarts Söhne. - Kassel, Basel, 1956. - X, 383 S.
S. 306-309: W. A. Mozarts Kinder, Tauf- u. Sterberegister; S. 312: Wohnungen der Familie Mozart in Wien; S. 314-321: Werkverzeichnis W. A. Mozart (Sohn); S. 324-352: Verlassenschaftsverz. W. A. Mozarts (Sohn); S. 346-352: Zeittafel zur Familie Mozart; Quellen u. Bibl. S. 354-372 u. in 491 Anmerk. S. 252-304; Namen- u. Ortsreg.

M-420 Internationale Konferenz über das Leben und Werk W. A. Mozarts: Praha 27.-31. Mai 1956; Bericht. - Praha, 1956. - 291 S.
Einzelbeiträge mit Bibl.

M-421 Kahl Willi: Aus dem Schrifttum zum Mozart-Jahr 1956. - In: Die Musikforschung. - Kassel, Basel. 9. 1956, S. 309-316; 10. 1957, S. 526-531; 12. 1959, S. 206-212.
Literaturbericht.

M-422 Karásek, Bohumil: Wolfgang Amadeus Mozart: nácrt zivotopisu. - Praha: Orbis, 1956. - 161 S.
(Knihovna ceskoslovenské Spolecnosti pro sirení politickych a vedeckych znalostí; 141.) (Edice jazyk, literatura a umení; 32.)
Bibl. S. 157-159 u. in Anmerk. S. 147-156.

M-423 Kerner, Dieter: Mozart als Patient. - In: Schweizerische Musikzeitschrift. - Basel. 86. 1956, S. 1343-1346.
Bibl. in 60 Anmerk. S. 1346.

M-424 King, Alec Hyatt: Mozart im Spiegel der Geschichte: 1756-1956; e. krit. und bibliogr. Studie / übers. v. Bruno Grusnick. - Kassel, Basel: Bärenreiter-Verlag, 1956. - 48 S.
(Musikwissenschaftliche Arbeiten; 9.)
Bibl. S. 8 u. in 118 Fußnoten; S. 31-40: Forschungs- u. Literaturbericht.

M-425 King, Alec Hyatt: Mozart on the gramophone. - In: Music and Letters. - London. 37. 1956, S. 22-26.
Diskographie.

M-426 Komorzynski, Egon: Mozart: Sendung und Schicksal. - (2., vollst. umgearb. Aufl. 1.-10. Tsd.) - Wien: Buchgemeinschaft Donauland, [1956]. - 399 S., 32 S. Abb.
S. 386-391: Zeittafel zu Mozarts Leben u. Schaffen; Personen- u. Sachreg.

M-427 Lesure, François: Mozart en France: exposition; catalogue. / Bibliothèque Nationale. - Paris, 1956. - VIII S., XVI S. Abb., S. IX-XIV, 76 S.
S. XI-XII: Zeittafel; S. XIII: Werke, die Mozart in Paris komponiert hat; S. 1-65: Katalog: 234 Objekte mit biobibliogr. Material; S. 67-76: Verz. v. Mozart-Erstausgaben.

M-428 Ließ, Andreas: Mozartiana. - In: Wissenschaft und Weltbild. - Wien. 9. 1956, S. 138-142.
Literaturbericht; Bibl. in 42 Anmerk. S. 142.

M-429 Livanova, Tamara Nikolaevna: Mocart i russkaja muzykal'naja kul'tura. - Moskva: Muzgiz, 1956. - 112 S. [Russ.]
[Mozart und die musikalische Kultur Rußlands.].
Bibl. in 200 Anmerk. S. 104-112.

M-430 Major, Ervin: Mozart és Magyarország: Beszámoló a magyar Mozart-kutatásoskról. / (Deutsche Übers. v. F. Brodszky.) - Budapest, 1956. - 45 S., 8 Taf.
[Nebentitel]: Mozart und Ungarn: Bericht über die ungarischen Mozart-Forschungen.
(Franklin-nyomda.)
Bibl. in zahlr. Fußnoten; S. 21-29: Materialien zur ungarischen Mozart-Bibliographie 1785-1847; S. 31-35: Mozart in Ungarn (Forschungsbericht); S. 38-42: "Mozartiana hungarica"; S. 42-44: Mozart in der ungarischen Literatur; S. 44-45: Mozarts Opern auf ungarischen Bühnen.

M-431 Moldenhauer, Hans: Übersicht der Musikmanuskripte W. A. **Mozart**s in den Vereinigten Staaten von Amerika. - In: Mozart-Jahrbuch. - Salzburg, 1956, S. 88-99.
56 Titel mit Beschreibung u. Standort.

M-432 Mozart, Wolfgang Amadeus: (1756-1791). - In: Blaukopf, Kurt: Langspielplattenbuch. - Wien. 1. 1956, S. 114-130; 2. 1957, S. 79-84.
Verzeichnis von Werken Mozarts auf Schallplatten mit KV-Nummern.

M-433 Mozart, Wolfgang Amadeus: Mozart-Kanons im Urtext / hrsg. v. Gottfried Wolters. - Wolfenbüttel: Möseler, 1956. - 96 S.
(Finken-Bücherei; 1/2.)
Anmerkungen: Autographe (mit Standortnachweisen), Datierung, Ausgaben, Lit. S. 59-88; Quellen u. Bibl. S. 92-93; Tabellarische Konkordanz S. 94-95.

M-434 The **Mozart** companion / By Gerald Abraham ... Ed. by H. C. Landon & Donald Mitchell. - London, 1956. - XV, 397 S., [Mit Portr., Faks. u. Notenbeisp.]
12 Artikel, jeweils mit Bibl.; S. 377-386: Index der Köchel-Nummern; S. 387-388: Index der Musikbeispiele; S. 389-397: Generalindex.

M-435 Mozart en Dufy: Tentoonstelling, Gemeentemuseum Arnhem, 21 April - 3 Juni 1956. / [Vorr.]: de Lorm; [Einf.]: Dirk J. Balfoort, Rudolf Escher. - Arnhem, 1956. - 28 Bl.
Illustr. Ausstellungskatalog mit biobibliogr. Material.

M-436 Mühlberger, Josef: Mozart in der Dichtung. - In: Mozart: Aspekte / hrsg. v. Paul Schaller u. Hans Kühner. - Olten, 1956, S. 321-340.
Bibl. im Text.

M-437 Musiol, Karol: Wolfgang Amadeus **Mozart**: 1756-1956; Katalog wystawy / opracowal: Karol Musiol. - Katowice: Naklad. Prez. Woj. Rady narodowej wydz. kultury w Katowicach, 1956. - 63 S.
[Umschlagtitel]: 1756-1956. Mozart.
Ausstellungskatalog mit biobibliogr. Material: 340 Objekte.

M-438 Nettl, Paul: Musik und Freimaurerei: **Mozart** und die Königliche Kunst. - Eßlingen/N., 1956. - 190 S.
Bibl. S. 169-183 in zahlr. Anmerk.; Index.

M-439 Nowak, Leopold: Die Wiener **Mozart**-Autographen. - In: Österreichische Musikzeitschrift. - 11. 1956, S. 180-187.
Bibl. im Text u. in 18 Fußnoten; Übersicht über die Mozart-Autographen in Wiener Sammlungen.

M-440 Obras de W. A. **Mozart**: executadas no Teatro municipal do Rio de Janeiro 1909-1956; Concertos, operas e bailados. / ([Vorw.]: Andrade Muricy.) - Rio de Janeiro: Museo dos Teatros do Rio de Janeiro, [1956]. - 47 S., 2 Bl. gef.
[Umschlagtitel]: Mozart 1756-1956.
Verz. der Werke Mozarts, die am Teatro municipal in Rio den Janeiro aufgeführt wurden.

M-441 Österreichische Columbia Graphophon Gesellschaft: Mozartjahr 1756-1956: Mozarts Werke auf Columbia, His Master's Voice und Imperial Platten. / Österreichische Columbia Graphophon Gesellschaft. - Wien: Österr. Columbia Graphophon Gesellschaft, 1956. - 8 Bl.
Diskographie.

M-442 Österreichische Nationalbibliothek: Mozart: Werk und Zeit; Ausstellung im Prunksaal der Österreichischen Nationalbibliothek, 30. Mai - 30. Sep. 1956 / Katalog bearb. v. Franz Hadamowsky und Leopold Nowak. - Wien, 1956. - 87 S.
(Biblos-Schriften; 13.)
Katalog mit reichhalt. biobibliogr. Material.

M-443 Ott, Alfons: Mozart in München: eine Ausstellung zum 200. Geburtstag; München, Prinz Carl-Palais, 9. Aug. - 9. Sept. 1956 / Bayerische Akademie der schönen Künste; (Arbeitsausschuß und Katalogbearb.: Alfons Ott und Hans Reuther.) - München: Kastner & Callwey [Druck], 1956. - 46 S., 5 Bl. Abb.
Katalog mit biobibliogr. Material: 306 Objekte; Kompositionen, die Mozart in München oder für München schrieb, spielte oder aufführen ließ S. 43-45; Zeittafel "Mozart in München" S. 46.

M-444 Petzoldt, Richard: Wolfgang Amadeus **Mozart**: sein Leben in Bildern; das Mozartbild in Musik- und Zeitgeschichte / Bildbiographie von Eduard Crass. - Leipzig: Bibliographisches Institut, 1956. - 59 S., 36 Bl. Abb.
Zeittafel S. 52-53; Bildfolge mit Besitznachweisen S. 54-60: 148 Objekte; 36 Bl. Bilder mit biobibliogr.-ikonograph. Material.

M-445 Pfannhauser, Karl: Auf den Spuren der **Mozart**-Überlieferung in Oberösterreich. - In: Zu Mozarts 200. Geburtstag. - Linz, 1956, S. 15-27.
Reichhalt. biobibliogr. Material im Text.

M-446 Pirie, Peter J.: A Bibliography of **Mozart** records. - In: The Music Review. - Cambridge. 17. 1956, S. 71-86.
Diskographie.

M-447 Reich, Willi: Neue **Mozart**-Literatur. - In: Schweizerische Musikzeitung. - Zürich. 96. 1956, S. 72-74; 97. 1957, S. 16-17.
Literaturbericht.

M-448 Rossell, Denton: The formal construction of **Mozart**'s operatic ensembles and finales. - Nashville, Tenn.: George Peabody College for Teachers Diss., 1956. - XVI, 668 S.
Verz. der dramatischen Werke Mozarts S. X-XII; Bibl. S. 662-668.

M-449 Ruppe, Hans: Bücher über **Mozart**. - In: Neue Volksbildung. - Wien. 7. 1956, S. 49-53.
Literaturbericht.

M-450 Ruppe, Hans: Mozart: ein beratendes Bücherverzeichnis zum 200. Geburtstag. - Salzburg, 1956. - 23 S.
Kommentiertes Auswahlverzeichnis.

M-451 Schmid, Ernst Fritz: Mozarts Lebenswerk, seine Bergung und Erschließung. - In: Internationale Konferenz über das Leben und Werk W. A. Mozarts: Praha 27.-31. Mai 1956; Bericht. - Praha, 1956, S. 15-25.
Forschungsbericht.

M-452 Schmid, Ernst Fritz: Neue Quellen zu Werken **Mozart**s. - In: Mozart-Jahrbuch. - Salzburg. 1956, S. 35-45.
Quellen u. Bibl. im Text u. in 27 Fußnoten.

M-453 Schöny, Heinz: Mozarts Wiener Wohnungen. - In: Österr. Musikzeitschrift. - 11. 1956, S. 137-143.
Liste der Wiener Mozart-Wohnungen S. 141-143; Bibl. dazu S. 143.

M-454 Seeger, Horst: W. A. **Mozart**: (1756-91.) - Leipzig, 1956. - 228 S.
Bibl. S. 211-228: Werkeverz.

M-455 Senn, Walter: Mozartiana aus Tirol. - In: Festschrift Wilhelm Fischer zum 70. Geburtstag überreicht. - Innsbruck, 1956, S. 49-59.
(Innsbrucker Beiträge zur Kulturwissenschaft; Sonderh. 3.)
Mozart-Handschriften, bearbeitungen u. Abschriften in Tirol (mit Standortnachweisen) im Text; Quellen u. Bibl. im Text u. in 22 Fußnoten.

M-456 Skalicki, Wolfram: Das Bühnenbild der Zauberflöte: von der Uraufführung bis zu Oskar Strnad. - In: Maske und Kothurn. - Graz, Köln. 2. 1956, S. 2-34, 142-165.
Bibl. S. 164-165 u. in zahlr. Fußnoten.

M-457 Stedron, Bohumír: Mozart und Mähren. - In: Internationale Konferenz über das Leben und Werk W. A. Mozarts: Praha 27.-31. Mai 1956; Bericht. - Praha, 1956, S. 51-55.
Bibliogr. Material im Text.

M-458 Stempel, Maxim: Mozart in Schweden. - In: Internationale Konferenz über das Leben und Werk W. A. Mozarts: Praha 27.-31. Mai 1956; Bericht. - Praha, 1956, S. 189-192.
Bibliogr. Material im Text.

M-459 Tenschert, Roland: Die **Mozart**pflege der Wiener Philharmoniker. - In: Musikblätter der Wiener Philharmoniker. - 11. 1956/57, S. 114-118.
Angabe der von den Wiener Philharmonikern gespielten Mozart-Kompositionen im Text.

M-460 Unbekannte **Mozart**iana aus Graf Zinzendorfs Tagebüchern und anderen Dokumenten. - In: Wiener Geschichtsblätter. - 11. 1956, S. 17-19.
Quellen u. Bibl. im Text u. in 14 Fußnoten.

M-461 Urekljan, L. A.: Vol'gang Amadej Mocart: (1756-1791.) Katalog vystavki k 200-letiju so dnja rozdenija. / Ministerstvo kul'tury SSSR: Gosudarstvennyi central'nyj Muzej muzykal'noj kul'tury imeni Michaila Ivanovica Glinki. - Moskva, 1956. - 39 S. [Russ.]
[W. A. Mozart: Katalog der Ausstellung zum 200. Geburtstag.].
174 Objekte mit biobibliogr. Material.

M-462 Valentin, Erich: Das magische Zeichen: **Mozart** in der modernen Dichtung. - In: Mozart-Jahrbuch. - Salzburg. 1956, S. 7-15.
Bibl. im Text.

M-463 Vancea, Zeno: Stand und Ergebnisse der rumänischen musikwissenschaftlichen Forschung über die Beziehungen der Werke **Mozart**s zu Rumänien. - In: Internationale Konferenz über das Leben und Werk W. A. Mozarts: Praha 27.-31. Mai 1956; Bericht. - Praha, 1956, S. 112-117.
Forschungsbericht.

M-464 Vretblad, Åke: Wolfgang Amadeus **Mozart**: 1756 27/1 1956; Minnesutställning, Kungl. Biblioteket, jan.-febr. 1956. - Stockholm, 1956. - 8 S. (Kungl. Bibliotekets utställningskatalog; 5.)
Ausstellung von Mozart-Autographen und -drucken.

M-465 Wolfgang Amadeus **Mozart**. - Tutzing, [1956]. - 60 S.
(Musikantiquariat Hans Schneider Tutzing; Katalog Nr. 51.)
600 Titel.

M-466 Badura-Skoda, Eva: Mozart-Interpretation / Eva und Paul Badura-Skoda. - Wien, Stuttgart: Wancura, 1957. - 348 S., 6 Bl. Faks., mit zahlr. Notenbeisp., 8 faks. Notenbeilagen u. 2 Kunstdruckbildern.
Bibl. S. 299-303 u. in 191 Anmerk. S. 341-348; S. 304-320: Kritische Bemerkungen zu modernen "Urtext-Ausgaben"; S. 321-336: Verz. d. Klavierwerke Mozarts mit Angaben zur derzeitigen Quellenlage; S. 337-340: Werkregister.

M-467 Die Bedeutung der Zeichen Keil, Strich und Punkt bei **Mozart**: 5 Lösungen einer Preisfrage / im Auftrag der Gesellschaft für Musikforschung hrsg. v. Hans Albrecht. - Kassel, Basel [usw.]: Bärenreiter, 1957. - 110 S., mit Notenbeisp.
(Musikwissenschaftliche Arbeiten; 10.)
Bibl. S. 51-53 u. in zahlr. Fußnoten.

M-468 Castle, Eduard: Mozart auf dem Weimarer Theater. - In: Chronik des Wiener Goethe-Vereins. - Wien. 61. 1957, S. 58-60.
Bibl. im Text.

M-469 Elvers, Rudolf: Die bei J. F. K. Rellstab in Berlin bis 1800 erschienenen **Mozart**-Drucke. - In: Mozart-Jahrbuch. - Salzburg. 1957, S. 152-167.
Verz. d. Drucke im Text.

M-470 Federhofer, Hellmut: Frühe **Mozart**pflege und Mozartiana in der Steiermark. - In: Mozart-Jahrbuch. - Salzburg. 1957, S. 140-151; 1958, S. 109-114.
Quellen u. Bibl. in 73 Fußnoten.

M-471 [Georgescu]-Breazul, George [N.]: La bicentenarul nasterii lui **Mozart**: 1756-1956 / George Breazul. - Bucuresti: Uniunea compozitorilor din R.P.R., 1957. - 188 S. [Illustr., mit russ., franz., dt. u. engl. Zusammenfasung.]
[Dt. Zusammenfassung u. d. T.:] Zu Mozarts Zweihundertjahrfeier.
Bibl. in 233 Fußnoten.

M-472 Hughes, Spike: Famous **Mozart** operas: an analytical guide for the opera-goer and armchair listener; with 343 musical illustr. - (1. publ.) - London: Hale, 1957. - 253 S.
Genaue Beschreibung der Opern im Text; S. 239-246: Diskographie; S. 247-248: Index der Arien; Reg.

M-473 Kerner, Dieter: Mozart als Patient. - In: Materia medica Nordmark. - Hamburg. N.F. 9. 1957, H. 1, S. 1-14.
Bibl. S. 13-14: 61 Titel.

M-474 Klein, Herbert: Unbekannte **Mozart**iana von 1766/67. - In: Mozart-Jahrbuch. - Salzburg, 1957, S. 169-185.
Bibl. in 50 Fußnoten.

M-475 Landon, Harold Chandler Robbins: Mozart fälschlich zugeschriebene Messen. - In: Mozart-Jahrbuch. - Salzburg, 1957, S. 85-95.
Bibl. im Text u. in 29 Fußnoten.

M-476 Nettl, Paul: Mozart and Masonry. - New York, 1957. - 150 S., 8 S. Abb.
Bibl. S. 134-144 in zahlr. Anmerk.; Index.

M-477 Orel, Alfred: Mozarts Beitrag zum deutschen Sprechtheater: die Musik zu Geblers "Thamos". - In: Acta Mozartiana. - Augsburg. 4. 1957, S. 43-53, 74-81.
Bibl. in 98 Anmerk.

M-478 Broder, Nathan: Mozart: the Piano concertos. - In: High fidelity. - Great Barrington, Mass. 8. 1958, Nr. 10, S. 111-120.
Kommentierte Diskographie.

M-479 Duda, Gunther: "Gewiß, man hat mir Gift gegeben": eine Untersuchung der Krankheiten **Mozart**s nach den Briefen der Familie und Berichten von Zeitgenossen. - Pähl/Obb.: Verlag Hohe Warte, 1958. - 168 S.
Bibl. S. 163-165 u. in 40 Anmerk. S. 145-162, Namenregister.

M-480 Erdmann, Hans: Mozart in norddeutscher Resonanz. - In: Bericht über den internationalen musikwissenschaftlichen Kongreß, Wien Mozartjahr 1956 / hrsg. v. Erich Schenk. - Graz, Köln 1958, S. 156-169.
Bibl. in 64 Fußnoten; S. 164-169: "Mozart-Aufführungen in Ludwigslust in der Zeit von 1803 bis 1832".

M-481 Federhofer, Hellmut: Probleme der Echtheitsbestimmung der kleineren kirchenmusikalischen Werke W. A. **Mozart**s. - In: Mozart-Jahrbuch. - Salzburg. 1958, S. 97-108; 1960/61, S. 43-51.
Bibl. in 63 Fußnoten.

M-482 Feicht, Hieronim: Die Kenntnis **Mozart**s in Polen. - In: Bericht über den internationalen musikwissenschaftlichen Kongreß, Wien Mozartjahr 1956 / hrsg. v. Erich Schenk. - Graz, Köln 1958, S. 191-194.
Bibl. in 34 Fußnoten.

M-483 Friedrich, Goetz: Die Zauberflöte in der Inszenierung Walter Felsensteins an der Komischen Oper Berlin, 1954. - Berlin, 1958. - 211 S. (Veröffentlichungen der Deutschen Akademie der Künste zu Berlin.)
Bibl. in zahlr. Fußnoten.

M-484 Gesellschaft zur Herausgabe von Denkmälern der Tonkunst in Österreich: Bericht über den Internationalen Musikwissenschaftlichen Kongress Wien, **Mozart**jahr 1956, 3. bis 9. Juni / hrsg. v. Erich Schenk. - Graz, Köln, 1958. - LXIV, 804 S.
Mit zahlr. bibliogr. Angaben zur Mozartliteratur in Fußnoten.

M-485 Greither, Aloys: Wolfgang Amadé **Mozart**: seine Leidensgeschichte; aus Briefen und Dokumenten zusammengest. - Heidelberg, 1958. - 148 S.
Bibl. S. 146-148: Lit.

M-486 Haupt, Helga: W. A. **Mozart**: Requiem, K. V. 626; eine vergleichende Discographie. - In: Phono. - Wien. 5. 1958/59, Nr. 6, S. 18-19.

M-487 Hocquard, Jean-Victor: Mozart. - [Paris]: Ed. du Seuil, 1958. - 190 S., mit Illustr. u. Notenbeisp. (Solfèges; 8.)
Bibl. in Fußnoten; Diskographie S. 179-190.

M-488 Hocquard, Jean-Victor: La Pensée de **Mozart**. - Paris: Editions du Seuil, 1958. - 740 S. (Pierres vives.)
Werkverz. nach Gattungen S. 663-735; Werkindex S. 737-738; Bibl. in zahlr. Fußnoten.

M-489 Kalomiris, Manolis: Die Musik **Mozart**s in Griechenland. - In: Bericht über den internationalen musikwissenschaftlichen Kongreß, Wien Mozartjahr 1956 / hrsg. v. Erich Schenk. - Graz, Köln 1958, S. 294-299.
Daten zur Mozart-Rezeption im Text.

M-490 Lerma, Dominique-René de: Wolfgang Amadeus **Mozart**: the works and influences of his 1st 10 years. - Bloomington, Ind.: Indiana Univ. Diss., 1958. - XIV, 315 S.
Bibl. S. 283-295; Zeittafel S. 297-304; Verz. der frühen Werke Mozarts S. 305-307.

M-491 Lesure, François: L'Oeuvre de **Mozart** en France de 1793 à 1810. - In: Bericht über den internationalen musikwissenschaftlichen Kongreß, Wien Mozartjahr 1956 / hrsg. v. Erich Schenk. - Graz, Köln 1958, S. 344-347.
Materialien zur Mozart-Rezeption im Text.

M-492 Levi, Vito: Das Schicksal der **Mozart**-Opern in Italien. - In: Bericht über den internationalen musikwissenschaftlichen Kongreß, Wien Mozartjahr 1956 / hrsg. v. Erich Schenk. - Graz, Köln 1958, S. 348-349.
Materialien zur Mozart-Rezeption im Text.

M-493 Luin, Elisabeth Jeanette: Mozarts Opern in Skandinavien. - In: Bericht über den internationalen musikwissenschaftlichen Kongreß, Wien Mozartjahr 1956 / hrsg. v. Erich Schenk. - Graz, Köln 1958, S. 387-396.
Bibl. in 25 Fußnoten.

M-494 Morin, Göstaeth: Wolfgang Amadeus **Mozart** in Schweden. - In: Bericht über den internationalen musikwissenschaftlichen Kongreß, Wien Mozartjahr 1956 / hrsg. v. Erich Schenk. - Graz, Köln 1958, S. 416-420.
Materialien zur Mozart-Rezeption im Text.

M-495 Pfannhauser, Karl: Die **Mozart**-Gesamtausgabe in Österreich. - In: Bericht über den internationalen musikwissenschaftlichen Kongreß, Wien Mozartjahr 1956 / hrsg. v. Erich Schenk. - Graz, Köln 1958, S. 462-470.
Forschungs- und Arbeitsbericht.

M-496 Racek, Jan: Unbekannte Autographen-Fragmente von Wolfgang Amadeus **Mozart**. - In: Deutsches Jahrbuch der Musikwissenschaft. - Leipzig. 3. 1958, S. 41-58..
Quellen u. Bibl. im Text u. in 11 Anmerk. S. 56-58.

M-497 Rehm, Wolfgang: Mozarts Singspiel "Die Entführung aus dem Serail": eine vergleichende Discographie. - In: Phono. - Wien. 5. 1958/59, Nr. 1, S. 3-4.

M-498 Schmid, Ernst-Fritz: L'héritage Souabe de **Mozart**. - In: Les influences étrangères dans l'oeuvre de W. A. Mozart / prés. par André Verchaly. - Paris, 1958, S. 59-84.
(Colloques internationaux du Centre National de la Recherche Scientifique; Sciences humaines.)
Bibl. in 50 Fußnoten.

M-499 Stedron, Bohumír: Mozart und Mähren. - In: Bericht über den internationalen musikwissenschaftlichen Kongreß, Wien Mozartjahr 1956 / hrsg. v. Erich Schenk. - Graz, Köln 1958, S. 603-607.
Materialien zur Mozart-Rezeption im Text; Bibl. S. 607.

M-500 Stuber, Robert: Die Klavierbegleitung im Liede von Haydn, **Mozart** und Beethoven: eine Stilstudie. - Biel: Schüler; Bern: Univ. Diss., 1958. - 132 S., mit Noten.
Bibl. S. 124-125 u. in 56 Anmerk. S. 126-131.

M-501 Wendelin, Lidia F.: Mozart Magyarországon / összeállította F. Wendelin Lidia; a bevezető tanulmányt írta Major Ervin. (Vorw.: Jenö Vecsey; Deutsche Übertr.: Ferenc Brodszky.) - Budapest: Országos Széchényi Könyvtár, 1958. - 203 S., Illustr. [Nebentitel]: Mozart in Ungarn: Bibliographie / zusammengestellt von Lidia F. Wendelin; mit einer Einleitung von Ervin Major. - Einl. deutsch, Bibliographie ungar. u. deutsch..
(Uj bibliográfiai füzetek; 2.)
Umfangreiche Lit. über Mozart; Register.

M-502 Wörner, Karl Heinrich: Mozarts Fugenfragmente. - In: Bericht über den internationalen musikwissenschaftlichen Kongreß, Wien Mozartjahr 1956 / hrsg. v. Erich Schenk. - Graz, Köln 1958, S. 743-748.
Verz. der Fragmente im Text.

M-503 Bitter, Christof: Don Giovanni in Wien 1768. - In: Mozart-Jahrbuch. - Salzburg. 1959, S. 146-164.
Bibl. in 45 Fußnoten.

M-504 Böhme, Erdmann Werner: Mozart in der schönen Literatur: T. 2: Ergänzungen und Fortsetzung. - In: Mozart-Jahrbuch. - Salzburg, 1959, S. 165-187.
Bibl. S. 176-187: 187 Titel u. in 28 Fußnoten.

M-505 Burk, John N.: Mozart and his music. - (1. print.) - New York: Random House, 1959. - X, 453 S. [mit Notenbeisp.]
Verz. u. Besprechung d. Werke im Text; S. 412-444: Verz. nach Köchel-Nummern; Personenreg.

M-506 Cherbuliez, Antoine-Elisée: Bemerkungen zu den "Haydn"-Streichquartetten **Mozart**s und Haydns "Russischen" Streichquartetten. - In: Mozart-Jahrbuch. - Salzburg. 1959, S. 28-45.
Bibl. S. 42-45 u. in 16 Fußnoten.

M-507 Dittmar, Karl: Presseschau im **Mozart**jahr: Kritik oder Huldigung? Ein Beitr. zur freimaurerischen Öffentlichkeitsarbeit. - Frankfurt/M.: Bauhüttenverlag, [1959]. - 16 S., 2 Taf.
(Bayreuther Reihe; 3.)
Dokumentation von Zeitungsartikeln.

M-508 Engel, Hans: Haydn, **Mozart** und die Klassik. - In: Mozart-Jahrbuch. - Salzburg. 1959, S. 46-79.
Bibl. in 82 Fußnoten.

M-509 Fellerer, Karl Gustav: Zur **Mozart**-Kritik im 18./19. Jahrhundert. - In: Mozart-Jahrbuch. - Salzburg. 1959, S. 80-94.
Bibl. in 48 Fußnoten.

M-510 Hummel, Walter: Die wichtigsten Bildnisse und Musikinstrumente im **Mozart**-Museum zu Salzburg. - In: Mozart-Jahrbuch. - Salzburg. 1959, S. 188-201.
Beschreibung der Objekte u. ikonographisches Material im Text; Bibl. in 40 Fußnoten.

M-511 Massin, Jean: Wolfgang Amadeus **Mozart**. / Jean Massin; Brigitte Massin. - Paris, 1959. - 13 Bl., 1202 S., 36 Bl.
5 Bl. Zeit- u. Stammtaf.; Bibl. S. 1195-1202; 36 Bl. Werkverz.: nach Köchel-Nummern, nach Gattungen, chronolog. u. nach Tonarten geordnet.

M-512 Musiol, Karol: Mozartiana in schlesischen Archiven und Bibliotheken. - In: Acta Mozartiana. - Augsburg. 6. 1959, S. 31-35.
Übersicht über Mozart-Autographen; Bibl. S. 35 in 10 Anmerk.

M-513 Orel, Alfred: Mozartiana in Schweden. - In: Acta Mozartiana. - Augsburg. - 6. 1959, S. 3-8.
Übersicht über Mozart-Autographen.

M-514 Pfannhauser, Karl: Mozarts kirchenmusikalische Studien im Spiegel seiner Zeit und Nachwelt. - In: Kirchenmusikalisches Jahrbuch. - Köln. 43. 1959, S. 155-198.
Bibl. in 213 Fußnoten.

M-515 Pohlmann, Hansjörg: Mozart und das Urheberrecht. - In: Acta Mozartiana. - Augsburg. 6. 1959, S. 22-31.
Bibl. in 64 Fußnoten.

M-516 Protz, Albert: "Die Entführung aus dem Serail" von W. A. **Mozart** / dargestellt von Albert Protz. - 5. Aufl. - Berlin-Lichterfelde: Lienau, 1959-1961. - 53 S., VIII S. Noten; Beispielheft: 12 S., S. 13-40 Noten. (Die Oper.)
Bibl. S. 43; Diskographie S. 53.

M-517 Racek, Jan: Neznámá mozartova autografní torsa. - Ostrava: Krajské nakladetelství, 1959. - 33 S., mit Noten.
Deutsche Zusammenfassung u. d. T.: Unbekannte Autographen-Fragmente von Wolfgang Amadeus Mozart.
(Hudební edice SU CSAV; 13.)
Bibl. in Fußnoten.

M-518 Taling-Hajnali, Maria: Der fugierte Stil bei **Mozart**. - Bern: Haupt, 1959. - 130 S., mit Noten. Zugl. Basel, Univ. Diss.
(Publikationen der Schweizerischen Musikforschenden Gesellschaft; Ser. 2, 7.)
Werkverz. S. 10-12; Bibl. S. 14-16; Namenregister.

M-519 Valentin, Erich: Mozart: eine Bildbiographie. - München: Kindler, 1959. - 144 S.
(Kindlers klassische Bildbiographien.)
Biobibliograph.-ikonographisches Material S. 5-129; Zeittafel mit Werkangaben S. 130-133; Erläuterungen zu den Bildern S. 134-141; Namenregister.

M-520 Volek, Tomislav: Über den Ursprung von **Mozart**s Oper "La Clemenza di Tito". - In: Mozart-Jahrbuch. - Salzburg. 1959, S. 274-286.
Quellen u. Bibl. in 38 Fußnoten.

M-521 Walner, Peter A.: Die Erstaufführungen von **Mozart**-Opern in Graz und Mozarts Beziehungen zu Graz. - In: Mozart-Jahrbuch. - Salzburg. 1959, S. 287-299.
Bibl. S. 298-299 u. in 31 Fußnoten; Verz. der Erstaufführungen von Mozartopern in Graz S. 298.

M-522 Wlcek, Walter: Ein Beitrag zur Kontroverse über die Vollendung von **Mozart**s Requiem. - In: Realgymnasium der Theresianischen Akademie: Jahresbericht. - 1959/60, S. 11-16.
Bibl. S. 16 in 21 Anmerk.

M-523 Broder, Nathan: The **Mozart** operas on record. - In: High fidelity. - Great Barrington, Mass. 10. 1960, Nr. 11, S. 56-57, 125-131.
Kommentierte Diskographie.

M-524 Finscher, Ludwig: Maximilian Stadler und **Mozart**s Nachlaß. - In: Mozart-Jahrbuch. - Salzburg. 1960/61, S. 168-172.
Quellen u. Bibl. in 32 Fußnoten.

M-525 Füssl, K. H.: Mozart: Symphonie Nr. 41, C-Dur, KV 551 (Jupiter); vergleichende Discographie. - In: Phono. - Wien. 7. 1960/61, S. 127-129.

M-526 Gibson, O. Lee: The Serenadas and divertimenti of **Mozart**. - Denton, Tex.: North Texas State College Diss., 1960. - IX, 385 S.
Bibl. S. 371-385.

M-527 Kahl Willi: Neue **Mozart**iana. - In: Die Musikforschung. - Kassel, Basel. 13. 1960, S. 182-188.
Literaturbericht.

M-528 Misch, Ludwig: Zur Entstehungsgeschichte von **Mozart**s und Beethovens Kompositionen für die Spieluhr. - In: Die Musikforschung. 13. Kassel, Basel 1960, S. 316-323.
Bibl. in 12 Fußnoten und S. 322-323.

M-529 Moberg, Carl Allan: Äkthetsfragor i **Mozart**s rekviem: Mit einer deutschen Zusammenfassung: Echtheitsfragen in Mozarts Requiem. - Uppsala: Lundequist, 1960. - 75 S. [mit Notenbeisp.]
(Uppsala universitets Årsskrift; 1960,4.)
Bibl. in zahlr. Fußnoten.

M-530 Paumgartner, Bernhard: Interpretation, Schallplatte, **Mozart**. - In: Phono. - Wien. 7. 1960/61, S. 113-115.
Mozarts Opern auf Schallplatten S. 115.

M-531 Senn, Walter: Mozarts "Zaide" und der Verfasser der vermutlichen Textvorlage. - In: Festschrift Alfred Orel zum 70. Geburtstag / hrsg. von Hellmut Federhofer. - Wien, Wiesbaden, 1960, S. 173-186.
Bibl. in 62 Fußnoten.

M-532 W. A. **Mozart**. - In: Ellenberger, Hugo: Wiener Musikgedenkstätten. Wanderungen und Betrachtungen. Wien, München 1960, S. 16-26.
(Aus: Musikerziehung; 13. 1959/1960..)
Beschreibung der Wiener Gedenkstätten.

M-533 Bitter, Christof: Wandlungen in den Inszenierungsformen des "Don Giovanni" von 1787 bis 1928: zur Problematik des musikal. Theaters in Deutschland. - Regensburg: Bosse, 1961. - 162 S., 8 Bl. Abb., mit Notenbeisp.
[Zugl.:] Berlin: Univ. Diss.
(Forschungsbeiträge zur Musikwissenschaft; 10.)
Bibl. S. 141-143 u. in zahlr. Anmerk. bei den einzelnen Kapiteln; S. 145-146: Die deutschen Erstaufführungen des "Don Giovanni" zwischen 1788 und 1798; S. 146-148: Verz. d. deutschen Übersetzungen des "Don Giovanni".

M-534 Blom, E.: Mozart. - München, 1961. - 358 S.
Bibl. S. 344-346: Lit.

M-535 Deininger, Heinz Friedrich: Wolfgang Amadeus **Mozart**s schwäbische Ahnen. - In: Deutsches Mozartfest der Deutschen Mozartgesellschaft. - Augsburg. 10. 1961, S. 29-35.
Genealog. Material im Text.

M-536 Deutsch, Otto Erich: Mozart: die Dokumente seines Lebens / gesammelt und erl. v. Otto Erich Deutsch. - Kassel, Basel [usw.]: Bärenreiter, 1961. - IX, 606 S.
(Mozart: Neue Ausgabe sämtlicher Werke; 10,34.)
Sehr reichhaltiges biobibliogr. u. dokumentarisches Material, jeweils chronologisch; S. 3-7: Die Vorfahren; S. 11-363: Mozarts Leben; S. 367-482: Nachklang; S. 485-492: Liste der Subskribenten der drei Privat-Konzerte Mozarts im Trattnerhof, Wien am 17., 24. u. 31. März 1784; S. 493-511: Die Akten des Nachlasses Mozart; S. 509-511: Liste von Mozarts Büchern; S. 519-534: Nachträge; Bibl. S. 535-536; Reg. S. 541-604 (S. 541-549: Verz. der im Band erwähnten Werke Mozarts nach Köchel- u. Einstein-Nummern; S. 550-557: nach Gattungen; S. 558-604: Generalregister: Personen, Sachen, Orte); weitere Nachträge: Deutsch, O. E.: Zu den Mozart-Dokumenten: Parerga u. Paralipomena. - In Mozart-Jahrbuch. - Salzburg, 1960/61, S. 62-67. - Weitere Nachträge: Mozart: die Dokumente seines Lebens; Addenda u. Corrigenda / zusammenges. v. Joseph Heinz Eibl. - Kassel, 1978. 134 S. (Mozart: Neue Ausgabe sämtlicher Werke; 10,31,1.).

M-537 Deutsch, Otto Erich: Mozart-Bildnisse. - In: Alpenjournal. - Salzburg, 1961, Sommer, S. 84-89.
Ikonographisches Material im Text.

M-538 Deutsch, Otto Erich: Mozart und seine Welt in zeitgenössischen Bildern / Begr. v. Maximilian Zenger, vorgelegt v. Otto Erich Deutsch; (English version by Peter Branscombe.) - Kassel, Basel [usw.]: Bärenreiter, 1961. - XXVI S., 294 S. Abb., S. 297-404.
Text deutsch u. englisch.
[Engl. Nebentitel:] Mozart and his world in contemporary pictures.
(Mozart: Neue Ausgabe sämtlicher Werke; Ser. 10,32.)
S. XV-XXVI: Dokumentarische Nachrichten zur Mozart-Ikonographie; S. 1-284: Bildnisse Mozarts, Mozarts Leben in Bildern, Mozart-Reliquien, Apocrypha: 656 Objekte; S. 297-374: Kommentar dazu (mit biobibliogr. Material); S. 377-384: Verz. d. erwähnten Werke Mozarts (S. 377-380: nach Köchel- u. Einstein-Nummern; S. 381-384: nach Gattungen); S. 385-404: Register: Namen, Orte, Sachen.

M-539 Fierz, Gerold: Don Giovanni: eine vergleichende Discographie. - In: Fono-Forum. - Bielefeld, Hamburg. 1961, Nr. 4, S. 12-13.

M-540 Hummel, Walter: Mozart in aller Welt: die Weltfeier 1956; die neue Mozart-Ausgabe; Chronik der Internationalen Stiftung Mozarteum 1951-1961. - Salzburg, 1961. - 230 S., 8 S. Abb.
(Jahresbericht der Internationalen Stiftung Mozarteum in Salzburg; 1951-1961.)
Übersicht über die Mozart-Feiern u. Veranstaltungen in aller Welt, Forschungsberichte, Vereinsmitteilungen, Personalien, Archiv- und Bibliotheksberichte.

M-541 Kecskeméti, Istvan: Beiträge zur Geschichte von Mozarts Requiem. - In: Studia musicologica. - Budapest. 1. 1961, S. 147-160.
Bibl. im Text u. in 21 Fußnoten.

M-542 Kerner, Dieter: Mozarts Todeskrankheit: zum 170. Todestag des Meisters am 5. Dez. 1961. - Berlin, Mainz, 1961. - 32 S., 4 S. Abb.
(Veröffentlichungen des Internationalen Musiker-Brief-Archivs.)
Bibl. S. 29-32: 35 Titel.

M-543 Kerner, Dieter: W. A. Mozarts Krankheiten und sein Tod: zu seinem 170. Todestag am 5. Dez. 1961. - Mainz-Gonsenheim: Selbstverlag, 1961. - S. 81-100, [mit Portr.] - [Kopftitel.].
Bibl. S. 93-94.

M-544 MacNab, Duncan Robert: A Study of classic and romantic elements in the piano works of Mozart and Schuman. - Los Angeles: Univ. of Southern California Diss., 1961. - IV, 325 S.
Bibl. S. 292-300: 112 Titel.

M-545 Rehm, Wolfgang: Mozarts Klavierkonzert in d-Moll: eine vergleichende Discographie. - In: Phono. - Wien. 8. 1961/62, S. 101-105, 122-125.

M-546 Senn, Walter: Mozarts Skizze der Ballettmusik zu "Le gelosie del serraglio": (KV Anh. 109/135a). - In: Acta musicologica. - Basel. 33. 1961, S. 169-192.
Bibl. in 83 Fußnoten.

M-547 Wegele, Ludwig: Der Augsburger Ahnenkreis W. A. Mozarts. - In: Acta Mozartiana. - Augsburg. 8. 1961, S. 2-7.
Genealog. Material im Text.

M-548 Deininger, Heinz Friedrich: Beiträge zur Genealogie der ältesten schwäbischen Vorfahren Wolfgang Amadeus Mozarts. / Heinz Friedrich Deininger; Josef Herz. - In: Neues Augsburger Mozartbuch / Schriftl.: Heinz Friedrich Deininger. - Augsburg: Seitz, 1962, S. 1-76.
(Zeitschrift des Historischen Vereins für Schwaben; 62. 63.)
Quellen u. biobibliogr.-genealog. Material im Text u. in 287 Fußnoten.

M-549 Federhofer, Hellmut: Mozart-Autographe bei Anton Stoll und Joseph Schellhammer. - In: Mozart-Jahrbuch. - Salzburg. 1962/63, S. 24-31.
Bibl. in 20 Fußnoten.

M-550 Goldinger, Walter: Archivalisch-genealogische Notizen zum Mozartjahr. - In: Neues Augsburger Mozartbuch / Schriftl.: Heinz Friedrich Deininger. - Augsburg: Seitz, 1962, S. 77-96.
(Zeitschrift des Historischen Vereins für Schwaben; 62. 63.)
Quellen u. biobibliogr.-genealog. Material im Text u. in 80 Fußnoten.

M-551 Greither, Aloys: Wolfgang Amadé Mozart in Selbstzeugnissen und Bilddokumenten. - Reinbeck: Rowohlt, 1962. - 172 S.
(Rowohlts Monographien; 77.)
S. 157-158: Zeittafel; Bibl. S. 162-170; Namenregister.

M-552 Hamann, Heinz Wolfgang: Mozarts Schülerkreis. - In: Mozart-Jahrbuch. - Salzburg. 1962/63, S. 115-139.
Bibl. in 129 Fußnoten; Chronolog. Tabelle der Mozart-Schüler S. 139.

M-553 Holschneider, Andreas: Neue Mozartiana in Italien. - In: Die Musikforschung. - Kassel, Basel. 15. 1962, S. 227-236.
Bibl. im Text u. in 33 Fußnoten.

M-554 Der italienische Mozart. - Freiburg/Br.: Fono-Verlags-Ges.; Bern, München: Francke, 1962. - 31 S., 1 Schallplatte.
(Zugänge; 1.)
Diskographie S. 27-31.

M-555 Köhler, Karl-Heinz: Die Erwerbungen der Mozart-Autographe der Berliner Staatsbibliothek: ein Beitrag zur Geschichte des Nachlasses. - In: Mozart-Jahrbuch. - Salzburg. 1962/63, S. 55-68.
Quellen u. Bibl. im Text u. in Fußnoten.

M-556 Kühn, Arnold: Komik, Humor und Musikalität in Mozarts Bäslebriefen. - In: Neues Augsburger Mozartbuch / Schriftl.: Heinz Friedrich Deininger. - Augsburg: Seitz, 1962, S. 107-189.
(Zeitschrift des Historischen Vereins für Schwaben; 62. 63.)
Bibl. in zahlr. Fußnoten.

M-557 Layer, Adolf: Beziehungen von Leopold und Wolfgang Amadeus Mozart zu Musikern des Augsburger Domstiftes. - In: Neues Augsburger Mozartbuch / Schriftl.: Heinz Friedrich Deininger. - Augsburg: Seitz, 1962, S. 245-261.
(Zeitschrift des Historischen Vereins für Schwaben; 62. 63.)
Quellen u. Bibl. in 45 Fußnoten.

M-558 Layer, Adolf: Leopold und Wolfgang Amadeus **Mozart**s schwäbischer Bekannten- und Freundeskreis in Salzburg. - In: Neues Augsburger Mozartbuch / Schriftl.: Heinz Friedrich Deininger. - Augsburg: Seitz, 1962, S. 293-315.
(Zeitschrift des Historischen Vereins für Schwaben; 62. 63.)
Quellen u. biobibliogr. Material im Text u. in 69 Fußnoten.

M-559 Layer, Adolf: Mozart und der fürstbischöflich augsburgische Hof. - In: Neues Augsburger Mozartbuch / Schriftl.: Heinz Friedrich Deininger. - Augsburg: Seitz, 1962, S. 263-292.
(Zeitschrift des Historischen Vereins für Schwaben; 62. 63.)
Quellen u. Bibl. in 73 Fußnoten.

M-560 Mozart, (Familie): Briefe und Aufzeichnungen / Hrsg. v. d. Internationalen Stiftung **Mozart**eum Salzburg, ges. und erl. v. Wilhelm A. Bauer u. Otto Erich Deutsch (5-7: Auf Grund deren Vorarb. erl. v. Joseph Heinz Eibl.) - Gesamtausg. - Kassel, Basel [usw.]: Bärenreiter, 1962-1975. - Bd 1-7.
1. 1755-1776. - 1962. XXVII, 534 S.
S. XV-XXVI: Verz. d. Briefe u. Aufzeichnungen: 325 Titel..
2. 1777-1779. - 1962. XV, 555 S.
S. V-XIII: Verz. d. Briefe u. Aufzeichnungen: Nr. 326-528..
3. 1780-1786. - 1986. XXIII, 631 S.
S. V-XXI: Verz. d. Briefe u. Aufzeichnungen: Nr. 529-1015..
4. 1787-1857. - 1963. XXIII, 539 S.
S. V-XXII: Verz. d. Briefe u. Aufzeichnungen: Nr. 1016-1477..
5. Kommentar 1/2. 1755-1779. - 1971. XXIV, 631 S
Zahlr. Quellen, biobibliogr. Material u. Erläuterungen..
6. Kommentar 3/4. 1780-1857. - 1971. XII, 728 S.
Zahlr. Quellen, biobibliogr. Material u. Erläuterungen..
7. Register. - 1975. XXIV, 645 S.
S. IX-XX: Exkurs: Zur Gruppierung, zur Quellenlage u. zur Überlieferungsgeschichte der Briefe u. Aufzeichnungen; S. 3-47: Konkordanz der Ausgaben Bauer-Deutsch, Schiedermair, Müller von Asow, Anderson; S. 48-62: Register der Brief-Absender; S. 63-66: Quellenfundorte; S. 67-103: Register der Werke Mozarts nach Köchel-Nummern; S. 104-140: Nach Gattungen; S. 141-154: Bühnenwerke anderer Autoren; S. 155-182: Bibliographie (sehr umfangreich); S. 183-265: Ortsregister; S. 266-298: Sachregister; S. 299-503: Personenregister; S. 506-645: Ergänzungen und Berichtigungen zu allen Nummern..
Nachträge: Eibl, Joseph Heinz: Mozart. Briefe u. Aufzeichnungen. Gesamtausgabe. Weiterer Nachtrag (1) zum Kommentar. - In: Mozart-Jahrbuch. - Kassel. 1976/77, S. 289-302; - - Weiterer Nachtrag (2) zum Kommentar. - In: Mozart-Jahrbuch. - 1980/83, S. 318-352.

M-561 Mozart-Handbuch: Chronik, Werk, Bibliographie / hrsg. v. Otto Schneider und Anton Algatzy. - Wien, 1962. - XV, 508 S., 1 Beil. gef. in Tasche.
Enth.: I. Die Eltern; A) Die Vorfahren; B) Johann Georg Leopold Mozart, der Vater; C) Anna Maria Mozart, die Mutter; II. Wolfgang Amadeus; A) Chronik; B) Kompositionen; 1. Werkeverzeichnis nach Gattungen; 2. Systemat. Verz. nach Besetzungen; 3. Verz. nach gebräuchlichen Namen; 4. Verz. nach Gesangstexten; C) Schriftstellerische Arbeiten; III. Familien- und Verwandtenkreis; IV. Bibliographie (3871 Titel, darunter folgende Nummern als Werkeverzeichnisse: 65, 67, 68, 469, 1027, 1028, 1030, 1031, 1035, 1100, 1180, 1610, 1776-1778, 1781, 2279, 3286, 3676, 3828 [S. 68ff.] u. v. a. m.; A) Alphabetisch; B) Nach Sachgebieten, Personennamen und Orten; C) Mozart-Periodica; Generalregister; Stammtafel.

M-562 Münster, Robert: Nissens "Biographie W. A. **Mozart**s". - In: Acta Mozartiana. - Augsburg. 9. 1962, S. 2-14.
Biobibliograph. Material im Text u. in 26 Anmerk. S. 12-14.

M-563 Neues Augsburger **Mozart**buch / Schriftl.: Heinz Friedrich Deininger. - Augsburg: Seitz, 1962. - XVI, 582 S.
(Zeitschrift des Historischen Vereins für Schwaben; 62. 63.)
Enth. zahlreiche Einzelbeiträge mit zahlr. bibliogr. Nachweisen in Fußnoten; in dieser Bibl. separat nachgewiesen.

M-564 Neumann, Friedrich-Heinrich: Zur Vorgeschichte der Zaide. - In: Mozart-Jahrbuch. - Salzburg. 1962/63, S. 216-247.
Bibl. in 261 Fußnoten.

M-565 Senn, Walter: Die **Mozart**-Überlieferung im Stift Heilig Kreuz zu Augsburg. - In: Neues Augsburger Mozartbuch / Schriftl.: Heinz Friedrich Deininger. - Augsburg: Seitz, 1962, S. 333-368.
(Zeitschrift des Historischen Vereins für Schwaben; 62. 63.)
Quellen u. biobibliogr. Material im Text u. in 62 Fußnoten; S. 364-368: Verz. d. Mozart-Abschriften im Stift Heilig Kreuz.

M-566 Steinpress, Boris: Russische Ausgaben der **Mozart**-Werke im 18. Jahrhundert. - In: Mozart-Jahrbuch. - Salzburg. 1962/63, S. 292-298.
Bibl. im Text u. in 16 Fußnoten.

M-567 Stromenger, Karol: Mozart. - Warszawa, 1962. - 328 S.
(Ludzie żywi; 3.)
Zeittafel mit Werkhinweisen S. 305-312; Bibl. S. 313-314; Namenregister.

M-568 Verzeichnis der verschollenen **Mozart**-Autographe der ehemaligen Preußischen Staatsbibliothek Berlin (BB) / zusammengestellt von der Editionsleitung der neuen Mozart-Ausgabe. - In: Mozart-Jahrbuch. - Salzburg. 1962/63, S. 306-309; 1964, S. 198.
Verz. nach Köchel-Nummern; auch in: Mitteilungen der Internationalen Stiftung Mozarteum. - Salzburg. 12. 1964, H. 3/4, S. 54-56.

M-569 Blume, Friedrich: Mozarts Konzerte und ihre Überlieferung. - In: Blume, Friedrich: Syntagma musicologica: gesammelte Reden und Schriften / hrsg. v. Martin Runke. - Kassel, Basel: Bärenreiter. - 1. 1963, S. 686-714.
Biobibliogr. Material im Text u. in 44 Fußnoten.

M-570 Blume, Friedrich: Requiem und kein Ende. - In: Blume, Friedrich: Syntagma musicologica: gesammelte Reden und Schriften / hrsg. v. Martin Runke. - Kassel, Basel: Bärenreiter. - 1. 1963, S. 714-734.
Biobibliogr. Material im Text u. in 41 Fußnoten.

M-571 Cernaja, Elena Semenovna: Mocart i avstrijskij muzykal'nyi teatr. - Moskva: Gosud. muzykanl'noe Izd., 1963. - 433 S. [mit Illustr. u. Notenbeisp.] [Russ.]
[Mozart und das österreichische Musiktheater.].
Bibl. S. 429-433.

M-572 Cornelissen, Thilo: Die Zauberflöte von W. A. **Mozart**. - Berlin, 1963. - 107 S.
(Die Oper.)
Bibl. S. 102-105; Diskographie S. 106-107.

M-573 Festgabe zum 50-jährigen Bestande der Wiener Bibliophilen-Gesellschaft und zu Ehren des Altmeisters der Wiener Kulturgeschichte Prof. Gustav Gugitz aus Anlaß seines Eintrittes in das 90. Lebensjahr. - Wien: Wiener Bibliophilen-Gesellschaft, [1963]. - 93 S.
(Jahresgabe der Wiener Bibliophilen-Gesellschaft; 1963.)
Enthält: Gugitz, Gustav: Mozartiana: gesammelte Aufsätze. - 7 Aufsätze, jeweils mit Quellen u. Bibl. in Anmerk.

M-574 Gugitz, Gustav: Mozartiana: gesammelte Aufsätze. - In: Festgabe zum 50-jährigen Bestande der Wiener Bibliophilen-Gesellschaft und zu Ehren des Altmeisters der Wiener Kulturgeschichte Prof. Gustav Gugitz aus Anlaß seines Eintrittes in das 90. Lebensjahr. - Wien, 1963, S. 11-94.
(Jahresgabe der Wiener Bibliophilen-Gesellschaft; 1963.)
Enth. 7 Aufsätze über Mozart, jeweils mit Quellen u. Bibl. in Anmerk.

M-575 Hummel, Walter: Das **Mozart** Album der Internationalen Mozartstiftung. - In: Festschrift Otto Erich Deutsch zum 80. Geburtstag / hrsg. v. Walter Gerstenberg, Jan LaRue u. Wolfgang Rehm. - Kassel, 1963, S. 110-119.
Dieses Mozart Album, gegründet 1874 und bis etwa 1924 geführt, liegt im Mozarteum in Salzburg; es enthält Autographen, Bilder, Gedichte, Widmungen, Kompositionen usw.; S. 115-119: Bestandsverzeichnis.

M-576 Kruijff, Jan de: Mozart "Le Nozze di Figaro": eine Discographie. - In: Phono. - Wien. 10. 1963/64, S. 18-19.

M-577 Letz, Gudrun: Die **Mozart**-Inszenierungen bei den Salzburger Festspielen. - Wien: Univ. Diss., 1963 (1964). - 273 Bl., XI Bl. Tab. gef. [Maschinschr.]
Bibl. Bl. 269-273; XI Bl. Besetzungslisten.

M-578 Novello, Vincent: Eine Wallfahrt zu **Mozart**: die Reisetagebücher von Vincent und Mary Novello aus dem Jahre 1829 / hrsg. v. Nerina Medici di Marignano u. Rosemary Hughes; deutsche Übertragung von Ernst Roth. - 2. Aufl. - Bonn: Boosey & Hawkes, [1963]. - 192 S.
Einheitssachtitel: A Mozart pilgrimage: Travel diaries.
Biobibliogr. Material u. Erläuterungen S. 185-192 in 120 Anmerk.

M-579 Oldman, Cecil B.: Cipriani Potter's edition of **Mozart**'s pianoforte works. - In: Festschrift Otto Erich Deutsch: zum 80. Geburtstag am 5. Sept. 1963 / hrsg. von Walter Gerstenberg, Jan LaRue u. Wolfgang Rehm. - Kassel, Basel [usw.], 1963, S. 120-127.
Bibl. im Text u. in 15 Fußnoten.

M-580 Plath, Wolfgang: Miscellanea **Mozart**iana I. : Miscellanea Mozartiana II. / Wolfgang Rehm. - In: Festschrift Otto Erich Deutsch: zum 80. Geburtstag am 5. Sept. 1963 / hrsg. v. Walter Gerstenberg, Jan LaRue u. Wolfgang Rehm. - Kassel, Basel [usw.], 1963, S. 135-154.
Materialien zu Mozart-Handschriften u. -Erstdrucken; Bibl. im Text u. in 47 Fußnoten.

M-581 Rehm, Wolfgang: "Cosi fan tutte": eine "unvollständige" Discographie mit "Reprisen". - In: Phono. - Wien. 10. 1963/64, S. 73-77.

M-582 Whitwell, David Elbert: The first nine symphonies of **Mozart**: an examination of style. - Washington, D. C.: The Catholic Univ. of America Diss., 1963 (1964). - VII, 176 S.
Bibl. S. 170-176.

M-583 Wolfgang Amadeus **Mozart**. - In: Kerner, Dieter: Krankheiten großer Musiker. - Stuttgart, 1963, S. 9-54.
Bibl. S. 52-54 in 71 Anmerk.

M-584 Bär, Carl: Mozarts Schülerkreis. - In: Acta Mozartiana. - Augsburg. 11. 1964, S. 58-64.
Bibl. in 14 Anmerk. S. 64; Biogramme der Mozart-Schüler im Text.

M-585 Bollert, Werner: Wolfgang Amadeus **Mozart**: Klavierkonzert C-Dur KV 467; eine vergleichende Discographie. - In: Fono-Forum. - Bielefeld, Hamburg. 1964, S. 364-365.

M-586 Brophy, Brigid: Mozart the dramatist: a new view of Mozart, his operas and his age. - London, 1964. - 328 S.
Bibl. S. 316-320 u. in zahlr. Anmerk. S. 229-315; Index.

M-587 Deutsch, Otto Erich: Spurious **Mozart** letters. - In: The Music Review. - Cambridge. 25. 1964, S. 120-123.
Gefälschte (unterschobene) Mozart-Briefe; Bibl. S. 121-122.

M-588 Engel, Hans: Probleme der **Mozart**forschung. - In: Mozart-Jahrbuch. - Salzburg. 1964, S. 38-54.
Bibl. in 45 Fußnoten.

M-589 Fierz, Gerold: Seria im Gewand der Buffa: **Mozart**s "Cosi fan tutte" in 6 Aufnahmen. - In: Fono-Forum. - Bielefeld, Hamburg. 1964, S. 438-440.
Diskographie.

M-590 Forsberg, Carl Earl: The Clavier-violin sonatas of Wolfgang Amadeus **Mozart**. - Bloomington, Ind.: Indiana Univ. Diss., 1964. - III, 305 S.
Bibl. S. 272-282; Themat. Verz. der Klavier-Violin-Sonaten Mozarts S. 284-305.

M-591 Hammer, Karl: W. A. **Mozart** - eine theologische Deutung: e. Beitr. zur theolog. Anthropologie. - Zürich: EVZ-Verlag, 1964. - VIII, 443 S.
(Basler Studien zur historischen und systematischen Theologie; 3.)
Bibl. S. 426-436; S. 437-438: Personenreg.; S. 439-443: Werkreg.

M-592 Jerger, Wilhelm: Mozartpflege in Linz. - In: Acta Mozartiana. - Augsburg. 11. 1964, S. 51-53.
S. 53: Verz. d. Werke Mozarts, die 1959-1964 unter der Leitung v. W. Jerger zur Aufführung kamen.

M-593 King, Robert Francis, jr.: A study of tempo deviations in recorded performance of selected symphonies by Haydn and **Mozart**. - Urbana, Ill.: Univ. of Illinois Diss., 1964. - VI, 359 S.
Bibl. S. 326-334.

M-594 Kirkendale, Warren: More slow introductions by **Mozart** to fugues of J. S. Bach? - In: Journal of the American Musicological Society. - Richmond, Va. 17. 1964, S. 43-65.
Bibl. im Text u. in 67 Fußnoten.

M-595 Köchel, Ludwig von: Chronologisch-thematisches Verzeichnis sämtlicher Tonwerke Wolfgang Amadé **Mozart**s nebst Angabe der verlorengegangenen, angefangenen, von fremder Hand bearbeiteten, zweifelhaften und unterschobenen Kompositionen / bearb. v. Franz Giegling, Alexander Weinmann, Gerd Sievers. - 6. Aufl. - Wiesbaden: Breitkopf & Härtel, 1964. - CXLIII, 1024 S.
Bibl. S. LXXI-LXXV; S. LXXIX-CXLIII: Themat. Übersicht über die Werke Mozarts; S. 1-743: Chronolog. Verz. d. echten u. mutmaßlich echten Kompositionen (themat. Verz. mit Angabe d. Autographen u. Drucke, Besitznachweise, Kommentar u. bibliogr. Material): 626 Titel; S. 747-751: Konkordanz der Anhang-Nummern; S. 755-768: Mozarts eigenhändige Abschriften fremder Werke: 88 Titel; S. 771-808: Übertragungen u. Bearbeitungen von fremder Hand; S. 811-912: Zweifelhafte u. unterschobene Werke; S. 915-937: Gesamtausg. S. 941-949: Mozarts Verleger mit den von ihnen hrsg. Werken; S. 953-957: Mozart-Bestände des Photogramm-Archivs der Österr. Nationalbibliothek; S. 963-980: Register d. Gesangtexte u. Liedertitel; S. 983-1024: Gesamtregister. - Rezension mit Berichtigungen u. Ergänzungen: King, Alec Hyatt: Das neue Köchel-Verzeichnis. - In: Die Musikforschung. - Kassel. 18. 1965, S. 307-313; weiters: Reijen, Paul van: Einige Berichtigungen u. Ergänzungen zur 6. Aufl. des Köchel-Verzeichnisses. - In: Mitteilungen der Internat. Stiftung Mozarteum. - Salzburg. 17. 1969, H. 3/4, S. 16-26.

M-596 Lewinski, Wolf-Eberhard von: "Auch ist das klopfende Herz angezeigt ...": eine kurze Discographie der Opern **Mozart**s. - In: Fono-Forum. - Bielefeld, Hamburg. 1964, S. 75-80.

M-597 Lewinski, Wolf-Eberhard von: Die schwierigste **Mozart**-Sinfonie: eine vergleichende Discographie der g-moll-Sinfonie, KV 550. - In: Fono-Forum. - Bielefeld, Hamburg. 1964, S. 74-75.

M-598 Mozart / Auteurs: Jean Barraqué [unda.] - Paris: Hachette, 1964. - 251 S., 26 Bl.
(Collection Génies et réalités; 20.)
Bl. 1-26: Werkverz. mit Diskographie.

M-599 Mozart, Leopold: Verzeichnisz alles desjenigen was dieser 12jährige Knab seit seinem 7ten Jahr componiert, und in originali kann aufgezeigt werden: 1768. - In: Köchel, Ludwig von: Chronologisch-thematisches Verzeichnis sämtlicher Tonwerke Wolfgang Amadé Mozarts ... - 6. Aufl., bearb. von Franz Giegling [u.a.] - Wiesbaden, 1964, S. XXV-XXVI.
Werkverz. S. 1764-1768.

M-600 Mozartgemeinde Wien: Forscher und Interpreten: 1913-1963. / Mozartgemeinde Wien. - Wien, 1964. - 395 S.
Enth. u. a.:
S. 72-85: Ullrich, Hermann: W. A. Mozarts Begegnungen mit der blinden Musikerin M. Th. Paradis.
Bibl. in 41 Anmerk. S. 82-85.
S. 104-109: Gehmacher, Friedrich: Die neue Mozart-Ausgabe.
Forschungs- und Arbeitsbericht.
S. 241-245: Müller-Asow, Erich H.: Erich Schenk als Mozartforscher.
S. 244-245: Verz. v. Schenks Arbeiten über Mozart in 44 Anmerk..

M-601 Münster, Robert: Mozartiana in einem alten Katalog aus Mähren. - In: Mozart-Jahrbuch. - Salzburg. 1964, S. 100-108.
Verz. der Mozartiana.

M-602 Nissen, Georg Nikolaus von: Biographie W. A. Mozarts / hrsg. von Constanze Wittwe von Nissen, früher Wittwe Mozart. - (Reprograph. Nachdruck der Ausgabe Leipzig 1828.) - Hildesheim, 1964. - XLIV, 702 S., Anhang 219 S.
Anhang S. 3-23: Verz. von Mozarts hinterlassenen Werken; S. 176ff: Denkmale W. A. Mozarts, Denkmünzen, Bildnisse in Kupfer gestochen u. Holz geschnitten, Silhouetten, Gemälde, Büsten, Gedichte auf Mozart; S. 212-217: Verz. derjenigen Werke, die über Mozart ex professo erschienen sind ...: 80 Titel.

M-603 Pauli, Friedrich Wilhelm: Eine Oper entsteht: Don Giovanni. - In: Fono-Forum. - Bielefeld, Hamburg. 1964, S. 8-11.
Diskographie S. 11.

M-604 Pfannhauser, Karl: Kleine Köcheliana: Aspekte, Bereicherungen und Funde zum Einhundertjahr-Gedächtnis der ersten "Köchel"-Ergänzungen von 20. Juli 1864. - In: Mitteilungen der Internationalen Stiftung Mozarteum. - Salzburg. 12. 1964, H. 3/4, S. 24-38.
Bibl. im Text u. in Fußnoten.

M-605 Plath, Wolfgang: Verzeichnis der verschollenen Mozart-Autographe der ehemaligen Preußischen Staatsbibliothek Berlin (BB). / Wolfgang Plath; Wolfgang Rehm. - In: Acta musicologica. - Basel. 36. 1964, S. 166-168.
Verz. nach Köchel-Nummern.

M-606 Plath, Wolfgang: Verzeichnis der verschollenen Mozart-Autographe der ehemaligen Preußischen Staatsbibliothek Berlin (BB). - In: Fontes artis musicae. - Kassel. 11. 1964, S. 88-91.
Verz. nach Köchel-Nummern.

M-607 Ratterree, Jack L.: The Clarinet and its use in the string trios and string quintets by Mozart and Brahms. - Washington, D. C., 1964. - 58 S.
Bibl. S. 49-52; Kammermusikwerke von Mozart und Brahms, in denen die Klarinette verwendet wird S. 58.

M-608 Rech, Géza: Das Salzburger Mozartbuch. - Salzburg, 1964. - 120 S.
Werkangaben u. biobibliogr. Material im Text; Salzburger Mozart-Gedenkstätten S. 105-114; Zeittafel S. 115-118; Bibl. S. 119-120.

M-609 Rehm, Wolfgang: Ergebnisse der "Neuen Mozart-Ausgabe": Zwischenbilanz 1965. - In: Mozart-Jahrbuch. - Salzburg. 1964, S. 151-171.
Forschungsbericht; Bibl. im Text u. in 41 Fußnoten.

M-610 Rosenberg, Alfons: Die Zauberflöte: Geschichte und Deutung von Mozarts Oper. - München, 1964. - 340 S.
S. 325-328: Personen rings um die Zauberflöte: 15 Personen mit Biogramm; Bibl. S. 335-336: 56 Titel; Namenregister.

M-611 Saam, Josef: Mozart in Passau. - In: Ostbairische Grenzmarken. - Passau. 7. 1964-65, S. 260-267.
Bibl. in 37 Anmerk. S. 266-267.

M-612 Stöckl, Ernst: Zur sowjetischen Diskussion über Mozarts Tod. - In: Die Musikforschung. - Kassel, Basel. 17. 1964, S. 275-283.
Quellen u. Bibl. in 40 Fußnoten.

M-613 Verschollene Mozart-Autographe: Verzeichnis der verschollenen Mozart-Autographe der ehemaligen Preußischen Staatsbibliothek Berlin. - In: Acta Mozartiana. - Augsburg. 11. 1964, S. 32-35.
Verzeichnis nach Köchel-Nummern u. Titel.

M-614 Verzeichnis der verschollenen Mozart-Autographe der ehemaligen Preußischen Staatsbibliothek Berlin / zusammengestellt von der Editionsleitung der neuen Mozart-Ausgabe. - In: Die Musikforschung. - Kassel, Basel. 17. 1964, S. 152-155.
Verz. nach Köchel-Nummern.

M-615 Wegele, Ludwig: Neue Forschungen zur Ahnengeschichte Wolfgang Amadeus Mozarts. - In: Acta Mozartiana. - Augsburg. 11. 1964, S. 18-24.
Bibl. S. 24; genealog. Material im Text.

M-616 Zimmerschied, Dieter: Mozartiana aus dem Nachlaß von Johann Nepomuk Hummel. - In: Mozart-Jahrbuch. - Salzburg, 1964, S. 142-150.
Bibl. in 38 Fußnoten u. im Text.

M-617 Eibl, Josef: Mozart in Neapel. - In: Mozart-Jahrbuch. - Salzburg. 1965/66, S. 94-120.
Bibl. in 190 Fußnoten.

M-618 Federhofer, Hellmut: Mozartiana im Musikaliennachlaß von Ferdinand Bischoff. - In: Mozart-Jahrbuch. - Salzburg. 1965/66, S. 15-38.
Verz. d. Mozartiana nach den Köchel-Nummern S. 19-37; Bibl. in 24 Fußnoten.

M-619 Fellerer, Karl Gustav: Zur Rezeption von Mozarts Oper um die Wende des 18./19. Jahrhunderts. - In: Mozart-Jahrbuch. - Salzburg. 1965/66, S. 39-49.
Bibl. in 53 Fußnoten.

M-620 Index of missing Mozart autographs formerly in the Preußische Staatsbibliothek (now the Deutsche Staatsbibliothek in East Berlin). - In: Notes: the quarterly journal of the Music Library Association. - Washington. 22. 1965/66, Nr. 1, S. 691-693.
Liste nach Köchel-Nummern.

M-621 Kahlweit, Manfred: Der "Unumgängliche" **Mozart**: Versuch einer Grunddiskothek seiner Instrumentalkonzerte. - In: Fono-Forum. - Bielefeld. 10. 1965, S. 221-223.
Diskographie.

M-622 Münster, Robert: Mozart "... beym Herzoge Clemens ...": ein Beitrag zum Thema Mozart in München. - In: Mozart-Jahrbuch. - Salzburg. 1965/66, S. 133-141.
Quellen u. Bibl. in 30 Fußnoten.

M-623 Münster, Robert: Die verstellte Gärtnerin: neue Quellen zur authentischen Singspielfassung von W. A. **Mozart**s La finta giardiniera. - In: Die Musikforschung. - Kassel, Basel. 18. 1965, S. 138-160.
Quellen u. Bibl. in 31 Fußnoten.

M-624 Musiol, Karl: Mozart in Schlesien: bibliographischer Versuch. - In: Mozart-Jahrbuch. - Salzburg. 1965/66, S. 142-151.
Systemat. Bibl. S. 144-151.

M-625 Neukomm-Lobenstein, Irmengard: Mozart und Wien. - In: Musikblätter der Wiener Philharmoniker. - Wien. 20. 1965/66, S. 207-213, 235-247.
Verz. der in Wien entstandenen und aufgeführten Werke Mozarts.

M-626 Osborne, Conrad L.: The operas of **Mozart** on Microgroove. - In: High fidelity. - Great Barrington, Mass. 15. 1965, S. 65-72, 128-140.
Kommentierte Diskographie.

M-627 Pröger, Johannes: Mozarts Verhältnis zur Orgel und zur Orgelkomposition. - Berlin, 1965. - 28 S. (Aus: Festschrift zur Einweihung des Nordpfalzgymnasiums Kirchheimbolanden.)
Bibl. in 71 Fußnoten.

M-628 Reimers, Lennart: Mozart och Sverige, jubleumsåret 1956 / utgiven av Svenska Mozartkommittén. - [Stockholm]: Nordiska Musikförlaget in Komm., 1965. - 48 S., Illustr.
Bibl. S. 47-48 in 30 Anmerk. u. im Text.

M-629 Sadie, Stanley: Mozart. - (1. publ.) - London: Calder & Boyars, 1965. - 192 S., Illustr. (Illustrated Calderbook CB; 71.)
Zeittafel S. 167-170; Werkverz. S. 171-182; Bibl. S. 183; Werk-, Personen- u. Ortsregister.

M-630 Schroder, Charles Frederick: Final periods of **Mozart**, Beethoven, and Bartók. - Iowa City: State Univ. of Iowa Diss., 1965. - X, 520 S.
Index der behandelten Kompositionen S. 475-476; Bibl. S. 477-520.

M-631 Seroff, Victor: Wolfgang Amadeus **Mozart**. - New York, 1965. - 124 S.
Diskographie S. 115-121; Register.

M-632 Wienke, Gerhard: Mozarts Requiem: eine vergleichende Discographie. - In: Fono-Forum. - Bielefeld. 10. 1965, S. 145-147.

M-633 Briggs, Wilfred Arnold: The choral church music of Wolfgang Amadeus **Mozart** (1756-1791): for the degree of Doctor of Education in Teachers College, Columbia Univ. - Ann Arbor, Mich.: Univ. Microfilms, 1966 (1967). - III, 117 Bl., mit Noten.
Bibl. Bl. 104-106; Bl. 110-116: Complete list of the choral church music of Mozart.

M-634 Burg, To: ... und dann Organist! : eine Paraphrase über das (Schallplatten-)Thema "**Mozart** und die Orgel". - In: Fono-Forum. - Bielefeld. 1966, S. 411-413.
Diskographie S. 413.

M-635 Cadieu, Martine: Wolfgang Amadeus **Mozart**: l'homme et son oeuvre; liste complète des oeuvres, discographie, illustr. - Paris: Seghers, 1966. - 189 S. (Musiciens de tous les temps; 25.)
Bibl. S. 153-154; Werkverz. S. 157-179; Diskographie S. 181-189.

M-636 Croll, Gerhard: Zu den Verzeichnissen von **Mozart**s nachgelassenen Fragmenten und Entwürfen. - In: Österreichische Musikzeitschrift. - 21. 1966, S. 250-254.
Bibl. im Text u. in 16 Anmerk. S. 254.

M-637 Dalchow, Johannes: W. A. **Mozart**: die Dokumentation seines Todes; zur 175. Wiederkehr seines gewaltsamen Endes am 5. Dez. 1966. / Johannes Dalchow; Gunther Duda; Dieter Kerner; Belza, I. [Geleitw.] - Pähl/Obb.: Bebenburg, 1966. - 260 S., 17 S. Abb.
Bibl. S. 245-252; Namenreg. S. 253-255.

M-638 Eversole, James Atlee: A Study of orchestrational style through the analysis of representative works of **Mozart** and Beethoven: for the degree of Doctor of Education in Teachers College, Columbia Univ. - Ann Arbor, Mich.: Univ. Microfilms, 1966 (1967). - VII, 245 Bl.
Bibl. Bl. 240-245.

M-639 Finda, Margit: Mozarts "Le Nozze di Figaro" auf den Wiener Bühnen. - Wien: Univ. Diss., 1966. - V, 272 Bl.
Quellen u. Bibl. Bl. 266-272 u. in zahlr. Fußnoten.

M-640 Kraus, Gottfried: Mozarts Opern in Salzburg. - In: Fono-Forum. - Bielefeld. 1966, S. 334-339.
Diskographie S. 339.

M-641 Krémer, Julia: Bécsi klasszikusok: irodalomjegyz. a Collegium Musicum elöadásaihoz / Összeáll.: Krémer Julia. - Budapest: Fövárosi Szabó Ervin Könyvtár Zenei Gyüjt., 1966. - 28 S. [Die Wiener Klassiker.].
Literatur zu den Wiener Klassikern.

M-642 Telec, Vladimír: Prvá vydání del Josepha Haydna, Wolfganga Amadea **Mozart**a a Ludwiga van Beethovena v Universitní Knihovne v Brne: Erstausgaben der Werke von J. Haydn, W. A. Mozart und L. van Beethoven in der Universitätsbibliothek in Brno. / Sestav. Vladimir Telec. - V Brne: Univ. Knihovna, 1966. - 14 S. [Xerogr.]
(Vyberová Bibliografie; 115.)
S. 8-9: Haydn: 5 Titel; S. 9-12: Mozart: 11 Titel; S. 12-14: Beethoven: 7 Titel.

M-643 Wolfgang Amadeus **Mozart**: zum 175. Todestag am 5. Dezember. - Berlin, 1966. - 41 S.
(Bibliographische Kalenderblätter der Berliner Stadtbibliothek; Sonderblatt 19.)
Zeittafel zu Leben und Schaffen S. 2-4; Bibl. S. 5-21: 170 Titel; Diskographie S. 22-39: Titel Nr. 171-350; Personenregister; Nachtrag dazu: 225 Geburtstag des österreichischen Komponisten Wolfgang Amadeus Mozart. - In: Bibliogr. Kalenderblätter d. Berliner Stadtbibliothek. - 23. 1981, F. 1, S. 34-50. / Bibl. u. Diskographie.

M-644 Babitz, Sol: Modern errors in **Mozart** performance. - In: Mozart-Jahrbuch. - Salzburg. 1967, S. 62-89.
Bibl. in 55 Fußnoten.

M-645 Federhofer-Königs, Renate: Mozarts "Lauretanische Litaneien" KV 109 (74e) und 195 (186d). - In: Mozart-Jahrbuch. - 1967, S. 111-120.
Quellen u. Bibl. in 54 Fußnoten.

M-646 Kraus, Gottfried: Der hochdramatische **Mozart**: Klemperers Aufnahme des "Don Giovanni" und ihre Vorläufer. - In: Fono-Forum. - Bielefeld, Hamburg. 12. 1967, S. 56-60.
Kommentierte Diskographie.

M-647 Mahling, Christoph-Hellmut: Mozart und die Orchesterpraxis seiner Zeit. - In: Mozart-Jahrbuch. - 1967, S. 229-243.
Bibl. in 67 Fußnoten.

M-648 Mooser, R. Aloys: L'Apparition des oeuvres de **Mozart** en Russie. - In: Mozart-Jahrbuch. - Salzburg. 1967, S. 266-285.
Bibl. in 42 Fußnoten.

M-649 Musiol, Karol: Mozart und die polnischen Komponisten des XVIII. und der ersten Hälfte des XIX. Jahrhunderts. - In: Mozart-Jahrbuch. - Salzburg. 1967, S. 286-311.
Bibl. in 66 Fußnoten.

M-650 Musiol, Kar[o]l: Mozartiana im Paulinerkloster zu Tschenstochau. - In: Mitteilungen der Internationalen Stiftung Mozarteum. - Salzburg. 15. 1967, H. 3/4, S. 5-10.
Verzeichnis von Kopien Mozartscher und ihm zugeschriebener Werke: 18 Titel.

M-651 Olleson, D. E.: Gottfried, Baron van Swieten and his influence on Haydn and **Mozart**. - Oxford: Univ. Diss., 1967. - IV, 277 Bl.
Quellen u. Bibl. Bl. 268-277 u. in zahlr. Fußnoten.

M-652 Paumgartner, Bernhard: Mozart. - 6., gänzlich überarb. Aufl. - Zürich, Freiburg/Br., 1967. - 576 S.
3. Aufl. - 1945. - 551 S..
5. Aufl. - 1958. - 556 S..
Quellen u. Bibl. S. 558-561 u. in 285 Anmerk. S. 471-528; Stammtafel S. 529; Ikonographie S. 530-534; Werkverz. S. 535-557; Register.

M-653 Pohl, C. F.: Mozart und Haydn in London. - Wien, 1967. - Abt. 1-2.
1. Mozart in London. - XIV, 188 S.
S. 142-151: Aufführungen Mozartscher Werke in London; S. 155-180: Personenverz. (mit Biogrammen); S. 181-188: Namen und Sachregister; Bibl. in zahlr. Fußnoten.
2. Haydn in London. - XVI, 390 S.
Bibl. S. VIII-XIV u. in zahlr. Fußnoten; S. 321-354: Personenverzeichnis (mit Biogrammen); S. 367-377: Tabellarische Übersicht sämtlicher von 1750 bis 1795 in London öffentlich aufgetretenen Virtuosen und Virtuosinnen; S. 378-387: Namen- und Sachregister.

M-654 Schneider, Hans: Das **Mozart**fest Würzburg: seine Geschichte, seine Werke und seine Künstler. - Würzburg, 1967. - 70 S.
S. 51-70: Verz. der beim Mozartfest Würzburg 1922-1967 aufgeführten Werke Mozarts, Verz. der aufgeführten Werke anderer Komponisten, Verz. der Orchester, Chöre, Gruppen und Künstler.

M-655 Schneider, Otto: Die "Zauberflöte" in der Literatur: ein bibliographischer Überblick. - In: Österr. Musikzeitschrift. - 22. 1967, S. 458-464.
Bibl. im Text.

M-656 Senn, Walter: Das Vermächtnis der Brüder **Mozart** an "Dommusikverein und Mozarteum" in Salzburg. - In: Mozart-Jahrbuch. - Salzburg. 1967, S. 52-61.
Quellen u. Bibl. im Text u. in 33 Fußnoten.

M-657 Svobodová, Marie: Das "Denkmal Wolfgang Amadeus **Mozart**" in der Prager Universitätsbibliothek. - In: Mozart-Jahrbuch. - Salzburg. 1967, S. 353-386.
Betrifft eine Sammlung von Werken und Andenken Mozarts in der Musiksammlung der Prager Universitätsbibliothek; Bibl. in 20 Fußnoten; Verz. der Sammlung S. 359-386.

M-658 Wolfgang Amadeus **Mozart**. - In: Ziffer, A.: Katalog des Archivs für Photogramme ... - Wien. 1. 1967, S. 259-311: [Nr. 1570-1881].
Bibl. S. 444-445.

M-659 Angermüller, Rudolph: Neue Brieffunde zu Mozart. / Rudolph Angermüller; Sibylle Dahms-Schneider. - In: Mozart-Jahrbuch. - Salzburg. 1968/70, S. 211-241.
Bibl. S. 211 u. in Fußnoten.

M-660 Arnold, Karl: Mozart und die Landstraße: 200 Jahre "Bastien und Bastienne" und "Waisenhausmesse"; (Ausstellung; / Red. d. Kataloges: Karl Arnold.) - Wien, 1968. - 55 S.
(Mitteilungen des Landstraßer Heimatmuseums; 5,10.)
Biobibliogr. Material in mehreren Aufsätzen S. 7-33; Ausstellungskatalog S. 34-50: 112 Objekte.

M-661 Bossarelli, Francesco: Mozart alla Biblioteca del Conservatorio di Napoli. - 1-3. - In: Studien zur italienisch-deutschen Musikgeschichte. - Köln, Graz. - 5. 1968, S. 248-266; 7. 1969, S. 180-213; 9. 1970, S. 326-362.
(Analecta Musicologica; 5. 7. 9..)
Genaues Verz. d. Mozart-Werke in der Konservatoriumsbibliothek in Neapel.

M-662 Bourgeois, Jacques: Don Juan de Mozart: discographie comparée. - In: Harmonie. - Paris. 1968, S. 68-72.

M-663 Chailley, Jacques: Musique et ésotérisme. "La Flûte enchantée": opera maçonnique; essai d'explication du livret et de la musique. - Paris: Laffont, 1968. - 342 S.
Bibl. S. 318-321 u. in 169 Anmerk. S. 330-338.

M-664 Einstein, Alfred: Mozart: sein Charakter, sein Werk. - Neue Ausg. - Frankfurt/M., 1968. - 522 S.
S. 489-504: Verz. d. erwähnten Werke Mozarts nach der Besetzung geordnet; S. 505-522: Verz. d. erwähnten Personen u. fremden Werke.

M-665 Engerth, Ruediger: Hier hat Mozart gespielt. - Salzburg: Salzburger Nachrichten, 1968. - 128 S., 56 S. Abb.
(Kultur konkret.)
Verz. d. Örtlichkeiten, Kirchen u. Häuser, wo Mozart als Musiker gewirkt hat; Bibl. in 208 Anmerk. S. 114-118; Ortsreg. S. 119-122.

M-666 Gmeinwieser, Siegfried: Mozart-Abschriften im Archiv der Theatinerkirche in München. - In: Acta Mozartiana. - Augsburg. 15. 1968, S. 78-87.
Archivbericht.

M-667 Gruber, Gernot: Das Autograph der "Zauberflöte": eine stilkritische Interpretation des philologischen Befundes. - In: Mozart-Jahrbuch. - Salzburg. 1968/70, S. 99-110.
Bibl. in 49 Fußnoten.

M-668 Jefferson, Alan: Così fan tutte. - In: Opera. - London. 19. 1968, S. 451-460, 772-773.
Diskographie.

M-669 Kolbin, Dmitri: Autographe Mozarts und seiner Familie in der UdSSR. - In: Mozart-Jahrbuch. - Salzburg. 1968/70, S. 281-303.
Bibl. im Text u. in 47 Fußnoten.

M-670 Kunze, Stefan: Wolfgang Amadeus Mozart: Sinfonie g-moll, KV 550. - München: Fink, 1968. - 51 S., 2 Bl. Faks., 1 Bl. Noten gef.
(Meisterwerke der Musik; 6.)
S. 50: Ausgaben des Werkes; Bibl. 50-51.

M-671 Mohr, Albert Richard: Das Frankfurter Mozart-Buch: ein Beitrag zur Mozartforschung. - Frankfurt/M.: Kramer, 1968. - 223 S.
Bibl. S. 212-215 u. in 412 Anmerk. S. 197-211; Namensreg.

M-672 Plath, Wolfgang: Mozartiana in Fulda und Frankfurt. - In: Mozart-Jahrbuch. - Salzburg. 1968/70, S. 333-386.
Bibl. in 68 Fußnoten u. im Text; Mozartiana in der Hessischen Landesbibliothek Fulda S. 345-373.

M-673 Rehm, Wolfgang: Die Neue Mozart-Ausgabe: Ziele und Aufgaben. - In: Fontes artis musicae. - Kassel. 15. 1968, S. 9-13.
Forschungsbericht.

M-674 Schneider, Otto: Mozarts "Don Giovanni" in der Literatur: ein bibliographischer Überblick. - In: Österr. Musikzeitschrift. - 23. 1968, S. 405-409.

M-675 Staehelin, Lukas E.: Die Reise der Familie Mozart durch die Schweiz. - Bern: Francke, 1968. - 112 S., Illustr.
Reiseplan S. 79; Bibl. S. 107-108 u. in 26 Anmerk. S. 81-84; Namen- u. Ortsregister.

M-676 Stearns, Monroe: Wolfgang Amadeus Mozart: master of pure music. - (1. print.) - New York, N.Y.: Watts, 1968. - VI, 249 S., 4 Bl. Abb.
(Immortals of music.)
Zeittafel S. 227-230; Bibl. S. 236-239; Diskographie S. 240-243; Namen- u. Werkregister.

M-677 Weber, Horst: Studien zu Mozarts Musiktheater: Mozarts Verhältnis zum Theater und seine Wirkung auf die Beziehung von Musik und Bühne in dessen dramatischen Werken. - Wien: Univ. Diss., 1968. - 408 Bl., mit Noten.
Bibl. Bl. 398-408.

M-678 Werba, Robert: Mozarts "Don Giovanni" in der Prä-LP-Ära. - In: Österreichische Musikzeitschrift. - Wien. 23. 1968, S. 448-453.
Diskographie.

M-679 Batley, Edward Malcolm: A Preface to the Magic flute / [by] E. M. Batley. - (1. publ.) - London: Dobson, 1969. - 175 S., Illustr.
(The student's music library.)
Bibl. S. 165-170 u. in zahlr. Anmerk. S. 131-163; Index.

M-680 Duda, Gunther: W. A. **Mozart**s Totenmesse: Quellenkritik und Ergebnis. - In: Mensch und Maß. - Pähl, Obb. 9. 1969, S. 1073-1085, 1121-1134; 10. 1970, S. 17-35.
Bibl. 10. 1970, S. 34-35.

M-681 Eckelmeyer, Judith Alice: Recurrent melodic structures and libretto continuity in **Mozart**'s Die Zauberflöte. - Ann Arbor, Mich.: Univ. Microfilms, 1969. - VI, 302 Bl.
Syracuse: Univ. Diss. 1968.
Bibl. Bl. 290-296; Bl. 297-301: Mozarts works cited for melodic affiliation to Die Zauberflöte.

M-682 Evenson, Judith Joan Ungrodt: Macro-form in American piano sonatas, 1901-1965: a comparison with piano sonatas of Haydn, **Mozart** and Beethoven. - Rochester, N. J.: Eastman School of Music of the Univ. of Rochester Diss., 1969. - XII, 270 S.
Bibl. S. 256-270.

M-683 Flothuis, Marius: Mozarts Bearbeitungen eigener und fremder Werke. - Salzburg: Internationale Stiftung Mozarteum; Auslieferung: Kassel, Basel [usw.]: Bärenreiter, 1969. - 104 S., 2 Bl. Faks., mit Noten.
Neufassung der Univ. Diss. Amsterdam 1969.
(Schriftenreihe der Internationalen Stiftung Mozarteum; 2.)
S. 10-13: Verzeichnis der Bearbeitungen; S. 14-86: Behandlung der Bearbeitungen; Bibl. S. 94-96: 51 Titel; S. 97-102: Verz. d. genannten Werke Mozarts nach Köchel-Nummern; Personenregister.

M-684 Kümmel, Werner Friedrich: Aus der Frühzeit der **Mozart**-Pflege in Italien. - In: Studien zur italienisch-deutschen Musikgeschichte. - Köln. 6. 1969, S. 145-163.
(Analecta musicologica; 7.)
Bibl. in 75 Fußnoten.

M-685 Lippmann, Friedrich: Mozart-Aufführungen des frühen Ottocento in Italien. - In: Studien zur italienisch-deutschen Musikgeschichte. - Köln. 6. 1969, S. 164-179.
(Analecta musicologica; 7.)
Materialien zu den Aufführungen im Text; Bibl. in 50 Fußnoten.

M-686 Palm, Albert: Orgelkompositionen **Mozart**s? - In: Archiv für Musikwissenschaft. - Wiesbaden. 26. 1969, S. 276-284.
Bibl. im Text u. in Fußnoten.

M-687 Rech, Géza: Besuch bei **Mozart**: ein Führer durch die Mozart-Gedenkstätten Salzburgs / (Fotos: Peter Lang [unda.]; Übersichtspl.: Gerhard Bruntzsch.) - Salzburg: MM-Verlag, 1969. - 47 S. (MM-Bildführer; 4.)
Beschreibung der Gedenkstätten.

M-688 Rech, Géza: Die Bibliotheca **Mozart**iana der Internationalen Stiftung Mozarteum. - In: Österr. Musikzeitschrift. - 24. 1969, S. 641-642.
Bestandsübersicht.

M-689 Wade, Luther Irwin: The dramatic functions of the ensemble in the operas of Wolfgang Amadeus **Mozart**. - Baton Rouge, La.: Louisiana State Univ. Diss., 1969. - VI, 141 S.
Bibl. S. 131-135; Chronolog. Verz. der Opern Mozarts S. 136-138.

M-690 Abert, Anna Amalie: Die Opern **Mozart**s. - Wolfenbüttel, Zürich, 1970. - 114 S.
Bibl. in 187 Fußnoten; Personenreg.

M-691 Dunhill, Thomas Frederick: Mozart's string quartets. - (London 1927, repr.) - Westport, Conn.: Greenwood Press, 1970. - Book 1-2.
1. 49 S.
Analysen der Streichquartette; Diskographie S. 10.
2. 44 S..
(The musical pilgrim; [9].)

M-692 Hunkemöller, Jürgen: W. A. **Mozart**s frühe Sonaten für Violine und Klavier: Untersuchungen zur Gattungsgeschichte im 18. Jh. - Bern, München: Francke, 1970. - 144 S., mit 58 Notenbeisp.
[Zugl.:] Heidelberg, Univ. Diss. 1968.
(Neue Heidelberger Studien zur Musikwissenschaft; 3.)
Bibl. S. 130-138 u. in zahlr. Anmerk. S. 105-129; Namenreg.

M-693 Institut für Theaterwissenschaft der Universität Köln: Mozart und das Theater / Ausstellung des Instituts für Theaterwissenschaft der Universität Köln zur Mozartwoche der Deutschen Oper am Rhein; Städtische Kunsthalle Düsseldorf, 21. Jan. - 18. Febr. 1970; Wilhelm-Lehmbruck-Museum der Stadt Duisburg, 4. April - 3. Mai 1970. - Köln, 1970. - 27 S., S. 29-74 Abb.
S. 8-12: Synoptische Zeittafel; S. 13-27: Katalog mit biobibliogr. Material: 179 Objekte.

M-694 King, Alec Hyatt: Mozart: a biography, with a survey of books, editions & recordings. - (1. publ.) - London: Bingley, 1970. - 114 S.
(The concertgoer's companions.)
S. 52-67: Books in English about Mozart; S. 68-87: Editions of Mozart's music; S. 88-105: Discography; Index.

M-695 Lewinski, Wolf-Eberhard von: Das Problem, **Mozart** zu geigen: 16 Solisten interpretieren die Violinkonzerte. - In: Fono-Forum. - Hamburg. 1970, S. 821-824.
Diskographie S. 824.

M-696 Nowak, Leopold: Die Erwerbung des **Mozart**-Requiems durch die k. k. Hofbibliothek im Jahre 1838. - In: Festschrift Josef Stummvoll / hrsg. v. Josef Mayerhöfer u. Walter Ritzer. - Wien, 1970, T. 1, S. 295-310.
(Museion; N.F. 2,4.)
Quellen u. Bibl. in 28 Anmerk. S. 308-310.

M-697 Pisarowitz, Karl Maria: Mozarts Schnorrer Leutgeb: dessen Primärbiographie. - In: Mitteilungen der Internationalen Stiftung Mozarteum. - Salzburg. 18. 1970, H. 3/4, S. 21-26.
Quellen u. biobibliogr. Material im Text u. in 36 Fußnoten.

M-698 Schmid, Manfred Hermann: Die Musikaliensammlung der Erzabtei St. Peter in Salzburg: Katalog. - Salzburg: Internationale Stiftung Mozarteum; Inst. f. Musikwissenschaft der Universität Salzburg; Auslieferung: Kassel, Basel, Tours, London: Bärenreiter, 1970. - T. 1.
1. Leopold und Wolfgang Amadeus Mozart; Joseph und Michael Haydn / Mit einer Einführung in die Geschichte der Sammlung vorgelegt von Manfred Hermann Schmid. - 300 S.
S. 11-17: Zur Geschichte des Archivs; S. 20-26: Biogramme der namentlich bekannten Schreiber; S. 27-34: Anonymi; S. 40-288: Sehr genauer Katalog: S. 40-43: Werke von Leopold Mozart; S. 44-75: Wolfgang Amadeus Mozart; S. 76-102: Joseph Haydn; S. 103-288: Michael Haydn; Bibl. S. 289-290; S. 291-296: Personenregister.
[Umschlagtitel]: Musikarchiv St. Peter Salzburg: Katalog Mozart - Haydn.
(Schriftenreihe der Internationalen Stiftung Mozarteum; 3/4.) (Publikationen des Instituts für Musikwissenschaft der Universität Salzburg; 1.)

M-699 The thematic locator for **Mozart**'s works: as listed in Koechel's chronologisch-thematisches Verzeichnis, 6. ed. / by George R. Hill and Murray Gould in collab. with ...; A research group ot the Dep. of Music, New York Univ., under the dir. of Jan La Rue. - Hackensack, N. J.: Boonin, 1970. - VII, 76 S.
(Music indexes and bibliographies; 1.)
S. 1-37: Themes arranged by intervallic size; S. 39-76: Themes arranged alphabetically.

M-700 Vachon, Maurice: La Fugue dans la musique religieuse de W. A. **Mozart**. - Québec, 1970. - XV, 163 S., S. 166-355 Noten, S. 358.
Bibl. S. IX-XV.

M-701 Valentin, Hans E.: Mozart-Aspekte in der modernen Literatur. - In: Mitteilungen der Internationalen Stiftung Mozarteum. - Salzburg. 18. 1970, H. 1/2, S. 26-30.
Bibl. im Text.

M-702 Weiss, David: The Assassination of **Mozart**. - London: Hodder & Stoughton, 1970. - 384 S.
Bibl. S. 381-384.

M-703 Werba, Robert: Die Entführung aus dem Serail: Quellen zu ihrer Interpretationsgeschichte; eine Dokumentation des akustischen Bestandes. - In: Wiener Figaro. - 38. 1970, Dez., S. 19-30.
Diskographie mit Literaturangaben.

M-704 Angermüller, Rudolph: Nissens Kollektaneen für seine **Mozart**biographie. - In: Mozart-Jahrbuch. - Salzburg. 1971/72, S. 217-226.
Quellen u. Bibl. im Text u. in 23 Fußnoten.

M-705 Arnold, Karl: Mozart in Italien: (Ausstellung in d. Wiener Urania, 28. Okt. 1971 bis 16. Januar 1972; [Katalog.]). - Wien, München: Jugend & Volk, 1971. - 62 S., 16 S. Abb.
261 Objekte mit biobibliogr. Material.

M-706 Dalchow, Johannes: Mozarts Tod, 1791-1971: zur 180. Wiederkehr seines gewaltsamen Endes am 5. Dez. 1971. / Johannes Dalchow; Gunther Duda; Dieter Kerner. - Pähl: Verl. Hohe Warte, 1971. - 315 S., 36 Abb.
Bibl. S. 288-309; Namenreg.

M-707 Dunning, Albert: Mozarts Kanons. - In: Mozart-Jahrbuch. - Salzburg. 1971/72, S. 227-240.
Bibl. in 54 Fußnoten.

M-708 Federhofer, Hellmut: Mozart als Schüler und Lehrer in der Musiktheorie. - In: Mozart-Jahrbuch. - Salzburg. 1971/72, S. 89-106.
Bibl. in 91 Fußnoten.

M-709 Forman, Denis: Mozart's concerto form: the first movements of the piano concertos. - London, 1971. - 303 S.
S. 8-10: Thematischer Index zu Mozarts Klavierkonzerten; S. 249-295: Musical references and construction tables; S. 297-300: Generalindex; S. 301-303: Index nach Köchel-Nummern.

M-710 Köhler, Karl-Heinz: Die Konversationshefte Ludwig van Beethovens als retrospektive Quelle der **Mozart**forschung. - In: Mozart-Jahrbuch. - Salzburg. 1971/72, S. 120-139.
Auf Mozart bezogene Gesprächsstellen in den Konversationsheften Beethovens S. 130-139.

M-711 Marx, Karl: Zur Einheit der zyklischen Form bei **Mozart**. - Stuttgart: Ichthys Verlag, 1971. - 71 S., 15 Bl. Noten.
[Beilage]: Notenbeispiele.
(Edition Ichthys.)
Bibl. in zahlr. Fußnoten; Werkverz. S. 68-71.

M-712 Meyer, Herbert: Mozart und Mannheim: Ausstellung des Städtischen Reiß-Museums Mannheim / Ausstellung und Katalog: Herbert Meyer. - Mannheim, 1971. - 32 S.
Ausstellungskatalog mit biobibliogr. Material: 142 Objekte.

M-713 Münster, Robert: Zur Geschichte der handschriftlichen Konzertarien W. A. **Mozart**s in der Bayerischen Staatsbibliothek. - In: Mozart-Jahrbuch. - Salzburg. 1971/72, S. 157-172.
Quellen u. Bibl. im Text u. in 32 Fußnoten.

M-714 Pfannhauser, Karl: Epilegomena **Mozart**iana. - In: Mozart-Jahrbuch. - Salzburg. 1971/72, S. 268-312.
Quellen u. Bibl. im Text u. in 99 Fußnoten.

M-715 Planyavsky, Alfred: **Mozart**s Arie mit obligatem Kontrabaß. - In: Mozart-Jahrbuch. - Salzburg. 1971/72, S. 313-336.
Bibl. in 49 Fußnoten; Daten zur Kontrabaßvirtuosität im zeitlichen und räumlichen Wirkungsbereich W. A. Mozarts S. 335-336.

M-716 Plath, Wolfgang: Zur Echtheitsfrage bei **Mozart**. - In: Mozart-Jahrbuch. - Salzburg. 1971/72, S. 19-36.
Quellen u. Bibl. im Text u. in 51 Fußnoten.

M-717 Reijen, Paul van: Weitere Berichtigungen und Ergänzungen zur sechsten Auflage des Köchel-Verzeichnisses. - In: Mozart-Jahrbuch. - Salzburg. 1971/72, S. 342-401.

M-718 Schaal, Richard: Die Berliner **Mozart**-Abschriften der Sammlung Fuchs-Grasnick. - In: Mozart-Jahrbuch. - Salzburg. 1971/72, S. 415-418.
Verz. der Abschriften.

M-719 Adams, Frank John, jr.: The place of the piano concerto in the career of **Mozart**: Vienna 1782-1786. - Cambridge, Mass.: Harvard Univ. Diss., 1972. - VII, 363 S.
Bibl. S. 355-363.

M-720 Alston, Charlotte Lenora: Recapitulation procedures in the nature somphonies of Haydn and **Mozart**. - Iowa City: Univ. of Iowa Diss., 1972. - IX, 230 S.
Bibl. S. 215-224.

M-721 Angermüller, Rudolph: Sigismund Ritter von Neukomm: ein Beitrag zu seiner Biographie und seinem Verhältnis zu Wolfgang Amadeus **Mozart**. - In: Mitteilungen der Internationalen Stiftung Mozarteum. - Salzburg. 20. 1972, H. 3/4, S. 5-21.
Quellen u. biobibliogr. Material im Text u. in 33 Fußnoten; Verzeichnis der von Neukomm bearbeiteten Werke Mozarts S. 12-13; Zeittafel S. 14-21.

M-722 Badura-Skoda, Eva: Wolfgang Amadeus **Mozart**: Klavierkonzert c-moll KV 491. - München, 1972. - 52 S.
(Meisterwerke der Musik; 10.)
Bibl. S. 52 u. in 21 Anmerk. S. 48-50; wichtigste Ausgaben des Werkes, Kadenzen u. Eingänge, Dokumenten-Sammlung S. 51.

M-723 Bär, Carl: Mozart: Krankheit, Tod, Begräbnis. - 2., verm. Aufl. - Salzburg; (Auslfg: Kassel, Basel, Paris, London: Bärenreiter), 1972. - 167 S., Illustr.
(Schriftenreihe der Internationalen Stiftung Mozarteum; 1.)
Bibl. S. 161-163: 69 Titel.

M-724 Croll, Gerhard: Aspekte der neuen **Mozart**-Ausgabe. - In: Österreichische Musikzeitschrift. - 27. 1972. S. 384-388.
Arbeitsbericht.

M-725 Dibelius, Ulrich: Mozart-Aspekte. - Kassel, Basel: Bärenreiter Verl.; München: Deutscher Taschenbuch Verl., 1972. - 156 S., Illustr.
(Deutscher Taschenbuch Verlag; 802.)
Bibl. in Fußnoten; S. 136-156: Werkverz.

M-726 Eggebrecht, Hans Heinrich: Versuch über die Wiener Klassik: die Tanzszene in **Mozart**s "Don Giovanni". - Wiesbaden, 1972. - 61 S.
(Archiv für Musikwissenschaft; Beih. 12.)
Bibl. in zahlr. Fußnoten.

M-727 Kraus, Gottfried: 12 Bläser und ein Kontrabaß: **Mozart**s große Bläserserenade KV 361 in neun Aufnahmen; eine vergleichende Diskografie. - In: Fono-Forum. - 1972, S. 934-936.

M-728 Leeson, Daniel N.: Mozart's "spurious" wind octets. / Daniel N. Leeson; David Whitwell. - In: Music and Letters. - Oxford. 53. 1972, S. 377-399.
Bibl. im Text u. in 39 Fußnoten.

M-729 Nys, Carl de: Le Requiem de **Mozart**. - In: Diapason. - Paris. 1972, Nr. 169, S. 34-37.
Kommentierte Diskographie.

M-730 Schuler, Heinz: Die Gesamtverwandtschaft Wolfgang Amadeus **Mozart**s: eine graphische Zusammenstellung. - Essen, [um 1972]. - 66 Bl., 12 Stammtafeln.
Reichhalt. genealog. Material, Quellen u. Bibl. im Text; Personen- u. Ortsregister.

M-731 Schuler, Heinz: Die Vorfahren Wolfgang A. **Mozart**s: graphisch-statistische Darstellungen genealogischer Forschungsergebnisse; (Die synoptische Ahnentafel; Ms.) - Essen, 1972. - 27 S., 1 Stammtafel gef., 3 Taf.;; Diagr., Tab. u. Abb.
Umfangreiches genealog. Material; Bibl. S. 27 u. in 25 Anmerk. S. 26.

M-732 Angermüller, Rudolph: Bemerkungen zum Idomeneus-Stoff. - In: Mozart-Jahrbuch. - Salzburg. 1973/74, S. 279-297.
Bibl. im Text u. in 15 Fußnoten.

M-733 Borowitz, Albert I.: Salieri and the "murder" of **Mozart**. - In: The Musical Quarterly. - New York. 59. 1973, S. 263-284.
Bibl. in 65 Fußnoten.

M-734 Cleary, Nelson Theodore: The d-Major string quintet (K.593) of Wolfgang Amadeus **Mozart**: a critical study of sources and editions. - East Lansing, Mich.: Michigan State Univ. Diss., 1973. - VI, 249 S.
Bibl. S. 229-239, im Text u. in zahlr. Fußnoten.

M-735 Dietrich, Margret: "Wiener Fassungen" des "Idomeneo". - In: Mozart-Jahrbuch. - Salzburg. 1973/74, S. 56-76.
Bibl. in 80 Fußnoten.

M-736 Etheridge, David Ellis: The concerto for clarinet in A major, K.622, by W. A. **Mozart**: a study of nineteenth and twentieth-century performances and editions. - Rochester: Eastman School of Music, Univ. of Rochester Diss., 1973. - VII, 222 S.
Verz. der Ausgaben S. 219-220; Bibl. S. 221-222.

M-737 Fogle, James C.: Elements of expression in selected masses by Johann Michael Haydn, Franz Joseph Haydn, and Wolfgang Amadeus **Mozart**. - Chapel Hill: Univ. of North Carolina Diss., 1973. - 92 Bl.
Musikalische Quellen Bl. 83-86; Bibl. Bl. 82-92.

M-738 Grave, Floyd Kersey: The Process of articulation in **Mozart**'s piano concertos. - New York: New York Univ. Diss., 1973. - XIII, 267, 2 S.
Bibl. S. 261-267.

M-739 Kramer, Kurt: Da Ponte's "Così fan tutte". - Göttingen: Vandenhoeck & Ruprecht, 1973. - S. 1-27. (Nachrichten der Akademie der Wissenschaften in Göttingen: Phil.-hist. Kl.; 1973,1.)
Bibl. in Fußnoten.

M-740 Lingg, Ann M.: Mozart: genius of harmony. - Port Washington, NY, 1973. - VIII, 331 S.
S. 277-286: Biographien; S. 287-315: Werkverz. mit Diskographie; S. 316-321: Zeittafel mit Parallelhinweisen auf Musikgeschichte u. histor. Ereignisse; Namenreg.

M-741 Moberly, Robert Basil: Mozart and his librettists. - In: Music and Letters. - Oxford. 54. 1973, S. 161-169.
Bibl. in 36 Fußnoten.

M-742 Allanbrook, Wye Jamison: Dance as expression in **Mozart** opera. - Stanford, Cal.: Stanford Univ. Diss., 1974. - VII, 353 S.
Bibl. S. 348-353.

M-743 Angermüller, Rudolph: Bibliotheks-Ausstellung in **Mozart**s Geburtshaus vom 7. 1. - 10. 2. 1974: Einführung in die Geschichte der Sammlung und Verzeichnis d. Ausstellungsstücke / Rudolph Angermüller; Internationale Stiftung Mozarteum Salzburg. - Salzburg, 1974. - 48 S., 2 Bl. Faks.
S. 5-9: Zur Geschichte der Sammlung (Bibl. dazu in 12 Anmerk. S. 9.); S. 11-47: Verz. d. Ausstellungsstücke (mit biobibliogr. Material).

M-744 Angermüller, Rudolph: Opern **Mozart**s bei den Salzburger Musikfesten 1877-1910. - In: Mitteilungen der Internationalen Stiftung Mozarteum. - Salzburg. 22. 1974, H. 3/4, S. 20-44.
Hinweise auf Aufführungen im Text; Quellen u. Bibl. in 21 Fußnoten.

M-745 Lühning, Helga: Zur Entstehungsgeschichte von **Mozart**s "Titus". - In: Die Musikforschung. - Kassel, Basel. 27. 1974, S. 300-318.
Bibl. in 87 Fußnoten; dazu: Bemerkungen von Joseph Heinz Eibl. - Ebda. 28. 1975, S. 75-81.

M-746 Mila, Massimo: Il "Flauto magico" di **Mozart**: corso monografico di storia della musica. - Torino: Giappichelli, 1974. - 244 S.
(Corsi universitari.)
Bibl. S. 237-241.

M-747 Robinson, William Pressly: Conceptions of **Mozart** in German critique and biography, 1791-1828: changing images of a musical genius. - New Haven, Conn.: Yale Univ. Diss., 1974. - V, 200 S.
Bibl. S. 194-200.

M-748 Webster, James Carson: The Bass part in Haydn's early string quartets and in Austrian chamber music, 1750-1780. - Princeton, N. J.: Princeton Univ. Diss., 1974. - XII, 429 S.
Verz. von Kammermusikwerken von Joseph und Michael Haydn S. 371-382; Verz. von Kammermusikwerken Leopold und Wolfgang Amadeus Mozarts S. 387-397 (mit Quellen u. Bibl. u. Standortnachweisen); Bibl. S. 416-429.

M-749 Angermüller, Rudolph: Wissenschaftliche Beiträge in den Mitteilungen 1952-1975. - In: Mitteilungen der Internationalen Stiftung Mozarteum. - Salzburg. 23. 1975, H. 3/4, S. 56-61.
134 Titel mit Register, meistens Mozart betreffend.

M-750 Bryan, Paul R.: The Horn in the works of **Mozart** and Haydn: some observations and comparisons. - In: Haydn-Yearbook. - Wien. 9. 1975, S. 189-255.
Bibl. in 118 Anmerk. S. 243-247.

M-751 Buchner, Georg: Mozarts oberbayrische Vorfahren: die Familie Hairer-Hainrich in Buch am Buchrain. / Georg Buchner; Heinz Schuler. - In: Acta Mozartiana. - Augsburg. 22. 1975, S. 2-5.
Quellen u. biobibliogr. Material im Text u. in 20 Anmerk. S. 4-5.

M-752 Cicerin, Georgij Vasil'evic: Mozart: e. Studie / Georgi W. Tschitscherin. - 1. Aufl. - Leipzig: Deutscher Verlag für Musik, 1975. - 252 S.
[Einheitssachtitel]: Mocart [Deutsch.]
Bibl. S. 210-212; S. 219-221: Verz. d. behandelten Werke Mozarts; Personenreg. mit Daten.

M-753 Craig, Jean Teresa: The world of **Mozart**: a book for young people. - New Yoerk, N. Y.: Columbia Univ. Diss., 1975. - 553 S.
Bibl. S. 524-536; Diskographie S. 537-538.

M-754 Fellerer, Karl Gustav: Liturgische Grundlagen der Kirchenmusik Mozarts. - In: Festschrift Walter Senn zum 70. Geburtstag. - München, Salzburg, 1975, S. 64-74.
Quellen u. Bibl. in 71 Fußnoten.

M-755 Hafner, Otfried: Unbekannte Berichte über frühe Mozartpflege in der Steiermark. - In: Mitteilungen des Steirischen Tonkünstlerbundes. - 1975, Nr. 63, S. 1-9.
Bibl. S. 8-9 in 37 Anmerk.

M-756 Karásek, Bohumil: Wolfgang Amadeus Mozart. - 2. vyd. - Praha: Ed. Supraphon, 1975. - 452 S., mit Illustr. u. Noten.
(Hudební profily; 25.)
Bibl. S. 418-420 u. in zahlr. Anmerk. S. 405-417; S. 423-444: Werkverz.; Personenreg.

M-757 Kielbasa, Marilyn: Paul Wranitzky's "Oberon, König der Elfen": the historical background of the opera and its composer, and its influence on Mozart's "Die Zauberflöte". - Los Angeles: Univ. of Southern California Diss., 1975. - IV, 240 Bl.
Bibl. Bl. 99-106; Besitznachweise zu "Oberon" Bl. 107; Verz. von Wranitzkys dramatischen Werken Bl. 109; Verz. der Aufführungen von "Oberon" Bl. 111-112.

M-758 Koller, Walter: Aus der Werkstatt der Wiener Klassiker: Bearbeitungen Haydns, Mozarts und Beethovens / Für den Druck bearb. und mit e. Einf. versehen v. Helmut Hell. - Tutzing: H. Schneider, 1975. - 221 S.
[Rückentitel]: Koller: Wiener Klassiker.
(Münchner Veröffentlichungen zur Musikgeschichte; 23.)
Bibl. in 145 Fußnoten.

M-759 Mozart, Wolfgang Amadeus: Lucio Silla: Faksimiledruck des Librettos von G(iovanni) de Gamerra, Mailand 1772; / Internationale Stiftung Mozarteum; mit einer Einf. in das Werk von Rudolph Angermüller. - München: Katzbichler, 1975. - 22 Bl. Faks., 21 S.
Bibl. S. 10-21 im Text u. in Fußnoten.

M-760 Münster, Robert: La finta giardiniera: Mozarts Münchener Aufenthalt 1774/75; Bayerische Staatsbibliothek, 13. Jan. bis 28. Febr. 1975. / Text und Ausstellung: Robert Münster. - München, 1975. - 45 S.
[Darin]: Münster, Robert: Einführung in die Ausstellung "La finta giardiniera"..
Ausstellungskatalog mit biobibliogr. Material: 119 Objekte.

M-761 Münster, Robert: Mozarts Münchener Aufenthalt 1774/75 und die Opera buffa "La Finta giardiniera". - In: Acta Mozartiana. - Augsburg. 22. 1975, S. 21-37.
Quellen u. Bibl. in 57 Anmerk. S. 36-37.

M-762 Ruiz Tarazona, Andres: W. A. Mozart: la inspiracion celeste. - Madrid: Real Musical, 1975. - 107 S., 2 Bl. Abb.
(Coleccion musicos; 7.)
Werkverz. S. 61-97; Zeittafel S. 99-106.

M-763 Schenk, Erich: Mozart: sein Leben, seine Welt. - 2., neuüberarb. Aufl. - Wien, München, 1975. - IX, 748 S., 6 Bl. Abb.
Reichhalt. Bibl. S. 675-692; Orts-, Namen- u. Werkregister.

M-764 Schöny, Heinz: Mozart-Wohnung: (Figarohaus.) Wien 1, Domgasse 5; Katalog / bearb. von Heinz Schöny. - [Neuausgabe nebst Ergänzung.] - Wien: Eigenverlag der Museen der Stadt Wien, [1975-1978].
[Grundwerk.] [1975.] - 6 Bl., 2 Bl. Abb..
[Erg.:] Restaurierung und Erweiterung der Mozart-Erinnerungsstätte im Figarohaus 1978. - [1978.] 6 Bl..
Ausstellungskatalog mit biobibliogr. Material: 104 Objekte.

M-765 Schöny, Heinz: Die Musikergedenkstätten für Haydn, Mozart, Beethoven und Schubert. - In: Österreichs Museen stellen sich vor. 5. Wien 1975, S. 35-48.
Beschreibung der Gedenkstätten mit Übersicht über die Bestände.

M-766 Schuler, Heinz: Die Vorfahren Wolfgang Amadeus Mozarts. - In: Genealogie. - Neustadt a. d. Aisch. 24. 1975, S. 385-390.
Ahnenlisten, Quellen u. Bibl. in 37 Fußnoten.

M-767 Webster, Michael Fanning: Transcriptions for clarinet and piano from original music for piano, four hands by Mozart, Beethoven, Schubert, Mendelsohn and Schumann. - Rochester, N. Y.: Univ. Diss., 1975. - Vol. 1-2.
1. 92 S., S. 93-229 Tab., S. 230-231.
Verz. u. Behandlung der Transkriptionen im Text; S. 93-229: Tabellarisches Material; Bibl. S. 230-231.
2. 201 S. Noten.
Ann Arbor, Mich. 1975: Univ. Microfilms, Rolle, 35 mm, Pos.

M-768 Werba, Robert: Mahlers Mozart-Bild. - In: Wiener Figaro. - 42. 1975, Mai, S. 1-21; 43. 1976, Jan., S. 31-41; Mai, S. 31-39; 44. 1977, Okt., S. 22-25; 45. 1978, Mai, S. 11-17; Dez., S. 19-24; 46. 1979, Mai, S. 41-52; Dez., S. 3-17.
Bibl. in zahlr. Anmerk. u. im Text (Kritiken von Mahlers-Mozart-Aufführungen); im letzten Beitrag Dez. 1979 mit Besetzungslisten.

M-769 Angermüller, Rudolph: Opern Mozarts im 18. und 19. Jahrhundert auf Spielplänen der Pariser Theater. - In: Wiener Figaro. - 43. 1976, Mai, S. 9-30.
Aufführungsdaten im Text; Bibl. S. 28-30.

M-770 Angermüller, Rudolph: Wer war der Librettist von "La Finta Giardiniera"? - In: Mozart-Jahrbuch. - Kassel. 1976/77, S. 1-8.
Bibl. in 24 Fußnoten.

M-771 Casaglia, Gherardo: Il catalogo delle opere di Wolfgang Amadeus **Mozart**: nuovo ordinamento e studio comparativo delle classificazioni precendi. - Bologna: Editrice Compositori, 1976. - 443 S., 7 Bl. Abb.
S. 13-369: Werkkatalog mit Kommentar u. bibliogr. Materialien: 626 Nummern; S. 373-381: Register nach Gattungen; S. 385-424: Konkordanzen zu verschiedenen Werkverzeichnissen; S. 427-428: Register nach speziellen Namen (z. B. "Spatzenmesse" u. dgl.).

M-772 Chesnut, John Hind: Mozart as a teacher of elementary musical theory. - Chicago, Ill.: Univ. of Chicago Diss., 1976. - XV, 532 S.
Bibl. S. 525-532.

M-773 Fellerer, Karl Gustav: Zuccalmaglios Bearbeitungen **Mozart**scher Opern. - In: Mozart-Jahrbuch. - Kassel. 1976/77, S. 21-58.
Bibl. in 80 Fußnoten.

M-774 Hennenberg, Fritz: Wolfgang Amadeus **Mozart**. - 2., veränd. Aufl. - Leipzig, 1976. - 382 S. (Reclams Universal-Bibliothek; 455.)
Zeittafel S. 314-317; Werkverz. S. 318-363; Bibl. S. 364-371; Personenregister.

M-775 Komorzynski, Egon: Mozart im Lebenswerk Egon Komorzynskis: (1878-1963). - In: Wiener Figaro. - Wien. 43. 1976, Mai, S. 40-48.
Verz. der Mozart betreffenden Schriften Komorzynskis S. 46-48.

M-776 Leeson, Daniel N.: Concerning **Mozart**'s Serenade in Bb for thirteen instruments, KV 361 (370a). / Daniel N. Leeson; David Whitwell. - In: Mozart-Jahrbuch. - Kassel. 1976/77, S. 97-130.
Quellen u. Bibl. im Text u. in 64 Fußnoten.

M-777 Mohr, Wolfgang: Konzerte, die schwitzen machen: **Mozart**s Klavierkonzerte. - In: Fono-Forum. - Bielefeld. 1976, S. 24-30.
Kommentierte Diskographie.

M-778 **Mozart**-Bibliographie / zusammengestellt von Rudolph Angermüller und Otto Schneider. - (Bis 1970.) - Kassel, 1976. - VII, 362 S. (Mozart-Jahrbuch; 1975.)
6398 Titel nach dem Autorenalphabet geordnet; Register: Personen, Orte, Sachgebiete, Werke mit Köchel-Nummern; Berichtszeit von den Anfängen bis 1970.

M-779 Pahlen, Kurt: Das **Mozart**-Buch: Chronik von Leben und Werk. - Wiesbaden, 1976. - 453 S.
Mozart-Chronologie; mit Werkverz. für jedes Jahr; Bibl. S. 447-450 u. im Text.

M-780 Plath, Wolfgang: Requiem-Briefe: aus der Korrespondenz Joh. Anton Andrés 1825-1831. - In: Mozart-Jahrbuch. - Kassel. 1976/77, S. 174-203.
Quellen u. Bibl. im Text u. in 68 Fußnoten.

M-781 Rech, Géza: Das **Mozart**-Museum in Mozarts Geburtshaus. - In: Österreichs Museen stellen sich vor. - Wien. 7. 1976, S. 21-24.
Übersicht über Geschichte und Bestände.

M-782 Rudolf, Max: Ein Beitrag zur Geschichte der Temponahme bei **Mozart**. - In: Mozart-Jahrbuch. - Kassel. 1976/77, S. 204-224.
Bibl. in 56 Fußnoten.

M-783 Schickling, Dieter: Einige ungeklärte Fragen zur Geschichte der Requiem-Vollendung. - In: Mozart-Jahrbuch. - Kassel. 1976/77, S. 265-276.
Bibl. in 44 Fußnoten.

M-784 Schmid, Manfred Hermann: Mozart und die Salzburger Tradition. - Tutzing: Schneider, 1976. - 306 S., 68 S. Noten.
[Zugl.:] München: Univ. Diss. 1975.
(Münchner Veröffentlichungen zur Musikgeschichte; 24.) (Münchener Universitäts-Schriften; Philos. Fak..)
Bibl. S. 297-300 u. in zahlr. Fußnoten; Werk- u. Personenregister.

M-785 Senn, Walter: Mozart, Schüler und Bekannte - in einem Wiener Musikbericht von 1808. - In: Mozart-Jahrbuch. - Kassel. 1976/77, S. 281-288.
Bibl. in 37 Fußnoten.

M-786 Wolfgang Amadeus **Mozart**. - In: Répertoire international des sources musicales. - Kassel, Basel. - A, I: Einzeldrucke vor 1800, Bd 6. 1976, S. 44-253.
Verz. der Erst- und Frühdrucke vor 1800; sehr genaues Verzeichnis mit Standortnachweisen, nach Werkgruppen geordnet.

M-787 Budian, Hans: Wege zu Mannheimer **Mozart**gedenkstätten. - In: Deutsches Mozartfest der Deutschen Mozart-Gesellschaft. - Mannheim. 26. 1977, S. 28-44.
Bibl. S. 44 u. im Text.

M-788 Chesnut, John Hind: Mozart's teaching of intonation. - In: Journal of the American Musicological Society. - Richmond. 30. 1977, S. 254-271.
Bibl. in 57 Fußnoten.

M-789 Danckwardt, Marianne: Die langsame Einleitung, ihre Herkunft und ihr Bau bei Haydn und **Mozart**. - Tutzing: Schneider, 1977. - 435 S. u. Notenbeisp.
[Zugl.:] München: Univ. Diss. 1975.
(Münchner Veröffentlichungen zur Musikgeschichte; 25.) (Münchener Universitäts-Schriften; Phil. Fak.)
Bibl. S. 307-313 u. in zahlr. Fußnoten; Reg.

M-790 Eibl, Joseph Heinz: Wolfgang Amadeus Mozart: Chronik seines Lebens / zusammengest. v. Joseph Heinz Eibl. - (2., überarb. Aufl.) - Kassel, Basel [usw.]: Bärenreiter, 1977. - 151 S. [mit Stammtafel.]
(Dtv; 1267.)
S. 13-114: Chronik mit reichhalt. Materialien zu Leben u. Werk; S. 115-117: Stammtafel; S. 118-119: Chronolog. Tabelle zu Mozarts Reisen; S. 120-127: Ortsregister; S. 128-149: Personenreg.

M-791 Emerson, Isabelle Putnam: The role of counterpoint in the formation of **Mozart**'s late style. - New Yoerk, N. Y.: Columbia Univ. Diss., 1977. - VI, 321 S.
Bibl. S. 312-321.

M-792 Mann, William: The Operas of **Mozart**. - New York: Oxford Univ. Press, 1977. - 656 S.
Bibl. S. 641-644; S. 645-656: Index (Titel, Figuren, Personen).

M-793 Mozart, Wolfgang Amadeus. - In: Bibliography of discographies / by Michael H. Gray and Gerald D. Gibson. - New York, London. - Vol. 1. Classical music, 1925-1975. 1977, S. 85-88.
Verz. der Diskographien, Titel Nr. 1922-1984.

M-794 Mozart, Wolfgang Amadeus: Arien, Szenen, Ensembles / Wortgetreue deutsche Übers. v. Stefan Kunze; Textbuch ital./deutsch. - Kassel, 1977. - 119 S.
(Mozarts italienische Texte mit deutscher Übersetzung; 3.)
Jede Arie kommentiert u. mit bibliogr. Angaben.

M-795 Plath, Wolfgang: Der gegenwärtige Stand der **Mozart**-Forschung. - In: Croll, Gerhard: Wolfgang Amadeus Mozart. - Darmstadt, 1977, S. 353-384.
(Wege der Forschung; 233.)
Forschungsbericht.

M-796 Ruf, Wolfgang: Die Rezeption von **Mozart**s "Le Nozze di Figaro" bei den Zeitgenossen. - Wiesbaden: Steiner, 1977. - V, 148 S.
[Zugl.:] Freiburg/Br.: Univ. Diss. 1974.
(Archiv für Musikwissenschaft; Beih. 16.)
Bibl. der wissenschaftl. "Figaro"-Literatur seit 1925 S. 143-144; Bibl. S. 146-148 u. in zahlr. Fußnoten.

M-797 Thomson, Katharine: The masonic thread in **Mozart**. - (1. publ.) - London: Lawrence & Wishart, 1977. - 207 S., mit Noten.
Bibl. S. 194-197; Diskographie S. 198-199; Index.

M-798 Ackermann, Peter: Zwischen Kritik und Provokation: Così fan tutte in den Programmheften. - In: Così fan tutte: Beiträge z. Wirkungsgeschichte v. Mozarts Oper / red. v. Susanne Vill. - Bayreuth, 1978, S. 175-182.
(Schriften zum Musiktheater; 2.)
Bibl. S. 181-182 in 13 Anmerk.; S. 182: Verz. v. untersuchten Programmhefte.

M-799 Angermüller, Rudolph: Mozart und Metastasio. - In: Mitteilungen der Internationalen Stiftung Mozarteum. - Salzburg. 26. 1978, H. 1/2, S. 12-36.
Bibl. in 43 Fußnoten.

M-800 Colloquium "**Mozart** und Italien": (Rom 1974.); Bericht / hrsg. v. Friedrich Lippmann. - Köln: Gerig, 1978. - X, 318 S., 6 S. Faks., 2 Bl. Abb.
(Analecta Musicologica; 18.)
Einzelbeiträge mit Bibl. in Fußnoten.

M-801 Così fan tutte: Beiträge zur Wirkungsgeschichte von **Mozart**s Oper / Red.: Susanne Vill. - Bayreuth, 1978. - 319 S.
(Schriften zum Musiktheater; 2.)
S. 288-315: Vill, Susanne: Bibliographie / Red.: Thomas Siedhoff.

M-802 Dietrich, Margret: Dokumentation zur Uraufführung. - In: Così fan tutte: Beiträge z. Wirkungsgeschichte v. Mozarts Oper / red. v. Susanne Vill. - Bayreuth, 1978, S. 24-53.
(Schriften zum Musiktheater; 2.)
Quellen u. biobibliogr.-dokumentarisches Material im Text u. S. 50-53 in 56 Anmerk.

M-803 Evertz, Leonhard: Mozart in Aachen 1763: rheinische Mozartforschung; das Aachener Mozartbuch / (Illustr.: Leonhard Evertz.) - Aachen: Evertz, 1978. - 113 S.
Bibl. S. 107-111: 36 Titel u. im Text.

M-804 Fellinger, Imogen: Mozartsche Kompositionen in periodischen Musikpublikationen des späten 18. und frühen 19. Jahrhunderts. - In: Mozart-Jahrbuch. - Kassel. 1978/79, S. 203-209.
Bibl. in 55 Fußnoten.

M-805 Glöckner, Hans-Peter: Die Popularisierung der Unmoral: Così fan tutte in d. Belletristik. - In: Così fan tutte: Beiträge z. Wirkungsgeschichte v. Mozarts Oper / red. v. Susanne Vill. - Bayreuth, 1978, S. 112-126.
(Schriften zum Musiktheater; 2.)
Bibl. S. 123-125.

M-806 Grosse, Helmut: Mozart auf dem Theater: Ausstellung des Instituts für Theaterwissenschaft der Universität Köln zum Mozart-Zyklus der Oper der Stadt Köln; Foyer der Oper der Stadt Köln 30. April - 31. Mai 1978. / (Katalog und Ausstellung: Helmut Grosse, Irmgard Scharberth, Margot Wössner.) - Köln, 1978. - 16 Bl. Illustr. quer-8°.
Ausstellungskatalog: 161 Titel.

M-807 Holboeck, Ferdinand: Wolfgang Amadeus **Mozart:** der Salzburger Domorganist und seine Beziehungen zur katholischen Kirche. - (1. Aufl.) - Stein/Rhein: Christiana-Verlag, 1978. - 128 S., 2 Bl. Abb. [mit Portr.]
Bibl. in 96 Anmerk. S. 120-123; S. 123-124: Verz. d. kirchenmusikalischen Werke Mozarts.

M-808 Hortschansky, Klaus: Gegen Unwahrscheinlichkeit und Frivolität: die Bearbeitungen im 19. Jh. - In: Così fan tutte: Beiträge z. Wirkungsgeschichte v. Mozarts Oper / red. v. Susanne Vill. - Bayreuth, 1978, S. 54-66.
(Schriften zum Musiktheater; 2.)
Bibl. S. 61-63 in 24 Anmerk.; S. 63-64: eingesehene Textbücher (mit Standorten).

M-809 Hortschansky, Klaus: Tendenzen der Fabel: Così fan tutte im Opernführer. - In: Così fan tutte: Beiträge z. Wirkungsgeschichte v. Mozarts Oper / red. v. Susanne Vill. - Bayreuth, 1978, S. 164-174.
(Schriften zum Musiktheater; 2.)
Bibl. S. 169-171 in 30 Anmerk.; S. 171-172: Verz. d. verwendeten Opernführer.

M-810 Kazenas, Bruno: The Litanies of Wolfgang Amadeus **Mozart**: a comparative analysis. - Cincinnati, Ohio: Univ. Diss., 1978. - VIII, 171 Bl.
Bibl. Bl. 158-161; "Eighteenth-century Salzburg Cathedral composers" Bl. 166-167; Selected list of Salzburg litanies of the eighteenth century Bl. 170-171.

M-811 Konold, Wulf: Così fan tutte auf der Schallplatte: Bemerkungen zu e. medienspezifischen Rezeption. - In: Così fan tutte: Beiträge z. Wirkungsgeschichte v. Mozarts Oper / red. v. Susanne Vill. - Bayreuth, 1978, S. 222-234.
(Schriften zum Musiktheater; 2.)
S. 224: Schallplatten-Gesamtaufnahmen d. Oper; S. 232-234: Così fan tutte-Schallplatten-Aufnahmen, Spielzeiten u. Kürzungen bzw. Striche (Tab.); Bibl. S. 230-231.

M-812 Langegger, Florian: Mozart, Vater und Sohn: e. psycholog. Untersuchung. - Zürich, 1978. - 164 S.
Bibl. S. 156-157 u. in Anmerk. S. 143-155; Namen- u. Sachreg.

M-813 Lippmann, Friedrich: Mozart und der Vers. - In: Colloquium "Mozart und Italien": (Rom 1974.); Bericht / hrsg. v. Friedrich Lippmann. - Köln: Gerig, 1978, S. 107-137.
(Analecta Musicologica; 18.)
Bibl. in 64 Fußnoten.

M-814 Mozart, Wolfgang Amadeus: Così fan tutte: [Ital. und franz.] / **Mozart**, Lorenzo da Ponte; (Pierre Malbos: nouv. traduct. franç.) - Paris, 1978. - 178 S.
(L'Avant-Scène opéra; 16/17.)
S. 146-149: Discographie; S. 151-163: Verz. der Così-Aufführungen in Wien, Paris, Mailand, New York, Berlin und London; Bibl. S. 167-168.

M-815 Mozart, Wolfgang Amadeus: Mozarts Bäsle-Briefe / hrsg. und kommentiert von Joseph Heinz Eibl und Walter Senn; mit einem Vorwort von Wolfgang Hildesheimer. - (Originalausg.) - Kassel: Bärenreiter-Verlag; München: Dt. Taschenbuch-Verlag, 1978. - 129 S., 1 Taf.
(DTV; 4323 Wiss. Reihe.)
S. 15-17: Die Bäsle-Briefe in der Mozart-Literatur; S. 18-90: Die Bäsle-Briefe innerhalb der Mozartschen Familienkorrespondenz; Bibl. S. 128-129.

M-816 Mozart, Wolfgang Amadeus: Die Zauberflöte / Dieser Opernführer wurde verfaßt und hrsg. v. Kurt Pahlen. - Originalausg. (1. Aufl.) - München: Goldmann, 1978. - 252 S., mit Illustr. u. Noten.
(Opern der Welt.) (Goldmann-Taschenbuch; 33001.)
S. 130-210: Geschichte und Legende der "Zauberflöte" (biobibliogr. Material im Text); S. 231-236: Zeittafel mit Werkhinweisen; S. 247-249: Diskographie.

M-817 Mozart-Bibliographie: 1971-1975 / zusammengestellt von Rudolph Angermüller und Otto Schneider. - Kassel, 1978. - 68 S.
(Mozart-Jahrbuch; 1976/77, Beilage.)
808 Titel nach dem Autorenalphabet geordnet; Register: Personen, Orte, Sachgebiete, Werke mit Köchel-Nummern.

M-818 Niemetschek, Franz Xaver: Lebensbeschreibung des k. k. Kapellmeisters Wolfgang Amadeus **Mozart** / mit einem Nachwort, Berichtigungen und Ergänzungen von Peter Krause. - Repr. der Ausgabe Prag 1808. - Leipzig: Deutscher Verlag für Musik, 1978. - 154 S.
Bibl. in 112 Anmerk. S. 138-154.

M-819 Petrobelli, Pierluigi: "Don Giovanni" in Italia: la fortuna dell'opera ed il suo influsso. - In: Colloquium "Mozart und Italien": (Rom 1974.); Bericht / hrsg. v. Friedrich Lippmann. - Köln: Gerig, 1978, S. 30-51.
(Analecta Musicologica; 18.)
Bibl. in 40 Fußnoten; S. 44-51: I libretti delle rappresentazioni Italiane del "Don Giovanni": 35 Titel.

M-820 Riehn, Rainer: Die Zauberflöte. - In: Mozart: ist die Zauberflöte ein Machwerk? / hrsg. von Heinz-Klaus Metzger u. Rainer Riehn. - München, 1978, S. 34-68.
(Musik-Konzepte; 3.)
Bibl. in 129 Fußnoten.

M-821 Ruile-Dronke, Jutta: Ritornell und Solo in **Mozart**s Klavierkonzerten. - Tutzing: Schneider, 1978. - IX, 261 S.
[Zugl.:] München: Univ. Diss., 1972.
(Münchner Veröffentlichungen zur Musikgeschichte; 28.)
Bibl. S. 253-255 u. in 294 Fußnoten; Personenregister.

M-822 Sabin, Paula Louise: Mozart's piano concertos: the first movements viewed from the perspective of metric and rhythmic analysis. - Berkeley, Cal.: Univ. of California Diss., 1978. - 256 S.
Bibl. S. 250-254.

M-823 Schellhous, Rosalie Athol: Key and modulation in **Mozart**'s instructions in figured bass for Thomas Atwood. - Santa Barbara, Cal.: Univ. of California Diss., 1978. - XIII, 328 S.
Bibl. S. 322-328.

M-824 Schultz, Klaus: Wolfgang Amadeus **Mozart**: Così fan tutte. (So machen's alle.) Dramma giocoso in 2 Akten von Lorenzo da Ponte; Uraufführung am 26. Jan. 1790 im Hoftheater Wien; Münchener Erstaufführung am 1. Mai 1795 im Residenztheater. (Programmheft zur Neuinszenierung von "Così fan tutte" an der Bayerischen Staatsoper / Auswahl und Zusammenstellung: Klaus Schultz.) - München, 1978. - 75 S.
([Blätter der Bayerischen Staatsoper.] 1977/78.)
Diskographie S. 75: Gesamtaufnahmen von "Così fan tutte" auf Schallplatten.

M-825 Steinhauser, Isolde: "... die Zaubertöne von **Mozart**s Musik": Mozart-Aspekte bei Franz Schubert. - In: Acta Mozartiana. - Augsburg. 25. 1978, S. 104-122.
Bibl. S. 121-122 in 46 Anmerk.

M-826 Toeplitz, Uri: Die Holzbläser in der Musik **Mozart**s und ihr Verhältnis zur Tonartenwahl. - Baden-Baden: Koerner, 1978. - 223 S., mit 46 Notenbeispielen. Tel Aviv: Univ. Diss.
(Sammlung musikwissenschaftlicher Abhandlungen; 62.)
Der Wechsel der Oboen und Flöten in Mozarts Orchester S. 205; Holzbläser als Solisten in Mozarts Orchester S. 206-207; Bibl. S. 208-210 u. in 355 Fußnoten; Werkregister nach Köchel-Nummern; Namenregister.

M-827 Vereins- und Westbank, Hamburg: Mozart: Klassik für die Gegenwart / hrsg. von der Vereins- und Westbank, Hamburg anläßlich einer Ausstellung zum Mozartjahr in Hamburg; Sept./Okt. 1978 in Zusammenarbeit mit d. Behörde für Wissenschaft und Kunst .... - Hamburg: Partner-Verlag, 1978. - 154 S., Illustr.
Ausstellungskatalog mit reichhalt. biobiliogr. Material.

M-828 Vill, Susanne: Aufführungsstatistik 1790-1975: Così fan tutte, le nozze di Figaro und Don Giovanni. - In: Così fan tutte: Beiträge z. Wirkungsgeschichte v. Mozarts Oper / red. v. Susanne Vill. - Bayreuth, 1978, S. 283-287.
(Schriften zum Musiktheater; 2.)

M-829 Wagner, Hans: Das Josephinische Wien und **Mozart**. - In: Mozart-Jahrbuch. - Kassel. 1978/79, S. 1-13.
Quellen u. Bibl. in 68 Fußnoten.

M-830 Weber, Horst: "Reigen": zur Wirkungsgeschichte im fin de siècle. - In: Così fan tutte: Beiträge z. Wirkungsgeschichte v. Mozarts Oper / red. v. Susanne Vill. - Bayreuth, 1978, S. 148-163.
(Schriften zum Musiktheater; 2.)
Bibl. S. 161 in 16 Anmerk.; S. 162-163: Verz. d. Kritiken zu Münchner u. Wiener Inszenierungen 1897, 1899, 1900 u. 1905.

M-831 Welzel, Auguste Ulrike: Das Theater im Spiegel und Urteil der **Mozart**briefe. - Wien: Univ. Diss., 1978. - III, 138 Bl.
Bibl. Bl. 133-138 u. in zahlr. Fußnoten.

M-832 Werba, Robert: Mahlers Wiener **Mozart**-Taten. - In: Mozart-Jahrbuch. - Kassel. 1978/79, S. 246-252.
Bibl. in 23 Fußnoten.

M-833 Werner-Jensen, Karin: Così fan tutte im Angebot der Musikverleger. - In: Così fan tutte: Beiträge z. Wirkungsgeschichte v. Mozarts Oper / red. v. Susanne Vill. - Bayreuth, 1978, S. 99-111.
(Schriften zum Musiktheater; 2.)
Bibl. S. 109-110 in 30 Anmerk.; Verz. d. Ausgaben im Text.

M-834 Wessely, Othmar: Ergänzungen zur Bibliographie des **Mozart**-Schrifttums. - In: Studien zur Musikwissenschaft. - Tutzing. 29. 1978, S. 37-68.
Autorenalphabet, rund 500 Titel; ergänzt folgende Bibliographien: 1) Keller, Otto: W. A. Mozart: Bibliographie u. Ikonographie. - Berlin, Leipzig, 1927; 2) Schneider, Otto u. Anton Algatzy: Mozart-Handbuch: Chronik, Werk, Bibliographie. - Wien, 1962; 3) Angermüller, Rudolph u. Otto Schneider: Mozart-Bibliographie. - Salzburg, 1975.

M-835 Witzenmann, Wolfgang: Zu einigen Handschriften des "Flauto magico". - In: Colloquium "Mozart und Italien": (Rom 1974.); Bericht / hrsg. v. Friedrich Lippmann. - Köln: Gerig, 1978, S. 54-95.
(Analecta Musicologica; 18.)
Bibl. in 118 Fußnoten; S. 91-95: Verz. d. berücksichtigten Handschriften (mit Standortnachweisen).

M-836 Würtz, Roland: Die Erstaufführungen von **Mozart**s Bühnenwerken in Mannheim. - In: Mozart-Jahrbuch. - Kassel. 1978/79, S. 163-171.
Quellen u. Bibl. in 38 Fußnoten.

M-837 Zietsch, Heinz: Die Berichterstattung in den Musikzeitschriften und Tageszeitungen des 19. Jahrhunderts. - In: Così fan tutte: Beiträge z. Wirkungsgeschichte v. Mozarts Oper / red. v. Susanne Vill. - Bayreuth, 1978, S. 143-146.
(Schriften zum Musiktheater; 2.)
Bibl. S. 146 u. in 89 Anmerk. S. 143-146.

M-838 Cheriere, Georges: La flute enchantée de **Mozart**. - In: Diapason. - Paris. 1979, Nr. 158, S. 28-31.
Kommentierte Diskographie.

M-839 Damm, Peter: Gedanken zu den Hornkonzerten von W. A. **Mozart**. - In: Wiener Figaro. - 46. 1979, S. 18-29.
Bibl. S. 28-29 in 46 Anmerk.

M-840 Farmer, Henry George: New **Mozart**iana: the Mozart relics in the Zavertal Collection at the University of Glasgow / by Henry George Farmer and Herbert Smith; with 10 portraits and facsimiles. - (1. ed. repr.) - New York: AMS Press, 1979. - IX, 157 S.
Enth. u. a.:
S. 1-9: Farmer: Mozart and Britain.
S. 11-25: Farmer: Mozart's first enemies and "La finta semplice".
S. 53-62: Farmer: Mozart's masonic cantata "Dir, Seele des Weltalls"..
S. 95-110: Farmer: Concerning Mozart: relicts and autographs.
Jeweils Bibl. in zahlr. Fußnoten bei den einzelnen Artikeln; Bibl. S. 147-150; S. 153-154: Mozart-Index; General-Index.

M-841 Floros, Constantin: **Mozart**-Studien. - Wiesbaden, 1979.
1. 1979. - 172 S.
4 Aufsätze zu Mozart; Bibl. S. 151-157 u. in zahlr. Anmerk. S. 158-172.

M-842 Fuhrich-Leisler, Edda: Vom Salzburger Hanswurst zum Welterfolg der "Zauberflöte": e. Ausstellung d. Max-Reinhardt-Forschungs- und Gedenkstätte in Zusammenarb. mit der Internationalen Stiftung **Mozart**eum / Zusammenstellung d. Ausstellung u. Bearb. des Katalogs: Edda Fuhrich-Leisler, Gisela Prossnitz; Salzburg, Schloß Arenberg, 27. Juli bis 30. Aug. 1979, Mozartwoche 1980. - Salzburg, Schloß Arenberg: Max Reinhardt-Forschungs- u. Gedenkstätte, 1979. - 48 S., 26 Bl. Abb. quer-8°.
435 Objekte mit reichhalt. Material zur Zauberflöte u. zu Zauberflöten-Aufführungen.

M-843 Gammond, Peter: The Magic Flute: a guide to the opera / foreword by Benjamin Luxon; Engl. translation by Charles Osborne. - (1st publ.) - London: Barrie & Jenkins, 1979. - 159 S., Illustr.
Enth.: Mozart, Wolfgang Amadeus; Schikaneder, Emanuel: Die Zauberflöte [Deutsch u. Engl.].
Diskographie S. 87-98; Zeittafel S. 152-154; Verz. der Hauptwerke Mozarts S. 155-157; Bibl. S. 158.

M-844 Glöckner, Hans-Peter: Ein "Walzer" von **Mozart**. - In: Mitteilungen der Internationalen Stiftung Mozarteum. - Salzburg. 27. 1979, H. 1/2, S. 1-17.
Bibl. in 33 Fußnoten; S. 15-17: Verz. d. Drucke u. Handschriften dieses Werkes (KV 606).

M-845 Das Mannheimer **Mozart**-Buch / hrsg. von Roland Würtz. - Wilhelmshaven, 1979. - 308 S.
Enth. u. a. folgende Beiträge:.
S. 15-36: Budian, Hans: Mannheimer Mozartgedenkstätten.
Beschreibung im Text.
S. 163-186: Würtz, Roland: Die Erstaufführungen von Mozarts Bühnenwerken in Mannheim.
Bibl. in 42 Fußnoten.
S. 187-217: Höft, Brigitte: Ein Mannheimer Musikverleger als Wegbereiter des klassischen Erbes: Karl Ferdinand Heckel und seine "Wohlfeile Ausgabe sämtlicher Opern W. A. Mozarts"
Bibl. im Text u. in 31 Fußnoten.
S. 275-304: Würtz, Roland; Budian, Hans: Mozart und Mannheim: eine Bibliographie.
Systematisch geordnet.
(Taschenbücher zur Musikwissenschaft; 47.)

M-846 Marks, F. Helena: Sonata: its form and meaning as exemplified in the piano sonatas by **Mozart**: a descriptive analysis. - Westport, Conn., 1979. - XL, 167 S.
Reprint d. Ausgabe London 1921.
Analysen d. Sonaten; Bibl. in zahlr. Fußnoten.

M-847 Mozart, Wolfgang Amadeus: Briefe / hrsg. v. Albrecht Goes. - Frankfurt/M., 1979. - 177 S. (Fischer-Bücherei; 2140.)
Biogr. Material in den Kommentaren zu den Briefen; Zeittafel mit Werkhinweisen S. 169-170; Werkregister S. 170-172; Register der Briefempfänger u. Briefdaten S. 173; Personenregister S. 174-177.

M-848 Mozart, Wolfgang Amadeus: Don Juan (Don Giovanni. [Franz.]) / Libretto di Lorenzo da Ponte; Musica di Wolfgang Amadeus **Mozart**; Nouvelle trad. française et notes de Pierre Malbos; Commentaire littéraire et musicale de Jean-Victor Hocquard. - Paris, 1979. - 218 S., mit Illustr. u. Noten.
(L'avant-scène opéra; 24.)
S. 154-159: Diskographie; S. 160-161: Zeittafel zu Don Giovanni; S. 162-193: Verz. d. Aufführungen an den großen Opernhäusern der Welt; Bibl. S. 194-198.

M-849 Mozart, Wolfgang Amadeus: Le nozze di Figaro: [Ital. und franz.] / Beaumarchais, **Mozart**, Da Ponte; Nouvelle trad. française de Christian Laurent; commentaire littéraire et musical de Jean de Solliers. - Paris, 1979. - 170 S.
[Umschlagtitel]: Mozart: Le noces de Figaro.
(L'avant-scène opéra; 21.)
S. 136-139: Diskographie; S. 140: Zeittafel; S. 141-161: Verz. der Aufführungen an den großen Opernhäusern der Welt; Bibl. S. 162-163.

M-850 Mozart, Wolfgang Amadeus: Sinfonie C-Dur, KV 551 "Jupitersinfonie": Taschen-Partitur / Einführung und Analyse von Manfred Wagner. - München, 1979. - 149 S.
(Goldmann-Taschenbuch; 33016.)
Überlieferung des Notentextes, Werkentstehung, Rezeption, Analyse S. 91-142; Bibl. dazu im Text u. in 81 Fußnoten; Bibl. S. 143-144; Diskographie S. 145-149.

M-851 Neve, Victoria Rider: Virtuosity in **Mozart**'s independent piano variations. - Lawrence, Kansas: Univ. of Kansas Diss., 1979. - IV, 208 S.
Bibl. S. 203-208.

M-852 Ottaway, Hugh: Mozart. - London: Orbis, 1979. - 208 S., mit Abb. u. Noten.
Bibl. S. 203-204 u. in Anmerk. S. 198-199: Zeittafel S. 200-201.

M-853 Parakiles, James Paul: Mozart's Tito and the music of rhetorical strategy. - Ithaca, N. Y.: Cornell Univ. Diss., 1979. - XII, 427 S.
Bibl. S. 419-425.

M-854 Plath, Wolfgang: Gefälschte **Mozart**-Autographen. - In: Acta Mozartiana. - Augsburg. 26. 1979, S. 2-10, 72-80.
Bibl. in 35 Anmerk.

M-855 Proctor, Carroll Milton: The Singspiel and the singspiel adaption of **Mozart**'s Don Giovanni: an 18th century manuscript. - Iowa City: Univ. of Iowa Diss., 1979. - XXXIV, 641 S.
Bibl. S. 616-641.

M-856 Rendleman, Ruth: A study of improvisatory techniques of the eighteenth-century through the **Mozart** cadenzas. - New York: Columbia Univ. Diss., 1979. - X, 326 S.
Bibl. S. 265-269; Bibl. der Mozart-Kadenzen sowie der Kadenzen anderer Komponisten zu Mozart-Werken S. 279-319.

M-857 Angermüller, Rudolph: Aktivitäten der Internationalen Stiftung **Mozart**eum von 1880 bis zum Ersten Weltkrieg. - In: Mozart-Jahrbuch. - Kassel. 1980-1983, S. 176-195.
Musikfeste, Aufführungen, Konzerte, Verz. der Mitwirkenden u. Schüler, statistisches Material, Bibl. in 19 Fußnoten.

M-858 Angermüller, Rudolph: Die Bibliotheca **Mozart**iana der Internationalen Stiftung Mozarteum Salzburg: zur Geschichte einer Sammlung. - In: Fontes Artis Musicae. - Kassel. 27. 1980, S. 174-177.
Geschichte der Bestände und Übersicht.

M-859 Angermüller, Rudolph: Hundert Jahre Internationale Stiftung **Mozart**eum 1880-1980: eine Chronik. / Rudolph Angermüller; Géza Rech. - Kassel, London, 1980. - 229 S.
S. 11-217: Chronologie des Mozarteums; Bibl. S. 218-219; S. 220-225: Chronolog. Verz. d. Publikationen des Mozarteums.

M-860 Angermüller, Rudolph: "Les Mystères d'Isis" (1801) und "Don Juan" (1805, 1834) auf der Bühne der Pariser Oper. - In: Mozart-Jahrbuch. - Kassel. 1980-1983, S. 32-97.
Quellen u. Bibl. in 98 Fußnoten u. im Text.

M-861 Evertz, Leonhard: Mozart's Sterbehaus - seine letzte Wohnung: eine soziologische Betrachtung. - Aachen, 1980. - 37, 16 Bl.
Bibl. Bl. 26-29 u. im Text.

M-862 Fellinger, Imogen: Aspekte der **Mozart**-Auffassung in deutschsprachigen Musikzeitschriften des 19. Jahrhunderts. - In: Mozart-Jahrbuch. - Kassel. 1980/83, S. 269-277.
Bibl. in 66 Fußnoten.

M-863 Gruber, Gernot: Friedrich Nietzsches Aussagen über **Mozart**. - In: Mozart-Jahrbuch. - Kassel. 1980/83, S. 262-269.
Bibl. in 31 Fußnoten.

M-864 Hildesheimer, Wolfgang: Mozart. - Frankfurt/M., 1980. - 418 S.
(Suhrkamp-Taschenbuch; 598.)
Zeittafel mit Werkhinweisen u. Aufführungsdaten S. 379-398; Verz. d. im Text erwähnten Werke S. 399-403; Personenregister.

M-865 Das Horn bei **Mozart**: Facsimile Collection. - Kirchheim bei München: Hans Pizka Ed., 1980. - XII, 276 S.
Bibl. S. X; Diskographie S. 255-266; Personen-Register.

M-866 Jacob, Heinrich Eduard: Mozart: Geist, Musik, Schicksal. - 4. Aufl. - München: Heyne, 1980. - 479 S.
(Heyne Biographien; 22.)
S. 442: Stammtafel; S. 443-450: Zeittafel; S. 451-458: Werkverz.; Bibl. S. 459-460; Personenreg.

M-867 Kaiser, Hartmut: Mozarts Zauberflöte und "Klingsohrs Märchen". - In: Jahrbuch des Freien Deutschen Hochstifts. - Tübingen, 1980, S. 238-258.
Bibl. in 64 Fußnoten.

M-868 Kreutzer, Hans Joachim: Der **Mozart** der Dichter: über Wechselwirkungen von Literatur und Musik im 19. Jahrhundert. - In: Mozart-Jahrbuch. - Kassel. 1980/83, S. 208-227.
Beitrag der Dichter zum Mozartbild des 19. Jahrhunderts; Bibl. in 70 Fußnoten.

M-869 Levey, Michael: Leben und Sterben des Wolfgang Amadé **Mozart** / aus dem Engl. v. Christian Spiel. - München: Bertelsmann, 1980. - 351 S., 6 Bl. Abb.
[Einheitssacht:] The Life and death of Mozart.
Bibl. S. 344-345; S. 346-349: Personenreg.; S. 349-351: Werkregister.

M-870 Lippmann, Friedrich: Mozart und die italienischen Komponisten des 19. Jahrhunderts. - In: Mozart-Jahrbuch. - Kassel. 1980/83, S. 104-113.
Bibl. in 42 Fußnoten.

M-871 Lochter, Ulrich: Mozart auf dem Theater im 18. und 19. Jahrhundert: e. Ausstellung der Bayerischen Vereinsbank, Leihgaben Theatermuseum der Univ. Köln / (Katalogred.: Ulrich Lochter, Helmut Grosse.) - München: Bayerische Vereinsbank, [um 1980]. - 10 Bl. quer-8° [Umschlagt.]
71 Objekte mit biobibliogr. Material.

M-872 Mozart, Wolfgang Amadeus: Die Entführung aus dem Serail: (Singspiel in 3 Aufzügen / Text nach Christian Friedrich Bertzner, frei bearb. von Gottlieb Stephanie, d. J.; Musik: Wolfgang Amadeus **Mozart**.) Dieser Opernführer wurde verfaßt und hrsg. v. Kurt Pahlen unter Mitarb. v. Rosemarie König. - 1. Aufl. - München: Goldmann; [Mainz]: Schott, 1980. - 255 S., mit Noten u. Illustr.
(Opern der Welt.) (Goldmann-Taschenbuch; 33017.)
S. 227-237: Zeittafel; S. 238: Verz. d. Bühnenwerke Mozarts; S. 252-253: Diskographie.

M-873 Mozart, Wolfgang Amadeus: Eine kleine Nachtmusik: Serenade G-Dur, KV 525; Taschen-Partitur / Einführung und Analyse von Dieter Rexroth. - München, 1980. - 87 S.
(Goldmann-Taschenbuch; 33033.)
Überlieferung des Notentextes, Entstehung, Entwicklungsgeschichte der Serenade, Analyse, Rezeption S. 29-84; Bibl. im Text u. in 52 Fußnoten; Bibl. S. 85; Diskographie S. 86-87.

M-874 Ohlsson, Eric Paul: The Quintets for piano, oboe, clarinet, horn and bassoon by Wolfgang Amadeus **Mozart** and Ludwig van Beethoven. - Columbus, Ohio: Ohio State Univ. Diss., 1980. - VII, 123 S.
Diskographie S. 119-120; Bibl. S. 121-123.

M-875 Schaefer, Hartmut: Die historischen **Mozart**-Bestände der Stadt- und Universitätsbibliothek Frankfurt am Main. - In: Mozart und seine Opern in Frankfurt am Main: Begleitheft zur Ausstellung der Stadt- und Universitätsbibliothek ... Frankfurt am Main. - Frankfurt/M., 1980, S. 7-10.
Bibl. S. 10 in 10 Anmerk. u. im Text.

M-876 Schneider, Herbert: Probleme der **Mozart**-Rezeption im Frankreich der ersten Hälfte des 19. Jahrhunderts. - In: Mozart-Jahrbuch. - Kassel. 1980/83, S. 23-31.
Bibl. in 65 Fußnoten.

M-877 Schuler, Heinz: Wolfgang Amadeus **Mozart**: Vorfahren und Verwandte. - Neustadt a. d. Aisch, 1980. - 258 S., 1 Taf.
(Genealogie und Landesgeschichte; 34.)
Umfangreiches genealog. Material S. 10-223; Quellen u. Bibl. S. 223-224, in 48 Anmerk. S. 240-244 u. im Text; Register.

M-878 Schusser, Adelbert: Gedanken zur Entstehung eines **Mozart**-Porträts. - In: Studien aus dem Historischen Museum der Stadt Wien / Hrsg.: Robert Waissenberger; mit Beiträgen von Hans Bisanz [u.a.]. - [19]79/80. - Wien, München: Jugend & Volk, 1980, S. 163-185..
(Wiener Schriften; 44.)
Bibl. u. ikonograph. Material im Text u. in 46 Anmerk.

M-879 Sehnal, Jirí: Einige **Mozart**iana aus Mähren. - In: Mozart-Jahrbuch. - Kassel. 1980/83, S. 118-121.
Bibl. in 14 Fußnoten u. im Text.

M-880 Senn, Walter: Abbé Maximilian Stadler: **Mozart**s Nachlaß und das "Unterrichtsheft" KV 453b. - In: Mozart-Jahrbuch. - Kassel. 1980/83, S. 287-298.
Bibl. in 61 Fußnoten.

M-881 Somfai, László: Die **Mozart**-Rezeption im 19. Jahrhundert in Ungarn. - In: Mozart-Jahrbuch. - Kassel. 1980/83, S. 122-126.
Bibl. in 30 Fußnoten.

M-882 Stricker, Rémy: **Mozart** et ses opéras: fiction et vérité. - Paris, 1980. - 355 S.
(Collection TEL.)
Bibl. S. 345-346 u. in zahlr. Fußnoten; Diskographie S. 347-352.

M-883 The String Quartets of Haydn, **Mozart** and Beethoven: Studies of the autographs manuscripts; a conference of the Isham Memorial Library, March 15-17, 1979 / ed. by Christoph Wolff, Robert Riggs. - Cambridge, Mass., 1980. - XI, 357 S.
Enth. u. a.:
S. 191-221: Wolff, Christoph: Creative exuberance vs. critical choice: thoughts on Mozart's quartet fragments.
Bibl. in 36 Fußnoten; S. 195: Mozart's string quartet fragments.
(Isham Library Papers; 3..)
Studien verschiedener Autoren zu den Autographen Beethovens, Haydns und Mozarts; S. 330-334: Zeittafel der Quartette mit Angaben der Erstausgaben; Quellen und biobibliographisches Material im Text und in zahlreichen Fußnoten; S. 335-345: "Autograph sources" (mit Besitznachweisen); Werke und Lit. S. 346-352; Index S. 353-357.

M-884 Tondorf, Franz-Josef: Die Solovokalensembles in W. A. **Mozart**s Opern: Melodik, Form und Stil. - Marburg/Lahn: Univ. Diss., 1980. - 1083 S., mit Noten.
Bibl. S. 1048-1065; Namenregister.

M-885 Weiss, Walter: Das Weiterleben der "Zauberflöte" bei Goethe. - In: Mozart-Jahrbuch. - Kassel. 1980/83, S. 227-236.
Bibl. in 51 Fußnoten.

M-886 Werner-Jensen, Karin: Studien zur "Don-Giovanni"-Rezeption im 19. Jahrhundert, (1800-1850). - Tutzing: Schneider, 1980. - 243 S.
[Zugl.:] Frankfurt/M.: Univ. Diss., 1978.
(Frankfurter Beiträge zur Musikwissenschaft; 8.)
Bibl. S. 223-237; Personenregister.

M-887 Würtz, Roland: **Mozart**s Opern im biedermeierlichen Mannheim: (1800-1850). - In: Mozart-Jahrbuch. - Kassel. 1980/83, S. 126-135.
Quellen u. Bibl. in 35 Fußnoten.

M-888 Zaisberger, Friederike: **Mozart** im Spiegel der Salzburger Presse um 1800. - In: Mozart-Jahrbuch. - Kassel. 1980/83, S. 136-139.
Bibl. in 19 Fußnoten.

M-889 Zürcher, Johann: Über einige Fragmente **Mozart**s: Fragen, Hypothesen, Vorschläge. - In: Mozart-Jahrbuch. - Kassel. 1980/83, S. 414-429.
Bibl. in 62 Fußnoten.

M-890 Angermüller, Rudolf: M. Haydniana und **Mozart**iana: ein erster Versuch. - In: Mitteilungen der Internationalen Stiftung Mozarteum. - Salzburg. 29. 1981, H. 3/4, S. 49-66.
Autographisches Material aus der Erzabtei St. Peter in Salzburg; beschreibender Katalog: 25 Titel.

M-891 Angermüller, Rudolph: Der Tanzmeistersaal in **Mozart**s Wohnhaus, Salzburg, Mozartplatz 8. - In: Mitteilungen der Internationalen Stiftung Mozarteum. - Salzburg. 29. 1981, H. 3/4, S. 1-13.
Bibl. in 19. Fußnoten; Verz. d. Exponate S. 4-13.

M-892 Baser, Friedrich: Der lange vermißte Schlußstein der **Mozart**-Genealogie. - In: Mitteilungen der Internationalen Stiftung Mozarteum. - Salzburg. 29. 1981, H. 1/2, S. 24-28.
Biobibliogr.-genealog. Material im Text.

M-893 Birsak, Kurt: Musikinstrumente im Tanzmeistersaal. - In: Mitteilungen der Internationalen Stiftung Mozarteum. - Salzburg. 29. 1981, H. 3/4, S. 16-21.
Verz. der im Tanzmeistersaal von Mozarts Wohnhaus in Salzburg aufgestellten Musikinstrumente.

M-894 Boehme, Gerhard: Medizinische Porträts berühmter Komponisten: Wolfgang Amadeus **Mozart**, Ludwig van Beethoven, Carl Maria von Weber, Frédéric Chopin, Peter Iljitsch Tschaikowski, Béla Bartók. 32 Abb. - 2., verb. und erw. Aufl. - Stuttgart: Fischer, 1981. - XI, 199 S.
S. 1-39: Mozart (mit Bibl. S. 36-38 in 68 Anmerk.).

M-895 Gebhardt-Schoepflin, Judith Adell: **Mozart**'s piano concertos, K. 413, 414, 415: their roles in the compositional evolution of his piano concertos; a lecture recital. - Denton: North Texas State Univ. Diss., 1981. - X, 34 S.
Bibl. S. 31-32; Diskographie S. 32-34.

M-896 Hafner, Otfried: **Mozart** im steirischen Musikalienhandel vor 1800. - In: Mitteilungen der Internationalen Stiftung Mozarteum. - Salzburg. 29. 1981, H. 1/2, S. 29-33.
Bibl. in 32 Fußnoten.

M-897 Harutunian, John Martin: Haydn and **Mozart**: a study of their mature sonata-style procedures. - Los Angeles: Univ. of California Diss., 1981. - XII, 380 S.
Ann Arbor, Mich.: 1981: Univ. Microfilms Internat..
S. 24-32: Verz. d. behandelten Werke; Bibl. S. 351-380.

M-898 Mancal, Josef: Augsburger **Mozart**stätten. - In: Deutsches Mozartfest der Deutschen Mozart-Gesellschaft. - Augsburg. 30. 1981, S. 12-27.
Quellen u. Bibl. in 61 Anmerk. S. 26-27.

M-899 Mancal, Josef: Führer durch die **Mozart** Gedenkstätte / hrsg. v. Stadtarchiv Augsburg. - Augsburg, 1981. - 65 S.
S. 5-55: Führer; S. 56-61: Zeittafel; S. 62-63: Stammtaf.; S. 64-65: Auswahlbibl.

M-900 Michel, Gérard: **Mozart** ou le plaisir du discophile. - In: Les Amis de Mozart. - Paris, 1981, S. 137-146.
(La Revue musicale; 338/339..)
Discographie im Text u. in 39 Fußnoten.

M-901 Mozart, Wolfgang Amadeus: Don Giovanni: Texte, Materialien, Kommentare / hrsg. v. Attila Csampai und Dietmar Holland. - Reinbek, 1981. - 281 S.
(rororo-Opernbücher.) (rororo; 7329.)
S. 177-268: Dokumentar. Material zu Entstehung, Aufführung, Stoff etc.; S. 269-271: Zeittafel; S. 272-274: Bibl. (Auswahl empfohlener Schriften zu "Don Giovanni"); S. 275-280: Discographie.

M-902 Mozart, Wolfgang Amadeus: Don Giovanni: [Ital. und Deutsch] / (Libretto: Lorenzo da Ponte.) In der Originalsprache (ital. mit dt. Übers.); dieser Opernführer wurde verf. u. hrsg. v. Kurt Pahlen unter Mitarb. v. Rosemarie König. - Orig.-Ausg. (1. Aufl.) - München: Goldmann; [Mainz]: Schott, 1981. - 399 S.
(Opern der Welt.) (Ein Goldmann-Taschenbuch; 33046 = Goldmann-Schott.)
S. 371-381: Zeittafel; S. 395-399: Diskographie.

M-903 Mozart, Wolfgang Amadeus: Sinfonie g-Moll, KV 550: Taschen-Partitur / Einführung und Analyse von Manfred Wagner. - München, 1981. - 167 S.
(Goldmann-Taschenbuch; 33035.)
Überlieferung des Notentextes, Rezeption, Analyse u. Interpretation S. 73-159; Bibl. dazu im Text u. in 99 Fußnoten; Bibl. S. 160-161; Diskographie S. 162-167.

M-904 Pesková, Jitrenka: Ceskokrumlovská **Mozart**iana: katalog skladeb W. A. Mozarta z Hudenbní sbírky Státního oblastního archívu Trebon - popocka Cesky Krumlov / Zprac. Jitrenka Pesková a Jirí Záloha. - Praha: Státní Knihovna, 1981. - LXXVIII, 154 S., mit Noten.
[Text tschechisch und deutsch.].
Krumauer Mozartiana: Katalog der Werke von W. A. Mozart aus der Musiksammlung des Staatlichen Gebietsarchivs Trebon, Zweigstelle Cesky-Krumlov.].
(Varia de musica; 2.)
Katalog der Werke Mozarts (Handschriften u. Drucke) S. 3-110; Signaturenkonkordanzen S. 147-150; Notenincipits der Werke, die im Köchel-Verz. nicht identifiziert werden konnten S. 151-154.

M-905 Rushton, Julian: W. A. Mozart: Don Giovanni. - (1. publ.) - Cambridge: Cambridge Univ. Press, 1981. - IX, 165 S.
(Cambridge opera handbooks.)
Bibl. S. 153-158 u. in Anmerk. S. 139-152; Diskographie S. 159-161; Index.

M-906 Stadtmuseum Offenbach:

Mozart und Salzburg: Ausstellung der Internationalen Stiftung "Mozarteum", Salzburg; ergänzt durch Leihgaben der Familie André, Offenbach/Main. / Stadtmuseum Offenbach. - Offenbach/Main, 1981. - 26 S.
Ausstellungskatalog mit biobibliogr. Material: 167 Titel.

M-907 Steinhauser, Isolde: Bilanz der dreißig Jahre: zur Geschichte der Deutschen **Mozart**feste. - In: Acta Mozartiana. - Augsburg. 28. 1981, S. 77-95.
Verz. der Aufführungen.

M-908 Trimmer, Maud Alice: Texture and sonata form in the late string chamber music of Haydn and **Mozart**. - New York: City Univ. of New York Diss., 1981. - Vol. 1-2.
1. Discussion and analyses. - VI, 283 S.
Bibl. S. 279-283.
2. Annotated scores. - VI, 296 S..

M-909 Tyson, Alan: The **Mozart** fragments in the Mozarteum, Salzburg: a preliminary study of their chronology and their significance. - In: Journal of the American Musicological Society. - Philadelphia. 34. 1981, S. 471-510.
Bibl. im Text u. in 47 Fußnoten.

M-910 Wolfgang Amadeus **Mozart**: Idomeneo 1781-1981 / (Bayerische Staatsbibliothek München; Red.: Robert Münster; Internationale Stiftung Mozarteum Salzburg; Red.: Rudolph Angermüller.) - München, Zürich: Piper, 1981. - 257 S.
Enth. u. a. folgende Beiträge:.
S. 44-61: Angermüller, Rudolph: "Idomeneo" auf der Opern- und Schauspielbühne des 18. und frühen 19. Jahrhunderts.
Bibl. in 27 Anmerk. S. 59-61 (mit Besitznachweisen).
S. 134-157: Angermüller, Rudolph: Editionen, Aufführungen und Bearbeitungen des "Idomeneo"
Bibl. im Text u. in 37 Anmerk. S. 155-157 (mit Besitznachweisen).
S. 158-179: Kohler, Stephan: Die "Idomeneo"-Bearbeitung von Lothar Wallerstein und Richard Strauss.
Bibl. in 22 Anmerk. S. 173-174; Synoptische Tabelle: Vergleich der Bearbeitung und des Originals S. 176-179.
S. 226-230: Angermüller, Rudolph: Inhalt und Musiknummern des Mozartschen "Idomeneo"
Mit vergleichender Übersicht der Fassungen.
S. 231-235: Angermüller, Rudolph: Bibliographie.
Briefe Mozarts, die den "Idomeneo" betreffen S. 231-232; "Idomeneo"-Bibliographie bis 1980 S. 232-235.
S. 236-247: Hein, Ulrich: "Idomeneo"-Diskographie.

M-911 Autexier, Philippe A.: Les oeuvres témoins de **Mozart**. - Paris, 1982. - 116 S.
(Au-delà des notes; 8.)
Bibl. in 178 Anmerk. S. 104-112; Register.

M-912 Autexier, Philippe A.: Rhapsodie philologique à propos du "Don Giovanni" de **Mozart**. - In: Studia musicologica. - Budapest. 24. 1982, S. 21-34.
Bibl. in 34 Fußnoten.

M-913 Brandstetter, Gabriele: So manchen's alle: die frühen Übersetzungen von Da Pontes und **Mozart**s "Cosi fan tutte" für deutsche Bühnen. - In: Die Musikforschung. - Kassel, Basel. 35. 1982, S. 27-44.
Bibl. in 48 Fußnoten; S. 44: Übersicht über die frühesten deutschen Übersetzungen von Cosi fan tutte.

M-914 Chevalier, Constance Renee: Imagination in the music of **Mozart**: eighteenth-century guidelines to shaping musical expression. - Stanford, Cal.: Stanford Univ. Diss., 1982. - VII, 437 S.
Bibl. S. 410-437.

M-915 Dearling, Robert: The music of Wolfgang Amadeus **Mozart**: the symphonies. - Rutherford, 1982. - 224 S.
Bibl. S. 169-172; Diskographie S. 173-194; Register nach Köchel-Nummern S. 204-207; Tabelle der Mozart-Symphonien S. 208-219; Register.

M-916 Dickerson, Susan Smith: The Organ music of Haydn and **Mozart**. - Lawrence, Kan.: Univ. of Kansas Diss., 1982. - III, 105 S.
S. 100-102: Original specifications of organs available to Haydn; Bibl. S. 103-105.

M-917 Finscher, Ludwig: Entstehung und erste Aufführungen von **Mozart**s "Le nozze di Figaro". - In: Mozart, Wolfgang Amadeus: Die Hochzeit des Figaro: Texte, Materialien, Kommentare / hrsg. v. Attila Csampai u. Dietmar Holland. - Reinbeck, 1982, S. 237-252.
(Rororo-Opernbücher.) (Rororo; 7667.)
Quellen u. Bibl. im Text u. in 34 Fußnoten.

M-918 Incontrera, Carlo de: **Mozart** e il suo tempo: Gran Teatro La Fenice, Venezia, Provincia di Venezia, Assessorato alla cultura; Comune di Monfalcone, Assessorato Istruzione-Cultura, Provincia di Gorizia. / Mostra a cura di Carlo de Incontrera. (Catalogo a cura di Carlo de Incontrera con la collaborazione di Alessandra Longo.) - Monfalcone: Stamperia comunale, 1982. - 127 S.
Ausstellungskatalog mit biobibliogr. Material.

M-919 Istvánffy, Tibor: All'ongarese: Studien z. Rezeption ungarischer Musik bei Haydn, **Mozart** und Beethoven. - Heidelberg: Univ. Diss., 1982. - 185 S. [Mit Noten].
Werkanalysen im Text; Bibl. S. 176-185 u. in den Fußnoten.

M-920 Klein, Hans-Günter: Wolfgang Amadeus Mozart: Autographe und Abschriften / Katalog bearb. v. Hans-Günter Klein. - Berlin, Kassel: Merseburger, 1982. - 542 S.
(Staatsbibliothek Preußischer Kulturbesitz: Kataloge der Musikabteilung; 1,6.)
S. 16-439: Genaues Verz. d. Musikautographe, Abschriften, briefe, Dokumente u. Textbücher (mit Beschreibung u. Angabe d. Vorbesitzer); S. 485-491: Verz. d. Schreiber; S. 492-500: Chronolog. Verz. d. Erwerbungen; Bibl. S. 501-502; S. 503-508: Personenregister; S. 509-536: Werkverz.; S. 537-542: Werke anderer Komponisten.

M-921 Landon, Harold Chandler Robbins: Mozart and the masons: new light on the lodge "Crowned Hope". - London: Thames and Hudson, 1982. - 72 S., mit Illustr. u. Noten.
(The Walter Neurath Memorial Lectures; 14.)
Quellen u. Bibl. S. 63-64 u. in 25 Anmerk. S. 61-62.

M-922 Margolin, Arthur: A Mozartian dialectic. - Princeton: Princeton Univ. Diss., 1982. - VII, 185 S.
Bibl. S. 169-185.

M-923 Mozart, Wolfgang Amadeus: Figaros Hochzeit: (Le nozze di Figaro [Ital. und deutsch]). In der Originalsprache (Ital. mit dt. Übers.) / Dieser Opernführer wurde verfaßt u. hrsg. v. Kurt Pahlen unter Mitarb. v. Rosemarie König. - Originalausg. (3. Aufl.) - München: Goldmann; [Mainz]: Schott, 1982. - 300 S., mit Noten.
(Opern der Welt.) (Goldmann-Taschenbuch; 33004 = Goldmann-Schott.)
S. 287-292: Zeittafel; S. 297-300: Diskographie.

M-924 Mozart, Wolfgang Amadeus: Die Hochzeit des Figaro: Texte, Materialien, Kommentare / hrsg. v. Attila Csampai und Dietmar Holland. - Reinbek, 1982. - 315 S.
(rororo-Opernbücher.) (rororo; 7667.)
S. 302-305: Zeittafel; S. 306-308: Bibl. (Auswahl empfohlener Schriften zu "Die Hochzeit des Figaro"); S. 309-314: Discographie.

M-925 Mozart, Wolfgang Amadeus: Die Zauberflöte: Texte, Materialien, Kommentare / hrsg. v. Attila Csampai und Dietmar Holland. - Reinbek, 1982. - 281 S.
(rororo-Opernbücher.) (rororo; 7757.)
S. 115-266: Dokumentation; S. 267-270: Zeittafel mit Werkhinweisen u. Aufführungsdaten; S. 271-275: Bibl. (Auswahl empfohlener Schriften zur "Zauberflöte"); S. 276-280: Discographie.

M-926 Mozart-Bibliographie: 1976-1980 / zusammengestellt von Rudolph Angermüller und Otto Schneider. - Kassel, 1982. - 175 S.
2328 Titel nach dem Autorenalphabet geordnet; Register: Personen, Orte, Sachgebiete, Werke mit Köchel-Nummern; mit Nachträgen bis 1975.

M-927 Münster, Robert: Neue Funde zu Mozarts symphonischem Jugendwerk. - In: Mitteilungen der Internationalen Stiftung Mozarteum. - Salzburg. 30. 1982, H. 1/2, S. 2-11.
Quellen u. Bibl. im Text u. in 24 Fußnoten.

M-928 Musto, Renato: Una favola per la ragione: miti e storia nel "Flauto magico" di Mozart / Renato Musto, Ernesto Napolitano. - 1. ed. - Milano: Feltrinelli, 1982. - 182 S.
(I fatti e le idee; 504 Musica.)
Bibl. in zahlr. Anmerk. bei den einzelnen Kapiteln.

M-929 Nys, Carl de: La Musique religieuse de Mozart. - (1ère éd.) - Paris: Presses Universitaires de France, 1982. - 127 S.
(Ouvrages de technique musicale:) (Que sais-je? 1986.)
Liste chronologique des compositions religieuses S. 121-126; Bibl. S. 127.

M-930 Puntscher Riekmann, Sonja: Mozart: ein bürgerlicher Künstler; Studien zu den Libretti "Le nozze di Figaro", "Don Giovanni" und "Cosi fan tutte". - Wien, Köln, Graz: Böhlau, 1982. - XIII, 272 S.
Buchhandelsausgabe der Univ. Diss.
(Junge Wiener Romanistik; 4.)
Bibl. S. 242-272.

M-931 Reijen, Paul van: Die Literaturangaben im Köchel-Verzeichnis. - In: Mitteilungen der Internationalen Stiftung Mozarteum. - Salzburg. 30. 1982, H. 1/2, S. 12-27.
Kritische Auseinandersetzung mit den Literaturangaben im Köchel-Verzeichnis, 6. Aufl. 1964; Biobibliogr. Material im Text u. in 13 Fußnoten.

M-932 Schuler, Heinz: Mozart und Mailand: archivalisch-genealogische Notizen zu den Mailänder Mozartbriefen, zugleich ein Beitrag zur Trogerforschung. - In: Genealogisches Jahrbuch. - Neustadt a. d. Aisch. 22. 1982, S. 7-119.
Biobibliogr.-genealog.-archival. Material im Text u. in 74 Fußnoten; S. 55-84: Mailänder Mozart-Chronik; Ahnenliste Troger S. 85-101; Ahnenliste der Freiherren u. Grafen von Firmian S. 103-114.

M-933 Stenson, John Frank: Performance problems in the concert arias of Mozart for the tenor voice. - New York: New York Univ. Diss., 1982. - VII, 164 S.
Bibl. S. 160-164.

M-934 W. A. Mozarts musikalische Umwelt in Paris (1778): eine Dokumentation / [Hrsg.:] Rudolph Angermüller. - München, Salzburg: Katzbichler, 1982. - LXXIII, 351 S.
(Musikwissenschaftliche Schriften; 17.)
Quellen u. Bibl. S. IX-X u. in zahlr. Fußnoten; Chronolog. Dokumentation S. 1-300; Personen- u. Werk-Register.

M-935 Allanbrook, Wye Jamison: Rhythmic gesture in **Mozart**: Le Nozze di Figaro and Don Giovanni. - Chicago, London, 1983. - XII, 396 S.
Bibl. S. 329-381 in zahlr. Anmerk.; Index.

M-936 Della Croce, Luigi: I concerti di **Mozart**: guida. - Milano, 1983. - 266 S.
(Oscar musica; 3.)
S. 253-257: Zeittafel zu Leben und Werk; Bibl. S. 258; S. 259-262: Diskographie.

M-937 Dudley, Sherwood: Les premières versions françaises du "Mariage de Figaro" de **Mozart**. - In: Revue de musicologie. - Paris. 69. 1983, S. 55-83.
Bibl. in 46 Fußnoten; tabellarische Übersicht der Versionen S. 78-82.

M-938 Fellinger, Imogen: Brahms und **Mozart**. - In: Brahms-Studien. 5. Hamburg 1983, S. 141-168.
Bibl. S. 165-168 in 93 Anmerk.

M-939 Ferguson, Linda Faye: "Col Basso" and "Generalbass" in **Mozart**'s keyboard concertos. - Princeton, N. J.: Princeton Univ. Diss., 1983. - XVIII, 430 S.
Autographe und Drucke von Mozarts Klavierkonzerten (mit Besitznachweisen) S. 323-327; Bibl. S. 395-419; Register.

M-940 Havlice, Dana Marie: The musical style of **Mozart**'s fugues for keyboard. - Fullerton, Cal.: California State Univ. Diss., 1983. - III, 140 S.
Bibl. S. 116-120; Fugal fragments from Mozart's 'Neue Ausgabe sämtlicher Werke' S. 121-124; A complete annotated list of fugal works for clavier by Mozart S. 125-140.

M-941 Mozart, Wolfgang Amadeus: Così fan tutte: [Ital. und Deutsch.] / (Libretto: Lorenzo da Ponte.) In der Originalsprache (ital.) und in deutscher Fassung; dieser Opernführer wurde verf. u. hrsg. v. Kurt Pahlen unter Mitarb. v. Rosemarie König. - Orig.-Ausg. (1. Aufl.) - München: Goldmann; [Mainz]: Schott, 1983. - 399 S., mit Abb. u. Noten. (Opern der Welt.) (Ein Goldmann-Taschenbuch; 33088 = Goldmann-Schott.)
S. 376-383: Zeittafel; S. 396-399: Diskographie.

M-942 Mozart, Wolfgang Amadeus: Così fan tutte: [Ital. und Engl.] / Wolfgang Amadeus **Mozart**, Lorenzo da Ponte. - (1. publ.) - London: Calder, 1983. - 128 S., Illustr.
(Opera-guide; 22.)
S. 49-51: Thematischer Führer durch die Oper; S. 126-127: Discographie; Bibl. S. 128.

M-943 Mozart, Wolfgang Amadeus: Don Giovanni: [Ital. und Engl.] / (Libretto by Lorenzo da Ponte; English translation by Norman Platt and Laura Sarti.) - (1. publ.) - London: Calder, 1983. - 112 S., mit Abb. u. Noten.
(Opera-guide; 18.)
S. 42-46: Theamtischer Führer durch die Oper; S. 110-111: Diskographie; Bibl. S. 112.

M-944 Mozart, Wolfgang Amadeus: Die Entführung aus dem Serail: Texte, Materialien, Kommentare / hrsg. v. Attila Csampai und Dietmar Holland. - Reinbek, 1983. - 219 S.
(rororo-Opernbücher.) (rororo; 7757.)
S. 75-207: Dokumentation; S. 208-211: Zeittafel; S. 212-213: Bibl. (Auswahl empfohlener Schriften zur "Entführung"); S. 214-217: Discographie.

M-945 Mozart, Wolfgang Amadeus: The Marriage of Figaro: Le nozze di Figaro / Text by Lorenzo Da Ponte; English version by Edward J. Dent. - London, 1983. - 128 S.
(Opera Guide; 17.)
Thematischer Führer durch die Oper S. 39-44; Diskographie S. 126-127; Bibl. S. 128.

M-946 Peter, Christoph: Die Sprache der Musik in **Mozart**s Zauberflöte. - Stuttgart: Verlag Freies Geistesleben, 1983. - 376 S., mit Noten.
Bibl. S. 367-376 in 204 Anmerk.

M-947 Schuler, Heinz: **Mozart** und das hochgräfliche Haus Lodron: eine genealogische Quellenstudie. - In: Mitteilungen der Internationalen Stiftung Mozarteum. - Salzburg. - 31. 1983, H. 1-4, S. 1-17.
Quellen u. biobibliogr. u. genealog. Material im Text u. in 82 Fußnoten.

M-948 Schuler, Heinz: Die Subskribenten der **Mozart**'schen Mittwochskonzerte im Trattnersaal zu Wien anno 1784. - In: Genealogisches Jahrbuch. - Neustadt a. d. Aisch. 23. 1983, S. 7-90.
Personenalphabet mit biobibliogr. u. genealog. Material u. Bezügen zu Mozart; Bibl. S. 88-90 u. in 40 Fußnoten.

M-949 Sheftel, Sara: **Mozart**: a psychoanalytic study. - New York: The Union of Experimenting Colleges and Univ. Diss., 1983. - 270 S.
Zeittafel mit Werkangaben S. 231-232; Bibl. S. 264-270.

M-950 Valentin, Erich: Lübbes **Mozart** Lexikon. - Bergisch Gladbach: Lübbe, 1983. - 224 S., Illustr.
Mozart-Materialien zu Leben, Werk und Zeit; alphab. nach Stichworten geordnet; Bibl. S. 221-223; Zeittafel S. 223-224.

M-951 Wolff, Konrad: Masters of the keyboard: individual style elements in the piano music of Bach, Haydn, **Mozart**, Beethoven, and Schubert. - Bloomington, 1983. - XI, 206 S.
Bibl. S. 195-199 u. in zahlr. Anmerk. S. 189-194; Register.

M-952 Angermüller, Rudolph: **Mozart** im 20. Jahrhundert: Ausstellung. - München, 1984. - 56 S.
Gegenüberstellung von Ereignissen des 20. Jh. mit Mozart-Materialien in chronolog. Form, Berichtszeit 1900-1983.

M-953 Ballin, Ernst August: Das Wort-Ton-Verhältnis in den klavierbegleiteten Liedern **Mozart**s. - Kassel, Basel, London: Bärenreiter, 1984. - 153 S. (Schriftenreihe der Internationalen Stiftung Mozarteum; 8.)
Bibl. u. Verz. d. Notenausgaben S. 146-151.

M-954 Barreto, Roberto Menna: A magia transacional de "A Flauta Mágica": análise transacional, **Mozart** e o mistério de sua maior ópera. - Sao Paulo, 1984. - 150 S.
Diskographie S. 147; Bibl. S. 149-150.

M-955 Boesch, Christian: Così fan tutte: Spiegelung von **Mozart**s unbewältigtem Schicksal; Analyse und Dokumentation aus der Sicht eines Mozartsängers. - Wien: Univ. Diss., 1984. - V, 180 Bl., Notenbeisp.
Bibl. Bl. 179 u. im Text; Zeugnisse u. Pressestimmen zur Uraufführung von "Così fan tutte" Bl. 30-35; Bearbeitungen von "Così fan tutte" im 19. Jahrhundert Bl. 36-37.

M-956 Crabb, Richard Paul: Wolfgang Amadeus **Mozart**'s "Grand Mass" in C minor K.427/4 17A: a history and comparative analysis. - Tallahassee: Florida State Univ. Diss., 1984. - VI, 168 S.
Diskographie S. 161; Bibl. S. 162-168.

M-957 Davies, Peter J.: **Mozart**'s illnesses and death. - In: The Musical Times. - London, New York. 125. 1984, S. 437-442, 554-561.
Bibl. in 62 Fußnoten.

M-958 Eisen, Cliff: Some lost **Mozart** editions of the 1780s. - In: Mitteilungen der Internationalen Stiftung Mozarteum. - Salzburg. 32. 1984, H. 1/4, S. 64-70.
Bibl. im Text u. in 33 Fußnoten.

M-959 Goebels, Franzpeter: Klaviermusik des jungen **Mozart**: pädagog. Interpretationskommentar zu d. gleichlautenden Auswahl v. Klavierstücken / hrsg. v. Otto von Irmer. - Wolfenbüttel, Zürich, 1984. - 38 S.
Bibl. S. 35-37.

M-960 Henze-Döhring, Sabine: E. T. A. Hoffmann-"Kult" und "Don Giovanni"-Rezeption in Paris des 19. Jahrhunderts: Castil-Blazes "Don Juan" im Théâtre de l'Académie Royale de Musique am 10. März 1834. - In: Mozart-Jahrbuch. - Kassel. 1984/85, S. 39-51.
Quellen u. Bibl. in 39 Fußnoten.

M-961 Heussner, Horst: Wolfgang Amadeus **Mozart**: "Idomeneo"; zur Wiener Aufführungstradition und Georg Friedrich Treitschkes Bearbeitung für Berlin. - In: Mozart-Jahrbuch. - Kassel. 1984/85, S. 175-187.
Bibl. in 58 Fußnoten.

M-962 Hortschansky, Klaus: Gegen Unwahrscheinlichkeit und Frivolität: die Bearbeitungen im 19. Jahrhundert. - In: Mozart, Wolfgang Amadeus: Così fan tutte: Texte, Materialien, Kommentare / hrsg. v. Attila Csampai u. Dietmar Holland. - Reinbeck, 1984, S. 205-224.
(rororo; 7823.)
Bibl. in 24 Fußnoten; Verz. d. eingesehenen Textbücher S. 223-224.

M-963 Kaiser, Joachim: Mein Name ist Sarastro: die Gestalten in **Mozart**s Meisteropern von Alfonso bis Zerlina. - 2. Aufl. - München, 1984. - 299 S.
S. 23-272: "Biographien" der Gestalten aus Mozarts Opern, geordnet nach dem Namensalphabet; Bibl. in 42 Anmerk. S. 275-276; S. 277-294: Heindl-Lau, Karin: Inhalt der Opern; S. 295-298: Steffen, Uwe: Register.

M-964 King, Alec Hyatt: A **Mozart** legacy: aspects of the British Library collections. - London, 1984. - 110 S.
S. 92-103: Verz. der in der British Library vorhandenen Manuskripte, Quellen, Autographen, Dokumente u. Bilder Mozarts; Index.

M-965 Kunze, Stefan: **Mozart**s Opern. - Stuttgart: Reclam, 1984. - 685 S., mit 175 Notenbeisp. u. 38 Abb.
Bibl. S. 676-679 u. in zahlr. Anmerk. S. 647-670; S. 671-675: Zeittafel mit Werkangaben; Namenreg.

M-966 Levin, Robert D.: **Mozart**s Bläserkonzertante KV Anh. 9/297B und ihre Rekonstruktionen im 19. und 20. Jahrhundert. - In: Mozart-Jahrbuch. - Kassel. 1984/85, S. 187-207.
Bibl. in 81 Fußnoten.

M-967 Mozart, Wolfgang Amadeus: Così fan tutte: Texte, Materialien, Kommentare / hrsg. v. Attila Csampai und Dietmar Holland. - Reinbek, 1984. - 312 S.
(rororo; 7823.)
S. 296-299: Zeittafel mit Werkhinweisen; S. 299-302: Bibl. (Auswahl z. Thema "Così fan tutte"); S. 311-312: Discographie d. Gesamtaufnahmen.

M-968 Mozart, Wolfgang Amadeus: Die Zauberflöte / Max Slevogts Randzeichnungen zu **Mozart**s Handschrift; mit dem Text von Emanuel Schikander; hrsg. v. Friedrich Dieckmann. - Berlin, 1984. - 359 S.
Bibl. in zahlr. Anmerk. S. 341-353.

M-969 Niemetschek, Franz Xaver: Ich kannte **Mozart**: Leben des k. k. Kapellmeisters Wolfgang Gottlieb Mozart, nach Originalquellen beschrieben. (Die einzige Mozart-Biographie von einem Augenzeugen.) / hrsg. und kommentiert von Jost Perfahl. - (Typographisch originalgetreue Wiedergabe des Erstdrucks von 1798 ...) - München: Bibliothek zeitgenössischer Literatur; Himberg: Wiener Verlag, 1984. - VIII, 110 S.
Bibl. S. 105-110 u. in 86 Anmerk. S. 95-104.

M-970 Perry-Camp, Jane: Divers marks in Mozart's autograph manuscripts: census and significance. - In: Mozart-Jahrbuch. - Kassel. 1984/85, S. 80-108.
20 tabellarische Aufstellungen der Zeichen S. 89-108.

M-971 Reijen, Paul van: Einige Gedanken zur bibliographischen Problematik des Köchel-Verzeichnisses. - In: Mozart-Jahrbuch. - Kassel. 1984/85, S. 115-124.
Bibl. in 30 Fußnoten u. im Text.

M-972 Schuler, Manfred: Franz Anton Mesmer und Mozart. - In: Acta Mozartiana. - Augsburg. 31. 1984, S. 76-82.
Bibl. in 37 Anmerk. S. 82.

M-973 Tyson, Alan: Notes on the composition of Mozart's "Così fan tutte". - In: Journal of the American Musicological Society. - Richmond. 37. 1984, S. 356-401.
Bibl. im Text u. in 33 Fußnoten.

M-974 Waissenberger, Robert: Mozart-Wohnung (Figarohaus) Wien 1, Domgasse 5 / Zusammenstellung: Robert Waissenberger; Text: Robert Waissenberger, Adelbert Schusser, Günter Dürigl; Erweiterung des 1953 von Heinz Schöny erstellten Kataloges. - Wien: Eigenverlag der Museen der Stadt Wien, 1984. - 32 S. 4 Bl.
[Frühere Ausg.]: 1981.
Ausstellungskatalog mit reichhalt. biobibliogr. Material: 108 Objekte.

M-975 Zaslaw, Neal: The "Lambach" Symphonies of Wolfgang and Leopold Mozart. - In: Music and civilization: essays in honor of Paul Henry Lang / ed. by Edmond Strainchamps and Maria Rika Maniates. - New York, London, 1984, S. 15-28.
Bibl. in 42 Fußnoten.

M-976 Ackermann, Peter: "Così fan tutte": zur Rezeption von Mozarts Oper in der Musikwissenschaft. - In: Mitteilungen der Internationalen Stiftung Mozarteum. - Salzburg. 33. 1985, H. 1-4, S. 17-24.
Bibl. S. 23-24 in 53 Anmerk.

M-977 Angermüller, Rudolph: Mozart im 19. Jahrhundert. - München, 1985. - 78 S.
Ausstellung der Internationalen Stiftung Mozarteum in Salzburg: Katalog mit biobibliogr. Material.

M-978 Angermüller, Rudolph: Zu den Kirchenmusik-Produktionen der k. k. Hofkapelle Wien 1820-1896: Mozart, Beethoven. - In: Kirchenmusikalisches Jahrbuch. - Köln. 69. 1985, S. 23-71.
Chronolog. Tabellen zu Aufführungen von Kirchenwerken Mozarts und Beethovens der Wiener Hofmusikkapelle S. 25-52; Daten u. Tabellen zu Mitgliedern und Komponisten der Hofmusikkapelle S. 52-71.

M-979 Born, Gunthard: Mozarts Musiksprache: Schlüssel zu Leben und Werk / mit e. Vorw. v. Wolfgang Plath. - München: Kindler, 1985. - 429 S., mit Noten.
Bibl. S. 414-417.

M-980 Duda, Gunther: Der Echtheitsstreit um Mozarts Totenmaske: Entstehung, Wiederauffindung, Nachweise und Gutachten. - Pähl, 1985. - 192 S.
S. 183-184: Mozarts Totenmaske im Schrifttum; Bibl. S. 185-186 u. in 23 Anmerk. S. 187; Namenregister.

M-981 Fellerer, Karl Gustav: Die Kirchenmusik W. A. Mozarts. - Laaber, 1985. - 239 S.
Reichhalt. Bibl. S. 207-227; Register der Kirchenmusik Mozarts S. 229-234; Personenregister.

M-982 Gruber, Gernot: Mozart und die Nachwelt / Hrsg.: Internationale Stiftung Mozarteum. - Salzburg, Wien: Residenz Verlag, 1985. - 319 S.
Bibl. in 292 Anmerk. S. 294-310; Namensreg.

M-983 Haberkamp, Gertraud: Die Mozart-Drucke bei "Günther & Böhme" in Hamburg: zu den Anfängen des Musikverlages von Johann August Böhme. - In: Festschrift Rudolf Elvers. - Tutzing, 1985, S. 229-251.

M-984 Intorno al Flauto Magico / mostra ideata da Giuliana Rovero. - Milano, 1985. - 160 S.
Ausstellungskatalog mit biobibliogr. Material u. Besitznachweisen S. 127-156.

M-985 Les Introuvables du chant Mozartien. - In: Avant scène opéra opérette. - Paris, 1985, Nr. 79/80, S. 37-85.
Diskographie.

M-986 Komorzynski, Egon: Mozarts "einsames" Begräbnis. - In: Wiener Figaro. - Wien. 51. 1985, Dez., S. 10-29.
Bibl. S. 27-29 in 31 Anmerk.

M-987 Kuckartz, Wilfried: Die Zauberflöte: Märchen und Mysterium. - Essen: Verlag Die Blaue Eule, 1985. - XII, 247 S.
(Pädagogik des Vorbilds; 2.)
Bibl. S. 245-247 u. in 45 Anmerk. S. 235-244.

M-988 Mercado, Mario Raymond: The evolution of Mozart's pianistic style. - Rochester: Univ. of Rochester Diss., 1985. - VII, 396 S.
Bibl. S. 383-391; Index der Klavierwerke Mozarts S. 392-396.

M-989 Mozart, Wolfgang Amadeus: The six "Haydn" string quartets: facs of the autogr. manuscr. in the British Library / with an introduction by Alan Tyson. - London, 1985. - XVI, 148 S.
(British Library music facsimiles; 4.)
Paper distribution in the autographs S. IX; Anmerk. zu den Autographen S. XII-XIII; Bibl. S. XVI.

M-990 Platoff, John: Music and drama in the "Opera buffa" finale: **Mozart** and his contemporaries in Vienna, 1781-1790. - Philadelphia: Univ. of Pennsylvania Diss., 1985. - XII, 462 S.
Verz. der Primärquellen S. 446-451 (mit Besitznachweisen); Bibl. S. 452-455; Index.

M-991 Schuler, Heinz: Zur Dedidaktionsträgerin von **Mozart**s "Lützow-Konzert" KV 246. - In: Mitteilungen der Internationalen Stiftung Mozarteum. - Salzburg. 33. 1985, H. 1-4, S. 1-10.
Quellen u. biobibliogr. Material im Text u. in 50 Fußnoten.

M-992 Sponheuer, Bernd: Zum Problem des doppelten Finales in **Mozart**s "erstem" Klavierkonzert KV 175: zwei Versuche der Synthetisierung von "Gelehrtem" und "Galentem". - In: Archiv für Musikwissenschaft. - Stuttgart. 42. 1985, S. 102-120.
Bibl. in 106 Fußnoten.

M-993 Valentin, Erich: Mozart: Weg und Welt. - München, 1985. - 256 S.
Bibl. S. 244-245; Zeittafel mit Werkangaben u. Hinweisen auf Musik-, Literatur- und Theatergeschichte S. 246-253; Namenregister.

M-994 Weikl, Rudolf: Zur Instrumentation in **Mozart**s Klavierkonzerten. - Salzburg: Univ. Diss., 1985. - 206 Bl., mit Noten.
Bibl. Bl. 194-206.

M-995 Whitlock, Prentice Earle: The Analysis, development of form, and interpretation of the epistle sonatas of Wolfgang Amadeus **Mozart**. - New York: New York Univ. Diss., 1985. - X, 249 S.
Bibl. S. 244-249.

M-996 Wolfgang Amadeus **Mozart** / sous la dir. de Jean-François Labie. - Nouv. éd. - Paris: Chêne, 1985. - 298 S.
(Génies et réalités.)
Diskographie S. 271-292; Bibl. S. 293.

M-997 Angermüller, Rudolph: Mozartiana aus der Sammlung Hans Wertitsch. - In: Mitteilungen der Internationalen Stiftung Mozarteum. - Salzburg. 34. 1986, H.1/4, S. 65-92.
Verz. im Text; Bibl. in 37 Fußnoten.

M-998 Braunbehrens, Volkmar: Mozart in Wien. - München, Zürich, 1986. - 508 S.
Quellen u. Bibl. S. 479-491 u. in zahlr. Anmerk. S. 453-478; Personenreg.

M-999 Carr, Francis: Mozart und Constanze / aus dem Englischen übers. und hrsg. v. Dietrich Klose. - Stuttgart, 1986. - 266 S.
(Universal-Bibliothek; 8280[3].)
Bibl. S. 253-255; Reg.

M-1000 Eisen, Cliff: Contributions to a new **Mozart** documentary biography. - In: Journal of the American Musicological Society. - Richmond. 39. 1986, S. 615-632.
Reichhaltige Bibl. in 70 Fußnoten.

M-1001 Eisen, Cliff: The symphonies of Leopold **Mozart** and their relationship to the early symphonies of Wolfgang Amadeus Mozart: a bibliographical and stylistic study. - Ithaca, NY: Cornell Univ. Diss., 1986. - 366 S.
Quellen u. Bibl. S. 357-366, im Text u. in Fußnoten.

M-1002 Freyhan, Michael: Toward the original text of **Mozart**'s "Die Zauberflöte". - In: Journal of the American Musicological Society. - Richmond. 39. 1986, S. 355-380.
Betrifft auch Emanuel Schikaneder; Bibl. in 42 Fußnoten.

M-1003 Gärtner, Heinz: Mozarts Requiem und die Geschäfte der Constanze M. - München, Wien: Langen-Müller, 1986. - 319 S.
S. 292-296: Zeittafel; Quellen u. Bibl. S. 308-312 u. in 126 Anmerk. S. 297-307; S. 313-315: Zur Zeit im Handel erhältliche Einspielungen des Requiem auf Schallplatten u. Musikkassetten; Register.

M-1004 Haberkamp, Gertraut: Die Erstdrucke der Werke von Wolfgang Amadeus **Mozart**: Bibliographie. - Tutzing, 1986. - Bd 1-2.
1. Textband. - 495 S.
Sehr ausführl. u. genauer, kommentierter Katalog mit bibliogr. Material u. Standortnachweisen; S. 419-425: Die beschriebenen Erstausgaben in chronolog. Folge; S. 426-427: Verz. der nach 1805 erschienenen Erstausgaben bis zum Beginn der Alten Mozart-Gesamtausgabe, 1877; S. 428-430: Verz. nach Opuszahlen; S. 431-435: Verlegerregister; Bibl. S. 436-444; S. 445-464: Verz. aller vorkommenden Nummern des Köchel-Verzeichnisses; S. 465-482: Register der Titel u. Textanfänge; S. 483-495: Namenregister.
2. Bildband. - 388 S..
(Musikbibliographische Arbeiten; 10.)

M-1005 Hankla, Jesse R.: Mozart's four-hand piano sonatas with a theoretical and performance analysis of K.358 in B flat major and K.497. - Norman: Univ. of Oklahoma Diss., 1986. - XII, 144 S.
Bibl. S. 119-124; Verz. der Erstausgaben S. 125; Diskographie S. 126-127.

M-1006 Henze-Döhring, Sabina: Opera seria, Opera buffa und **Mozart**s "Don Giovanni": zur Gattungskonvergenz in der italienischen Oper des 18. Jahrhunderts. - Laaber, 1986. - VIII, 274 S.
(Analecta musicologica; 24.)
Verz. der Opern S. 261-266; Verz. der Libretti S. 267; Bibl. S. 268-274 u. in 326 Fußnoten.

M-1007 Hunkemöller, Jürgen: Bartók und Mozart. - In: Archiv für Musikwissenschaft. - Stuttgart. 43. 1986, S. 261-277.
Bibl. in 67 Fußnoten.

M-1008 Kerr, David Wallis: A performance edition of W. A. Mozart's "Eine kleine Nachtmusik", K.525 .... - Greeley, Col.: Univ. of Northern Colorado Diss., 1986. - VIII, 125 S.
Bibl. S. 117-125.

M-1009 Kreutzer, Hans Joachim: Proteus Mozart: die Opern Mozarts in der Auffassung des 19. Jahrhunderts. - In: Deutsche Vierteljahrsschrift für Literatur und Geistesgeschichte. - Stuttgart. 60. 1986, S. 1-23.
Bibl. in 61 Fußnoten. - Auch in: Mozart-Jahrbuch. - Kassel. 1986, S. 11-24.

M-1010 Kreyszig, Walter Kurt: Das Jeffery-Fragment der University of Western Ontario in London, Kanada: zur Wiederauffindung eines Teiles des Autographs von Wolfgang Amadeus Mozarts Rondo für Klavier und Orchester in A-Dur, KV 386. - In: Mozart-Jahrbuch. - Kassel. 1986, S. 142-171.
Bibl. in 107 Fußnoten; Chronologie des Mozart-Autographs KV 386 im Überblick S. 156; Bibl. dazu in 31 Anmerk. S. 157.

M-1011 Kupferberg, Herbert: Amadeus: a Mozart mosaic. - New York, 1986. - XIII, 271 S.
S. 247-255: Zeittafel (zugleich Werkverz.); Index.

M-1012 Mozart, Wolfgang Amadeus: The Violin Concerti: a facsimile editions of the autographs / ed. and with an introduction by Gabriel Banat. - New York, 1986. - 29 S. Text + Faks.
Bibl. S. 29; Mozart and the violin S. 7-18; Bibl. in 58 Fußnoten; Introduction to the autographs S. 19-28; Bibl. in 29 Fußnoten.

M-1013 Neumann, Frederick: Ornamentation and improvisation in Mozart. - Princeton, 1986. - 301 S.
Konkordanz der Köchel-Nummern S. 282-288; Bibl. S. 289-292; Werk-, Namen- u. Sachregister.

M-1014 Osborne, Charles: The complete operas of Mozart: a critical guide. - London, 1986. - 349 S.
Chronolog. Behandlung der Mozart-Opern; Bibl. S. 341 u. in Fußnoten; Index.

M-1015 Publig, Maria: Die Bühnenbilder zu den Mozart-Opern an der k. k. Wiener Hofoper bzw. Staatsoper von der Eröffnung bis zur Gegenwart: ein Beitrag zur Bühnenbildgeschichte des 19. und 20. Jahrhunderts. - Wien: Univ. Diss., 1986. - IV, 451 Bl.
Beschreibung der Bühnenbilder Bl. 86-342; Besetzungslisten Bl. 360-416; Ikonographie Bl. 417-439; Bibl. Bl. 440-451 u. in zahlr. Fußnoten.

M-1016 Schuler, Heinz: Mozart und die Colloredos: genealogische Miszellen. - In: Mitteilungen der Internationalen Stiftung Mozarteum Salzburg. - 34. 1986, H. 1-4, S. 18-30.
Quellen u. biobibliogr. u. genealog. Material im Text u. in 52 Fußnoten.

M-1017 Slatner, Alfred: Geschichte der Entstehung des Mozarthauses in Salzburg. - Salzburg: Univ. Diplomarb., 1986. - 194 Bl., Illustr.
Bibl. Bl. 188-193.

M-1018 Wolff, Christoph: Mozart 1784: Biographische und stilgeschichtliche Überlegungen. - In: Mozart-Jahrbuch. - Kassel. 1986, S. 1-10.
Bibl. in 38 Fußnoten.

M-1019 Angermüller, Rudolph: Daten zu Mozarts "La Finta giardiniera". - In: Internationale Stiftung Mozarteum: Mozartwoche; Programm. - 1987, S. 136-146.
Zeittafel 1773-1981; biobibliogr. Material, Aufführungen, Darsteller, Bearbeitungen usw.

M-1020 Angermüller, Rudolph: Don Juan: Ausstellung ...; Verzeichnis der Ausstellungsstücke. / Rudolph Angermüller; Geneviève Geffray. - Salzburg, 1987. - 18 Bl.
304 Objekte mit biobibliogr. Material.

M-1021 Angermüller, Rudolph: Wolfgang Amadeus Mozart: Wanderausstellung der Internationalen Stiftung Mozarteum. - Klagenfurt: Landesmuseum für Kärnten, 1987. - 57 S.
S. 13-17: Zeittafel; S. 18-57: Ausstellungskatalog mit biobibliogr. Material: 306 Objekte.

M-1022 Autexier, Philippe A.: Mozart. - Paris, 1987. - 212 S.
(Musichamp l'essentiel; 3.)
S. 11-88: Genaue ausführliche Zeittafel; S. 89-134: Beschreibung der Werke; S. 135-187: Alphab. "Mozart-Wörterbuch"; Bibl. S. 189-191; Werk- u. Namenregister.

M-1023 Bauman, Thomas: W. A. Mozart: Die Entführung aus dem Serail. - Cambridge, 1987. - XIII, 141 S.
(Cambridge opera handbooks.)
Bibl. S. 130-134 u. in zahlr. Anmerk. S. 123-129; Diskographie S. 135-137; Index.

M-1024 Blomhert, Bastiaan: The Harmoniemusik of "Die Entführung aus dem Serail" by Wolfgang Amadeus Mozart. - Utrecht: Rijksuniv. Diss., 1987. - 432 S.
Bibl. S. 413-418 u. in 409 Anmerk. S. 383-410.

M-1025 Carter, Tim: W. A. Mozart: Le Nozze di Figaro. - Cambridge, 1987. - XII, 179 S.
(Cambridge Opera handbooks.)
Bibl. S. 163-167 u. in zahlr. Anmerk. S. 148-162; S. 168-173: Diskographie; Index.

M-1026 Flothuis, Marius: Wolfgang Amadeus **Mozart**: Streichquintett G-Moll, KV 516. - München, 1987. - 56 S.
(Meisterwerke der Musik; 44.)
Quellen, Ausgaben, Bibl. S. 54-56.

M-1027 Fuhrmann, Roderich: Tendenzen moderner **Mozart**-Rezeption in Film und Theater, unter anderem: Fallstudie zum "Amadeus"-Film. - In: Mitteilungen der Internationalen Stiftung Mozarteum. - Salzburg. 35. 1987, H. 1/4, S. 127-139.
Bibl. S. 139 u. in 42 Fußnoten.

M-1028 Gajdamovic, Tat'jana: Fortepiannye trio Mocarta: kommentarii, sovety ispolniteljam. - Moskva: "Muzyka", 1987. - 70 S., Notenbeisp.
[In kyrill. Schrift.].
(Vosprosy istorii, teorii, metodiki.)
Bibl. in Fußnoten.

M-1029 Geschichten um **Mozart**: Erinnerungen und Fiktionen / hrsg. mit Einf., Zeittafel u. Kommentar v. Jost Perfahl. - München, 1987. - 158 S.
S. 143-150: Zeittafel (ausführl. mit Werkhinweisen); Bibl. S. 155 u. in 142 Anmerk. S. 151-154 sowie im Text; S. 156-158: Nachweis der Texte.

M-1030 Gleich, Clemens von: Die frühesten Quellen zur Temponahme bei **Mozart**. - In: Mitteilungen der Internationalen Stiftung Mozarteum. - Salzburg. 35. 1987, H. 1/4, S. 106-114.
Bibl. in 23 Fußnoten.

M-1031 Hilmera, Jirí: The Theatre of **Mozart**'s Don Giovanni. - In: Mozart's Don Giovanni in Prague. - Prag, 1987, S. 11-92.
Bibl. in 64 Fußnoten.

M-1032 Koubská, Vlasta: Table of selected productions of Don Giovanni at Prague theatres. - In: Mozart's Don Giovanni in Prague. - Prague, 1987, S. 161-185.
Datum, Theater, Dirigent, Regisseur, Bühnenbildner, Choreograph, Rollen, Kommentar; tabellarische Zusammenstellung für 1787-1984.

M-1033 Krones, Hartmut: Ein französisches Vorbild für **Mozart**s "Requiem": die "Messe des Morts" von François-Joseph Gossec. - In: Österreichische Musikzeitschrift. - Wien. 42. 1987, S. 2-17.
Bibl. in 46 Anmerk. S. 15-17.

M-1034 Mozart, Wolfgang Amadeus: Briefe / ausgew. und hrsg. v. Stefan Kunze. - Stuttgart, 1987. - 447 S.
(Universal-Bibliothek; 8430/6.)
Bibl. S. 444-445 u. in zahlr. Fußnoten; Zeittafel S. 439-443.

M-1035 Mozart, Wolfgang Amadeus: The late chamber works for strings: Facsimile of the autograph manuscripts in the British Library. - London, 1987. - 154 S.
(British Library Music Facsimiles; 5.)
Bibl. S. 10, 14 u. 16; S. 15: Übersicht über die Wasserzeichen.

M-1036 Mozart-Bibliographie: 1981-1985 / zusammengestellt von Rudolph Angermüller und Otto Schneider. - Kassel, 1987. - 121 S.
1532 Titel nach dem Autorenalphabet geordnet; Register: Personen, Orte, Sachgebiete, Werke mit Köchel-Nummern; mit Nachträgen bis 1980.

M-1037 Neumayr, Anton: Musik und Medizin: am Beispiel der Wiener Klassik. - Wien: Jugend & Volk, Edition Wien, 1987. - 254 S.
Bibl. zum Kapitel "W. A. Mozart" S. 244-245.

M-1038 Ptácková, Vera: Scenography of **Mozart**'s Don Giovanni in Prague. - In: Mozart's Don Giovanni in Prague. - Prague, 1987, S. 93-160.
Bibl. in 57 Fußnoten.

M-1039 Riggs, Robert Daniel: Articulation in **Mozart**'s and Beethoven's sonatas for piano and violin: source-critical and analytic studies. - Cambridge, Mass.: Harvard Univ. Diss., 1987. - VI, 447 S.
Mozart's sonatas for piano and violin: chronology and catalog of autograph scores S. 418-423; Beethoven's sonatas for piano and violin: chronology and catalog of autograph scores S. 424-428; Chronological bibliography of instrumental treatises (ca 1750-1840) S. 429-434; Bibl. S. 435-447.

M-1040 Schrey, Dietlinde: Die Inszenierungen von **Mozart**s "Idomeneo", "Die Entführung aus dem Serail", "Le nozze di Figaro", "Don Giovanni", "Cosi fan tutte" und "Die Zauberflöte" bei den Salzburger Festspielen ab 1962: unter besonderer Berücksichtigung der Reaktionen der Presse des deutschsprachigen Raumes. - Wien: Univ. Dipl.-Arb., 1987. - IV, 212 Bl.
Bibl. Bl. 208-212 u. im Text.

M-1041 Schuler, Manfred: Mozarts "Don Giovanni" in Donaueschingen. - In: Mitteilungen der Internationalen Stiftung Mozarteum. - Salzburg. 35. 1987, H. 1-4, S. 63-72.
Quellen u. Bibl. in 58 Fußnoten.

M-1042 Spaethling, Robert: Music and **Mozart** in the life of Goethe. - Columbia, 1987. - 254 S.
(Studies in German literature, linguistics and culture; 27.)
Bibl. S. 232-248 u. in zahlr. Fußnoten; Index.

M-1043 Tepping, Susan E.: Fugue process and tonal structure in the string quartets of Haydn, **Mozart**, and Beethoven. - [Indianapolis:] Indiana Univ. Diss., 1987. - 445 S.
Bibl. S. 439-445.

M-1044 Tyson, Alan: **Mozart**: studies of the autograph scores. - Cambridge, Mass., London, 1987. - X, 381 S.
Bibl. S. 329-363 in zahlr. Anmerk. u. im Text; Gesamt- u. Werkregister.

M-1045 Vogel, Martin: **Mozart**s Aufstieg und Fall. - Bonn, 1987. - 372 S.
(Musiktheater; 4.) (Orpheus; 47.)
Bibl. S. 359-363: 111 Titel; reichhalt. biobibliogr. Material auch im Text; Personenregister S. 364-370; Sachregister.

M-1046 Volek, Tomislav: **Mozart**uv Don Giovanni: vystava k 200. vyroci svetové premiery v Praze, 177-1987 / Pripr. Tomislav Volek a Jitrenka Peskova; Mozart's Don Giovanni; Don Zuan Mocarta; Mozarts Don Giovanni. - Praha: Státní Knihovna CSR, 1987. - 165 S. [Ant. u. Russ.] - Text: tschech., engl., russ. u. deutsch.
Ausstellungskatalog S. 22-143; Bibl. im Text u. S. 160-163.

M-1047 Wege zu **Mozart**: Don Giovanni / hrsg. von Herbert Zeman. - (... Ergebnisse des ... Internationalen Symposion "Don Giovanni - künstlerische Interpretation und kulturgeschichtliche Deutung" ... am 6. und 7. Jän. 1987 im Brahms-Saal des Wiener Musikvereins ...) - Wien: Hölder-Pichler-Tempsky, 1987. - 192 S.
(Herbert von Karajan-Stiftung, Ludwig Boltzmann-Institut für Österreichische Literaturforschung; 1.)
Bibl. bei den einzelnen Beiträgen; Diskographie der Gesamtaufnahmen / zusammengest. von Paul Treu u. Robert Werba S. 186-189; Personenregister.

M-1048 Zeileis, Friedrich Georg: Bemerkungen zur Quellenlage von **Mozart**s Klavierkonzert B-Dur KV 456. - In: Biblos. - Wien. 36. 1987, S. 179-186.
Quellen u. Bibl. im Text u. in 15 Fußnoten.

M-1049 Angermüller, Rudolph: Amadeus pro/contra: Wiener Musikleben zur Zeit **Mozart**s und Salieris; Ausstellung ...; Verzeichnis der Ausstellungsstücke. / Rudolph Angermüller; Geneviève Geffray. - Salzburg, 1988. - 13 Bl.
195 Objekte mit biobibliogr. Material.

M-1050 Angermüller, Rudolph: Ludwig Anton Siebigks (1775-1807) **Mozart**-Biographie (Breslau 1801). - In: Mitteilungen der Internationalen Stiftung Mozarteum. - Salzburg. 36. 1988, H.1/4, S. 57-87.
Verz. der Kompositionen Mozarts nach Siebigk S. 58-65; Bibl. in 179 Fußnoten.

M-1051 Angermüller, Rudolph: **Mozart**: die Opern von der Uraufführung bis heute. - Zürich, 1988. - 296 S.
Chronolog. Behandlung der Opern mit Entstehungs- u. Aufführungsgeschichte; Bibl. S. 276-281; Register.

M-1052 Angermüller, Rudolph: **Mozart**-Autographe im Besitz der Internationalen Stiftung Mozarteum Salzburg. - In: Collectanea Mozartiana / hrsg. zum 75jährigen Bestehen der Mozartgemeinde Wien. - Tutzing, 1988, S. 165-176.
Verz. nach Koechel-Nummern.

M-1053 Beck, Ottmar F. W.: **Mozart** im Film: Bericht und Anregung. - In: Acta Mozartiana. - Augsburg. 35. 1988, S. 12-17.
Bibl. S. 17 in 21 Anmerk.

M-1054 Biba, Otto: Musikautographe von W. A. **Mozart** im Archiv der Gesellschaft der Musikfreunde in Wien. - In: Collectanea Mozartiana / hrsg. zum 75jährigen Bestehen der Mozartgemeinde Wien. - Tutzing, 1988, S. 193-200.
Kommentiertes Verz.

M-1055 Brosche, Günter: Die Originalhandschriften Wolfgang Amadeus **Mozart**s in der Österreichischen Nationalbibliothek. - In: Collectanea Mozartiana / hrsg. zum 75jährigen Bestehen der Mozartgemeinde Wien. - Tutzing, 1988, S. 177-188.
S. 180-184: Verz. d. Hss. mit Standorten u. Ang. zur Erwerbung; Bibl. S. 188 in 11 Anmerk.

M-1056 Catalogo tematico (incipit) delle opere di W. A. **Mozart**: (Köchel 1-626) / a cura di Umberto Balestrini. - Milano, 1988. - 106 S.
Thematischer Katalog nach Köchel-Nummern.

M-1057 Collectanea **Mozart**iana / hrsg. zum 75jährigen Bestehen der Mozartgemeinde Wien. - Tutzing, 1988. - 208 S.
Enth. mehrere Einzelbeiträge vorwiegend über Originalhandschriften in Wiener Sammlungen mit biobibliogr. Material.

M-1058 Fuhrmann, Roderich: Wie feierte **Mozart** die Weihnachtszeit? - In: Acta Mozartiana. - Augsburg. 35. 1988, S. 72-79.
Zeittafel über Mozarts Weihnachtsfeste mit biobibliogr. Material.

M-1059 Gagné, David W.: Performance medium as a compositional determinant: a study of select works in three genres by **Mozart**. - New York: City Univ. of New York Diss., 1988. - Vol. 1-2: VIII, 642 S.
Bibl. S. 344-352.

M-1060 Harrison, Michaelle Tramel: A performer's approach to adapting the mechanical clock pieces of Wolfgang Amadeus **Mozart** for organ. - Tuscaloosa, Alabama: Univ. of Alabama Diss., 1988. - 52 S.
Verz. der Orgelwerke Mozarts S. 36-38; Bibl. S. 42-44, 50-51; Diskographie S. 52.

M-1061 Hay, Beverly: Types of soprano voices intended in the Da Ponte Operas of **Mozart**. - Indianapolis: Indiana Univ. Diss., 1988. - XI, 109 Bl.
Bibl. Bl. 105-109 u. in zahlr. Fußnoten.

M-1062 Hilmar, Ernst: Einige bemerkenswerte **Mozart**iana in der Wiener Stadt- und Landesbibliothek. - In: Collectanea Mozartiana / hrsg. zum 75jährigen Bestehen der Mozartgemeinde Wien. - Tutzing, 1988, S. 189-192.
Bibl. im Text.

M-1063 Hime, Douglas D.: W. A. **Mozart**'s sonatas for solo clavier: recent developments in chronology, transmission, and biographic context. - Pittsburgh: Univ. of Pittsburgh Diss., 1988. - 260 S.
Chronologie der Sonaten S. 226-230; Verz. der Autographen (mit Besitznachweisen) S. 231-235; Bibl. S. 244-260.

M-1064 Irmen, Hans-Josef: Mozart: Mitglied geheimer Gesellschaften. - Zülpich, 1988. - 360 S.
Bibl. in zahlr. Fußnoten; Personenreg.

M-1065 Kinosian, Craig Kasper: Beaumarchais, **Mozart** and Figaro. - Los Angeles: Univ. of California Diss., 1988. - VIII, 223 S.
Bibl. S. 215-223.

M-1066 Knotik, Cornelia: Amadeus - die Popularisierung eines Komponisten? - In: Collectanea Mozartiana / hrsg. zum 75jährigen Bestehen der Mozartgemeinde Wien. - Tutzing, 1988, S. 73-85.
Bibl. S. 83-85 in 33 Anmerk.

M-1067 Kunze, Stefan: Wolfgang Amadeus **Mozart**: Sinfonie in C-Dur KV 551, Jupiter Sinfonie. - München, 1988. - 138 S.
(Meisterwerke der Musik; 50.)
S. 129-133: Dokumente; Bibl. S. 136-137 u. in 18 Anmerk. S. 134-135.

M-1068 Landon, Howard Chandler Robbins: 1791: **Mozart**'s last year. - London, 1988. - 240 S.
S. 209: Dance music for the Viennese Court; S. 209: Dance music published by Artaria & Co; Bibl. S. 229 u. in zahlr. Anmerk. S. 214-229; Index.

M-1069 Landon, Howard Chandler Robbins: 1791: **Mozart**s letztes Jahr. - Düsseldorf, 1988. - 288 S.
S. 257: Tanzmusik für den Wiener Hof; S. 257: Tanzmusik im Verlag Artaria & Co.; Bibl. in zahlr Anmerk. S. 262-282; Personen- u. Sachreg.

M-1070 Levin, Robert D.: Who wrote the **Mozart** Four-Wind Concertante. - Stuyvesant, NY, 1988. - XVIII, 472 S.
Bibl. S. 433-448, im Text u. in zahlr. Fußnoten; Index.

M-1071 Marty, Jean-Pierre: The Tempo indications of **Mozart**. - New Haven, London, 1988. - XV, 230 S., S. 1-112 Noten, S. 231-238.
S. 1-112: Incipit-Katalog d. Werke Mozarts; Anmerk. dazu S. 231-238; Bibl. S. 221-223; Index.

M-1072 Maunder, Richard: Mozart's Requiem: on preparing a new edition. - Oxford, 1988. - 227 S.
Bibl. S. 219-221 u. in zahlr. Anmerk. S. 203-218; S. 223-224: Index of works by Mozart quoted; S. 225-227: general index.

M-1073 Mila, Massimo: Lettura del Don Giovanni di **Mozart**. - Torino, 1988. - 264 S.
(Piccola Biblioteca Einaudi; 494.)
Bibl. S. 259-264.

M-1074 Mozart, Wolfgang Amadeus: Briefe: Auswahl und Nachwort von Horst Wandrey. / Wolfgang Amadeus Mozart; Horst Wandrey. - Zürich, 1988. - 442 S.
(Diogenes-Taschenbuch; 21610.)
Erläuterungen u. biobibliograph. Material in 130 Anmerk. S. 423-435.

M-1075 Mozart, Wolfgang Amadeus: Idomeneo: Texte, Materialien, Kommentare / hrsg. v. Attila Csampai und Dietmar Holland. - Reinbeck: Rowohlt, 1988. - 281 S.
(rororo Opernbücher; 8405.)
S. 119-268: Dokumentation, Materialien zur Rezeption und Aufführungen; S. 269-271: Zeittafel; Bibl. S. 272-274; S. 279-280: Diskographie der Gesamtaufnahmen.

M-1076 Oehl, Kurt Helmut: Die eingeschobenen Dialogszenen in **Mozart**s "Don Juan" im 18./19. Jahrhundert. - In: Florilegium Musicologicum: Hellmut Federhofer z. 75. Geburtstag / hrsg. v. Christoph-Hellmut Mahling. - Tutzing 1988, S. 247-266.
(Mainzer Studien zur Musikwissenschaft; 21.)
Quellen u. Bibl. in 54 Fußnoten.

M-1077 Plath, Wolfgang: Ein Gutachten Otto Jahns über die Andrésche **Mozart**-Sammlung. - In: Augsburger Jahrbuch für Musikwissenschaft. - Tutzing. 5. 1988, S. 83-101.
Bibl. im Text u. in 15 Fußnoten.

M-1078 Reijen, Paul Willem van: Vergleichende Studien zur Klaviervariationstechnik von **Mozart** und seinen Zeitgenossen. - Buren, 1988. - XV, 261 S.
(Keyboard studies; 8.)
Zur Forschungslage über Mozarts Klaviervariationen S. 1-11; Bibl. S. 248-255 u. in 550 Fußnoten; Namenregister.

M-1079 Schuler, Heinz: "**Mozart** von der Wohltätigkeit": die Mitglieder der gerechten und vollkommenen St. Johannis-Freimaurer-Loge "Zur Wohltätigkeit" im Orient von Wien. - In: Mitteilungen der Internationalen Stiftung Mozarteum. - Salzburg. - 36. 1988, H. 1-4, S. 1-56.
Quellen u. Bibl. S. 52-54 u. in 162 Fußnoten; Biogramme der Logenmitglieder S. 20-47.

M-1080 Schuler, Heinz: Zur Rezeption **Mozart**scher Bühnenwerke im 18. Jahrhundert: Werke und Erstinterpreten, Librettisten und sonstige Mitwirkende in Dokumenten und Silhouetten. - In: Genealogisches Jahrbuch. - Neustadt a. d. Aisch. 28/29. 1988/89, S. 63-212.
Verzeichnis der Bühnenwerke Mozarts S. 69-122 (mit bibliogr. Material); Verz. der Konzertarien und Einlagen in fremde Opernwerke, Duette und sonstige Ensembles mit Orchesterbegleitung nach der 1. Aufl. des Köchel-Verzeichnisses S. 123-129; Porträtsilhouetten im Personalalphabet mit biobibliogr. Material S. 131-203; Register S. 204-206; Bibl. S. 207-212.

M-1081 Schuler, Manfred: Die Aufführung von **Mo**zarts "Le Nozze di Figaro" in Donaueschingen 1787: ein Beitrag zur Rezeptionsgeschichte. - In: Archiv für Musikwissenschaft. - Stuttgart. 45. 1988, S. 111-131.
Quellen u. Bibl. in 96 Fußnoten.

M-1082 Schuler, Manfred: Das Donaueschinger Aufführungsmaterial von **Mozart**s "Le Nozze di Figaro". - In: Florilegium Musicologicum: Hellmut Federhofer z. 75. Geburtstag / hrsg. v. Christoph-Hellmut Mahling. - Tutzing 1988, S. 375-388.
(Mainzer Studien zur Musikwissenschaft; 21.)
Quellen u. Bibl. in 68 Fußnoten.

M-1083 Schwarzbauer, Michaela: Die Nachterfahrung in Wolfgang Amadeus **Mozart**s Zauberflöte und die Erfahrungswelt 10 bis 13jähriger Schüler: zur rezeptionsästhetischen und rezeptionsdidaktischen Aufgabenstellung integrativer Musikpädagogik. - Salzburg: Hochschule für Musik und Darstellende Kunst "Mozarteum", Diss., 1988. - VII, 307 Bl., Illustr., Notenbeisp.
Bibl. Bl. 293-305.

M-1084 Siegert, Stefan: Mozart: die einzige Bilderbiographie. / Stefan Siegert; Niels Frédéric Hoffmann. - Hamburg, 1988. - 189 S.
Bibl. u. Diskographie in Anmerk. S. 175-183; Brief- und Zitatennachweis S. 184-185; Zeittafel zu Mozart mit Parallelhinweisen zu Musik, Literatur, Theater, Bildende Kunst, Geschichte, Naturwissenschaft S. 186-189.

M-1085 Steptoe, Andrew: The **Mozart**-Da Ponte operas: the cultural and musical background to "Le nozze di Figaro", "Don Giovanni", and "Cosi fan tutte". - Oxford, 1988. - X, 256 S.
Bibl. S. 263-268; Werkindex und Generalindex.

M-1086 Stockfelt, Ola: Musik som lyssnandets konst: en analys av W. A. **Mozart**s symfoni no. 40, g moll K.550. - Göteborg, 1988. - 239 S.
(Skrifter från Musikvetenskapliga Institutionen, Göteborg; 18.)
Bibl. S. 225-239 u. in zahlr. Anmerk. S. 184-205.

M-1087 Werba, Robert: Marginalien zur **Mozart**-Interpretation an der Wiener Hofoper in der Ära Gustav Mahlers. - In: Collectanea Mozartiana / hrsg. zum 75jährigen Bestehen der Mozartgemeinde Wien. - Tutzing, 1988, S. 149-157.
Bibl. S. 156-157 in 23 Anmerk.

M-1088 Angermüller, Rudolph: Vom Kaiser zum Sklaven: Personen in **Mozart**s Opern; mit bibliograph. Notizen über die Mozart-Sänger der Uraufführungen und Mozarts Librettisten. - Salzburg: Internationale Stiftung Mozarteum; München: Bayerische Vereinsbank, 1989. - 118 S., Illustr.
Bibl. S. 109-110; Register.

M-1089 Cavett-Dunsby, Esther: Mozart's variations reconsidered: four case studies (K.613, K.501 and the Finales of K.421 [417b] and K.491). - London, New York, 1989. - 323 S., 24 S. Noten.
(Outstanding dissertations in music from British Universities.)
Bibl. S. 309-320; S. 321-323: Verz. d. behandelten Werke.

M-1090 Davies, Peter J.: Mozart in person: his character and health. - New York, 1989. - XXVII, 272 S.
(Contributions to the study of music and dance; 14.)
S. XXI-XXVII: Zeittafel; Bibl. S. 239-247 u. in zahlr. Anmerk. S. 215-237; Werkindex, Generalindex.

M-1091 Fuhrmann, Roderich: "Frieselfieber und Aderlaß" im Spiegel der medizinischen Literatur zur Zeit **Mozart**s. - In: Mitteilungen der Internationalen Stiftung Mozarteum. - Salzburg. 37. 1989, H. 1/4, S. 83-136.
Bibl. S. 135-136: 49 Titel u. in 166 Fußnoten.

M-1092 Hastings, Baird: Wolfgang Amadeus **Mozart**: a guide to research. - New York, London, 1989. - XXI, 411 S.
(Garland Composer Resource Manuals; 910.)
S. 3-16: Zeittafel 1756-1956; S. 17-19: Register der von Mozart besuchten Städte; S. 19-25: Ikonographie; S. 27-42: Kompositionen, Editionen, Mozartiana, Quellen; S. 43-69: Musikquellen u. Mozartiana im Städtealphabet; S. 71-73: Mozarts Schriften; S. 75-203: Bibl. zu Leben u. Werk (Bibliogr. Material S. 19-203 umfaßt 1120 Titel); S. 205-352: Biogramme von Mozarts Zeitgenossen (alphabetisch); S. 353-357: Chronolog. Verz. v. Mozarts Schülern; S. 359-364: Alphab. Verz. d. Gönner u. Mäzene Mozarts; S. 365-373: Register der Personen in Mozarts Werken; S. 373-374: Register der Orte in Mozarts Werken; S. 375-388: Mozart-Gesellschaften u. -vereine (Ortsalphabet); S. 388-389: Mozart gewidmete Zeitschriften und Serien; S. 395-410: Register (Autoren, Herausgeber, Übersetzer, Namen, Werke).

M-1093 Hatting, Carsten E.: Anmerkungen zu Mozarts Biographie. - In: Mitteilungen der Internationalen Stiftung Mozarteum. - Salzburg. 37. 1989, H. 1/4, S. 137-160.
Bibl. in 63 Fußnoten.

M-1094 Internationale Stiftung Mozarteum, Salzburg: Geschichte, Gegenwart, Aufgaben der Zukunft / (Red.: Wolfgang Rehm.) - Ausg. 1989. - Salzburg: Internationale Stiftung Mozarteum, 1989. - 35 S.
Zeittafel zur Mozarteums- und Stiftungsgeschichte, Museen, Gedenkstätten, Veranstaltungen, Veröffentlichungen, Bibliotheks-, Archiv- und Arbeitsbericht.

M-1095 Landon, Howard Chandler Robbins: Mozart: the golden years, 1781-1791 / by H. C. Robbins Landon. - London: Thames & Hudson, 1989. - 271 S., Illustr.
Bibl. S. 246-247 u. in zahlr. Anmerk. S. 238-245; Index mit Werkregister.

M-1096 Mattern, Volker: Das Dramma giocoso "La Finta giardiniera": ein Vergleich der Vertonungen von Pasquale Anfossi und Wolfgang Amadeus Mozart. - Laaber, 1989. - 551 S.
(Neue Heidelberger Studien zur Musikwissenschaft; 13.)
Quellen u. Bibl. S. 547-551 u. in 524 Fußnoten.

M-1097 Mila, Massimo: Lettura del Flauto magico. - Torino, 1989. - 238 S.
(Piccola Biblioteca Einaudi; 517.)
Bibl. S. 213-216.

M-1098 Molteni, Angela: Wolfgang Amadeus Mozart. - (1. ed.) - Milano: Kaos ed., 1989. - 227 S., mit Faks. u. Noten.
(Classica; 2.)
Zeittafel S. 7-13; Werkverz. S. 197-211; Bibl. S. 219; Namenregister.

M-1099 Pestelli, Giorgio: La musique classique: l'époque de Mozart et de Beethoven. - Paris, 1989. - 352 S.
(Musique et musiciens.)
Bibl. S. 325-337 u. in Anmerk. S. 317-324; Index.

M-1100 Reijen, Paul van: Mozarts Grétry-Variationen: bibliographische und textkritische Anmerkungen zur Artaria-Ausgabe. - In: Acta Mozartiana. - Augsburg. 36. 1989, S. 27-35.
Bibl. im Text u. in 23 Anmerk. S. 35.

M-1101 Repertorio delle fonti sonore e audiovisive mozartiane esistenti in Italia: progetto Mozart .... - Roma: Istituto di Ricerca per il Teatro Musicale, 1989-1990. - 1-6.
Diskographie, Videographie, Filmographie zu Mozart-Beständen in Italien mit Besitznachweisen.

M-1102 Ritter, Wolfgang: Wurde Mozart ermordet? : eine psychographische Studie. - Frankfurt/M., 1989. - 223 S.
Stammtafel S. 201; Zeittafel S. 202-210; Bibl. S. 211-223.

M-1103 Schnepel, Julie: "A special study" of Mozart's hybrid masses. - In: Mozart-Jahrbuch. - Kassel. 1989/90, S. 55-72.
Bibl. in 37 Fußnoten; Tabellen S. 64-72.

M-1104 Schuler, Heinz: Die Mozart Loge "Zur neugekrönten Hoffnung" im Orient von Wien: eine Quellenstudie. - In: Mitteilungen der Internationalen Stiftung Mozarteum. - Salzburg. 37. 1989, H. 1-4, S. 1-44.
Quellen u. Bibl. S. 41-44 u. in 132 Fußnoten; Biogramme der Logenmitglieder S. 16-41.

M-1105 Schwindt-Gross, Nicole: Drama und Diskurs: zur Beziehung zwischen Satztechnik und motivischem Prozeß am Beispiel der durchbrochenen Arbeit in den Streichquartetten Mozarts und Haydns. - Laaber: Laaber-Verlag, 1989. - 265 S., mit Noten.
[Zugl.:] Heidelberg, Univ. Diss. 1985.
(Neue Heidelberger Studien zur Musikwissenschaft; 15.)
S. 242-243: Konkordanzen zum Köchel- und Hoboken-Verzeichnis; Bibl. S. 260-265 u. in 384 Anmerk. S. 245-259.

M-1106 Werner-Jensen, Arnold: Wolfgang Amadeus Mozart. - Stuttgart, 1989-1990. - Bd 1-2.
1. Instrumentalmusik. - 224 S.
Führer S. 31-208; Diskographie S. 209-232; Werkverz. S. 233-251; Bibl. S. 253-254.
2. Vokalmusik. - 339 S.
Führer S. 11-286; Diskographie S. 289-314; Werkverz. S. 315-325; Bibl. S. 337-339.
(Reclams Musikführer.)

M-1107 Wolfgang Amadeus Mozart. - In: Franken, Franz Hermann: Die Krankheiten großer Komponisten. - Wilhelmshaven: Noetzel. Bd 2. 1989, S. 13-68.
(Taschenbücher zur Musikwissenschaft; 105.)
Bibl. S. 67-68.

M-1108 Zaslaw, Neal: Mozart's symphonies: context, performance, practice, reception. - Oxford, 1989. - XXV, 617 S.
Incipitliste S. XVII-XIX; The Status of 98 symphonies attributed to W. A. Mozart S. 545-546; Concordance for various systems of numbering Mozart's symphonies S. 547-549; Bibl. S. 569-600: sehr umfangreich; General index S. 601-613; Index of Mozart's works S. 615-617.

M-1109 Angermüller, Rudolph: Mozart-Gedenkstätten in Salzburg. - In: Wolfgang Amadeus Mozart: 5. Dezember 1991: 200. Todestag. - Wien, 1990, S. 54-62.
Kurze Beschreibung der Gedenkstätten und deren Bestände.

M-1110 Autexier, Philippe A.: Don Giovanni: horizons mozartiens. - Paris, 1990. - 157 S.
Bibl. S. 133-138; Diskographie S. 139-145.

M-1111 Brauneis, Walther: Mozarts Begräbnis. - In: Historisches Museum der Stadt Wien: Zaubertöne: Mozart in Wien 1781-1791 / Ausstellung des Histor. Museums der Stadt Wien im Künstlerhaus, 6. Dez. 1990 - 15. Sept. 1991. - Wien, 1990, S. 542-547.
(Sonderausstellung des Historischen Museums der Stadt Wien; 139.)
Quellen u. Bibl. S. 546-547 in 30 Anmerk.

M-1112 Cantatore, Liliana: Donna Nannerl: autobiografia e musica nel Don Giovanni di **Mozart**. - Firenze, 1990. - 116 S.
(Collezione Basilea; Biografie; 6.)
Biobibliogr. Material im Text u. in Fußnoten.

M-1113 Carli Ballola, Giovanni: **Mozart**. / Giovanni Carli Ballola; Roberto Parenti. - Milano, 1990. - 907 S.
(La musica.)
Bibl. S. 797-810 u. in zahlr. Anmerk. S. 775-795; Werkverz. S. 811-896; Namenregister.

M-1114 Duregger, Nikolaus: Die Zauberflöte in Kritik und Literatur. - Innsbruck: Univ. Diss., 1990. - 319, 10, 14 Bl.
14 Bl. Bibl.

M-1115 Enns, Margaret R.: **Mozart**'s slow-fast rondo arias: a contribution to the study of aria types, 1770-1791. - Vancouver: Univ. of British Columbia Diss., 1990. - 240 S.
Bibl. S. 205-216; thematisches Verz. zu Mozarts "Rondo-Arien" S. 233-236; Diskographie S. 239-240.

M-1116 Gagelmann, Hartmut: **Mozart** hat nie gelebt ...: eine kritische Bilanz. - Freiburg, Basel, Wien, 1990. - 288 S.
Bibl. S. 286-288.

M-1117 Gruber, Gernot: **Mozart** verstehen: ein Versuch. - Salzburg, 1990. - 323 S.
Bibl. S. 308-317 in 306 Anmerk.; Namen- u. Werkregister.

M-1118 Haslinger, Paul: **Mozart**-Datenbank für das Jahr 1791: Modell einer Datenverwaltungsstrategie. - Wien: Univ. Diplomarb., 1990. - Bd 1-2.
1. Hauptband. - 370 Bl..
2. Lexikon. - 320 Bl..
Druckausgabe einer Datenbank zu Mozarts Leben und Wirken 1791 und zu relevanten zeitgenössischen Daten. Erfaßt wurden Daten aus den Standardwerken der Mozart-Literatur, aus zeitgenössischen Quellen und aus relevanten kulturhistorischen Werken.

M-1119 Heartz, Daniel: **Mozart**'s operas / ed., with contributing essays, by Thomas Bauman. - Berkeley, Los Angeles, Oxford, 1990. - XVI, 363 S.
Bibl. S. 342-351 u. in zahlr. Fußnoten; Werk- u. General-Index.

M-1120 Historisches Museum der Stadt Wien: Zaubertöne: **Mozart** in Wien 1781-1791 / Ausstellung des Historischen Museums der Stadt Wien im Künstlerhaus, 6. Dez. 1990 - 15. Sept. 1991. - Wien, 1990. - 614 S.
(Sonderausstellung des Historischen Museums der Stadt Wien; 139.)
Reichhaltiger Ausstellungskatalog mit Besitznachweisen, Beschreibungen u. biobibliogr. Material; Einzelbeiträge mit Bibl.

M-1121 Internationale Stiftung Mozarteum: **Mozart** in Art 1900-1990: Ausstellung der Internationalen Stiftung Mozarteum und der Bayerischen Vereinsbank München / Katalog: Hans-Dieter Mück. - Stuttgart, 1990. - 211 S.
Ausstellungskatalog: Werke von Malern und Bildhauern des 20. Jahrhunderts, die sich mit Mozart beschäftigen; mit Biographien der Künstler.

M-1122 Jones, David Wyn: Why did **Mozart** compose his last three symphonies? : some new hypotheses. - In: The Music Review. - Cambridge. 51. 1990, S. 280-289.
Verz. der Ausgaben bei Artaria S. 286-287; Bibl. in 27 Fußnoten.

M-1123 Kelsch, Wolfgang: Wolfgang Amadeus **Mozart**: Freimaurer-Musik. / Wolfgang Kelsch; Heinz Schuler. - Bayreuth, 1990. - 88 S.
Enth.:
S. 5-67: Kelsch, Wolfgang: Mozart und seine Zauberflöte.
Bibl. in zahlr. Fußnoten.
S. 79-88: Schuler, Heinz: Mozarts Freimaurermusik
Bibl. in 40 Anmerk. S. 86-88.
(Quellenkundliche Arbeit der Forschungsloge Quattuor Coronoti No. 808, Bayreuth; 27.)

M-1124 Kräftner, Johann: Dort finde ich **Mozart**. - In: Mozart. - Linz, 1990, S. 130-136.
(Parnass; Sonderh. 6.)
Verzeichnis österr. Mozartstätten.

M-1125 Kretschmer, Helmut: **Mozart**s Spuren in Wien. - Wien, 1990. - 146 S.
Führer zu Wiener Mozartstätten; Mozarts Wohnungen in Wien S. 140; Bibl. S. 141-142; Personenregister.

M-1126 Küster, Konrad: **Mozart**: eine musikalische Biographie. - Stuttgart, 1990. - 447 S.
Bibl. S. 431-432 u. in 414 Anmerk. S. 416-430; Werk- u. Personenregister.

M-1127 Landon, Howard Chandler Robbins: **Mozart**: die Wiener Jahre 1781-1791. - München, 1990. - 272 S.
Bibl. S. 239-246 in zahlr. Anmerk.; Auswahl neuerer Mozart-Literatur S. 247; Register, Werkregister.

M-1128 Landon, Howard Chandler Robbins [Hrsg.]: The **Mozart** compendium: a guide to Mozart's life and music / ed. by H. C. Robbins Landon. - London, 1990. - 452 S.
Zeittafel S. 11-33; Stammtafel S. 36-37; Personenverz. mit Biogrammen S. 40-55; Kommentiertes Werkverz. S. 237-355; Literaturbericht S. 404-420; Verz. der Werkausgaben S. 422-428; Bibl. S. 429-434; Index.

M-1129 Leeuwe, Hans de: Monostratos: zur Deutung einer Rolle in **Mozart**'s "Zauberflöte". - In: Mitteilungen der Internationalen Stiftung Mozarteum. - Salzburg. 38. 1990/91, S. 123-137.
Bibl. S. 133-137.

M-1130 London, Justin Marc: The interaction between Meter and Phrase beginnings and endings in the mature instrumental music of Haydn and **Mozart**. - Philadelphia: Univ. of Pennsylvania Diss., 1990. - XVII, 283 S.
Bibl. S. 272-283.

M-1131 Mann, Rosmarie: Wolfgang Amadeus **Mozart**: Triumph und frühes Ende; Biografie. - Berlin, 1990. - 392 S.
Zeittafel S. 382-388; Werkverz. S. 389-390; Bibl. S. 391.

M-1132 Minardi, Gian Paolo: I concerti per pianoforte e orchestra di **Mozart**. - Pordenone, 1990. - XVIII, 157 S.
(Collezione l'arte della fuga; 20.)
Bibl. S. XV-XVIII u. in 32 Anmerk. S. 153-156; Verz. der Klavierkonzerte S. 157.

M-1133 Mozart, Wolfgang Amadeus: **Mozart**'s thematic catalogue: a facsimile; British Library, Stefan Zweig MS 63 / introduction and transscription by Albi Rosenthal and Alan Tyson. - London, 1990. - 57 S., 43 Bl. Faks.
S. 11-25: Beschreibung der Handschrift; S. 25-57: Transskription; Bl. 1-43: Faksimile (Mozarts eigenhändiger Werkkatalog.).

M-1134 Mozart, Wolfgang Amadeus: Requiem: KV 626; vollständ. Faksimile-Ausgabe im Originalformat der Originalhandschrift ... der Musiksammlung der Österreichischen Nationalbibliothek / hrsg. und kommentiert von Günter Brosche. - Graz: Akademische Druck- und Verlagsanstalt, 1990. - T. 1-2 u. Kommentar.
1. 64 Bl. Noten.
2. Bl. 65-100 Noten.
3. Kommentar. - 37 S.
Zur Entstehung des Werkes, Beschreibung der Originalhandschrift S. 7-24; Bibl. S. 19 in 29 Anmerk..
(Musica manuscripta; 6.) (Documenta musicologica; 2,27.)

M-1135 Mozart in Belgien: ein Wunderkind unterwegs durch die Südlichen Niederlande 1763-1766 / hrsg. von Fons de Haas und Irène Smets [unda.] - Antwerpen, 1990. - 302 S.
Bibl. S. 291-295; Register.

M-1136 Mozart in der Tanzkultur seiner Zeit / hrsg. von Walter Salmen. - Innsbruck: Helbling, 1990. - 184 S.
Bibl. S. 181-184.

M-1137 Müll, Elfriede: **Mozart**-Gedenkstätten in Wien. - In: Wolfgang Amadeus Mozart: 5. Dezember 1991: 200. Todestag. - Wien, 1990, S. 63-67.
Kurze Beschreibung der Gedenkstätten nach Bezirken.

M-1138 Paldi, Cesare: **Mozart** lirico: libretti e testi di musica vocale. / Cesare Paldi; Ida Paldi. - Roma: Bonacci, 1990. - 661 S.
1: Texte von Mozarts Vokalmusik S. 1-259: mit Kommentaren u. biobibliograph. Material; S. 263-275: Konkordanz zu Köchel-Nummern, Register der Textautoren, Interpreten u. Werke; 2: Libretti S. 279-653: mit Kommentaren u. biobibliograph. Material; Bibl. S. 661; Namen-Register.

M-1139 Preiß, Roswitha: **Mozart**s Wohnhaus: Bau- und Besitzgeschichte. - In: Neues aus dem Salzburger Landesarchiv. - Salzburg, 1990, S. 137-172.
(Schriftenreihe des Salzburger Landesarchivs; 8.)
Reihenfolge der Besitzer S. 156-159; Quellen u. Bibl. S. 159-162.

M-1140 Reinalter, Helmut: **Mozart** als Freimaurer. - In: Historisches Museum der Stadt Wien: Zaubertöne: Mozart in Wien 1781-1791 / Ausstellung des Histor. Museums der Stadt Wien im Künstlerhaus, 6. Dez. 1990 - 15. Sept. 1991. - Wien, 1990, S. 441-446.
(Sonderausstellung des Historischen Museums der Stadt Wien; 139.)
Quellen u. Bibl. S. 446.

M-1141 Schintlmeister, Eva: Die Vermarktung von Musik am Beispiel Wolfgang Amadeus **Mozart**s oder wieviel könnte Wolfgang Amadeus Mozart heute verdienen? - Innsbruck: Univ. Diplomarb., 1990. - 121 Bl.
Bibl. Bl. 99-102.

M-1142 Schmuckler, Alon: Requiem für Theophil: das zweite Leben des Wolfgang Amadeus **Mozart**. - Hamburg, 1990. - 192 S.
Fiktives Werkverzeichnis Mozarts 1791-1842 S. 180-182; Zeittafel S. 183-186; Bibl. S. 187-188; Personenregister.

M-1143 Schöny, Heinz: **Mozart**s zweifache genealogische Bindung an Wien. - In: Historisches Museum der Stadt Wien: Zaubertöne: Mozart in Wien 1781-1791 / Ausstellung des Histor. Museums der Stadt Wien im Künstlerhaus, 6. Dez. 1990 - 15. Sept. 1991. - Wien, 1990, S. 155-157.
(Sonderausstellung des Historischen Museums der Stadt Wien; 139.)
Genealog. Material.

M-1144 Schuler, Heinz: Mozarts Akademie im Trattnersaal 1784: ein Kommentar zum Mozart-Brief: Wien 20. März 1784. - In: Mitteilungen der Internationalen Stiftung Mozarteum. - Salzburg. 38. 1990/91, S. 1-47.
Alphab. Liste der Subskribenten mit Biogrammen S. 5-44; Bibl. S. 44-46 u. in 43 Fußnoten.

M-1145 Seedorf, Thomas: Studien zur kompositorischen **Mozart**-Rezeption im frühen 20. Jahrhundert. - Laaber: Laaber-Verlag, 1990. - XV, 250 S. [Zugl.:] Hannover: Hochschule für Musik u. Theater Diss., 1988.
(Publikationen der Hochschule für Musik und Theater Hannover; 2.)
Verz. der Mozartbearbeitungen von Ferruccio Busoni S. 221-223; Bibl. S. 224-250.

M-1146 Senigl, Johanna: W. A. **Mozart** und Salzburg: Führer durch die Gedenkstätten mit Kurzbiographie. - Salzburg, 1990. - 64 S.
Beschreibung der Salzburger Mozart-Stätten mit biobibliogr. Material S. 4-54; Zeittafel S. 56-61.

M-1147 Stolzenburg, Andreas: Eine wenig bekannte **Mozart**-Gedenkstätte im Bridischen Garten in Rovereto (Italien). - In: Acta Mozartiana. - Augsburg. 37. 1990, S. 3-10.
Bibl. in 22 Anmerk. S. 9-10.

M-1148 Wolfgang Amadeus: Summa summarum; das Phänomen **Mozart**: Leben, Werk, Wirkung / hrsg. von Peter Csobádi. - Wien, 1990. - 398 S.
Zeittafel zusammengest. von Rudolph Angermüller S. 351-369; Werkverzeichnis zusammengest. von Rudolph Angermüller S. 370-376; Namen- und Sachregister.

M-1149 Wolfgang Amadeus **Mozart**: 5. Dezember 1991: 200. Todestag. - Wien, 1990. - 102 S.
Enth. u. a. folgende Beiträge:.
S. 33-36: Biba, Otto: Mozartforschung in Vergangenheit und Gegenwart.
Forschungsbericht.
S. 44-47: Angermüller, Rudolph: Internationale Stiftung Mozarteum Salzburg.
Übersicht über Aktivitäten und Bestände.
S. 48-50: Rehm, Wolfgang: Die "Neue Mozart-Ausgabe"
Forschungsbericht..
S. 54-62: Angermüller, Rudolph: Mozart-Gedenkstätten in Salzburg.
Kurze Beschreibung der Gedenkstätten und deren Bestände.
S. 63-67: Müll, Elfriede: Mozart-Gedenkstätten in Wien.
Kurze Beschreibung der Gedenkstätten nach Bezirken.
S. 70-87: Angermüller, Rudolf u. Elfriede Müll: Synoptische Zeittafel.
Zeittafel zu Leben u. Werk mit Parallelhinweisen zu Musik, Literatur, bildende Kunst, Architektur, Philosophie und Geschichte Österreichs.

S. 90-93: Werner, Herbert: Salzburg im Mozartjahr
Geplante Salzburger Aktivitäten zum Mozartjahr 1991.
S. 94-97: Weiser, Peter: Wien im Mozartjahr.
Geplante Wiener Aktivitäten zum Mozartjahr 1991.

M-1150 Wolfgang Amadeus **Mozart** 1756-1791 / Fondation Internationale Mozarteum; Association Culturelle du Département de Maine-et-Loire; Red.: Rudolph Angermüller. - Angers: Association Culturelle du Département de Maine-et-Loire, 1990. - 79 S.
Ausstellungskatalog: 307 Exponate mit biobibliogr. Material.

M-1151 Zaslaw, Neal: The compleat **Mozart**: a guide to the musical works of Wolfgang Amadeus Mozart. / Neal Zaslaw; William Cowdery. - New York, London, 1990. - XV, 352 S.
Führer durch Mozarts Werk S. 3-329; Bibl. S. 333-334; Index u. Register nach Köchel-Nummern.

M-1152 Ziegler, Frank: Wolfgang Amadeus **Mozart**: Autographenverzeichnis. - Berlin, 1990. - XII, 61 S.
(Deutsche Staatsbibliothek: Handschrifteninventare; 12.)
Genaues Verz. der Autographen S. 1-46; Bibl. S. 51-52; Register S. 53-61 (Autographenerwerbungen in chronolog. Folge, Autographe nach Gattungen, Autographe nach KV 1 und Konkordanzen zu höheren Auflagen, Personen).

M-1153 176 Tage W. A. **Mozart** in Mannheim / hrsg. von Karin von Welck und Liselotte Homering ... Reiß-Museum der Stadt Mannheim. - Mannheim, 1991. - 319 S.
Ausstellungskatalog; reichhalt. biobibliogr. Material; Zeittafel S. 298-305; Bibl. S. 306-315.

M-1154 Alte **Mozart**drucke aus der SuUB Bremen: Mozartrezeption im 18. - 20. Jahrhundert; Ausstellung 1991, Staats- und Universitätsbibliothek Bremen / Katalog: Ann Kersting. - Bremen, 1991. - 36, 9 S.
Ausstellungs-Katalog: S. 9-19; Bibl. S. 35-36.

M-1155 Angermüller, Rudolph: Ich, Johannes Chrisostomus Amadeus Wolfgangus Sigismundus **Mozart**: "eine Autobiographie". / Rudolph Angermüller; Tony Munzlinger. - Bad Honnef, 1991. - 236 S.
Bibl. S. 211-212; Werkverz. nach Köchel-Nummern S. 233-236; Namen- u. Orts-Register.

M-1156 Angermüller, Rudolph: Mozarts Jugendopern im 20. Jahrhundert. - In: Das Phänomen Mozart im 20. Jahrhundert: Wirkung, Verarbeitung und Vermarktung in Literatur ... / hrsg. von Peter Csobádi [u.a.] - Anif/Salzburg, 1991, S. 133-145.
(Wort und Musik; 10.)
Materialien zu den Aufführungen im Text; Bibl. in 33 Fußnoten.

M-1157 Assmann, Jan N.: Mozart a Praha: vystava k dvoustému vyrocí skladatelovy smrti; Národn. Galerie v Praze, Palác Kinskych, zárírijen 1991. - V Praze, 1991. - 38 S.
[Mozart und Prag: Ausstellung zum 200. Todestag.].
Katalog S. 5-19: 121 Exponate mit biobibliogr.-ikonograph. Material; Bibl. S. 19.

M-1158 Baer, Wolfram: Das Augsburger **Mozart**haus und seine Sammlungen. - In: Deutsches Mozartfest der Deutschen Mozart-Gesellschaft. - Augsburg. 40. 1991, S. 18-22.
Übersicht über die Bestände.

M-1159 Banks, C. A.: Mozart: prodigy of nature. / C. A. Banks; J. Rigbie Turner. - New York, London, 1991. - 88 S.
Begleitheft zu einer Mozart-Ausstellung in der Pierpont Morgan Library, New York, und in der British Library, London; Bibl. in 34 Anmerk. S. 85; S. 86-87: Mozart autographs in the British Library, London, and the Pierpont Morgan Library, New York; Register.

M-1160 Becker, Max: Mozart: sein Leben und seine Zeit in Texten und Bildern / hrsg. von Max Becker. - Frankfurt/M., 1991. - 267 S.
Zeittafel mit Werkangaben u. Parallelhinweisen zu Geschichte, Politik, Musikgeschichte, Literatur, Kunst, Wissenschaft S. 232-255; Bibl. S. 256-258; Register.

M-1161 Berg, Hans-Walter: Mozart-Bearbeitungen für Blasorchester. - In: Österreichische Blasmusik. - Bregenz. 39. 1991, H. 9, S. 1-3.
Verz. der Bearbeitungen nach Werkgruppen geordnet.

M-1162 Boaglio, Gualterio: L'"ameno" Salieri e il "virtuoso" **Mozart** / riflessioni intorno ad una lettera di Giuseppe Carpani. - In: Studien zur Musikwissenschaft. - Tutzing. 40. 1991, S. 23-39.
Bibl. S. 38-39 u. in 32 Fußnoten.

M-1163 Bockholdt, Rudolf: Wolfgang Amadeus **Mozart**: Klavierkonzert D-Dur KV 451. - München: Fink, 1991. - 84 S.
(Meisterwerke der Musik; 59.)
Enstehung, erste Aufführungen, früheste Quellen S. 5-9; Werkbeschreibung S. 10-68; Dokumente S. 69-77; Bibl. S. 81-83 u. in 29 Anmerk. S. 78-80.

M-1164 Branscombe, Peter: W. A. **Mozart**: die Zauberflöte. - Cambridge, 1991. - XII, 247 S.
(Cambridge opera handbooks.)
Bibl. S. 235-238 u. in zahlr. Anmerk. S. 222-234; Diskographie S. 239-241; Register.

M-1165 Breitner, Karin: Wolfgang Amadeus **Mozart**: Werke KV 6-581 / bearb. von Karin Breitner. - Tutzing: Schneider, 1991. - XIII, 219 S.
(Katalog der Sammlung Anthony van Hoboken in der Musiksammlung der Österr. Nationalbibliothek; 11.)
Werke KV 6-581 S. 3-212: 413 genaue Aufnahmen von Erst- und Frühdrucken mit Lit.; Register der Personen, Verlage u. Verlagsorte.

M-1166 Briellmann, Alfred: Mozarts Musik - ein Gottesbeweis? : Versuch einer Deutung. - In: Mitteilungen der Internationalen Stiftung Mozarteum. - Salzburg. 39. 1991/92, S. 1-14.
Bibl. S. 12-14 u. im Text.

M-1167 Calvo-Manzano, María Rosa: El arpa en la obra de **Mozart** .... - Madrid: Ed. Alpuerto, 1991. - 259 S.
Bibl. S. 235-238 u. in Fußnoten.

M-1168 Cannone, Belinda: La réception des opéras de **Mozart** dans la presse parisienne: 1793-1829. - Paris: Klincksieck, 1991. - 360 S.
Bibl. S. 351-356 im Text u. in Fußnoten.

M-1169 Chiriacescu-Lüling, Sanda: Herrschaft und Revolte in "Figaros Hochzeit": Untersuchung zu szenischen Realisationsmöglichkeiten des sozialkritischen Aspekts in W. A. **Mozart**s "Die Hochzeit des Figaro"; anhand von 6 videoaufgezeichneten Inszenierungen .... - Erlangen: Lüling, 1991. - XI, 215 S.
[Zugl.:] Erlangen-Nürnberg Univ. Diss.
Textbücher u. Klavierauszüge S. 202-204; Lit. S. 205-212; Rezensionen S. 213-215.

M-1170 Cormican, Brendan: Mozart's death - Mozart's Requiem: an investigation. - Belfast: Amadeus Press, 1991. - V, 361 S.
Personen-Register mit Biogrammen S. 327-338; Bibl. S. 339-348.

M-1171 Czerni, Margret: Mozart in Meinungen und Gedanken von Dichtern und Denkern: eine Skizze. - In: Blickpunkt Oberösterreich. - Linz. 41. 1991, H. 4, S. 6-15.
Bibl. in 62 Anmerk. S. 15 u. im im Text.

M-1172 "Das klinget so herrlich, das klinget so schön": die Sänger der **Mozart**-Opern bei den Salzburger Festspielen / hrsg. von Edda Fuhrich .... - München: Langen Müller, 1991. - 237 S.
Besetzungen S. 197-216; S. 217-230: Die Partien und ihre Sänger - die Sänger und ihre Partien; Diskographie S. 231-232; Namen-Register.

M-1173 Delle Croce, Luigi: Le sinfonie di **Mozart**. - 2. ed. riveduta. - Torino, 1991. - 319 S.
Werkverz. S. 297; Diskographie S. 298-301; Bibl. S. 303-304; Nummernkonkordanzen S. 305-311; Namenregister.

M-1174 Dieckmann, Friedrich: Die Geschichte Don Giovannis: Werdegang eines erotischen Anarchisten. - Frankfurt/M., Leipzig, 1991. - 549 S.
Bibl. S. 526-527 u. in zahlr. Anmerk. S. 489-525.

M-1175 Dimitriev, Jutta: Wolfgang Amadeus Mozart: (1756-1791); ein Bestandsverzeichnis der Berliner Stadtbibliothek, Musikbibliothek. - Berlin, 1991. - 48 S.
Stand 1. 11. 1991: Musikalien (Gesamtausgaben, Partituren, Klavierauszüge etc.); Musikschriften (Bibliographien, Werkverzeichnisse, Periodika, Werkausgaben, Autographen, Briefe, Lit. zu Leben u. Werk); mit Signaturen der Berliner Stadtbibliothek.

M-1176 Dober, Irmgard: Die Zauberflöte in der deutschsprachigen Literatur: Wirkung und Einfluß. - Wien: Univ. Diplomarb., 1991. - 100 Bl.
Bibl. Bl. 98-100.

M-1177 Don Giovanni in New York: Lorenzo Da Pontes italienisch-englisches Libretto für die US-Erstaufführung von **Mozart**s Oper (1826) ... / hrsg. von Ulrich Müller und Oswald Panagl. - Anif, Salzburg: Müller-Speiser, 1991. - 208 S.
Enth. u. a.:
S. 19-25: Potter, Dorothy: Early Don Giovannis in New York.
Bibl. S. 24-25 u. in 17 Fußnoten.
S. 27-41: Müller, Ulrich: Don Giovanni in New York, oder: Lorenzo Da Pontes "Musikalische Bienen"
Bibl. S. 41 u. in 19 Fußnoten.
(Wort und Musik; Reihe Libretti, 14.)

M-1178 Eckelmeyer, Judith A.: The cultural context of **Mozart**'s "Magic Flute": social, aesthetic, philosophical. - Lampeter: Mellen, 1991. - Vol. 1-2.
1. VIII, 329 S.
Bibl. S. 297-317; Register.
2. VIII, 474 S..
(Studies in the history and interpretation of music; 34, A. B..)

M-1179 Fischer-Colbrie, Gerald: Eine Linzer Flugschrift von 1794 über die Zauberflöte: Erstaufführungen, Textänderungen, Ausdeutungen. - In: Historisches Jahrbuch der Stadt Linz. - Linz. 1991, S. 29-40.
Bibl. in 58 Fußnoten.

M-1180 Ford, Charles: Così? : sexual politics in **Mozart**'s operas. - Manchester, New York, 1991. - 262 S.
Bibl. S. 252-257; Register.

M-1181 Freitag, Wolfgang: Amadeus & Co. : Mozart im Film. - Mödling, Wien, 1991. - 286 S.
Filmographie (Filme über Mozart, Verfilmungen von Mozart-Opern, Filme mit Mozart-Musik) S. 239-266; Bibl. S. 267-271; Personen- u. Werk-Register.

M-1182 Fuhrmann, Roderich: Händels "Messias" in der Fassung von W. A. **Mozart**. - In: Deutsches Mozartfest der Deutschen Mozart-Gesellschaft. - Augsburg. 40. 1991, S. 26-30.
Bibl. in 34 Anmerk. S. 29-30.

M-1183 Goldovsky, Boris: The adult **Mozart**: a personal perspective / ed. by Anthony Addison. - Houston: National Opera Association, 1991-1992. - Vol. 1-2.
1. The abduction from the Seraglio; The Marriage of Figaro. - 1991. 140 S.
S. 117-121: Mozart-Opern, die im Burgtheater 1783-1791 aufgeführt wurden. Bibl. in 80 Anmerk. S. 133-140.
2. The role & value of money. - 1992. 166 S.
Bibl. S. 164-166 u. in 314 Anmerk. S. 153-164.
(Goldovsky studies in opera.)

M-1184 Guide des opéras de **Mozart** / sous la direction de Brigitte Massin. - Paris: Fayard, 1991. - 1005 S.
(Les indispensables de la musique.)
Jeweils Entstehungsgeschichte, Inhaltsangabe, Analyse u. Diskographie; Zeittafel S. 999-1000; Bibl. S. 1001-1002.

M-1185 Guttmann Ben-Zwi, Ruth: Mozart in the musical life of Israel 1985-1990. - In: Mitteilungen der Internationalen Stiftung Mozarteum. - Salzburg. 39. 1991/92, S. 187-201.
Tabellen zu Mozart-Aufführungen in Israel S. 192-201.

M-1186 Hafner, Ottfried: Mozart in Graz: Aspekte zur Begegnung des Komponisten mit der Stadt. - Graz: Weishaupt Verlag, 1991. - 87 S., Abb.
Quellen u. biobibliogr. Material S. 56-72 in 133 Anmerk.; Zeittafel S. 73-76; Personen-Register.

M-1187 Harer, Ingeborg: Peter Shaffers "Amadeus": Analyse eines Erfolges. - In: Das Phänomen Mozart im 20. Jahrhundert: Wirkung, Verarbeitung und Vermarktung in Literatur ... / hrsg. von Peter Csobádi [u.a.] - Anif/Salzburg, 1991, S. 487-502.
(Wort und Musik; 10.)
Bibl. in 34 Fußnoten.

M-1188 Henry, Jacques: Mozart frère Maçon: la symbolique maçonnique dans l'oeuvre de Mozart. - Aix-en-Provence: Ed. Alinea, 1991. - 143 S.
(Collection de la musique.)
Présence de Mozart dans les Loges Viennoises S. 133-136; Bibl. S. 139; Werk-Register.

M-1189 Holl, Hildemar: Mozart in populären literarischen Darstellungen Salzburger Autoren: "Was ist denn, Stanzerl?". - In: Das Phänomen Mozart im 20. Jahrhundert: Wirkung, Verarbeitung und Vermarktung in Literatur ... / hrsg. von Peter Csobádi [u.a.] - Anif/Salzburg, 1991, S. 517-550.
(Wort und Musik; 10.)
Bibl. im Text u. in 91 Fußnoten.

M-1190 Katalog zur Ausstellung Salzburg zur Zeit der **Mozart** ... / Red.: Albin Rohrmoser. - Salzburg: Salzburger Museum; Dommuseum zu Salzburg, 1991. - 387 S.
(Jahresschrift des Salzburger Museums Carolino Augusteum; 37/38.) (Sonderausstellung Salzburger Museum Carolino Augusteum; 152.) (Sonderausstellung / Dommuseum zu Salzburg; 15.)
Ausstellungs-Katalog: 1095 Exponate mit reichhaltigen Materialien zu Leopold und Wolfgang Amadeus Mozart; Bibl. S. 384-387.

M-1191 Kleine Galerie zu **Mozart**s Opern / hrsg. im Auftrag der Deutschen Staatsbibliothek zu Berlin ... von Frank Ziegler. - Berlin: Deutsche Staatsbibliothek, 1991. - XVII, 31 Bl.
S. VII-IX: Mozart auf den Thron erhoben: Johann Peter Lysers Mozart-Bilder.
Bibl. in 33 Anmerk. S. VIII-IX.
S. X-XV: Beschreibung der Bild-Originale.
Mit Siganuren der Dt. Staatsbibl..
Bibl. S. XVI-XVII.

M-1192 Kleinheisterkamp, Ingo-Yves: Harry Kupfer: **Mozart**inszenierungen: Rezensionen und Reaktionen. - Wien: Univ. Diplomarb., 1991 (1992). - 208 Bl.
Bibl. u. Kritiken Bl. 198-208.

M-1193 "Das klinget so herrlich, das klinget so schön": die Sänger der **Mozart**-Opern bei den Salzburger Festspielen / hrsg. von Edda Fuhrich .... - München: Langen Müller, 1991. - 237 S.
Besetzungen S. 197-216; S. 217-230: Die Partien und ihre Sänger - die Sänger und ihre Partien; Diskographie S. 231-232; Namen-Register.

M-1194 Knepler, Georg: Wolfgang Amadé **Mozart**: Annäherungen. - Berlin, 1991. - 499 S.
Bibl. S. 478-486; Register.

M-1195 Konrad, Ulrich: "Allzeit ein Buch": die Bibliothek Wolfgang Amadeus **Mozart**s. / Ulrich Konrad; Martin Staehelin. - Weinheim: VCH-Verlag, Acta Humaniora, 1991. - 146 S.
(Ausstellungskataloge der Herzog-August-Bibliothek; 66.)
Rekonstruierter Katalog der Bibliothek Mozarts S. 33-144: 96 Objekte mit genauer Titelaufnahme, besitznachweis, Kommentar u. Lit.; Bibl. S. 145.

M-1196 Konrad, Ulrich: Bemerkungen zu Problemen der Edition von **Mozart**-Skizzen. - In: Die Musikforschung. - Kassel, Basel. 44. 1991, S. 331-345.
Bibl. in 31 Fußnoten.

M-1197 Konzertführer Wolfgang Amadeus **Mozart** 1756-1791. - Wiesbaden: Breitkopf u. Härtel, 1991. - 346 S.
Führer durch Mozarts Werk (Besetzung, Entstehung, Werkanalyse, biobibliograph. Material); Verz. aller besprochenen Werke nach Köchel-Nummern S. 328-335; Alphab. Verz. S. 336-345.

M-1198 Kretschmer, Helmut: Mozart topographisch. - In: Musikerziehung. - Wien. 45. 1991/92, S. 3-10.
Beschreibung der Wiener Mozartstätten.

M-1199 Kritscher, Herbert: Zur Identifizierung des **Mozart**schädels. / Herbert Kritscher; Johann Szilvássy. - Wien, 1991. - 139 S., 64 Taf.
(Annalen des Naturhistorischen Museums in Wien; 93, Ser. A.)
Bibl. S. 131-133.

M-1200 Küster, Konrad: Formale Aspekte des ersten Allegros in **Mozart**s Konzerten. - Kassel, Basel, London, New York: Bärenreiter, 1991. - VIII, 274 S.
[Zugl.:] Tübingen: Univ. Diss. 1989.
(Bärenreiter-Hochschulschriften.)
Bibl. S. 247-254.

M-1201 Kumpf, Johann Heinrich: Die **Mozart**s und die Steuern: Divertimento fiscale in zehn Sätzen. - Köln, 1991. - 134 S.
Quellen u. Bibl. in 166 Anmerk. S. 126-134.

M-1202 Kunsthistorisches Museum, Wien: Die Klangwelt **Mozart**s: Wien, Neue Burg, Sammlung alter Musikinstrumente; eine Ausstellung des Kunsthistorischen Museums / Konzeption und wissenschaftl. Leitung: Gerhard Stradner; Organisation und Durchführung: Wilfried Seipel. - Wien, 1991. - 335 S.
Ausstellungskatalog mit reichhalt. biobibliogr. Material S. 185-321: 265 Objekte; Bibl. S. 334-335; Personen-Register; enth. folgende Einzelbeiträge:.
S. 47-72: Huber, Alfons: Der österreichische Klavierbau im 18. Jahrhundert.
Bibl. in 72 Anmerk. S. 70-72.
S. 73-78: Fontana, Eszter: Mozarts "Reiseclavier"
Bibl. in 32 Anmerk. S. 75 u. 78.
S. 79-98: Rampe, Siegbert: Mozarts Clavierwerke: Klangwelt und Aufführungspraxis.
Bibl. in 173 Anmerk. S. 94-98.
S. 123-131: Kowar, Helmut: Mozart und die mechanische Musik.
Bibl. in 47 Anmerk. S. 130-131.
S. 133-148: Pirker, Michael: Die türkische Musik und Mozarts "Entführung aus dem Serail"
Quellen u. Bibl. in 45 Anmerk. S. 147-148.
S. 149-157: Voigt, Anton: Biographie eines Zeitgenossen: Franz Xaver Glöggl (1764-1839) über Leopold Mozart, Wolfgang Amadé Mozart und Franz Xaver Süßmayr.
Quellen u. Bibl. in 78 Anmerk. S. 154-157.

M-1203 Landon, Howard Chandler Robbins: Das **Mozart**-Kompendium: sein Leben, seine Musik. - München, 1991. - 556 S.
Überaus reichhaltige Materialien zu Leben und Werk; Zeittafel S. 11-41; Stammbaum S. 43-45; Alphab. Personenverz. mit Biogrammen S. 47-66; Ikonographie S. 143-153; Verz. von Mozarts Reisen S. 155-156; Quellen für Mozarts Leben und Werke (Briefe, Dokumente, Autographen, Drucke etc.) S. 183-231; Werkverzeichnis S. 269-413; Mozart in der Literatur S. 463-467; umfangreiche, teilw. annotierte Bibl. S. 471-515; Personen-, Orts- u. Sach-Register S. 517-555.

M-1204 Landon, Howard Chandler Robbins: Mozart and Vienna. - London, 1991. - 208 S.
Bibl. S. 204-205 u. in Anmerk. S. 201-203; Register.

M-1205 Macho, Peter: Wolfgang Amadeus **Mozart**: Medaillen und Schaumünzen 1791-1991. - In: Salzburg-Archiv. - Salzburg. 12. 1991, S. 107-140.
Beschreibendes Verzeichnis der Münzen und Medaillen S. 108-140: 204 Objekte.

M-1206 Manfredini, Anna: Mozart massone. - Torino: Lo scarabo, 1991. - 127 S.
(La parola magica.)
Bibl. S. 127 u. in 106 Anmerk. S. 123-126.

M-1207 Mayr-Kern, Josef: Mozart auf der Durchreise: oberösterreichische Markierungen. - In: Oberösterreichische Heimatblätter. - Linz. 45. 1991, S. 260-273.
Bibl. in 25 Fußnoten.

M-1208 Mazakarini, Leo: Mozart. - Wien, 1991. - 120 S.
(Kurz & bündig.)
Biobibliogr. Material S. 113-115 u. im Text; Zeittafel mit Werkangaben S. 117-120.

M-1209 Messner, Dieter: "... hinter dicken Mauern, die **Mozart**s Klavierspiel verschluckten": Mozart in der spanischsprachigen Literatur. - In: Das Phänomen Mozart im 20. Jahrhundert: Wirkung, Verarbeitung und Vermarktung in Literatur ... / hrsg. von Peter Csobádi [u.a.] - Anif/Salzburg, 1991, S. 661-663.
(Wort und Musik; 10.)
Bibl. im Text.

M-1210 Mozart: Bilder und Klänge; 6. Salzburger Landesausstellung, Schloß Klesheim, Salzburg. / Red.: Rudolph Angermüller, Geneviève Geffray. - Salzburg, 1991. - 424 S.
(Salzburger Landesausstellungen; 6.)
Katalog mit reichhaltigem biobibliograph. Material: 332 Objekte; Bibl. S. 14, 415-416 u. im Text; Mozarts Vorfahren S. 18-34; Zeittafel S. 403-414; Register.

M-1211 Mozart / a cura di Sergio Durante. - Bologna: Mulino, 1991. - 408 S.
(Polifonie.)
Annotierte Bibl. S. 401-408.

M-1212 Mozart: die Da Ponte-Opern .... / Wolfgang Amadeus Mozart; Lorenzo da Ponte. - München: Ed. Text u. Kritik, 1991. - 360 S.
(Musik-Konzepte: Sonderband.)
Annotierte Diskographie S. 355-360.

M-1213 Mozart: a bicentennial loan exhibition; autograph music manuscripts, letters, portraits, first editions and other documents of the composer and his circle / compiled by Albi Rosenthal. - Oxford: Bodleian Library, 1991. - 71 S.
Kommentierter Ausstellungskatalog mit biobibliogr. Material: 107 Exponate.

M-1214 Mozart, Wolfgang Amadeus: Die Zauberflöte / llibret d'Emanuel Schikaneder; trad. de Carme Serralonga. - Ed. bilingue. - Barcelona: L'Avenc, 1991. - 181 S.
(Coll. Opera; 12.)
Zeittafel S. 161-174; Diskographie S. 175-181.

M-1215 Mozart-művek a Liszt Ferenc Zeneművészeti Föiskola, Zenetöténeti Kutatókönyvtárában: katalógus / Hrsg.: Ildikó Retkesné Szilvássy. - Budapest: Liszt Ferenc Zenetmüvészeti Föiskola, 1991. - 78 S.
Katalog der Mozart-Drucke der Franz-Liszt-Musikhochschule Budapest: 251 Nachweise.

M-1216 Mozart-Neuerscheinungen. - In: Österreichische Musikzeitschrift. - Wien. 46. 1991, S. 46-48.

M-1217 Mozart-Schriften: ausgewählte Aufsätze / hrsg. von Marianne Danckwardt. - Kassel: Bärenreiter, 1991. - 407 S.
Enth. u. a.:
Beiträge zu Mozart-Autographie: T. 1-2.
S. 28-73: Die Handschriften Leopold Mozarts.
Quellen u. Bibl. in 101 Anmerk. S. 69-73.
S. 221-265: Schriftenchronologie.
Quellen u. Bibl. S. 261-265.
S. 78-86: Der gegenwärtige Stand der Mozart-Forschung.
Forschungsbericht.
S. 126-178: Mozartiana in Fulda und Frankfurt: (Neues zu Henkel und seinem Nachlaß)
Mozartiana in der Hessischen Landesbibliothek Fulda S. 135-144; Mozartiana in der Stadt- und Universitätsbibliothek Frankfurt am Main S. 145-155; Quellen u. Bibl. in 77 Anmerk. S. 174-178.
S. 179-196: Zur Echtheitsfrage bei Mozart.
Quellen u. Bibl. in 55 Anmerk. S. 194-196.
S. 266-297: Requiem-Briefe: aus der Korrespondenz Joh. Anton Andrés 1825-1831.
Bibl. in 68 Anmerk. S. 294-297.
(Schriftenreihe der Internationalen Stiftung Mozarteum, Salzburg; 9.)

M-1218 Mozart à Paris: exposition organisée par la Ville de Paris ... / ouvrage dir. par Nicole Salinger .... - Paris: Van de Velde, 1991. - 173 S.
Kommentierter Ausstellungskatalog mit biobibliogr. Material S. 37-155: 344 Exponate; Zeittafel S. 157-161; in Paris komponierte Werke Mozarts S. 162; in Paris publizierte Werke Mozarts zu seinen Lebzeiten S. 163; Bibl. S. 168-169.

M-1219 Mozart et l'Alsace: ... dans l'Europe des idées et des arts / Geneviève Honegger [unda.] - Strasbourg: La Nuée Bleue, 1991. - 221 S.
S. 7-31: Honegger, Geneviève: Un itinéraire spirituel
Quellen u. biobibliogr. Material im Text; Bibl. S. 31 in 20 Anmerk..
S. 32-94: Livet, Georges: Strasbourg a'l'époque de Mozart.
Quellen u. Bibl. S. 94..
S. 95-96: Lexique des personnalités alsaciennes rencontrées par Mozart.
17 Personen mit biographischen Hinweisen..
S. 97-112: Charbon, Paul: Sur les routes d'Europe: comment voyageait la famille Mozart.
Bibl. S. 112 in 30 Anmerk..
S. 113-116: Autexier, Philippe: Ziegenhagen, l'utopiste: un Strasbourgeois lié à Mozart..
S. 117-136: Ludmann, Jean-Daniel: Le décor strasbourgeois..
S. 137-152: Hocquard, Jean-Victor: Le silence de Selim ...: Jean-Victor Hocquard et la pensée de Mozart / entretien avec Ambre Atlan.
Bibl. S. 152..
S. 153-161: Lapp, Harry: Un festival pour Mozart..
S. 162-184: Mozart & l'Alsace ... dans l'Europe des idées et des arts: exposition réalisée par la Bibliothèque Nationale et Universitaire de Strasbourg et par les Musées de la Ville de Strasbourg; Palais Rohan du 12 octobre au 11 novembre 1991 / Commissaires: Geneviève Honegger, Gérard Littler, Georges Livet, Jean-Daniel Ludmann.
Ausstellungskatalog, 123 Exponate mit Quellen u. biobibliogr. Material, teilweise mit Abb..
S. 185-221: Le journal des saisons.
(Saisons d'Alsace: revue trimestrielle; Automne 1991 - No 113.)

M-1220 Mozart im Musikhaus Doblinger: ein Auswahlkatalog. - Wien, 1991. - 32 S.
Verkaufskatalog: Noten, Bücher, Bild- und Tonträger u. sonstige Mozartiana.

M-1221 Mozart in Kurhessen / hrsg. von Brigitte Richter. - Leipzig: Museum für Geschichte der Stadt Leipzig, 1991. - 171 S.
Bibl. S. 168-169 u. bei den einzelnen Beiträgen; Register.

M-1222 Mozart in Linz: Katalog zur Ausstellung im Schloßmuseum Linz ... / Konzeption und Leitung: Lothar Schultes .... - Linz: Oberösterreichisches Landesmuseum, 1991. - 160 S.
Enth. u. a.:
S. 11-16: Voigt, Anton: Mozarts Aufenthalte in Linz
Quellen u. Bibl. in 35 Anmerk. S. 15-16.
S. 39-48: Fischer-Colbrie, Gerald: Mozart und die Linzer Freimaurer-Szene.
Quellen u. Bibl. S. 47-48.
(Kataloge des OÖ Landesmuseums; N. F. 46.)
Aufenthalte Mozarts in Linz, Reisen Mozarts, Mozartstätten in Linz S. 50-53; Ausstellungskatalog mit biobibliogr. Material u. Lit. S. 61-137; Bibl. S. 141-146; Personen-Register.

M-1223 Mozart no Rio de Janeiro Oitocentista: Colecao Imperatriz Leopoldina; Mozart na biblioteca. - Rio de Janeiro: Fundacao Biblioteca Nacional, 1991. - 19 Bl.
Ausstellungskatalog mit biobibliogr. Material: 136 Objekte.

M-1224 Mozart speaks: views on music, musicians, and the world; drawn from the letters of Wolfgang Amadeus Mozart and other early accounts / selected and with comment. by Robert L. Marshall. - New York, NY: Schirmer, 1991. - 446 S.
Zeittafel S. XXV-XXIX; Bibl. S. 419-422 u. in Anmerk. S. 405-417; Register.

M-1225 Mozart studies / ed. by Cliff Eisen. - Oxford: Clarendon Press, 1991. - IX, 318 S.
Enth. u. a.:
S. 1-59: Solomon, Maynard: The Rochlitz anecdotes: issues of authenticity in early Mozart biography
Bibl. in 188 Fußnoten.
S. 61-81: Wolff, Christoph: The Composition and completion of Mozart's Requiem, 1791-1792.
Bibl. in 38 Fußnoten.
S. 101-199: Webster, James: The analysis of Mozart's arias.
Bibl. in 124 Fußnoten.
S. 213-226: Tyson, Alan: Proposed new dates for many works and fragments written by Mozart from 1781 to december 1791.
Ergänzungen zum "Köchel-Verzeichnis", nach Köchel-Nummern geordnet.
S. 253-307: Eisen, Cliff: The Mozart's Salzburg copyists: aspects of attribution, chronology, text, style, and performance practice.
Bibl. in 94 Fußnoten; S. 284-285: Comparative dates of autographs and autograph copies; S. 300-307: Authentic copies, in whole or in part, ... of works by Leopold and Wolfgang Amadeus Mozart.

M-1226 Mozarts Opern für Prag / Texte: Jirí Hilmera, Tomislav Volek, Vera Ptácková. - 2., erg. Aufl. - Praha, 1991. - 206 S.
Quellen u. Bibl. in zahlr. Anmerk.; Verz. ausgewählter Inszenierungen des "Don Giovanni" und des "Titus" auf den Bühnen Prager Theater S. 175-197.

M-1227 **Mozart**sche Spuren in böhmischen und märhischen Archiven / Tomislav Volek, Ivan Bittner. - Martin: Archivverwaltung des Innenministerium der CSR, 1991. - 67 S.
(Aus böhmischen und mährischen Archiven.)
Quellen u. Bibl. S. 11-13.

M-1228 **Müller, Ulrich:** "The Salzburg Tales": Christina Steads Salzburg-Buch von 1934; mit einem Überblick: **Mozart** im Roman des 20. Jahrhunderts. - In: Das Phänomen Mozart im 20. Jahrhundert: Wirkung, Verarbeitung und Vermarktung in Literatur ... / hrsg. von Peter Csobádi [u.a.] - Anif/Salzburg, 1991, S. 665-694.
(Wort und Musik; 10.)
Bibl. S. 691-694, im Text u. in 39 Fußnoten.

M-1229 **Nemesszeghy, Lajos:** Wolfgang Amadeus **Mozart** in seinen Beziehungen zu den Ungarn, 1761-1791. - Wien: Univ. Diss., 1991. - 345 Bl., Illustr., Notenbeisp.
Bibl. Bl. 321-345.

M-1230 New **Mozart** documents: a supplement to O. E. Deutsch's documentary biography. - London: Macmillan, 1991. - XVII, 192 S.
Ergänzungen zu: Deutsch, Otto Erich: Mozart: die Dokumente seines Lebens ... 1961; Quellen, dokumentarisches u. biobibliogr. Material S. 3-154: 241 Titel; Addenda u. Corrigenda zu: Eibl, Joseph Heinz: Mozart: Chronik seines Lebens, S. 155-158; Quellen u. Bibl. S. 161-172; Werk- u. Gesamt-Register.

M-1231 **Nindler, Peter:** Gesellschaftliche und politische Aspekte im Werk von Wolfgang Amadeus **Mozart**: eine Analyse der Opern "Die Entführung aus dem Serail", "Le nozze di Figaro", "Don Giovanni", "Così fan tutte", "Die Zauberflöte" und "La clemenza di Tito" im historischen Kontext. - Salzburg: Univ. Diplomarb., 1991. - 113 Bl.
Bibl. Bl. 108-113.

M-1232 **Österreichische Nationalbibliothek, Musiksammlung:** Requiem: Wolfgang Amadeus **Mozart** 1791/1991; Ausstellung der Musiksammlung der Österreichischen Nationalbibliothek; Katalog / bearb. von Günter Brosche, Josef Gmeiner und Thomas Leibnitz. - Graz: Akademische Druck- und Verlagsanstalt, 1991. - 328 S.
Ausstellungskatalog mit reichhalt. biobibliograph. Material, enthält auch mehrere Artikel u. a.:
S. 41-48: Brosche, Günter: 1791: Mozarts letztes Lebensjahr - die Entstehungszeit des Requiems.
Zeittafel zum letzten Lebensjahr Mozarts: 1791: S. 44-46.
S. 209-223: Brosche, Günter: Das Requiem von Wolfgang Amadeus Mozart.
Beschreibung der Handschrift S. 217-222; Bibl. in 33 Anmerk. S. 223.
S. 317-320: Bibliographie.
Weitere Bibl. im Text; Register (zsgest. von Sabine Kurth).

M-1233 Omaggio a Wolferl / a cura di Carlo Frajese. - Roma: Bulzoni, 1991. - 126 S.
Enth. u. a.:
S. 7-16: Frajese, Carlo: Un progetto per commemorae Mozart.
Verz. der Werke, die Mozart während seiner ersten Italienreise 1769-1771 komponiert hat S. 10-11.
S. 71-109: Sermonti, Vittorio: Mozartsches in Da Ponte.
Bibl. in 55 Anmerk. S. 101-109.

M-1234 **Parouty, Michel: Mozart** - Amadeus: von Gott geliebt. / Michel Parouty; Johannes Jansen. - Ravensburg, 1991. - 199 S.
(Abenteuer Geschichte; 19.) (Ravensburger Taschenbuch.)
Zeugnisse und Dokumente S. 129-178; Werkangaben, Diskographie, Zeittafel, Bibl., Ikonographie, Register S. 179-199.

M-1235 **Perkins, Lucia:** Use of folk idiom in **Mozart**'s German operas. - Memphis: Memphis State Univ. Diss., 1991. - 159 S.
Bibl. S. 153-159.

M-1236 Perspectives on **Mozart** performance / ed. by R. Larry Todd .... - Cambridge: Univ. Press, 1991. - XIV, 246 S.
Enth. u. a.:
S. 27-54: Komlós, Katalin: "Ich praeludirte und spielte Variazionen": Mozart the fortepianist.
Bibl. in 84 Fußnoten.
S. 126-157: Stowell, Robin: Leopold Mozart revised: articulation in violin playing during the second half of the eighteenth century
Bibl. in 129 Fußnoten
S. 158-203: Todd, R. Larry: Mozart according to Mendelssohn: a contribution to "Rezeptionsgeschichte"
Bibl. in 69 Fußnoten; Verz. der von Mendelssohn aufgeführten Mozart-Werke S. 176-182.
(Cambrdige studies in performance practice; 1.)

M-1237 Das Phänomen **Mozart** im 20. Jahrhundert: Wirkung, Verarbeitung und Vermarktung in Literatur, bildender Kunst und in den Medien; Gesammelte Vorträge des Salzburger Symposions 1990 / hrsg. von Peter Csobádi [unda.] - Anif/Salzburg, 1991. - X, 748 S.
Enth. mehrere Einzelbeiträge jeweils mit Bibl.; neben den als gesonderte Eintragungen angeführten, sind hier noch folgende nachgewiesen:.
S. 27-43: Gruber, Gerold Wolfgang: Mozart als Thema der Musikanalyse: ein Desideratum? / Bibl. in

37 Fußnoten.
S. 241-256: Spassov, Bojidar: Mozart als Metapher in der russischen Kultur: einige Aspekte des Phänomens Mozart in der ersten Hälfte des 20. Jahrhunderts.
Bibl. in 24 Fußnoten.
S. 303-322: Suppan, Wolfgang: Die Verbreitung und Popularisierung von Kompositionen Mozarts mit Hilfe der Bläserharmonie und des konzertanten Blasorchesters.
Bibl. in 17 Fußnoten; Blasorchester-Bearbeitungen Mozartscher Werke S. 316-319.
S. 323-339: Stampfl, Inka: Wie "rockig" ist Mozart? Die Rolle der Musik Mozarts innerhalb der U-Musik
Bibl. S. 337-338; Diskographie S. 339.
S. 341-356: Rösing, Helmut: Mozart-Adaptionen in der populären Musik seit 1975.
Bibl. in 21 Fußnoten; Diskographie S. 353-356.
S. 363-379: Elste, Martin: Der mechanisierte Mozart
Bibl. u. Diskographie in 37 Fußnoten.
(Wort und Musik; 10.)

M-1238 Poggi, Amadeo: Mozart: signori, il catalogo è questo! / Amadeo Poggi, Edgar Vallora. - Torino: Einaudi, 1991. - VI, 767 S.
(Gli Struzzi; 421.)
Kommentiertes thematisches Verzeichnis der Kompositionen nach Köchel-Nummern S. 3-723: jeweils mit Literaturangaben; Bibl. S. 731-740; Werk-Register.

M-1239 Prokop, Otto: Zur Todesursache von W. A. **Mozart**. - Berlin: Schering, 1991. - 40 S.
(Eine Veröffentlichung der medizinisch-wissenschaftlichen Buchreihe von Schering.)
Bibl. S. 38-40.

M-1240 Publig, Maria: Mozart: ein unbeirrbares Leben; Biographie. - München, 1991. - 367 S.
Bibl. S. 351-353; Zeittafel mit Aufführungs- und Werkhinweisen S. 355-357; Namenregister.

M-1241 Quarg, Gunter: W. A. **Mozart** 1756-1791: Universitäts- und Stadtbibliothek Köln; Ausstellung / Katalogbearb.: Gunter Quarg. - Köln, 1991. - 58 S.
Ausstellungskatalog: 200 Objekte mit biobibliogr. Material.

M-1242 Rehm, Wolfgang: Ideal and reality: aspects of the "Neue **Mozart**-Ausgabe". - In: Notes. - New York. 48. 1991, S. 11-19.
Forschungsbericht.

M-1243 Rehm, Wolfgang: "Neue **Mozart**-Ausgabe": Gedanken zum Abschluß ihrer Werk-Edition. - In: Acta Mozartiana. - Augsburg. 38. 1991, S. 45-49.
Arbeits- und Forschungsbericht.

M-1244 Reinthaler, Anton: Mozarts Kirchenmusik in der Praxis. - In: Singende Kirche. - Wien. 38. 1991, S. 4-8.
Kommentiertes Verz. der Kirchenmusik Mozarts.

M-1245 Remus, Matthias: Mozart. - Stuttgart, 1991. - 240 S.
Mozarts Opern (Erstaufführung, besetzung, Inhaltsangabe) S. 213-223; Zeittafel S. 224-229; Bibl. S. 230-231; Werk- u. Namenregister.

M-1246 Rice, John A.: W. A. **Mozart**: "La clemenza di Tito". - Cambridge, 1991. - XII, 181 S.
(Cambridge opera handbooks.)
Bibl. S. 170-174; Diskographie S. 175-176; Index.

M-1247 Richter, Brigitte: Wolfgang Amadeus **Mozart**s Opern auf dem Leipziger Theater: ein Beitrag zu ihrer Aufführungsgeschichte im 18. Jahrhundert. - In: Mitteilungen der Internationalen Stiftung Mozarteum. - Salzburg. 39. 1991/92, S. 47-80.
Bibl. in 33 Fußnoten; Zeittafel zu den Aufführungen S. 59-60.

M-1248 Rubey, Norbert: Der Beitrag von Johann Strauß (Sohn) zur Verbreitung von **Mozart**s Musik. - In: Die Fledermaus. - Tutzing. 3. 1991, S. 73-78.
Mozart im Repertoire der Straußkapelle in Pawlowsk S. 77; Bibl. in 12 Anmerk. S. 78 u. im Text.

M-1249 Schmidt, Siegrid: Der Komponist und der Regisseur: Oscar Fritz Schuhs Auseinandersetzung zum Thema **Mozart** in Vortrag, Zeitung und anderen Publikationen. - In: Das Phänomen Mozart im 20. Jahrhundert: Wirkung, Verarbeitung und Vermarktung in Literatur ... / hrsg. von Peter Csobádi [u.a.] - Anif/Salzburg, 1991, S. 117-131.
(Wort und Musik; 10.)
Bibl. S. 129-130 u. in Fußnoten; Zeittafel zu Schuh S. 131.

M-1250 Schuler, Heinz: Das "Zauberflöten"-Ensemble des Jahres 1791: biographische Miszellen. - In: Mitteilungen der Internationalen Stiftung Mozarteum. - Salzburg. 39. 1991/92, S. 95-124.
Quellen u. biobibliogr. Material im Text u. in 100 Fußnoten.

M-1251 Sebestyén, Ede: Mozart és Magyarország. - 2. kiad. - Budapest: Akadémiai Kiadó, 1991. - 121 S.
(Egyéniseg é alkotás.)
Zeittafel mit biobibliograph. Material S. 85-123.

M-1252 Sgrignoli, Franco: Invito all'ascolto di Wolfgang Amadeus **Mozart**. - Milano, 1991. - 365 S.
(Invito all'ascolto; 15/16.)
Bibl. S. 290-292; Werkverz. S. 293-339; Diskographie S. 340-348; Namen- u. Werk-Register.

M-1253 Soerensen, Inger: Mozart. - 2. Aufl. - Kopenhagen, 1991. - 130 S.
Personenverz. mit Biogrammen S. 97-104; Zeittafel S. 105-109; Bibl. S. 110-112; Werkverz. S. 113-127; Register.

M-1254 Spanner, Petra: Wolfgang Amadeus **Mozart**: 1756 - 1791; Buchausstellung aus den Beständen der Universitätsbibliothek Graz vom 5. Dez. 1991 bis 25. Jänner 1992 / Gestaltung der Ausstellung und Katalog: Petra Spanner. - Graz, 1991. - 117 S.
40 Exponate mit Beschreibungen und Abbildungen.

M-1255 Stafford, William: The **Mozart** myths: a critical reassessment. - Stanford, Ca.: University Press, 1991. - VIII, 285 S.
Bibl. S. 271-277; Register.

M-1256 Stafford, William: Mozart's death: a corrective survey of the legends. - London, Basingstoke, 1991. - VIII, 285 S.
Bibl. S. 271-277, Register.

M-1257 Strebel, Harald: Der Freimaurer Wolfgang Amadé **Mozart**. - Stäfa, 1991. - 239 S.
Zeittafel: Mozarts maurerischer Lebenslauf S. 201-204; Freimaurerische Dokumentation zu Mozart S. 205-222: 49 Titel; Bibl. S. 231-234; Personen-Register.

M-1258 Strumenti per **Mozart** / Accademia Roveretana di Musica Antica ...; a cura di Marco Tiella .... - Rovereto: Longo, 1991. - 373 S.
Enth. u. a.:
S. 29-41: Vettori, Romano: I monumenti Mozartiani di Rovereto.
Bibl. in 48 Anmerk. S. 38-41.
S. 73-130: Tiella, Marco: Strumenti a tastiera all'epoca di Mozart.
Bibl. S. 127-130.
S. 211-225: Tiella, Marco: Strumenti ad arco all'epoca di Mozart.
Bibl. in Anmerk. S. 222-225.

M-1259 Symposium zu W. A. **Mozart**s 200. Todestag: Dokumentation einer Veranstaltung ... / Hrsg.: Walter Weidmann. - Trossingen: Hohne-Musikverlag, 1991. - 146 S.
Enth. u. a.:
S. 17-36: Brusniak, Friedhelm: Mozart in der bürgerlichen Musikpflege: die Liebhaber als Träger und Initiatoren der Mozartbewegung.
Bibl. in 32 Anmerk. S. 34-36.
S. 37-54: Schuler, Heinz: Mozart und Die Freimaurerei
Bibl. in 31 Fußnoten S. 52-54.
S. 59-70: Berg, Hans-Walter: Mozart-Bearbeitungen für Blasorchester.
Kommentiertes Verzeichnis.
S. 83-138: Verzeichnis der anläßlich des Mozart-Symposiums (8. - 10. 3. 1991) ausgestellten Notenausgaben / zusammengestellt von Christoph Schönberger.
Verz. der Notenausgaben S. 85-112; dazu systematisches Register und Verlags-Register.
(Schriftenreihe "Aus der Arbeit der Bundesakademie"; 13.)

M-1260 Il teatro di **Mozart** a Roma: mostra / red. del catalogo: Carla Abbamondi. - Roma: Ministero per i Beni Culturali e Ambientali, 1991. - 258 S.
S. 55-94: Lanza, Laura: La rappresentazioni teatrali Mozartiane a Roma attraverso la stampa periodica e quotidiana.
Bibl. S. 91 u. im Text.
S. 121-127: Bini, Annalisa: Il teatro di Mozart nelle fonti manuscritti Romane del sec. XIX
Quellen u. Bibl. S. 125-127 u. in 22 Fußnoten.
S. 141-172: Ciancio, Laura: "Madamina il cataloge è questo": libretti e programmi di sala delle rappresentazioni Romani di opere Mozartiane.
Bibl. in Fußnoten; Libretti u. Programme S. 145-164: 41 Nachweise mit Kommentar u. Besitznachweisen; Namens-Register.
S. 177-186: Romani, Gabriella: Itinerario bibliografico Mozartiano.
Bibl. S. 181-185 u. in 23 Fußnoten.
S. 187-190: Campana, Alessandra: Mozart, nel panorama musicologico Italiano: breve rassegna bibliografica attraverso i periodici specializzati del XX secolo.
Bibl. S. 188.
S. 203-207: Marinelli, Carlo: Mozart in Italia: discografia.
S. 209-218: Pistacchi, Massimo: Perpetuum mobile: Mozart nel cinema.
Mozart-Filmographie S. 213-218.
Ausstellungskatalog mit Besitznachweisen u. biobibliogr. Material: 291 Objekte.

M-1261 Torno, Armando: Divertimenti per Dio: **Mozart** e i teologi / Armando Torno, Pier Angelo Sequeri. - Casale Monferrato: Piemme, 1991. - 167 S.
Bibl. S. 159-165.

M-1262 Tschuggnall, Peter: Sören Kierkegaards **Mozart**-Rezeption: Analyse einer philosophisch-literarischen Deutung von Musik. - Innsbruck: Univ. Diss., 1991. - 171 Bl.
Bibl. Bl. 161-171.

M-1263 Vila, Marie Christine: Sotto voce: **Mozart** à Paris. - Arles: Actes Sud, 1991. - 197 S.
(Série musique.)
Bibl. in Anmerk. S. 185-197.

M-1264 Wagner, Manfred: Mozart quergelesen: ein kritischer Überblick über die Neuerscheinungen zum Mozartjahr. - 1-2. - In: Österreichische Musikzeitschrift. - Wien. 46. 1991, S. 287-291, 706-709.
Kritischer Literaturbericht.

M-1265 Weißensteiner, Johann: Mozart und St. Stephan. - In: Beiträge zur Wiener Diözesangeschichte. - Wien. 32. 1991, S. 28-30.
Quellen u. Bibl. in 30 Anmerk. S. 29-30.

M-1266 Wiest, Klaus: Wolfgang Amadeus Mozart 1756-1791: eine Medienauswahl. - Speyer: Stadtbücherei, 1991. - XLV, 60 S.
Diskographie S. 1-40; Sekundärlit., Libretti, Briefe, Biographien, belletristische Darstellungen S. 41-52; Mozart auf Videos S. 63-60.

M-1267 Wolfgang Amadeus **Mozart:** "Componieren - meine einzige freude und Paßion"; Autographe und frühe Drucke aus dem Besitz der Berliner Staatsbibliotheken ... / Ausstellung und Katalog: Hans-Günter Klein [unda.] - Wiesbaden: Reichert, 1991. - 144 S.
(Staatsbibliothek Preußischer Kulturbesitz: Ausstellungskataloge; 40.)
Zeittafel S. 32-34; Katalog S. 35-139: 56 Exponate mit Quellen, biobibliogr. Material u. Kommentar; Ikonographisches Material S. 140; Bibl. S. 141-142; Verz. der im Katalog genannten Werke Mozarts S. 143-144.

M-1268 Wolfgang Amadeus **Mozart** in der Österreichischen Musikzeitschrift: (eine Auswahl aus über 200 Artikeln.) - In: Österreichische Musikzeitschrift. - Wien. 46. 1991, S. 49.

M-1269 Wolfgang Amadeus **Mozart** und Baden / eine Zusammenstellung von Viktor Wallner. - Baden bei Wien: Gesellschaft der Freunde Badens und Städtische Sammlungen - Archiv, Rollettmuseum der Stadtgemeinde Baden, 1991. - 103 S.
(Neue Badener Blätter; 2,4.)
Bibl. S. 4-5; S. 19-30: Die Aufenthalte Mozarts in Baden; S. 31-61: Die 'Badener Briefe' der Familie Mozart (Übersicht S. 31-33; Texte der Briefe S. 33-61.) - S. 62-101: Die Badener Mozart-Gedenkjahre im Spiegel der Lokalpresse; Mozartstätten in Baden S. 102-103.

M-1270 Zaslaw, Neal: The **Mozart** repertory: a guide for musicians, programmers and researchers / ed. by Neal Zaslaw, Fiona Morgan Fein. - Ithaca, NY: Cornell Univ. Press, 1991. - XVII, 157 S.
Werkverz. nach Köchel-Nummern u. Musikarten mit bibliogr. u. diskograph. Material.

M-1271 Abstracts wissenschaftlicher Aufsätze in den Mitteilungen der Internationalen Stiftung Mozarteum 1981-1992. - In: Mozart-Jahrbuch. - Salzburg. 1992, S. 51-91.
Autorenalphabet.

M-1272 Adamovics, Annette: Eine rezeptionsgeschichtliche Aufarbeitung des Lebens von Wolfgang Amadé **Mozart** im Jahre 1782: mit besonderer Berücksichtigung seines musikalischen Schaffens und einer kritischen Betrachtung der Literatur über seine Ehefrau Constanze Mozart. - Wien: Univ. Diplomarb., 1992. - VI, 232 Bl.
Bibl. Bl. 226-232; biobibliogr. Material im Text u. in Fußnoten.

M-1273 Alcalde, Pedro: Strukturierung und Sinn: die dramatische Funktion der musikalischen Form in Da Pontes und **Mozart**s Don Giovanni. - Frankfurt/M.: Lang, 1992. - 247 S.
(Europäische Hochschulschriften; 36,76.)
Bibl. S. 235-247.

M-1274 Angermüller, Rudolf: Mozart-Bibliographie 1986-1991: mit Nachträgen zur Mozart-Bibliographie bis 1985 / von Rudolf Angermüller u. Johanna Senigl. - Kassel: Bärenreiter, 1992. - 332 S.
Bibl. 1986-1991 S. 11-249: Autorenalphabet: 2910 Titel; Nachträge S. 250-301: 772 Titel; Personen-, Orts-, Sach- u. Werk-Register und Köchel-Nummern.

M-1275 Angermüller, Rudolph: Das Salzburger **Mozart**-Denkmal: eine Dokumentation (bis 1845) zur 150 Jahre-Enthüllungsfeier / Rudolph Angermüller; mit einem kunsthistorischen Beitrag von Adolf Hahnl. - Salzburg: Internationale Stiftung Mozarteum, 1992. - 267 S.
S. 214-252: Hahnl, Adolf: Das Mozart-Denkmal als Kunstwerk.
Quellen u. Bibl. in 175 Fußnoten.
Ausführliche Dokumentation zur Entstehung des Salzburger Mozart-Denkmals 1835-1845: Quellen, Dokumente, biobibliogr. Material im Text u. in Fußnoten S. 22-213; Quellen u. Bibl. S. 253-255; Personen- u. Orts-Register.

M-1276 Bankl, Hans: Die Reliquien **Mozart**s: Totenschädl und Totenmaske. / Hans Bankl; Johann Szilvássy. - Wien: Facultas, 1992. - 101 S.
Bibl. S. 100-101.

M-1277 Bergmann, Rupert: Conte Almaviva - Don Giovanni - Guglielmo: drei Figuren bei **Mozart** und Da Ponte im Vergleich / vorgelegt von Rupert Bergmann. - Graz: Hochschule für Musik und Darstellende Kunst, Diplomarb., 1992. - 241 Bl.
Personen-Register mit Biogrammen Bl. 204-232; Bibl. Bl. 233-240.

M-1278 Bericht über den Internationalen **Mozart**-Kongreß, Salzburg 1991 / hrsg. von Rudolph Angermüller [unda.] - Kassel, 1992. - Teilband 1-2.
Teilband 1. - 551 S.
Enth. u. a. folgende Beiträge:.
S. 47-54: Rehm, Wolfgang: Aspekte der "Neuen Mozart-Ausgabe": Ideal und Wirklichkeit.
Arbeitsbericht.
S. 237-243: Zduniak, Maria: *Mozart-Opern in Breslau 1787-1823.*
Bibl. in 26 Fußnoten.
S. 363-370: Graziano, John: The reception of Mozart in Nineteenth-Century America.
Bibl. in 29 Fußnoten.
S.371-379: Hatting, Carsten E.: Mozart und Dänemark.
Bibl. in 26 Fußnoten.
S. 380-384: Braschowanowa-Stantschewa, Lada: Publikationen und Rundfunkzyklen über Mozart in

Bulgarien.
Verz. der in der Nationalbibliothek Sofia vorhandenen Mozart-Literatur und der bulgarischen Übersetzungen von Mozartliteratur sowie Angaben über Rundfunksendungen Mozart betreffend (im Text).
S. 385-392: Landmann, Ortrun: Dresden und Mozart - Mozart und Dresden: eine Quellenbetrachtung.
Quellen u. Bibl. in 28 Fußnoten.
S. 438-447: Hauschka, Thomas: "aufs Clavier zu setzen": Klavierauszüge und Klavierfassungen von Wolfgang Amadeus Mozart.
Bibl. in 29 Fußnoten.
S. 499-508: Köhler, Rafael: Vom Theater in die Kirche?: Mozart und die "wahre Kirchenmusik"; Anmerkungen zur Rezeption von Mozarts Sakralmusik im 19. Jahrhundert.
Bibl. in 68 Fußnoten.
Teilband 2. - S. 552-1113.
Enth. u. a. folgende Beiträge:.
S. 559-563: Schwerin, Erna: The reception of Mozart's early operas in the United States.
Bibl. im Text..
S. 606-612: Jost, Peter: Heinrich Schenker und Mozart.
Bibl. in 37 Fußnoten.
S. 895-901: Schuler, Manfred: Eine Prager Singspielfassung von Mozarts "Così fan tutte" aus der Zeit des Komponisten.
Bibl. in 38 Fußnoten.
S. 910-921: Marshall, Robert L.: Mozart's unfinished: some lessons of the fragments.
Bibl. in 18 Fußnoten.
(Mozart-Jahrbuch; 1991.)

M-1279 Bilinska, Jolanta: Die Rezeption von **Mozart**s Opernschaffen in Polen von 1783-1830. - In: Mozart-Jahrbuch. - Salzburg. 1992, S. 11-25.
Bibl. in 68 Fußnoten.

M-1280 Bossard, Rudolf: "... vonn Jugend auf mir diesen Styl ganz eigen gemacht": **Mozart** und der Kirchenstil. - In: Mozart 1991: die Kirchenmusik von W. A. Mozart in Luzern. - Luzern: Raeber, 1992, S. 13-39.
Bibl. in 70 Anmerk. S. 35-39.

M-1281 Brauneis, Walther: "Dies irae, dies illa - Tag des Zornes, Tag der Klage": Auftrag, Entstehung und Vollendung von **Mozart**s "Requiem". - In: Studien zur Wiener Geschichte / hrsg. von Ferdinand Opll u. Karl Fischer. - Wien, 1992, S. 33-50.
(Jahrbuch des Vereins für Geschichte der Stadt Wien; 47/48. 1991/92.)
Quellen u. Bibl. in 38 Fußnoten.

M-1282 Brauneis, Walther: Mozarts Nachruhm. - In: Wiener Geschichtsblätter. - Wien. 47. 1992, S. 1-21.
Quellen u. biobibliogr. Material im Text u. in 41 Fußnoten.

M-1283 Buch, David J.: Fairy-tale literature and "Die Zauberflöte". - In: Acta musicologica. - Basel. 64. 1992, S. 30-49.
Bibl. in 61 Fußnoten.

M-1284 Diener, Betty Sue: Irony in **Mozart**'s operas. - Columbia, Ohio: Columbia Univ. Diss., 1992. - VI, 484 S.
Bibl. S. 453-477.

M-1285 Don Giovanni in video: seminario internazionale. - Roma, 1992. - 170 S.
(Quaderni dell'Istituto di Ricerca per il Teatro Musicale; 12,3: Atti; 6.)
Videographie zu "Don Giovanni" S. 141-163.

M-1286 Downs, Philip G.: Classical music: the era of Haydn, **Mozart** and Beethoven. - New York: Norton, 1992. - XVI, 697 S.
(The Norton introduction to music history.)
Bibl. S. 669-677; Register.

M-1287 Dürr, Walther: Von Modellen und Rastern: Schubert studiert **Mozart**? - In: Mozart-Studien. - Tutzing. 1. 1992, S. 173-193.
Bibl. in 44 Fußnoten.

M-1288 Emig, Christine: Auswahlbibliographie zu **Mozart**s Opernfiguren. / Christine Emig; Detlef Scholz. - In: Mozarts Opernfiguren: große Herren, rasende Weiber - gefährliche Liebschaften / Dieter Borchmeyer [Hrsg.] - Bern: Haupt, 1992, S. 247-268.
(Facetten deutscher Literatur; 3.)

M-1289 Forster, Robert: Die Kopfsätze der Klavierkonzerte **Mozart**s und Beethovens: Gesamtaufbau, Solokadenz und Schlußbildung. - München: Fink, 1992. - XVIII,423 S.
[Zugl.:] München: Univ. Diss., 1988.
(Studien zur Musik; 10.)
Werkausgaben u. Faksimiles S. 411-412; Bibl. S. 413-423 u. in Fußnoten. - [ISBN 3-7705-2751-8]

M-1290 Franze, Juan Pedro: Mozarts dramatische Meisterwerke im Teatro Colon. - In: Jahrbuch des Wiener Goethe-Vereins. - Wien. 96. 1992, S. 195-231.
Bibl. S. 221; tabellarische Übersicht über die Mozartaufführungen im Teatro Colon in Buenos Aires S. 222-231.

M-1291 Haberkamp, Gertraut: Anzeigen und Rezensionen von **Mozart**-Drucken in Zeitungen und Zeitschriften. - In: Mozart-Studien. - Tutzing. 1. 1992, S. 195-257; 2. 1993, S. 231-292; 3. 1993, S. 223-273; 5.1995, S. 225-268; 7. 1997, S. 229-292; 8. 1998, S. 225-267; 10.2001, S. 231-280.
Ausgewertet wurden Zeitungen u. Zeitschriften des 18. u. des beginnenden 19. Jahrhunderts.

M-1292 Hennenberg, Fritz: Wolfgang Amadeus **Mozart**: mit Selbstzeugnissen und Bilddokumenten dargestellt. - Reinbek: Rowohlt, 1992. - 160 S.
(Rowohlts Monographien; 523.)
Zeittafel S. 132-134; Werkverz. S. 138-148; Bibl. S. 149-155; Namen-Register.

M-1293 Horn, Wolfgang: Marpurgs "Abhandlung von der Fuge" und Sechters Analyse des Finales von **Mozart**s Jupiter Sinfonie (KV 551). - In: Mozart-Studien. - Tutzing. 1. 1992, S. 135-172.
Bibl. in 88 Fußnoten.

M-1294 Itinéraires mozartiens en Bourgogne: colloque de Dijon ... / recueillis par F. Claudon. - Paris: Klincksieck, 1992. - 256 S.
Enth. u. a.:
S. 101-111: Mahling, Ch.-H.: A propos de l'affiche du concert donné par Wolfgang et Nannerl à Dijon le 18 juillet 1776.
Bibl. in 37 Fußnoten.
S. 201-212: Ramaut, Alban: "Così fan tutte" et ses modèles français.
Bibl. in 30 Fußnoten.
S. 213-220: Nys, Carl de: Mozart et la musique religieuse en France.
Bibl. in 33 Fußnoten.
S. 237-243: Patte, J. Y.: Note sur la venue de Mozart à Dijon en 1766.
Quellen u. Bibl. in 27 Fußnoten.

M-1295 Josephson, Nors S.: Zu **Mozart**s dramatischen Ouvertüren. - In: Mozart-Jahrbuch. - Salzburg. 1992, S. 26-50.
Bibl. in 49 Fußnoten.

M-1296 Kammermayer, Max: Emanuel Schikaneder und seine Zeit: ein Spiegelbild zu **Mozart**s Zauberflöte. - Grafenau: Morsak, 1992. - 315 S.
Bibl. S. 312-315.

M-1297 Konrad, Ulrich: Mozarts Schaffensweise: Studien zu den Werkautographen, Skizzen und Entwürfen. - Göttingen: Vandenhoeck & Ruprecht, 1992. - 530 S.
[Zugl.:] Göttingen: Univ. Habil.-Schrift.
(Abhandlungen der Akademie der Wissenschaften in Göttingen: Philolog.-histor. Klasse; 3, 201..)
Nachrichten und Forschungen über Mozarts Skizzen S. 30-47; Katalog der Skizzen und Entwürfe Mozarts S. 104-338 (Themat. Katalog mit Angabe der Autographen, Besitznachweise, Beschreibung u. Lit.); Bibl. S. 501-520; Personen- u. Werk-Register; Nachtrag: Konrad, Ulrich: Neuentdecktes und Wiedergefundenes Werkstattmaterial Wolfgang Amadeus Mozarts: Nachtrag zum Katalog der Skizzen und Entwürfe. - In: Mozart-Jahrbuch. - Salzburg. 1995, S. 1-28.

M-1298 Lane, Timothy: The relation between analysis and performance of W. A. **Mozart**'s D-major flute concerto (K 314/285D) in accordance with contemporaneous writings. - Urbana Champaign, Ill.: Univ. of Illinois Diss., 1992. - VI, 269 S.
Bibl. S. 258-267.

M-1299 The librettos of **Mozart**'s operas / Ed.: Ernest Warburton. - New York: Garland, 1992. - 1-7.
Faksimiles der Mozart-Libretti: jeweils Bibl., Kommentar u. Besitznachweis in der Einleitung.

M-1300 Lister, Laurie-Jeanne: Humor as a concept in music: a theoretical study of expression in music, the concept of humor, humor in music and an analytical example: "Ein musiklaischer Spaß" KV 522. - Wien: Hochschule für Musik und Darstellende Kunst Diplomarb., 1992. - 145 Bl.
Bibl. Bl. 138-143.

M-1301 Mozart in der Musik des 20. Jahrhunderts: Formen ästhetischer und kompositionstechnischer Rezeption / hrsg. von Wolfgang Gratzer. - Laaber: Laaber-Verlag, 1992. - 292 S.
Enth. u. a.:
S. 71-90: Krummacher, Friedhelm: Mozart in skandinavischer Sicht: Carl Nielsen als Vermittler.
Bibl. in 46 Fußnoten.
S. 227-242: Krones, Hartmut: Wolfgang Amadeus Mozart und österreichische Hommage-Kompositionen 1956-1991.
Bibl. in 21 Fußnoten u. im Text.
(Schriften zur msuikalischen Hermeneutik; 2.)

M-1302 Mozart und Olmütz .... - Olomouc: Votobia, 1992. - 93 S.
Enth. u. a.:
S. 15-36: Fiala, Jiri: Die Familie Mozart in Olmütz (26. 10. - 23. 12. 1767)
Quellen u. Bibl. in 63 Anmerk. S. 29-33.
S. 77-84: Hudec, Vladimír: Die Mozarttradition in Olmütz.
Bibl. in 9 Anmerk. S. 82; Übersicht über die Inszenierungen von Mozarts Werken im Tschechischen Theater in Olmütz S. 83.

M-1303 Mozarts Kirchenmusik / Hrsg.: Harald Schützeichel. - Freiburg/Br.: Verlag der Katholischen Akademie, 1992. - 143 S.
Enth. u. a.:
S. 11-36: Riedel, Friedrich W.: Mozarts Kirchenmusik: musikalische Tradition, liturgische Funktion, religiöse Aussage.
Kirchenkomponisten zur Zeit Mozarts S. 15-17; Bibl. in 57 Fußnoten.
S. 37-51: Haselböck, Martin: Mozart und die Orgel
Kommentiertes Verz. von Mozarts Orgelwerken S. 41-51; Bibl. in Fußnoten.
S. 73-103: Kirsch, Winfried: Mozarts Kirchenmusik im Licht der Kirchenmusiktheorie des 19. Jahrhunderts.
Bibl. in 84 Fußnoten.

(Tagungsberichte der Katholischen Akademie der Erzdiözese Freiburg.)

M-1304 Müller-Arp, Eberhard: Die langsame Einleitung bei Haydn, **Mozart** und Beethoven: Tradition und Innovation in der Instrumentalmusik der Wiener Klassik. - Hamburg: Wagner, 1992. - 283 S. (Hamburger Beiträge zur Musikwissenschaft; 41.)
Bibl. S. 273-280.

M-1305 Quarg, Günter: Zwei frühe Wiener Partitur-Abschriften von **Mozart**s "Zauberflöte". - In: Mitteilungen der Internationalen Stiftung Mozarteum. - Salzburg. 40. 1992/93, S. 119-127.
Bibl. in 29 Fußnoten; Quellenbeschreibung S. 125-127.

M-1306 Rhee, Meehyun: A background and an analysis of **Mozart**'s piano concerto no. 24 in C minor, K. 491: aids towards performance. - Columbus, Ohio: Ohio State Univ. Diss., 1992. - XV, 99 S.
Bibl. S. 96-99; Diskographie S. 99.

M-1307 Schuler, Heinz: Die **Mozart**-Loge "Zur Wohltätigkeit" im Orient von Wien 1783 bis 1785: Entwicklung und Mitgliederbestand. - In: Genealogisches Jahrbuch. - Neustadt a. d. Aisch. 32. 1992, S. 5-52.
Biogramme der Mitglieder S. 19-48; Quellen u. Bibl. S. 48-50 u. in 38 Anmerk. S. 50-52.

M-1308 Schuler, Heinz: Mozart und die Freimaurerei: Daten, Fakten, Biographien. - Wilhelmshaven: Noetzel, 1992. - 246 S. (Taschenbücher zur Musikwissenschaft; 113.)
Biogramme nach dem Namensalphabet mit Quellen u. Lit. S. 71-153; Dokumentation S. 154-212; Von Mozart vertonte Freimaurer-Texte S. 215-228; Quellen u. Bibl. S. 229-241.

M-1309 Schuler, Heinz: Mozarts "Maurerische Trauermusik" KV 477/479a: eine Dokumentation. - In: Mitteilungen der Internationalen Stiftung Mozarteum. - Salzburg. 40. 1992/93, S. 46-70.
Quellen u. Bibl. in 42 Fußnoten; Dokumentation S. 57-70.

M-1310 Seiffert, Wolf-Dieter: Mozarts frühe Streichquartette. - München: Fink, 1992. - IX, 344 S. Zugl. München: Univ. Diss., 1990. (Studien zur Musik; 11.)
Bibl. S. 313-338; Personen- u. Werk-Register.

M-1311 Siegmund-Schultze, Walther: Wolfgang Amadeus **Mozart**: Ideal - Idol - Idee. - Trier: Wiss. Verl., 1992. - 310 S.
Zeittafel S. 281-284; Verz. der Kompositionen S. 285-303; Bibl. S. 304-305.

M-1312 Till, Nicholas: Mozart and the Enlightenment: truth, virtue and beauty in Mozart's operas. - London, Boston, 1992. - XI, 371 S.
Bibl. S. 351-361, Register.

M-1313 Webb, Frank: Mozart opera: a list of recordings from the G. L. A. S. S. Collection at Marylebone Library. - London: City of Westminster Library, 1992. - 120 S.
Diskographie S. 7-115; Bibl. S. 116-119.

M-1314 Wissmann, Wolfgang: Mozart im Dritten Reich. - Wien: Univ. Diplomarb., 1992. - 213 Bl.
Bibl. Bl. 208-212.

M-1315 Wolfgang Amadeus **Mozart** - Genie und Musik / hrsg. von Wolfgang Lipp. - Würzburg: Ergon, 1992. - 128 S.
Bibl. S. 123-127. - Enth. S. 9-25: Osthoff, Wolfgang: Die Musik des frühesten Mozart. / Bibl. in 32 Anmerk. S. 24-25.

M-1316 Baker, Evan: Alfred Roller's production of **Mozart**'s "Don Giovanni": a break in the scenic traditions of the Vienna Court Opera. - New York: New York Univ. Diss., 1993. - XXVIII, 247 Bl.
Quellen u. Bibl. Bl. 241-247 u. in Fußnoten.

M-1317 Barak, Helmut: Valentin Adamberger - **Mozart**s Belmonte und Freund. - In: Internationaler Musikwissenschaftlicher Kongreß zum Mozartjahr 1991, Baden, Wien: Bericht / hrsg. von Ingrid Fuchs. - Tutzing: Schneider, 1993, Bd 2, S. 463-474.
Quellen u. biobibliogr. Material im Text u. in 49 Fußnoten.

M-1318 Brauneis, Walther: Franz Xaver Niemetschek: sein Umgang mit **Mozart** - eine Legende? - In: Internationaler Musikwissenschaftlicher Kongreß zum Mozartjahr 1991, Baden, Wien: Bericht / hrsg. von Ingrid Fuchs. - Tutzing: Schneider, 1993, Bd 2, S. 491-503.
Quellen u. biobibliogr. Material u. in 29 Fußnoten.

M-1319 Breitner, Karin: Wolfgang Amadeus **Mozart**: Werke KV 585-626a und Anhang / bearb. von Karin Breitner. - Tutzing: Schneider, 1993. - XIII, 185 S. (Katalog der Sammlung Anthony van Hoboken in der Österreichischen Nationalbibliothek; 12.)
Werke KV 585-626a u. Anhang S. 1-62: genaue Titelaufnahmen Nr. 414-805 von Erst- und Frühdrucken mit Lit.; Konkordanz zum Köchel-Verzeichnis S. 165-178; Gesamt-Register der 805 Mozart-Drucke (Personen, Verlage, Verlagsorte).

M-1320 Clive, Peter: Mozart and his circle: a biographical dictionary. - London: Dent, 1993. - XII, 242 S.
Zeittafel S. 1-6; alphabet. geordnete Biographien von Zeitgenossen mit bibliogr. Material S. 9-179; Mozarts Opern S. 181-195: Aufführungen, Daten, bibliogr. Material; Bibl. S. 201-215; Werk- u. Namen-Register.

M-1321 Drüner, Ulrich: Bibliographie der zu **Mozart**s Lebzeiten unternommenen Nachdrucke seiner Werke. - In: Mozart-Jahrbuch. - Salzburg. 1993, S. 83-111.
183 Titel mit Literaturangaben.

M-1322 Fellinger, Imogen: Unbekannte **Mozart**-Studien Nottebohms. - In: Internationaler Musikwissenschaftlicher Kongreß zum Mozartjahr 1991, Baden, Wien: Bericht / hrsg. von Ingrid Fuchs. - Tutzing: Schneider, 1993, Bd 2, S. 587-599.
Bibl. in 26 Fußnoten.

M-1323 Fischer, Petra: Die Rehabilitierung der Sinnlichkeit: philosophische Implikationen der Figurenkonstellation der "Zauberflöte". - In: Archiv für Musikwissenschaft. - Wiesbaden. 50. 1993, S. 1-25.
Bibl. in 75 Fußnoten.

M-1324 Gallarati, Paolo: La forza della parole: **Mozart** dramaturgo. - Torino: Einaudi, 1993. - XIV, 374 S. (Piccola biblioteca Einaudi; 581.)
Bibl. S. 359-367; Namen-Register.

M-1325 Gersthofer, Wolfgang: Mozarts frühe Sinfonien (bis 1772): Aspekte frühklassischer Sinfonik. - Kassel: Bärenreiter, 1993. - 450 S. (Schriftenreihe der Internationalen Stiftung Mozarteum Salzburg; 10.)
Bibl. S. 433-442; Personen- u. Werk-Register.

M-1326 Gleich, Clemens-Christoph von: Mozart, Takt und Tempo: neue Anregungen zum Musizieren. - München, Salzburg: Katzbichler, 1993. - 152 S.
Bibl. S. 141-145 u. in 82 Anmerk. S. 138-141; Werkverz. u. Register S. 146-151.

M-1327 Goehring, Edmund J.: The comic vision in "Così fan tutte": literary and operatic traditions. - Columbio, Ohio: Columbia Univ. Diss., 1993. - III, 310 S.
Bibl. S. 277-310.

M-1328 Igrec, Srebrenka: Béla Bartók's edition of **Mozart**'s piano sonatas. - Baton Rouge: Louisiana State Univ. Diss., 1993. - XI, 128 S.
Bibl. S. 114-119 u. in 162 Fußnoten.

M-1329 Internationaler Musikwissenschaftlicher Kongreß zum **Mozart**jahr 1991, Baden, Wien: Bericht / hrsg. von Ingrid Fuchs. - Tutzing: Schneider, 1993. - Bd 1-2: 1. Hauptsektionen. - 441 S. - 2. Free papers. S. 448-1061. - Enth. u. a.:
S. 43-55: Biba, Otto: Mozarts Wiener Kirchenmusikkompositionen.
Bibl. in 41 Fußnoten. - S. 163-191: Jung-Kaiser, Ute: Stilparallelen zwischen der Musik Mozarts und der bildenden Kunst des 20. Jahrhunderts: zur Problematik der Stilkritik im fächerübergreifenden Kontext.
Bibl. in 59 Fußnoten.
S. 225-240: Kos, Koraljka: Die angeblichen Zitate von Volksmusik in Werken der Wiener Klassik.
Bibl. S. 238-240 u. in 54 Fußnoten. - S. 367-379: Rösing, Helmut: Mozart heute - Vermarktung einer Legende.
Bibl. in 23 Fußnoten.
S. 417-431: Maas, Georg: Formans Amadeus-Film und die Folgen.
Bibl. S. 431 u. in 32 Fußnoten. - S. 463-474: Barak, Helmut: Valentin Adamberger - Mozarts Belmonte und Freund.
Quellen u. biobibliogr. Material im Text u. in 49 Fußnoten.
S. 491-503: Brauneis, Walther: Franz Xaver Niemetschek: sein Umgang mit Mozart - eine Legende? / Quellen u. biobibliogr. Material im Text u. in 29 Fußnoten. - S. 587-599: Fellinger, Imogen: Unbekannte Mozart-Studien Nottebohms.
Bibl. in 26 Fußnoten.
S. 601-514: Fend, Michael: Zur Rezeption von Mozarts Opern in London im frühen 19. Jahrhundert.
Bibl. in 48 Fußnoten.
S. 677-684: Jung, Hermann: Ein Torso und sein Vollender: zu den Ergänzungen von Mozarts Missa c-Moll KV 427 (417a)
Bibl. in 33 Fußnoten.
S. 685-691: Katalinic, Vjera: Die Werke Wolfgang Amadeus Mozarts und einiger seiner Zeitgenossen in kroatischen Sammlungen bis ca. 1820.
Quellen u. Bibl. im Text u. in Fußnoten.
S. 865-896: Schneider, Herbert: Mozarts Musik in der vokalen volkstümlichen Musikausübung des 19. Jahrhunderts: ein Vergleich zwischen der deutschen und französischen Überlieferung.
Tabelle (Vorlage, Quelle, Text, Anmerk.) S. 881-888; Quellen S. 889-896; Bibl. in 58 Fußnoten.
S. 911-920: Schuler, Manfred: Die schwäbischen Freunde Mozarts in Wien.
Quellen u. Bibl. in 61 Fußnoten.
S. 1005-1012: Weber, Michael: Zwischen pädagogischer Aufgabe und inszenatorischem Anspruch: Mozart-Ausstellungen 1991 in Österreich.
Bibl. in 34 Fußnoten.

M-1330 Junker, Hildegard: Wolfgang Amadeus **Mozart**: Don Giovanni .... / Hildegard Junker; Günter Meinhold. - Altenmedingen: Junker, 1993. - 93 S. (Oper für alle; 5.)
Annotierte Bibl. S. 89-93; weiteres bibliogr. Material in Fußnoten.

M-1331 Kocevar, Érik: Bibliographie analytique et critique de la littérature mozartienne publiée en français à l'occasion du Bicentenaire de la mort de **Mozart**. - In: Ostinato: revue internationale d'études musicales. - Paris. 1993, Nr. 1/2, S. 233-354. (Spécial Mozart.)
Kommentierte Bibl.

M-1332 Kos, Koraljka: Die angeblichen Zitate von Volksmusik in Werken der Wiener Klassik. - In: Internationaler Musikwissenschaftlicher Kongreß zum Mozartjahr 1991, Baden, Wien: Bericht / hrsg. von Ingrid Fuchs. - Tutzing: Schneider, 1993, Bd 1, S. 225-240.
Bibl. S. 238-240 in 54 Fußnoten.

M-1333 Maas, Georg: Formans Amadeus-Film und die Folgen. - In: Internationaler Musikwissenschaftlicher Kongreß zum Mozartjahr 1991, Baden, Wien: Bericht / hrsg. von Ingrid Fuchs. - Tutzing: Schneider, 1993, Bd 1, S. 417-431.
Bibl. S. 431 in 32 Fußnoten.

M-1334 Mancal, Josef: Briefe - nur "Briefe"? : Vorüberlegungen zur Informationsbewertung einer Quellengattung der **Mozart**-Forschung. - In: Acta Mozartiana. - Augsburg. 40. 1993, S. 50-73.
Bibl. in 122 Anmerk. S. 65-73.

M-1335 Mozart, Wolfgang Amadeus: Die Entführung aus dem Serail: Faksimile-Ausgabe zur Geschichte des Librettos ... / hrsg. von Gerhard Croll .... - Anif, Salzburg: Müller-Speiser, 1993. - 168 S.
(Wort und Musik; Reihe Libretti; 16,2.)
Bibl. S. 9-10, 19-20; S. 11-18: Materialien zur Geschichte des Librettos.

M-1336 Mozart, Wolfgang Amadeus: Idomeneo / W. A. **Mozart**; ed. by Julian Rushton. - Cambridge: University Press, 1993. - 187 S.
(Cambridge opera handbooks.)
Bibl. S. 179-182 u. in Anmerk. S. 162-178; Register.

M-1337 Münster, Robert: "Ich bin hier sehr beliebt": **Mozart** und das kurfürstliche Bayern; eine Auswahl von Aufsätzen zum 65. Geburtstag des Autors. - Tutzing: Schneider, 1993. - 407 S.
Enth. u. a.:
S. 19-29: Münster, Robert: Mozart "... beym Herzoge Clemens ...": ein Beitrag zum Thema Mozart in München.
Quellen u. biobibliogr. Material im Text u. in 30 Fußnoten.
S. 39-54: Münster, Robert: Mozarts Münchener Aufenthalt 1774/75 und die Opera buffa "La finta giardineria"
Quellen u. biobibliogr. Material im Text u. in 57 Anmerk. S. 53-54.
S. 152-162: Münster, Robert: Mozarts Kirchenmusik in München im 18. und beginnenden 19. Jahrhundert: Stiftskirche Unserer Lieben Frau - Augustinerkloster - Kurfürstliche und Königliche Hofkapelle.
Quellen u. biobibliogr. Material im Text u. in 48 Anmerk. S. 160-162.
S. 182-194: Münster, Robert: Mozart und die Benediktiner.
Quellen u. biobibliogr. Material im Text u. in 43 Anmerk. S. 192-194.
S. 262-277: Münster, Robert: Zur Geschichte der handschriftlichen Konzertarien W. A. Mozarts in der Bayerischen Staatsbibliothek.
Quellen u. biobibliogr. Material im Text u. in 32 Fußnoten.
S. 278-287: Münster, Robert: Neue Funde zu Mozarts symphonischen Jugendwerken.
Quellen u. biobibliogr. Material im Text u. in 24 Fußnoten.

M-1338 Paumgartner, Bernhard: Mozart / mit einem Nachwort und Ergänzungen zu Anmerkungen, Bibliographie u. Werkverzeichnis von Gerhard Croll. - 10., erg. Aufl. - Zürich: Atlantis-Musikbuch-Verlag; Wien: Kremayr u. Scheriau, 1993. - 600 S.
Quellen u. Bibl. S. 570-573 u. in 285 Anmerk. S. 471-529; Ahnentafel S. 531; Ikonographie S. 532-536; Werkverz. S. 537-569; Quellen u. Bibl. seit 1967: Bemerkungen u. ausgewählte Bibl. bis 1990; Bibl. des Mozartschrifttums 1967-1990 S. 577-580; Register.

M-1339 Schuler, Heinz: Mozarts Konzertreisen 1762: ein biographischer und topographischer Kommnentar zu den Reiseberichten. - In: Mitteilungen der Internationalen Stiftung Mozarteum. - Salzburg. 41. 1993, H. 1-2, S. 23-58.
Quellen u. Bibl. in 121 Fußnoten.

M-1340 Schuler, Manfred: Die schwäbischen Freunde der **Mozart**s in Wien. - In: Internationaler Musikwissenschaftlicher Kongreß zum Mozartjahr 1991, Baden, Wien: Bericht / hrsg. von Ingrid Fuchs. - Tutzing: Schneider, 1993, Bd 2, S. 911-920.
Quellen u. Bibl. in 61 Fußnoten.

M-1341 Sisman, Elaine Rochelle: Haydn and the classical variation. - Cambridge, Mass.: Harvard University Press, 1993. - XII, 311 S.
(Studies in the history of music; 5.)
Variationen von Haydn, Mozart und Beethoven S. 265-275; Bibl. S. 281-301; Register.

M-1342 Sisman, Elaine R.: Mozart: the "Jupiter" Symphony no. 41 in C major, K. 551. - Cambridge: Univ. Press, 1993.
Bibl. S. 102-105 u. in zahlr. Anmerk. S. 86-101.

M-1343 Voigt, Anton: Mozart und Linz. - In: Musikstadt Linz - Musikland Oberösterreich: im Rahmen des Internationalen Brucknerfestes Linz 1990, 19. - 23. September 1990 / Bruckner-Symposion; [Hrsg.:] Anton-Bruckner-Institut Linz; [Red.: Renate Grasberger ...] - Linz: Anton-Bruckner-Inst.; Wien: Musikwissenschaftl. Verlag, 1993, S. 211-218.
(Bericht / Bruckner-Symposion; 1990.)
Quellen u. biobibliogr. Material im Text u. in 40 Fußnoten. - [ISBN 3-900270-23-6]

M-1344 W. A. **Mozart** in Wien und Prag: die großen Opern / unter Mitarbeit von Claudia Kreutel hrsg. von Herbert Zeman. - Wien: Hölder-Pichler-Tempsky, 1993. - 384 S.
Enth. u. a.:
S. 92-113: Barak, Helmut: Buff, Herz und Vogelsang: die Theaterfamilien Stephanie, Lange und Adamberger im Wien Mozarts.
Quellen u. biobibliogr. Material im Text u. in 87 Fußnoten.
S. 134-158: Splitt, Gerhard: "Cosè fan tutte" und die Tradition der Opera buffa.
Bibl. in 89 Anmerk. S. 152-158.

S. 159-175: Janka, Pia: "La clemenza di Tito": Mozarts politisches Bekenntnis.
Bibl. in 45 Anmerk. S. 174-175..
S. 193-205: Reiber, Joachim: Wandernd erkennen: das literarische Umfeld der "Zauberflöte"
Bibl. in 34 Anmerk. S. 204-205.
S. 222-245: Kühnelt, Harro H.: "That is the devil certainly!": Papageno erschrickt auf englisch: neuere englische Übersetzungen der "Zauberflöte"
Bibl. in 24 Anmerk. S. 244-246.
S. 248-264: Heldt, Gerhard: "Mozart-Renaissance" in München: Versuch einer Bestandsaufnahme.
Verz. u. Anzahl der Mozart-Aufführungen in München ab 1767 S. 261; Bibl. in 86 Anmerk. S. 262-264.
S. 265-277: Prossnitz, Gisela: Die Mozart-Opern bei den Salzburger Festspielen: Idee und Stellenwert der Mozart-Opern im Festspielprogramm.
Bibl. in 22 Anmerk. S. 277..
S. 278-294: Simek, Ursula: Mozart-Tradition und Mozart-Ensemble - ein Mythos der Wiener? Zur Aufführungsgeschichte der Mozart-Opern an der Wiener Oper im 20. Jahrhundert.
Bibl. in 33 Anmerk. S. 293-294.
S. 358-371: Cervenka, Gottfried: Discographie der Gesamtaufnahmen.
Diskographie der Gesamtaufnahmen von Mozart-Opern.
(Wege zu Mozart; 2.)

M-1345 Wagner, Karl: Das **Mozart**eum: Geschichte und Entwicklung einer kulturellen Institution. - Innsbruck: Helbling, 1993. - 320 S.
(Hochschuldokumentationen / Mozarteum Salzburg.)
Quellen u. Bibl. in 397 Anmerk. S. 261-269; Zeittafel S. 271; Personen-Register.

M-1346 Williamson, Richard Anthony: Extended phrase structure and organic unity in **Mozart**'s vespers: an approach to interpreting form in classical choral music. - Urbana-Champaign: Univ. of Illinois Diss., 1993. - V, 345 S.
Bibl. S. 339-345.

M-1347 Wolfgang Amadeus **Mozart**: Forschung und Praxis im Dienst von Leben, Werk, Interpretation und Rezeption; anläßlich der Gewandhaus-Festtage in Leipzig ... / Red.: Renate Herklotz .... - Leipzig: Ed. Peters, 1993. - 226 S.
Enth. u. a.:
S. 66-71: Allihn, Ingeborg: Die Darstellung der Konstanze Mozart in der neueren Mozart-Literatur.
Zeittafel Constanze Mozart S. 67-69; Bibl. in 24 Anmerk. S. 70.
S. 72-77: Romberg, Ute: Mozarts Beziehungen zu den Freimaurern.
Bibl. S. 75-76.
S. 78-81: Fuhrmann, Roderich: War Franz Xaver Süßmayr Mozarts Schüler und Assistent? / Bibl. in 32 Anmerk. S. 80.
S. 82-93: Angermüller, Rudolph: Salieri in der Forschung und in der Mozart-Literatur.
Bibl. in 47 Anmerk. S. 92.
(Dokumente zur Gewandhausgeschichte; 9.)

M-1348 Adams, Sarah Jane: Quartets and quintets for mixed groups of winds and strings: **Mozart** and his contemporaries in Vienna, c. 1780 - c. 1800. - Ithaca: Cornell Univ. Diss., 1994. - XIV, 356 S.
Bibl. S. 339-356.

M-1349 Angermüller, Rudolph: Delitiae Italiae - **Mozart**s Reisen in Italien. - Bad Honnef, 1994. - 254 S.
Bibl. S. 237-241; Personen- u. Orts-Register.

M-1350 Borchmeyer, Dieter: Goethe, **Mozart** und die Zauberflöte. - Göttingen: Vandenhoeck & Ruprecht, 1994. - 29 S.
(Veröffentlichungen der Joachim-Jungius-Gesellschaft der Wissenschaften Hamburg; 76.)
Bibl. in 55 Fußnoten.

M-1351 Brück, Marion: Die langsamen Sätze in **Mozart**s Klavierkonzerten: Untersuchungen zur Form und zum musikalischen Satz. - München: Fink, 1994. - 196 S.
(Studien zur Musik; 12.)
Bibl. S. 179-191; Personen- u. Werk-Register.

M-1352 Brügge, Joachim: Mozarts Sinfonie in G-Moll KV 550 und Schuberts Sinfonie B-Dur D 485: zur Rezeption von Wiener klassischer Musik. - In: Mozart-Jahrbuch. - Salzburg. 1994, S. 113-139.
Bibl. in 109 Fußnoten.

M-1353 Burns, Ellen J.: The dialectical structure of W. A. **Mozart**'s "Die Zauberflöte": a phenomenological analysis. - Tallahassee: Florida State Univ. Diss., 1994. - Vol. 1-2: XVII, 752 S.
Wortkonkordanz zur Zauberflöte S. 567-673; Musikalische Bearbeitungen u. Transkriptionen der Zauberflöte S. 674-704; Bibl. S. 713-750.

M-1354 Candiani, Rosy: Libretti e librettisti italiani per **Mozart**. - Roma: Izzi, 1994. - 152 S.
(Biblioteca di musica e teatro; 1.)
Bibl. in Fußnoten; Namen- u. Werk-Register.

M-1355 Duda, Gunther: W. A. **Mozart** - "den Göttern gegeben": ein "Bauernopfertod". - Pähl: Verlag Hohe Warte von Bebenburg, 1994. - 458 S.
Quellenlage u. Quellenkritik S. 21-29; Bibl. S. 436-447: 736 Titel; Personen-Register.

M-1356 Fuchs, François: Mozarts Werke in Straßburg 1778-1789. - In: Acta Mozartiana. - Augsburg. 41. 1994, S. 1-14.
Dokumentation Mozartscher Werke, die 1778-1789 in Straßburg gespielt bzw. zum Verkauf angeboten wurden; Quellen u. Bibl. S. 1-2.

M-1357 Fuhrmann, Roderich: Mozart und die Juden: eine Ausstellung im Haus der Bremischen Bürgerschaft. - Bremen: Hauschild, 1994. - 175 S.
Biobibliogr. Material im Text u. in Fußnoten.

M-1358 Hiltner, Beate: "La clemenza di Tito": von Wolfgang Amadeus **Mozart**; Quellenverzeichnis musikalischer Fachzeitschriften (1800-1850). - In: Mozart-Jahrbuch. - Salzburg. 1994, S. 171-183.
Bibl. in 15 Fußnoten; Verz. der Zeitschriften mit Besitznachweisen S. 177-183.

M-1359 Hiltner, Beate: "La Clemenza di Tito" im Musikaliendruck: die Wirkung der Inserate aus deutschsprachigen musikalischen Fachzeitschriften zwischen 1800 und 1850. - In: Acta Mozartiana. - Augsburg. 41. 1994, S. 26-33.
Bibl. in 58 Anmerk. S. 31-33.

M-1360 Hiltner, Beate: "La clemenza di Tito" von Wolfgang Amadé **Mozart** im Spiegel der musikalischen Fachpresse zwischen 1800 und 1850: rezeptionsgeschichtliche Untersuchungen unter besonderer Berücksichtigung der Wiener Quellen und Verhältnisse. - Frankfurt/M.: Lang, 1994. - IX, 297 S.
[Zugl.:] Heidelberg Univ. Diss.
(Europäische Hochschulschriften; 36,128.)
S. 209-246: "La clemenza di Tito" in Rezensionen, Ankündigungen und Wiener Konzertprogrammen; S. 246-254: Anekdoten und Gedichte zu "La clemenza di Tito"; S. 254-275: Bibl. der Zeitschriften mit Besitznachweisen; Quellen u. Bibl. S. 279-297 u. in 602 Fußnoten.

M-1361 Hsu, Mei-Na: Mozart's Piano Concerto in D minor, K. 466: analysis and discussion of interpretation and performance. - Columbus: Ohio State Univ. Diss., 1994. - XII, 130 S.
Diskographie S. 115-120; Bibl. S. 121-122, 126-130.

M-1362 Katalog der Ausstellung "**Mozart**s Dichter Lorenzo da Ponte, Genie und Abenteurer": Opernhaus Dortmund / hrsg. von Heinz Lukas-Kindermann. - Dortmund: Opernhaus, 1994. - 193 S.
Ausstellungskatalog: 199 Exponate mit biobibliograph. Material; Bibl. S. 188-190.

M-1363 Konrad, Ulrich: "Requiem, aber keine Ruhe": **Mozart**s Requiem - Geschichte und Ergänzungsversuche. - In: Acta Mozartiana. - Augsburg. 41. 1994, S. 65-78.
Bibl. S. 77-78.

M-1364 Mancal, Josef: Fürsterzbischof, Vizekapellmeister, Konzertmeister: Macht, Musik und die **Mozart**s. - In: Acta Mozartiana. - Augsburg. 41. 1994, S. 79-97.
Bibl. in 56 Anmerk. S. 92-97.

M-1365 Mancal, Josef: Leopold **Mozart**: auf dem Weg zu seinem Verständnis / hrsg. von Josef Mancal, Wolfgang Plath. - Augsburg: Wißner, 1994. - III, 198 S.
Enth. u. a.:
S. 97-117: Plath, Wolfgang: Zur Echtheitsfrage bei Mozart.
Quellen u. biobibliogr. Material im Text u. in 51 Fußnoten.
S. 119-130: Allroggen, Gerhard: Mozarts Lambacher Sinfonie: Gedanken zur musikalischen Stilkritik.
Bibl. in 56 Fußnoten.
S. 131-141: Münster, Robert: Neue Funde zu Mozarts symphonischem Jugendwerk.
Quellen u. biobibliogr. Material im Text u. in 24 Fußnoten.
S. 143-156: Zaslaw, Neal: The "Lambach" Symphonies of Wolfgang and Leopold Mozart.
Quellen u. biobibliogr. Material im Text u. in 42 Fußnoten.
S. 157-169: Mancal, Josef: "... durch beyhülff hoher Recommandation ...": Neues zu Leopold Mozarts beruflichem Anfang.
Quellen u. biobibliogr. Material im Text u. in 112 Fußnoten.
(Beiträge zur Leopold-Mozart-Forschung; 1.)

M-1366 Mozart: gli orientamenti della critica moderna; Atti del Convegno Internazionale, Cremona, 24-26 Novembre 1991 / a cura di Giacomo Fornari. - Lucca: Libreria Musicale Italiana, 1994. - XIII, 274 S.
Enth. u. a.:
S. 47-67: Pirani, Federico: "Il curioso indiscreto": un' opera buffa tra Roma e la Vienna di Mozart.
Quellen u. Bibl. in Fußnoten; Verz. der Aufführungen 1777-1792 S. 63.
S. 115-151: Weber, Michael: Zur Frage des Trompetendämpfers bei Wolfgang Amadeus Mozart: eine Annäherung aus Sicht der "Vergleichenden Musikwissenschaft" / Michael Weber, Stefan Jena, Johannes Hubek unter Mitarb. von Anton Noll.
Bibl. in 73 Fußnoten.
S. 153-177: Ciliberti, Galliano: Mozart e l'editoria musicale Italiana del settecento e dell'ottocento.
Bibl. in 56 Fußnoten; Listen von Mozart-Ausgaben italienischer Verlage S. 165-177.
S. 179-224: Beghelli, Marco: La precore fortuna delle "Nozze di Figaro" in Italia.
Bibl. in 107 Fußnoten; Dokumentation der Aufführungen von "Le Nozze di Figaro" in Italien (18. u. 19. Jhdt.) S. 218-224.
S. 225-240: Fornari, Giacomo: "L'Europa interna risuonava del suo nome e delle opere sue": un saggio della fortuna ottocentesa di Mozart in Lombardia.
Bibl. in 61 Fußnoten.
(Studi e testi musicali; N. S. 1.)

M-1367 Mozart, Wolfgang Amadeus: Don Giovanni: Don Juan / Wolfgang Amadeus **Mozart**, Lorenzo Da Ponte. - Paris, 1994. - 244 S.
(Trois livrets pour Mozart / Lorenzo Da Ponte.)
(Garnier-Flammarion; 939: Bilingue.)
Bibl. S. 229-231; Diskographie S. 235-237; Zeittafel S. 241-244.

M-1368 Mozart, Wolfgang Amadeus: Le nozze di Figaro: Les noces de Figaro / Wolfgang Amadeus **Mozart**; Lorenzo Da Ponte. - Paris, 1994. - 342 S. (Trois livrets pour Mozart / Lorenzo Da Ponte.) (Garnier-Flammarion; 941: Bilingue.)
Bibl. S. 331-333; Diskographie S. 335-337; Zeittafel S. 339-342.

M-1369 Mozart's piano concertos: text, context, interpretation / ed. by Neal Zaslaw. - Ann Arbor, Mich.: University of Michigan Press, 1994. - XII, 700 S.
Enth. u. a.:
S. 19-28: Wolff, Christoph: The many faces of authenticity: problems of a critical edition of Mozart's piano concertos.
Forschungsbericht; Bibl. in 11 Anmerk. S. 27-28.
S. 51-65: Edge, Dexter: Recent discoveries in Viennese copies of Mozart's concertos.
Quellen u. Bibl. in 39 Anmerk. S. 59-65.
S. 67-72: Tyson, Alan: Mozart's piano concerto fragments.
Quellen u. Bibl. S. 72 u. im Text.
S. 107-137: Webster, James: Are Mozart's concertos "dramatic"?: concerto ritornellos versus aria introductions in the 1780s.
Bibl. in 45 Anmerk. S. 134-137 u. im Text.
S. 149-186: Feldman, Martha: Staging the virtuoso: ritornello procedure in Mozart, from aria to concerto
Bibl. in 58 Anmerk. S. 178-186.
S. 373-391: Grayson, David: Whose authenticity?: ornaments by Hummel and Cramer for Mozart' piano concertos.
Bibl. in 56 Anmerk. S. 386-391.

M-1370 Mozart und Mannheim: Kongreßbericht Mannheim 1991 / hrsg. von Ludwig Finscher .... - Frankfurt/M.: Lang, 1994. - 369 S.
Enth. u. a.:
S. 167-186: Lütteken, Laurenz: "- es müsste nur blos der Musik wegen aufgeführt werden": Text und Kontext in Mozarts "Thamos"-Melodram.
Quellen u. Bibl. in 70 Fußnoten.
S. 209-212: Würtz, Roland: Mannheimer Mozartpflege in der ersten Hälfte des 19. Jahrhunderts.
Bibl. in Fußnoten.
S. 309-330: Wolf, Eugene K.: Mannheimer Symphonik um 1777/1778 und ihr Einfluß auf Mozarts symphonischen Stil.
Bibl. in 44 Fußnoten.
(Quellen und Studien zur Geschichte der Mannheimer Hofkapelle; 2.)

M-1371 Mozarts Streichquintette: Beiträge zum musikalischen Satz, zum Gattungskontext und zu Quellenfragen / [Hrsg.:] Cliff Eisen, Wolf-Dieter Seiffert. - Stuttgart: Steiner, 1994. - 201 S.
Enth. u. a.:
S. 29-67: Seiffert, Wolf-Dieter: Mozarts "Salzburger" Streichquintett.
Bibl. in 57 Fußnoten.
S.127-151: Eisen, Cliff: Mozart and the Viennese String Quintet.
Bibl. in 33 Fußnoten; Tabelle: Quintets in Vienna 1782-1791" S. 145-150: Komponistenalphabet mit Angabe von Autographen u. Erstdrucken.
S. 163-193: Konrad, Ulrich: Fragmente aus der Gegenwart: Mozarts unvollendete Kompositionen für Streichquintett.
Bibl. in 39 Fußnoten; Verz. der unvollendeten Quintette im Text: Autographen, Besitznachweise, Beschreibung, Überlieferung, Ausgaben, Lit..

M-1372 Portowitz, Adena L.: Mozart's early concertos, 1773-1779: structure and expression. - Ramat-Gan, Israel: Bar-Ilan Univ. Diss., 1994. - IV, 292 S.
Bibl. S. 283-292.

M-1373 Sadie, Stanley: Mozart. - Stuttgart: Metzler, 1994. - 288 S.
(The new Grove - die großen Komponisten.) (Metzler Musik.)
Zur Mozartforschung S. 185-190; Verz. der Kompositionen S. 191-258; Bibl. S. 259-279; Register.

M-1374 Schmid, Manfred Hermann: Italienischer Vers und musikalische Syntax in **Mozart**s Opern. - Tutzing: Schneider, 1994. - 320 S.
(Mozart-Studien; 4.)
Tabelle der Versarten in den Arien von Mozarts italienischen Opern S. 289-300; Bibl. S. 304-316; Personen- u. Werk-Register.

M-1375 Schuler, Heinz: "Nun kömt eine merkwürdige Reise!": **Mozart**s herbstliche Rhein-Fahrt des Jahres 1763 in zeitgenössischen Schilderungen. - In: Mitteilungen der Internationalen Stiftung Mozarteum. - Salzburg. 42. 1994, H. 1-2, S.49-77.
Bibl. S. 77 u. in 62 Fußnoten.

M-1376 Wenborn, Neil: Mozart. - London: Pavillion, 1994. - 192 S., 1 Compact Disk.
(Philips classic compact companions.)
Werkverz. S. 130-159; Diskographie S. 162-187; Bibl. S. 189.

M-1377 Willis, Andrew Samuel: Free variations of repeated passages in **Mozart**'s keyboard music. - Ithaca: Cornell Univ. Diss., 1994. - XIV, 180 S.
Bibl. S. 171-180 u. in Fußnoten.

M-1378 Wolff, Christoph: Mozart's Requiem: historical and analytical studies, documents, score. - Berkeley, Calif.: University of California Press, 1994. - XI, 261 S.
Zeittafel zum Requiem S. 116-118; Dokumente S. 119-174; Ausgaben des Requiems S. 248; Lit. zum Requiem S. 249-252; Werk- u. Personen-Register.

M-1379 "Anti-da Ponte" / hrsg. u. kommentiert von Rudolph Angermüller. - In: Mitteilungen der Internationalen Stiftung Mozarteum. - Salzburg. 43. 1995, H. 1-2, S. 1-49.
Quellen u. Bibl. im Text u. in 103 Fußnoten.

M-1380 Armbruster, Richard: Die Anspielungen auf Mozarts "Le nozze di Figaro" in Antonio Salieris "Falstaff" (1799). - In: Studien zur Musikwissenschaft. - Tutzing. 44. 1995, S. 209-288.
Bibl. in 127 Fußnoten.

M-1381 Beránek, Jiri: Zum musikalischen Rahmenprogramm während der böhmischen Krönungsfeierlichkeiten für Leopold II. im Jahre 1791: Bemerkungen zu einem Problem der Mozart-Historiographie. - In: Mitteilungen der Internationalen Stiftung Mozarteum. - Salzburg. 43. 1995, H. 3-4, S. 48-69.
Quellen u. Bibl. in 117 Fußnoten.

M-1382 Berk, Matheus Franciscus Maria van den: Die Zauberflöte: een alchemistische allegorie. - Tilburg: Tilburg Univ. Press, 1995. - X, 463 S.
Bibl. S. 447-460; Alchemie und die Zauberflöte S. 437-446: annotierte Literaturübersicht.

M-1383 Brown, Bruce Alan: W. A. Mozart: "Così fan tutte". - Cambridge: University Press, 1995. - VIII, 208 S.
(Cambridge opera handbooks.)
Bibl. S. 195-200 u. in zahlr. Anmerk. S. 183-194; Register.

M-1384 Brügge, Joachim: Zum Personalstil Wolfgang Amadeus Mozarts: Untersuchungen zu Modell und Typus am Beispiel der "Kleinen Nachtmusik" KV 525. - Wilhelmshaven: Noetzel, 1995. - 275 S. (Taschenbücher zur Musikwissenschaft; 121.)
Bibl. S. 249-271 u. in 687 Anmerk. S. 177-247; Register.

M-1385 Brusniak, Friedhelm: "...um dem europäischen Meister der Töne - Mozart - zu huldigen": zu einigen weniger bekannten Mozart-Unternehmungen der ersten Hälfte des 19. Jahrhunderts. - In: Acta Mozartiana. - Augsburg. 42. 1995, S. 21-31.
Bibl. in 34 Fußnoten.

M-1386 Gersthofer, Wolfgang: Mozarts italienische Sinfonien und die italienische Opernsinfonia der Zeit. - In: Mozart-Studien. - Tuttzing. 5. 1995, S. 183-211.
Bibl. in 46 Fußnoten.

M-1387 Hiltner, Beate: Piècen aus "La Clemenza di Tito" von Mozart, Wolfgang Amadeus: im Repertoire mechanischer Musikinstrumente nach Berichten musikalischer Fachzeitschriften zwischen 1800 und 1850. - In: Mitteilungen der Internationalen Stiftung Mozarteum. - Salzburg. 43. 1995, H. 3-4, S. 70-77.
Bibl. in 53 Fußnoten.

M-1388 Hocquard, Jean-Victor: Les operas de Mozart. - Paris: Archimbaud, 1995. - 971 S.
Behandlung der einzelnen Opern: Werkgeschichte, Inhalt, Analyse, Bibl.

M-1389 Höllerer, Elisabeth: Die Hochzeit der Susanna: die Frauen figuren in Mozarts "Le nozze di Figaro". - Hamburg: Bockel, 1995. - 130 S. (Zwischen-Töne; 2.)
Zeittafel S. 97-107; Diskographie u. Filmographie (Auswahl) S. 108-115; Bibl. S. 119-121; Personen- u. Sach-Register.

M-1390 Intorno all'Ascanio in Alba di Mozart: une festa teatrale a Milano / a cura di Guido Salvetti. - Lucca: Libr. Musicale Italiana, 1995. - 185 S. (Quaderni del corso di musicologia del Conservatorio "G. Verdi" di Milano; 2.)
Darin S. 11-22: Tagliavini, Luigi Ferdinando: Introduzione all' "Ascanio in Alba" di Mozart. - Bibl. in 39 Fußnoten.

M-1391 Jan, Steven B.: Aspects of Mozart's music in G minor: toward the identification of common structural and compositional characteristics. - New York: Garland Publ., 1995. - XIII, 414 S.
(Outstanding dissertations in music from British universities.)
Verz. der Werke Mozarts in G-Moll S. 329-333; Menuette und Trios Mozarts in anderen Moll-Tonarten S. 351-352; Bibl. S. 401-407; Register.

M-1392 John Dew inszeniert Mozart: die Hochzeit des Figaro; Così fan tutte? Don Giovanni / hrsg. von Fritz Hennenberg. - Berlin: Henschel, 1995. - 129 S. S. 29-47: Hennenberg, Fritz: Mozarts Opern am Leipziger Theater.
Bibl. in 185 Anmerk. S. 45-47.

M-1393 Kiefer, Thomas: Werke Wolfgang Amadé Mozarts in der Bearbeitung für Harmoniemusik von Carl Andreas Göpfert. - In: Acta Mozartiana. - Augsburg. 42. 1995, S. 74-85.
Bibl. in 26 Fußnoten; Mozarts Werke in Bearbeitung für Harmoniemusik v. Göpfert S. 84-85.

M-1394 Kiess, Wolfgang: W. A. Mozarts Klavierkonzerte: virtuose Salonstücke oder Werke künstlerischen Ausdrucks? - Wien: Univ. Diplomarb., 1995. - IV, 121 Bl.
Übersichtstabelle der Klavierkonzerte Mozarts Bl. 116; Bibl. Bl. 117-121.

M-1395 Küster, Konrad: Mozarts "Thamos" und der Kontext. - In: Acta Mozartiana. - Augsburg. 42. 1995, S. 124-143.
Bibl. in 54 Fußnoten.

M-1396 Lindmayr-Brandl, Andrea: Mozarts frühe Tänze für Orchester: Überblick und Details. - In: Mozart-Jahrbuch. - Salzburg. 1995, S. 29-58.
Quellen u. Bibl. im Text u. in 78 Fußnoten.

M-1397 Lönnecker, Harald: **Mozart** und der Orden vom Goldenen Sporn. - In: Acta Mozartiana. - Augsburg. 42. 1995, S. 65-73.
Bibl. in 44 Fußnoten.

M-1398 Mancal, Josef: **Mozart**-Schätze in Augsburg. - Augsburg: Wißner, 1995. - 197 S.
(Beiträge zur Leopold-Mozart-Forschung; 3.)
S. 47-60: Zur Geschichte einzelner Augsburger Mozart-Bestände (betr. Leopold u. W. A. Mozart); S. 95-157: Augsburger Mozart-Bestände (Handschriften u. Drucke aus dem Besitz Augsburger Bibliotheken, Archive, Vereine usw.); Bibl. S. 165-168; Register (Namen, Orte, Werke, Handschriften, Drucke).

M-1399 **Mozart**: Mythos, Markt und Medien; ein Komponist zwischen Kunst und Kommerz, 1791-1991; Untersuchungen der Hochschule St. Gallen / hrsg. von Tilman Hickl .... - Anif: Müller-Speiser, 1995. - 203 S.
Enth. u. a.:
S. 41-59: Ulmer, Martin u. Jörg Wittwer: Die Ikonographie des Mozart-Mythos im Film.
Bibl. S. 58; Filmographie S. 59.
S. 93-113: Garnitschnig, Andrea u. Andreas C. Blumer: Mozart in der Tonträgerindustrie.
Bibl. S. 112-113 u. in 46 Fußnoten.
S. 161-181: Wunderlich, Werner: Mozart für Leser: zu aktuellen Mozart Biographien im Umkreis des Gedenkjahres 1991.
Annotierte Bibl. im Text.
S. 191-203: Wunderlich, Werner: Aktuelle Mozart-Biographien: Leben und Werk.
Mozart-Biographien der 80er u. 90er Jahre, Stand Mai 1995.
(Wort und Musik; 24.)

M-1400 **Mozart**: Aspekte des 19. Jahrhunderts / hrsg. von Hermann Jung. - Mannheim: Palatium-Verlag, 1995. - XV, 215 S.
Enth. u. a.:
S. 1-22: Konrad, Ulrich: Friedrich Rochlitz und die Entstehung des Mozart-Bildes um 1800.
Bibl. in 58 Fußnoten.
S. 119-132: Höft, Brigitte: Mozartdrucke im Mannheimer Musikverlag Karl Friedrich Heckel.
Bibl. im Text u. in 21 Fußnoten.
S. 160-195: Jung-Kaiser, Ute: Schwind und Mozart
Quellen u. Bibl. in 82 Fußnoten.
(Mannheimer Hochschulschriften; 1.)

M-1401 **Mozart, Wolfgang Amadeus:** Il Don Giovanni: dramma giocoso in due atti / poesia di Lorenzo da Ponte; musica di **Mozart**; ed. critica di Giovanna Gronda. - Torino: Einaudi, 1995. - XXVIII, 131 S.
(Collezione di teatro; 354.)
Bibl. S. 127-131.

M-1402 **Mozart** auf der Reise nach Prag, Dresden, Leipzig und Berlin ... / Rudolph Angermüller [Hrsg.] - Bad Honnef: Bock, 1995. - 254 S.
Bibl. S. 241-244; Personen- u. Orts-Register.

M-1403 Nägele, Reiner: Die Rezeption der **Mozart**-Opern am Stuttgarter Hof 1790 bis 1910. - In: Mozart-Studien. - Tutzing. 5. 1995, S. 119-137.
Quellen u. Bibl. in 73 Fußnoten.

M-1404 Ramirez, Miguel J.: Towards a reconstruction of W. A. **Mozart**'s Oboe Concerto in C Major, K.271k (314/285d): the testimony of the two-keyed oboe, of Mozart's, and of contemporary virtuoso-composers writing for the oboe. - Boston: Boston University MA Univ. Diss., 1995. - X, 258 S.
Bibl. S. 244-257.

M-1405 Rampe, Siegbert: **Mozart**s Claviermusik: Klangwelt und Aufführungspraxis; ein Handbuch. - Kassel: Bärenreiter, 1995. - 402 S.
Kommentiertes Verz. der Klavierwerke mit Besitznachweisen S. 219-362; Bibl. S. 374-396; Werk-Register.

M-1406 Reijen, Paul van: Köchel 2000: suggestions for a new catalogue of **Mozart**'s works. - In: Fontes artis musicae. - Kassel, Basel. 42. 1995, S. 299-310.
Forschungsbericht; Bibl. in 72 Fußnoten.

M-1407 Sauder, Gerhard: **Mozart**, der Briefschreiber. - In: Mozart, Ansichten: Ringvorlesung der Philosophischen Fakultät der Universität des Saarlandes ... / hrsg. von Gerhard Sauder. - St. Ingbert: Röhrig, 1995, S. 53-78.
(Annales Universitatis Saraviensis: Philosophische Fakultät; 5.)
Bibl. in 60 Fußnoten.

M-1408 Schrade, Rorianne: Cadenzas to **Mozart**'s Piano Concerto K.467: a perspective theory and practice. - Philadelphia: Temple Univ. Diss., 1995. - VIII, 187 S.
Bibl. S. 181-187.

M-1409 Schuler, Heinz: **Mozart**s Salzburger Freunde und Bekannte: Biographien und Kommentare. - Wilhelmshaven: Noetzel, 1995. - 320 S.
(Taschenbücher zur Musikwissenschaft; 119.)
Bibl. S. 274-278 u. in zahlr. Anmerk. S. 252-273; Personen-Register.

M-1410 Shrader, James A.: The Choruses in **Mozart**'s "Opere Serie": practical performance. - Lubbock: Texas Tech Univ. Diss., 1995. - VII, 329 S.
Bibl. S. 177-181.

M-1411 Waldoff, Jessica Pauline: The music of recognition in **Mozart**'s operas. - Ithaca, NY: Cornell Univ. Diss., 1995. - XI, 325 S.
Bibl. S. 311-325.

M-1412 Wignall, Harrison James: The Genesis of "Se di lauri": **Mozart**'s drafts and final version of Guglielmo d'Ettores entrance aria "Mitriadate". - In: Mozart-Studien. - Tutzing. 5. 1995, S. 45-99.
Bibl. in 46 Fußnoten S. 99.

M-1413 Wignall, Harrison James: Mozart, Guglielmo d'Ettore and the composition of "Mitridate" (K.87/74a). - Waltham, Mass.: Brandeis Univ. Diss., 1995. - XXVII, 557 S.
Bibl. S. 294-302.

M-1414 Wolfgang Amadeus **Mozart** / Katalogredaktion: Adelbert Schusser. - Wien: Historisches Museum der Stadt Wien, 1995. - 87 S.
(Musikergedenkstätten.)
Führer durch die Ausstellung im "Figarohaus" in Wien S. 36-72: 78 Exponate mit Kommentar u. Besitznachweisen; Ahnentafel S. 74-75; Zeittafel S. 76-83; Bibl. S. 84-87.

M-1415 Wolfgang Amadeus **Mozart**, Don Giovanni, in der Prager Fassung von 1787: Programmbuch der Salzburger Festspiele 1995. - Salzburg: Festival Press; Klagenfurt: Ritter, 1995. - 87 S.
Verz. der Don-Giovanni-Aufführungen bei den Salzburger Festspielen 1922-1995 S. 77-86 (mit Aufführungsdaten u. -orten, Besetzung, musikal. Leitung, Regie usw.).

M-1416 Woodfield, Ian: New light on the **Mozart**'s London visit: a private concert with Manzuoli. - In: Music and letters. - Oxford. 76. 1995, S. 187-208.
Bibl. in 116 Fußnoten; betr.: Giovanni Manzuoli.

M-1417 Wunderlich, Werner: Grammatik und Partnertausch: Liebesspiel in "Così fan tutte". - In: Vierteljahrsschrift für Literaturwissenschaft und Geistesgeschichte. - Stuttgart, Weimar. 69. 1995, S. 692-721.
Bibl. in 46 Fußnoten.

M-1418 Zech, Christina: "Ein Mann muß eure Herzen leiten": zum Frauenbild in **Mozart**s "Zauberflöte" auf musikalischer und literarischer Ebene. - In: Archiv für Musikwissenschaft. - Stuttgart. 52. 1995, S. 279-315.
Bibl. in 83 Fußnoten.

M-1419 Adlung, Philipp: Mozarts Opera seria "Mitridate, re di Ponto". - Eisenach: Wagner, 1996. - IX, 259 S.
(Hamburger Beiträge zur Musikwissenschaft; 46.)
Bibl. S. 251-259.

M-1420 Briellmann, Alfred: "... komponirt ist schon alles - aber geschrieben noch nicht - ...": Gedanken zu **Mozart**s Schaffensweise; eine Übersicht. - In: Mitteilungen der Internationalen Stiftung Mozarteum. - Salzburg. 44. 1996, H. 3-4, S. 1-32.
Bibl. in 72 Fußnoten.

M-1421 Buchmayr, Friedrich: Vom Bürgerschreck zum "rechtschaffensten Mann": eine unbekannte **Mozart**-Biographie aus dem Jahr 1806. - In: Mozart-Jahrbuch. - Salzburg. 1996, S. 73-84.
Bibl. in 36 Fußnoten.

M-1422 Clark, Mark Ross: The enlightened transposition: "Così fan tutte" in Colonial America; Philadelphia, 1785. - Washington: Univ. of Washington Diss., 1996. - V, 232 S.
Bibl. S. 211-217.

M-1423 Edge, Dexter: A newly discovered autograph source for **Mozart**'s Aria, K.365a (Anh. 11a). - In: Mozart-Jahrbuch. - Salzburg. 1996, S. 177-196.
Bibl. in 49 Fußnoten.

M-1424 Flothuis, Marius: Die "Zauberflöte": Vorstufen und Werkbetrachtung. - In: Mozart-Jahrbuch. - Salzburg. 1996, S. 127-176.
Bibl. in 60 Fußnoten.

M-1425 Haug, Helmut: Mozartstätten im Schwabenland: ein Fahrtenvorschlag. - In: Acta Mozartiana. - Augsburg. 43. 1996, S. 3-13.
Ahnentafel S. 4; Bibl. S. 13.

M-1426 Heinzel, Mark Alexander: Die Violinsonaten Wolfgang Amadeus **Mozart**s. - Freiburg/Br.: Univ. Diss., 1996. - 220 S.
Bibl. S. 213-216; Personen- u. Sach-Register.

M-1427 Holden, Raymond: Richard Strauss: the **Mozart** recordings. - In: Richard-Strauss-Blätter. - Tutzing. N. F. 35. 1996, S. 39-54..
Bibl. u. Diskographie in 73 Anmerk. S. 51-54 u. im Text.

M-1428 Holden, Raymond: Richard Strauss' performing version of "Idomeneo". - In: Richard-Strauss-Blätter. - Tutzing. N. F. 36. 1996, S. 83-129..
"A table of Strauss' annotations, as found in the British Library score" S. 108-122; Bibl. in 170 Anmerk. S. 123-129.

M-1429 Köhler, Karl-Heinz: Das Zauberflötenwunder: eine Odyssee durch zwei Jahrhunderte. - Weimar, Jena: Wartburg Verlag, 1996. - 159 S.
Bibl. in 78 Anmerk. S. 149-156.

M-1430 Lawson, Colin: Mozart: Clarinet concerto. - Cambridge: University Press, 1996. - XI, 111 S.
(Cambridge music handbook.)
S. 91-92: A list of works composed by Mozart's clarinettis, Anton Stadler; Bibl. S. 101-104 u. in Anmerk. S. 93-100; Register.

M-1431 Mozart, Wolfgang Amadeus: Don Giovanni .... - Paris: Premières loges, 1996. - 223 S.
S. 150-166: Michot, Pierre: Du pourpoint au perfecto: avatars scéniques.
Verz. der Videoaufnahmen S. 165; Bibl. in 23 Anmerk. S. 166.
(L'Avant-scène opéra; 172.)

Diskographie S. 178-192; Verz. der Erstaufführungen S. 194; Verz. der Aufführungen (Prag, Wien, Paris, Mailand, London, New York, Salzburg, Glyndebourne, Aix-en-Provence, Buenos Aires) S. 195-217; Bibl. S. 218.

M-1432 Rabin, Ronald Jay: Mozart, da Ponte, and the dramaturgy of opera buffa: Italian comic opera in Vienna, 1783-1791. - Ithaca: Cornell Univ. Diss., 1996. - XIII, 474 S.
Bibl. S. 459-474.

M-1433 Senigl, Johanna: Mozart in Salzburg: Begleiter durch die Gedenkstätten .... - Salzburg: Internationale Stiftung Mozarteum, 1996. - 73 S.
Mozart-Führer mit biobibliogr. Material.

M-1434 Szabo-Knotik, Cornelia: Mozart im Kino: eine methodologische und rezeptionsgeschichtliche Untersuchung zum Thema Kunstmusik und Film. - Wien: Univ. Habil.-Schrift, 1996. - 553 Bl.
Quellen u. Bibl. Bl. 532-549.

M-1435 Terrasson, René: Le testament philosophique de **Mozart**: "La Flûte enchantée. La Clémence de Titus. Le Requiem"; selon les arcanes de la Franc-maçonnerie du siècle des lumières. - Paris: Edition Dervy, 1996. - 265 S.
Bibl. S. 257-265.

M-1436 Wagner, Guy: Bruder **Mozart**: Freimaurer im Wien des 18. Jahrhunderts. - Wien, München, Berlin: Amalthea, 1996. - 272 S.
Bibl. S. 222-229, 248-259; Diskographie S. 230-235; Personen-Register.

M-1437 Werner, Andrew J.: The death and illness of W. A. **Mozart** - an update: (the literature written for the 200th anniversary of his death and since). - In: Mitteilungen der Internationalen Stiftung Mozarteum. - Salzburg. 44. 1996, H. 3-4, S. 56-59.
Bibl. S. 58-59.

M-1438 Die Wiedererrichtung des **Mozart**-Wohnhauses: 26. Jänner 1996; Festschrift / mit Beiträgen von Rudolph Angermüller, Reimar Schlie, Otto Sertl. - Salzburg: Internationale Stiftung Mozarteum, 1996. - 94 S.
S. 11-24: Mozarts Wohnhaus: Daten zu seiner Geschichte (Werke, Briefe, Daten, Dokumente); S. 31-41: Überblick über die Bestände des Mozart-Museums; S. 42-48: Übersicht über die Mozart-Autographensammlung der Internat. Stiftung Mozarteum; S. 49-52: Das Mozart Ton- und Film-Museum im Mozart-Wohnhaus.

M-1439 Wolfgang Amadé **Mozart**: essays on his life and his music / ed. by Stanley Sadie. - Oxford: Clarendon Press, 1996. - XVI, 512 S.
Enth. u. a.:
S. 3-20: Beales, Derek: Court, government and society in Mozart's Vienna.
Bibl. in 58 Fußnoten.

S. 21-34: Stettoe, Andrew: Mozart's personality and creativity
Bibl. in 44 Fußnoten.
S. 34-52: Arthur, John: Some chronological problems in Mozart: the contribution of ink-studies.
Bibl. in 52 Fußnoten.
S. 66-117: Edge, Dexter: Mozart's reception in Vienna, 1787-1791.
Bibl. in 88 Fußnoten; Tabellen zu Wiener Mozart-Aufführungen S. 95-117.

M-1440 Wolfgang Amadeus **Mozart** (1756-1791): mostra fotodocumentaria; cataloge delle illustrazioni. - Busto Arsizio: Comune di Busto Arsizio, 1996. - 33 S.
152 Objekte mit biobibliogr. Material.

M-1441 Zehetgruber, Josef: MMV: **Mozart**-Melodie-Verzeichnis (Oper). - Wien: Selbstverlag, 1996. - 32 S.
Melodien-Register zu Mozarts Opern.

M-1442 Autexier, Philippe A.: La lyre maçonne: Haydn, **Mozart**, Spohr, Liszt. - Paris: Detrad, 1997. - 285 S.
Zeittafeln: Haydn S. 23-26; Mozart S. 81-95; Liszt S. 247-254; Bibl. S. 287-297.

M-1443 Brügge, Joachim: Opera incerta im Werk W. A. **Mozart**s: das Flötenquartett C-Dur, KV 285b. - In: Mozart-Studien. - Tutzing. 7. 1997, S. 199-215.
Bibl. in 45 Fußnoten.

M-1444 Clark, Dale Roy: The bassoon in **Mozart**'s operas: a dramatic and musical evaluation. - Boston: Univ. Diss., 1997. - VIII, 188 S.
Bibl. S. 182-185.

M-1445 Demuth, Dieter: Das idealistische **Mozart**-Bild 1785-1860. - Tutzing: Schneider, 1997. - 288 S.
[Zugl.:] Gießen: Univ. Diss., 1993.
(Tübinger Beiträge zur Musikwissenschaft; 17.)
Bibl. S. 271-283; Personen- u. Werk-Register.

M-1446 Derr, Ellwood: Composition with modules: intersections of musical parlance in works of **Mozart** and J. C. Bach. - In: Mozart-Jahrbuch. - Kassel. 1997, S. 249-291.
Bibl. in 72 Fußnoten; Konkordanz Bach - Mozart S. 279-291.

M-1447 Dimond, Peter: A **Mozart** diary: a chronological reconstruction of the composer's life, 1761-1791. - Westport, Conn., London: Greenwood Press, 1997. - X, 231 S.
(Music reference collection; 58.)
Chronologie S. 1-215; Verz. der Kompositionen S. 217-225; Bibl. S. 227; Namen-Register.

M-1448 Dunnell, Rebecca Cotten: Mozart's concerto for flute and harp, K.299: a reflection of the socio-musical world of 1770s Paris. - Greensboro: Univ of North Carolina Diss., 1997. - 97 S.
Bibl., Diskographie u. Noten S. 83-94; Wien der publizierten Kadenzen S. 96-97.

M-1449 Ebel, Beatrice: Die Salzburger Requiemtradition im 18. Jahrhundert: Untersuchungen zu den Voraussetzungen von **Mozart**s Requiem. - München: Univ. Diss., 1997. - 270 S., 40 Bl.
Bibl. S. 268-270; Liste der durchgesehenen Requien Bl. 11-14.

M-1450 Freyhan, Michael: Rediscovery of the 18th century score and parts of "Die Zauberflöte" showing the text used at the Hamburg Premiere in 1793. - In: Mozart-Jahrbuch. - Kassel. 1997, S. 109-147.
Quellen u. Bibl. in 61 Fußnoten; Quellenverz. mit Besitznachweisen S. 143-144.

M-1451 Gärtner, Heinz: Mozart und der "liebe Gott": Genie zwischen Gläubigkeit und Lebenslust; die Geschichte seiner Kirchenmusik. - München: Langen Müller, 1997. - 263 S.
Mozarts geistliches Gesamtwerk S. 252-256; Bibl. S. 257-259 u. in 216 Anmerk. S. 242-248; Personen-Register.

M-1452 Gampenrieder, Christian: Religion und Theologie bei Wolfgang Amadeus **Mozart** .... - Innsbruck: Univ. Diplomarb., 1997. - 106 Bl.
Bibl. Bl. 98-104 u. in 312 Fußnoten; Verz. der kirchenmusikalischen Werke Mozarts Bl. 105.

M-1453 Hochradner, Thomas: Im Spiegel lokaler Tradition: zu den Kirchensonaten Wolfgang Amadeus **Mozart**s. - In: Kirchenmusikalisches Jahrbuch. - Köln. 81. 1997, S. 95-123.
Bibl. in 80 Fußnoten; Übersicht über Mozarts Kirchensonaten S. 98-101: mit Kommentar u. Besitznachweisen der Autographen; relevante Nachrichten aus Quellen u. Briefen S. 104-105.

M-1454 Irving, John: Mozart's piano sonatas: context, sources, style. - Cambridge: University Press, 1997. - XXII, 215 S.
Bibl. S. 201-211 u. in zahlr. Anmerk. S. 162-200; Register.

M-1455 Keefe, Simon Patrick: Dialogue in the first movements of **Mozart**'s Viennese piano concertos. - New York: Columbia Univ. Diss., 1997. - III, 321 S.
Bibl. S. 302-321.

M-1456 Koch, Klaus-Dietrich: Mozart und die Antike. - In: Mitteilungen der Internationalen Stiftung Mozarteum. - Salzburg. 45. 1997, H. 3-4, S. 21-52.
Bibl. S. 51-52 u. in 131 Fußnoten.

M-1457 Leeson, Daniel N.: A revisit: **Mozart**'s Serenade for thirteen instruments, K.361 (370a), the "Gran Partita". - In: Mozart-Jahrbuch. - Kassel. 1997, S. 181-223.
Bibl. in 62 Fußnoten.

M-1458 Lorenz, Michael: Franz Jakob Freystädtler (1761-1841): neue Forschungsergebnisse zu seiner Biographie und seinen Spuren im Werk **Mozart**s. - In: Acta Mozartiana. - Augsburg. 44. 1997, S. 85-108.
Quellen u. Bibl. in 104 Fußnoten.

M-1459 Maunder, Richard: Süßmayr's work in **Mozart**'s Requiem: a study of the autograph score. - In: Mozart-Studien. - Tutzing. 7. 1997, S. 57-80.
Bibl. in 28 Fußnoten.

M-1460 Mozart, Wolfgang Amadeus: Concerto for horn and orchestra in E-flat major, K. 370b + 371: a facsimile reconstruction of the autograph sources / with ... introductory essays by Christoph Wolff and Robert D. Levin. - Cambridge, MA.: Old Manuscripts & Incunabula, 1997. - 66 S.
Behandlung der Autographen mit Besitznachweisen S. 5-13; Bibl. in 39 Anmerk. S. 11-13 u. in 19 Anmerk. S. 22.

M-1461 Mozart-Studies / ed. by Cliff Eisen. - Oxford: Clarendon Press, 1997. - 2. 1997: 208 S.
Enth. u. a.:
S. 27-84: Sisman, Elaine R.: Genre, gesture and meaning in Mozart's "Prague" Symphony
Bibl. in 136 Fußnoten.
S. 85-138: Eisen, Cliff: The Mozart's Salzburg music library
Bibl. im Text u. in 117 Fußnoten; S. 129-138: An overview of the Mozart's Salzburg music library.
S. 175-200: Seiffert, Wolf-Dieter: Mozart's "Haydn" Quartets: an evaluation of the autographs and first edition, with particular attention to mm. 125-42 of the finale of K387.
Quellen u. Bibl. im Text u. in 44 Fußnoten.

M-1462 Opera buffa in **Mozart**'s Vienna / ed. by Mary Hunter and James Webster. - Cambridge: Univ. Press, 1997. - XII, 459 S.
(Cambridge studies in opera.)
Bibl. S. 426-442; Register.

M-1463 P'ng, Tean-Hwa: First-movement-cadenzas for Wolfgang Amadeus **Mozart**'s Piano Concertos K. 466, 467, 482, 491, 503, and 537 / Tean-Hwa P'ng [sic!]. - Morgantown: West Virginia Univ. Diss., 1997. - X, 181 S.
Bibl. S. 106-116; Verz. der publizierten Kadenzen S. 124-178.

M-1464 Pape, Matthias: Mozart - Deutscher? Österreicher? oder Europäer? : das Mozart Bild in seinen Wandlungen vor und nach 1945. - In: Acta Mozartiana. - Augsburg. 44. 1997, S. 53-84.
Bibl. in 135 Fußnoten.

M-1465 Resch, Maria: Die **Mozart**gemeinde Wien: ihre Geschichte auf Grundlage ihres Archivs. - Wien: Univ. Diplomarb., 1997. - 162 Bl.
Zeittafel zur Geschichte der Mozartgemeinde Wien Bl. 134-136; Inventar der Bestände Bl. 155-158; Bibl. Bl. 159-162 u. in 343 Fußnoten.

M-1466 Schlimmer, Alexa Jackson: Ornamentation as applied to selected soprano concert arias, operatic arias and sacred works of Wolfgang Amadeus **Mozart**. - Greensboro: Univ. of North Carolina Diss., 1997. - V, 178 S.
Bibl. S. 169-176.

M-1467 Schmid, Manfred Hermann: Introitus und Communio im Requiem: zum Formkonzept von **Mozart** und Süßmayr. - In: Mozart-Studien. - Tutzing. 7. 1997, S. 11-55.
Bibl. in 94 Fußnoten; Liste hervorragender Requiem-Vertonungen S. 52-55.

M-1468 Schmid, Manfred Hermann: Das "Lacrimosa" in **Mozart**s Requiem. - In: Mozart-Studien. - Tutzing. 7. 1997, S. 115-141.
Bibl. in 68 Fußnoten.

M-1469 Schöny, Heinz: Mozarts Wiener Vorfahren. - In: Adler. - Wien. N. F. 19. 1997/1998, S. 55-57.
Ahnenliste.

M-1470 Senici, Emanuele: La Clemenza di Tito di **Mozart**: i primi trent'anni (1791-1821). - Turnhout: Brepols, 1997. - XII, 341 S.
(Specvlvm mvsicae; 3.)
Verz. der Kritiken S. 257-307; Bibl. S. 309-330; Namen-Register.

M-1471 Wang, Esther: Mozart piano concerto in G major, K.453: the first-movement cadenzas. - Cincinnati: Univ. of Cincinnati Diss., 1997. - 196 S.
Bibl. S. 188-196.

M-1472 Weiss, Walter M.: Auf den Spuren von Wolfgang Amadeus **Mozart**: ein biographischer Reiseführer durch Salzburg, Prag und Wien. - Wien: Brandstätter, 1997. - 175 S.
Zeittafel S. 7-49; Stammbaum S. 50-51; Übersicht über Mozarts Reisen S. 52-53; Führer zu den Mozart-Stätten S. 55-171; Bibl. S. 172-173.

M-1473 Wignall, Harrison James: Mozart in Turin: operatic aspirations in the Savoyard court. - In: Mozart-Studien. - Tutzing. 7. 1997, S. 143-169.
Bibl. in 80 Fußnoten u. S. 169.

M-1474 Zychowicz, James L.: Mozart by Mahler. - In: Neue Mahleriana: essays in honour of Henry-Louis de La Grange on his seventieth birthday / ed.: Günther Weiß. - Bern: Lang, 1997, S. 381-413.
Bibl. in 53 Fußnoten.

M-1475 Angermüller, Rudolph: Mozart-Bibliographie 1992-1995: mit Nachträgen zur Mozart-Bibliographie bis 1991. / Rudolph Angermüller; Therese Muxeneder. - Kassel: Bärenreiter, 1998. - 366 S.
Bibl. 1992-1995 (Autorenalphabet) S. 9-217: 2333 Titel; Nachträge bis 1992 (Autorenalphabet) S. 218-333: Nr. 2334-3947; Personen-, Orts-, Sach- u. Werk-Register.

M-1476 Angermüller, Rudolph: Pariser "Don Juan"-Rezensionen 1805 bis 1866. - In: Mozart-Studien. - Tutzing. 8. 1998, S. 153-224.
Bibl. in 236 Fußnoten; S. 221: Daten zur Inszenierung von 1834, die bis 1842 auf dem Spielplan der Pariser Oper blieb; S. 222-224: Die Don-Juan-Libretti Paris 1805 bis 1866 (mit Besitznachweisen).

M-1477 Arthur, John: "N. N." revisited: new light on **Mozart**'s late correspondence. - In: Haydn, Mozart, & Beethoven: studies in the music of the classical period; essays in honour of Alan Toyson / ed. by Sieghard Brandenburg. - Oxford: Clarendon Press, 1998, S. 127-145.
Quellen u. Bibl. in 119 Fußnoten.

M-1478 Beauvert, Thierry: "La flûte enchantée", Wolfgang Amadeus **Mozart**. - Paris: Ed. Plume, 1998. - 207 S.
Diskographie u. Bibl. S. 126-127.

M-1479 Briellmann, Alfred: Mozart und das Tourette-Syndrom. - In: Mitteilungen der Internationalen Stiftung Mozarteum. - Salzburg. 46. 1998, H. 1-2, S. 42-50.
Bibl. in 53 Fußnoten.

M-1480 Cadieux, Daniel: La phobie du petit **Mozart**. - In: Mozart-Jahrbuch. - Kassel. 1998, S. 153-213.
Bibl. in 171 Fußnoten.

M-1481 Caplin, William E.: Classical form: a theory of formal functions for the instrumental music of Haydn, **Mozart**, and Beethoven. - New York, Oxford: Oxford Universty Press, 1998. - XII, 307 S.
Bibl. S. 289-292 u. in Anmerk. S. 259-287; Werk- u. General-Register.

M-1482 Flothuis, Marius: Mozarts Streichquartette: ein musikalischer Werkführer. - München: Beck, 1998. - 121 S.
(C. H. Beck Wissen in der Beck'schen Reihe; 2204.)
Rezeption S. 105-109; Bibl. S. 118 u. in Anmerk. S. 110-115; Personen- u. Werk-Register.

M-1483 Grayson, David: Mozart: piano concertos No. 20 in D minor, K 466 and No. 21 in C major, K 467. - Cambridge: University Press, 1998. - XII, 143 S.
(Cambridge music handbooks.)
Bibl. S. 134-137 u. in Anmerk. S. 118-133; Register.

M-1484 Grundner, Bernhard: Besetzung und Behandlung der Bläser im Orchester **Mozart**s am Beispiel der Opern. - München: Utz, 1998. - 317 S.
(Musikwissenschaft.)
Bibl. S. 288-307 u. in 684 Fußnoten; Werk-Register.

M-1485 Gülke, Peter: "Triumph der neuen Tonkunst": **Mozart**s späte Sinfonien und ihr Umfeld. - Kassel: Bärenreiter, 1998. - 281 S.
Bibl. S. 270-281.

M-1486 Holden, Raymond: Recording "Don Juan": the composer's perspective. - In: Richard-Strauss-Blätter. - Tutzing. N. F. 40. 1998, S. 52-68..
Bibl. u. Diskographie in 73 Anmerk. S. 64-67 u. im Text.

M-1487 Hüppe, Eberhard: W. A. **Mozart** - Innovation und Praxis: zum Quintett Es-Dur KV 452. - München: Edition Text + Kritik, 1998. - 126 S.
(Musik-Konzepte; 99.)
Bibl. in Fußnoten.

M-1488 Hutchings, Arthur: A companion to **Mozart**'s piano concertos. - Oxford, New York: Oxford University Press, 1998. - XV, 211 S.
Verz. der Autographen mit Besitznachweisen S. VI-VIII u. XI; themat. Verz. der Mozart-Klavierkonzerte S. XII-XV; im Text: Behandlung der Mozart-Klavierkonzerte mit biobibliograph. Material; Verz. der Kadenzen S. 207; Register.

M-1489 Irving, John: Mozart: the "Haydn" quartets. - Cambridge: University Press, 1998. - VII, 105 S.
(Cambridge music handbooks.)
Bibl. S. 99-103; Register. - [ISBN : Haydn-Quartette]

M-1490 Jenkins, John: Mozart and the English connection. - London: Cygnus Arts, 1998. - XII, 171 S.
Bibl. S. 163-166 u. in Anmerk. S. 153-162; Register.

M-1491 Korten, Matthias: **Mozart**s Requiem und seine Bearbeitungen. - Essen: Univ. Diss., 1998. - 362 S.
Diskographie S. 341-347; Bibl. S. 350-362.

M-1492 Kunze, Stefan: Mozart: Sinfonie g-Moll, KV 550. - 2., verb. u. erw. Aufl. - München: Fink, 1998. - 100 S.
(Meisterwerke der Musik; 6.)
Ausgaben des Werkes, Dokumente u. Bibl. S. 95-97.

M-1493 Lorenz, Michael: **Mozart**s Haftungserklärung für Freystädtler: eine Chronologie. - In: Mozart-Jahrbuch. - Kassel. 1998, S. 1-19.
Quellen u. Bibl. in 58 Fußnoten.

M-1494 Mozart, Constanze: Tagebuch meines Brief/Wechsels in Betref der **Mozart**ischen Biographie: (1828-1837) / Constanze Nissen-Mozart; Neuübertragung u. Kommentar von Rudolph Angermüller. - Bad Honnef: Bock, 1998. - 174 S.
Zeittafel zu Constanze S. 9-31; Bibl. S. 153-163 u. in 144 Anmerk. S. 123-141; Namen-Register.

M-1495 Offenbacher, Eric: **Mozart**iana Judaica: quotations and commentary. - In: Mozart-Studien. - Tutzing. 8. 1998, S. 11-41.
Bibl. S. 39-41 u. in 130 Fußnoten.

M-1496 Seiffert, Wolf-Dieter: **Mozart**s Streichtrio KV 563: eine quellen- und textkritische Erörterung. - In: Mozart-Jahrbuch. - Kassel. 1998, S. 53-83.
Bibl. in 68 Fußnoten; Verz. der Drucke des Streichtrios S.75-77.

M-1497 Speller, Jules: **Mozart**s "Zauberflöte": eine kritische Auseinandersetzung um ihre Deutung. - Oldenbourg: Igel-Verlag Wissenschaft, 1998. - 249 S.
Bibl. S. 246-248.

M-1498 Splitt, Gerhard: **Mozart**s Musiktheater als Ort der Aufklärung: die Auseinandersetzung des Komponisten mit der Oper im josephinischen Wien. - Freiburg/Br.: Rombach, 1998. - 345 S.
[Zugl.:] Erlangen-Nürnberg: Univ. Habil.-Schrift.
(Rombach Wissenschaft: Reihe Litterae; 57.)
Quellen u. Bibl. S. 327-345.

M-1499 Stoffels, Ludwig: Drama und Abschied: **Mozart** - die Musik der Wiener Jahre. - Zürich, Mainz: Atlantis Musikbuch-Verlag, 1998. - 398 S.
Bibl. S. 391-398.

M-1500 Tichy, Gottfried: **Mozart**s unfreiwilliges Vermächtnis: der genius musicae aus unbekannten Perspektiven. - Bonn: Bouvier, 1998. - 339 S.
Chronologie der Auffindung und das weitere Schicksal von Mozarts Totenschädel S. 261-268; Quellen u. Bibl. S. 297-336 u. in Fußnoten; Personen-Register mit Biogrammen.

M-1501 Die Zauberflöte: Wiener und Salzburger Inszenierungen; Katalog zur Ausstellung des Österreichischen Theatermuseums ... / hrsg. von Helga Dostal. - Wien: Österreichische Nationalbibliothek, 1998. - 36 S.
(Biblos-Schriften; 171.)
Verz. der ausgestellten Exponate S. 14-22.

M-1502 Angermüller, Rudolph: Die Sänger der Erstaufführung von **Mozart**s Dramma per musica "Lucia Silla" KV 135, Mailand, 26. Dezember 1772. - In: Mitteilungen der Internationalen Stiftung Mozarteum. - Salzburg. 47. 1999, H. 3/4, S. 3-18.
Bibl. in 128 Fußnoten.

M-1503 Böhmer, Karl: W. A. **Mozart**s "Idemeneo" und die Tradition der Karnevalsopern in München. - Tutzing: Schneider, 1999. - X, 443 S.
[Zugl.:] Mainz: Univ. Diss., 1998.
(Mainzer Studien zur Musikwissenschaft; 39.)
Tabellen zum Münchner Opernrepertoire S. 337-346; Nummernübersichten über Münchner Karnevalsopern 1769-1780 S. 347-373; Quellen u. Bibl. S. 407-443.

M-1504 Evenden, Michael: Silence and selfhood: the desire of order in **Mozart**'s Magic Flute. - New York: Lang, 1999. - XXI, 288 S.
(Pittsburgh studies in theatre and culture; 2.)
Bibl. in Anmerk. S. 253-271; Register.

M-1505 Gutman, Robert W.: **Mozart**: a cultural biography. - New York: Harcourt Brace, 1999. - XXII, 839 S.
Bibl. S. 758-773; General-Register; Register nach Köchel-Nummern.

M-1506 Karhausen, Lucien Richard: **Mozart**'s severe illness after his return from Italy. - In: Mitteilungen der Internationalen Stiftung Mozarteum. - Salzburg. 44. 1999, H. 3/4, S. 44-48.
Bibl. in 32 Fußnoten.

M-1507 Konrad, Ulrich: Leben - Werk - Analyse: vorläufige Gedanken zu Form und Funktion der Analyse in der **Mozart**-Biographik von 1800 bis 1920. - In: Mozartanalyse im 19. und frühen 20. Jahrhundert: Bericht über die Tagung Salzburg 1996 / hrsg. von Gernot Gruber ... - Laaber: Laaber-Verlag, 1999, S. 29-62.
Bibl. in 90 Fußnoten.

M-1508 Korten, Matthias: **Mozart**s Requiem und seine Bearbeitungen im 20. Jahrhundert. - In: Acta Mozartiana. - Augsburg. 46. 1999, S. 87-107.
Diskographie S. 102-103; Tabellen zu den Requiem-Bearbeitungen S. 104-106; Bibl. S. 107.

M-1509 Mancal, Josef: "Augsburg meine Vaterstadt" (L. **Mozart** 1756): "die vatterstadt meines Papa" (W. A. **Mozart** 1777); "meine eigendliche [sic!] Stammstadt" (Fr. X. W. A. Mozart 1821). - In: Acta Mozartiana. - Augsburg. 46. 1999, S. 3-31.
Quellen u. Bibl. in 119 Fußnoten; Materialien zu Mozart-Stätten u. Mozart-Beständen in Augsburg im Text.

M-1510 Marguerre, Karl: **Mozart**s Kammermusik mit Klavier: Werkbetrachtungen und Hinweise zur Interpretation / hrsg. u. ergänzt von Charlotte Heath-Marguerre. - Wilhelmshaven: Noetzel, 1999. - 230 S.
Bibl. u. Notenausgaben S. 229-230.

M-1511 Maroli, Gerd: **Mozart**- und Köchel-Gedenkstätten in Stein an der Donau. - In: Das Waldviertel. - Horn. N. F. 48. 1999, S. 29-38.
Quellen u. Bibl. in 43 Fußnoten.

M-1512 Ogris, Werner: **Mozart** im Familien- und Erbrecht seiner Zeit: Verlöbnis, Heirat, Verlassenschaft. - Wien, Köln, Weimar: Böhlau, 1999. - 163 S.
Bibl. S. 158-162; Personen-Register.

M-1513 Rehm, Wolfgang: **Mozart**s Nachlaß und die Andrés: Dokumente zur Verteilung und Verlosung von 1854. - Offenbach am Main: André, 1999. - 79 S.
Kommentierte Edition der Dokumente mit Besitznachweisen S. 9-44; André-Verzeichnis S. 45-64: 280 Objekte; Kommentar S. 65-74; Bibl. S. 77-79.

M-1514 Richards, Annette: Automatic genius: **Mozart** and the mechanical sublime. - In: Music and letters. - Oxford. 80. 1999, S. 366-389.
Bibl. in 38 Fußnoten.

M-1515 Schmid, Manfred Hermann: Orchester und Solist in den Konzerten von W. A. **Mozart**. - Tutzing: Schneider, 1999. - 384 S.
(Mozart-Studien; 9.)
Quellen u. Bibl. S. 374-380 u. in Fußnoten; Personen- u. Werk-Register.

M-1516 Schmidt, Matthias: "Der ungelöste Rest als Differenz": zu Schönbergs kompositorischer **Mozart**-Rezeption. - In: Archiv für Musikwissenschaft. - Stuttgart. 56. 1999, S. 163-197.
Bibl. in 139 Fußnoten.

M-1517 Senigl, Johanna: Bibliographie der Faksimile-Ausgaben von Werken **Mozart**s. - In: Mitteilungen der Internationalen Stiftung Mozarteum. - Salzburg. 47. 1999, H. 1-2, S. 48-55.
Bibl. nach Köchel-Nummern.

M-1518 Szabó-Knotik, Cornelia: Milos Formans Film als musikhistorisches Phänomen. - Graz: Akademische Druck- und Verlagsanstalt, 1999. - 230 S., Illustr., graph. Darst., Kt.
(Grazer musikwissenschaftliche Arbeiten; 11.)
Quellen u. Bibl. S. 222-230. - [ISBN 3-201-01728-0]

M-1519 Zaluski, Iwo: **Mozart** in Italy / Iwo and Pamela Zaluski. - London: Owen, 1999. - 215 S.
Bibl. S. 201-203; Diskographie S. 205; Register.

M-1520 Zehetgruber, Josef: MMV: **Mozart**-Melodie-Verzeichnis. - Wien, München: Doblinger, 1999. - VII, 240 S.
Buchstabenkodiertes Suchregister der Mozartschen Melodieanfänge S. 1-101; thematisches Register nach Köchel-Nummern S. 104-240.

M-1521 Brink, Guido: Die Finalsätze in **Mozart**s Konzerten: Aspekte ihrer formalen Gestaltung und ihrer Funktion als Abschluß des Konzerts. - Kassel: Bosse, 2000. - VII, 457 S.
[Zugl.:] München: Univ. Diss., 1999.
(Kölner Beiträge zur Musikforschung; 208.)
Bibl. S. 391-399; Tabellen S. 401-457.

M-1522 Buch, David J.: Eighteenth-century performing materials from the Archive of the "Theater an der Wien" and **Mozart**'s "Die Zauberflöte". - In: Musical quarterly. - Oxford. 84. 2000, S. 287-322.
Quellen u. Bibl. in 56 Anmerk. S. 315-322.

M-1523 Buch, David J.: "Der Stein der Weisen", **Mozart**, and collaborative Singspiels at Emanuel Schikaneder's Theater auf der Wieden. - In: Mozart-Jahrbuch. - Kassel. 2000, S. 91-126.
Quellen u. Bibl. in 34 Fußnoten; "Scores, parts and copyists of Wiednertehater (and related) Singspiels, ca 1790-1801" S. 122-126: mit Besitznachweisen.

M-1524 Cigareva, Evgenija I.: Opery Mocarta v kontekste kul'tury ego vremeni: chudozestvennaja individual'nost', semantika. - Moskva: Editorial URSS, 2000. - 279 S.
Bibl. S. 268-275.

M-1525 DuMont, Mary: The **Mozart** - Da Ponte operas: an annotated bibliography. - Westport, Conn.: Greenwood Press, 2000. - XIII, 204 S.
(Music reference collection; 81.)
Annotierte Bibl. nach Sachgruppen S. 1-144; Diskographie S. 145-158; Autoren-, Titel- u. Sach-Register.

M-1526 Durante, Sergio: **Mozart**s "La clemenza di Tito" und der deutsche Nationalgedanke: ein Beitrag zur "Titus"-Rezeption im 19. Jahrhundert. - In: Die Musikforschung. - Kassel. 53. 2000, S. 389-400.
Bibl. in 35 Fußnoten.

M-1527 Harrandt, Andrea: Haydn, **Mozart** und Schubert auf der Bühne: Komponisten als Operettenhelden. - In: Künstler-Bilder: im Rahmen des Internationalen Brucknerfestes Linz 1998 ... Anton-Bruckner-Institut Linz ... Bruckner-Symposion / hrsg. von Uwe Harten ... - Wien: Musikwissenschaftlicher Verlag, 2000, S. 117-128.
(Bericht / Bruckner-Symposion; 1998.)
Bibl. in 43 Fußnoten.

M-1528 Head, Matthew: Orientalism, masquerade and **Mozart**'s turkish music. - London, 2000. - X, 156 S.
(Royal Musical Association: monographs; 9.)
Bibl. S. 146-153; Register. - [ISBN 0-947854-08-8]

M-1529 Der karolingische Titus: Zuccalmaglios **Mozart**-Bearbeitung "Karl in Pavia"; Libretto, Essay, Literaturverzeichnis / hrsg. von Doris Ueberschlag .... - Anif, Salzburg: Müller-Speiser, 2000. - 156 S.
(Wort und Musik; 41: Reihe Libretti; 3.)
Bibl. S. 132-156 u. in 125 Anmerk. S. 118-132.

M-1530 Korten, Matthias: **Mozart**s Requiem KV 626: ein Fragment wird ergänzt. - Frankfurt/M.: Lang, 2000. - 201 S.
(Europäische Hochschulschriften; 36,199.)
Diskographie S. 179-183; Bibl. S. 188-201.

M-1531 Kreyszig, Walter Kurt: Oswald Kabasta (1896-1946) als **Mozart**interpret im Kontext seiner Dirigententätigkeit: das Rondo in A-Dur für Klavier und Orchester, KV 386, und die Erörterung der Urfassung. - In: Musicologica Austriaca. - Wien. 19. 2000, S. 17-91.
Bibl. S. 44-91.

M-1532 Mozart and his operas / ed. by Stanley Sadie. - London: Macmillan, 2000. - XIV, 238 S.
(Composers and their operas.)
Zeittafel S. XIII-XIV; Bibl. S. 237-238; Register der Rollennamen.

M-1533 Mozart in Wien: ... eine Ausstellung der Münze Österreich; Ausstellungskatalog. - Wien: Münze Österreich, 2000. - 26 Bl.
Kommentierter Katalog mit biobibliogr. Material u. Besitznachweisen: 148 Objekte.

M-1534 Perl, Helmut: Der Fall "Zauberflöte": **Mozart**s Oper im Brennpunkt der Geschichte. - Zürich: Atlantis, 2000. - 200 S.
Bibl. S. 189-191; Zeittafel S. 192-194; Namen-Register.

M-1535 Salfellner, Harald: **Mozart** und Prag. - Furth im Wald, Prag: Vitalis-Verlag, 2000. - 275 S.
Bibl. S. 249-251; Werk-, Orts- u. Personen-Register; Register der erwähnten Prager Straßen-, Platz- und Hausbezeichnungen; Adressen der wichtigsten Prager Mozartstätten.

M-1536 Schneider, Gabriele: Johann Michael Puchberg: Aufstieg und Fall von **Mozart**s Freund und "Bruder". - In: Wiener Geschichtsblätter. - 55. 2000, S. 286-299.
Quellen u. biobibliogr. Material im Text u. in 79 Fußnoten.

M-1537 Staehelin, Martin: Neue "Beyträge zu **Mozart**s Lebensbeschreibung". - In: Augsburger Jahrbuch für Musikwissenschaft. - Augsburg. 9. 2000, S. 85-109.
Bibl. in 35 Fußnoten.

M-1538 Aitenbichler, Heidrun: Gustav Mahlers Figaro-Inszenierung anläßlich des **Mozart**-Jubiläumsjahres 1906: eine interdisziplinäre Produktionsdokumentation und übersetzungskritische Analyse der Textbearbeitung von Max Kalbeck und Gustav Mahler. - Salzburg: Univ. Diss., 2001. - 337 Bl.
Bibl. Bl. 319-337.

M-1539 Angermüller, Rudolph: Mozart: le arie da concerto; Mozart e la musica massonica dei suoi tempi; atti del convegno internazionale di studi, Rovereto ... 1998 / Associazione Mozart Italia; a cura di Rudolph Angermüller .... - Bad Honnef: Bock, 2001. - XX, 273 S.
S. 183-210: Angermüller, Rudolph: Autographe, Erst- und Frühdrucke von Mozarts Freimaurerkompositionen.
Quellen, Bibl. u. Besitznachweise im Text u. in Fußnoten.

M-1540 Armbruster, Richard: Das Opernzitat bei Mozart. - Kassel: Bärenreiter, 2001. - XIII, 413 S. (Schriftenreihe der Internationalen Stiftung Mozarteum Salzburg; 13.)
Quellen u. Bibl. S. 329-356.

M-1541 Baumann, Markus Alexander: Interpretationsvergleiche zu. W. A. Mozarts Violinkonzert in A-Dur Nr. 5 KV 219 (1. Satz): Yehudi Menuhin, David Oistrach, Wolfgang Schneiderhan. - Wien: Univ. Diplomarb., 2001. - 137 Bl.
Bibl. Bl. 127-129; Disko- und Videographie Bl. 130-131.

M-1542 Besack, Michael: Which craft? : W. A. Mozart and the Magic flute. - Oakland, Cal.: Regent Press, 2001. - 311 S. (Esoteric journeys through poetry & song; 3.)
Bibl. S. 277-285; Register.

M-1543 Conforti, Alberto: Mozart: il genio giovane. - Milano: Mondadori, 2001. - 143 S.
Verz. der Kompositionen S. 124-131; Diskographie S. 132-134; Bibl. S. 142-143.

M-1544 Davidson, Michael: Mozart and the pianist: a guide for performers and teachers to Mozart's major works for Solo Piano. - London: Kahn & Averill, 2001. - XIV, 363 S.
Kommentierter Führer durch Mozarts Klavierwerke; Bibl. S. 355-358; Diskographie S. 359; Register.

M-1545 Edge, Dexter: Mozart's Viennese copyista. - Los Angeles: University of Southern California Diss., 2001. - Vol. 1-4: XLIV, 2416 S.
Bibl. Vol. 4, S. 2119-2152.

M-1546 Frullini, Andrea: Mozart e il divieto di successione. - Milano: R. Cortina, 2001. - VIII, 290 S. (Scienza e idee; 82.)
Bibl. S. 285-290.

M-1547 Haidbauer, Birgit: Belletristische **Mozart**-Literatur in Österreich zwischen 1945 und 1956. - Graz: Univ. Diplomarb., 2001. - 97 Bl.
Bibl. Bl. 93-97 u. in 292 Fußnoten.

M-1548 Höllerer, Elisabeth: Handlungsräume des Weiblichen: die musikalische Gestaltung der Frauen in Mozarts "Le nozze di Figaro" und "Don Giovanni". - Frankfurt/M.: Lang, 2001. - 361 S. [Zugl.:] Wien: Univ. Diss., 2000. (Europäische Hochschulschriften; 36,215.)
Bibl. in 777 Fußnoten; Verz. der Audio-, Film- und Videoaufnahmen S. 353-358.

M-1549 Holden, Raymond: Richard Strauss, an organised **Mozart**ian. - In: Richard-Strauss-Blätter. - Tutzing. N. F. 46. 2001, S. 119-182.
S. 146-178: Strauss's annotations in his marked symphonic scores of Mozart...; Bibl. in 87 Anmerk. S. 179-182.

M-1550 Jost, Peter: Mozarts Instrumentation anhand autographer Quellen. - In: Mozart-Jahrbuch. - Kassel. 2001, S. 133-150.
Quellen u. Bibl. in 44 Fußnoten.

M-1551 Keefe, Simon, Patrick: Mozart's piano concertos: dramatic dialogue in the Age of Enlightenment. - Woodbridge: Boydell Press, 2001. - X, 205 S.
Bibl. S. 197-200; Register.

M-1552 Kimoto, Yuko: Mozart-Rezeption in Japan: von 1870 bis 2000. - Wien: Univ. Diplomarb., 2001. - 288 Bl.
Bibl. Bl. 275-288 u. in Fußnoten.

M-1553 Kivy, Peter: The possessor and the possessed: Handel, **Mozart**, Beethoven, and the idea of musical genius. - New Haven, Conn.: Yale University Press, 2001. - XIV, 287 S. (Yale series in the philosophy and theory of art.)
Bibl. S. 271-275 u. in Anmerk. S. 255-270; Register.

M-1554 König, Barbara Maria: Hosenrollen bei **Mozart** und Richard Strauss: Geschichte, Beispiele, Bezüge. - Wien: Univ. Diplomarb., 2001. - 145 Bl.
Bibl. Bl. 136-145.

M-1555 Maurer, Claudia: Dramaturgie und Philologie der "Zauberflöte": eine Hypothese und viele Fragen zur Chronologie. - In: Mozart-Jahrbuch. - Kassel. 2001, S. 383-426.
Bibl. in 114 Fußnoten.

M-1556 Meinhold, Günter: Zauberflöte und Zauberflöten-Rezeption: Studien zu Emanuel Schikaneders Libretto "Die Zauberflöte" und seiner literarischen Rezeption. - Frankfurt/M.: Lang, 2001. - 313 S. [Zugl.:] Hamburg: Univ. Diss., 2000. (Hamburger Beiträge zur Germanistik; 34.)
Bibl. S. 285-313.

M-1557 Mozart, Wolfgang Amadeus: Mozart's letters, Mozart's life: selected letters / ed. by Robert Spaethling. - London: Faber and Faber, 2001. - XIII, 479, 16 S.
Erläuterungen u. biobibliogr. Material in Fußnoten; Zeittafel mit Werkangaben S. 447-452; Bibl. S. 453-456; Register.

M-1558 Münster, Robert: Maximilian Clemens Graf von Seinsheim und Franz Ludwig Graf von Hatzfeld: zu frühen Abschriften aus der Münchner "Idomeneo"-Partitur. - In: Mozarts Idomeneo und die Musik in München zur Zeit Karl Theodors: Bericht über das Symposion ... / hrsg. von Theodor Göllner und Stephan Hörner. - München: Beck, 2001, S. 89-96. (Abhandlungen / Bayerische Akademie der Wissenschaften, Philosophisch-Historische Klasse; N. F. 119.)
Quellen u. Bibl. in 30 Fußnoten.

M-1559 Pesic, Peter: The child and the daemon: **Mozart** and deep play. - In: 19th Century music. - Berkeley. 25. 2001/2002, S. 91-107..
Bibl. in 74 Fußnoten.

M-1560 Ponte, Lorenzo da: Così fan tutte ossia La scuola degli amanti: dramma giocoso in zwei Akten; ein Opernführer / hrsg. von der Staatsoper Unter den Linden Berlin; von Lorenzo da Ponte; Musik von Wolfgang Amadeus **Mozart**; Text- u. Bildredaktion: Ilka Seifert. - Frankfurt/M., Leipzig: Insel-Verlag, 2001. - 155 S.
(Insel-Taschenbuch; 2917.)
Zeittafel zu "Così fan tutte" S. 126-143; Bibl. S. 154-155.

M-1561 Reifen, Paul van: Zur Frage der Autorschaft der unechten "**Mozart**"-Messen KV Anh. 185 und Anh. 186. - In: Mozart-Jahrbuch. - Kassel. 2001, S. 109-132.
Bibl. in 54 Fußnoten.

M-1562 Schmidt, Matthias: Das Einfache und das Komplizierte: Schönberg, **Mozart** und die Zwölftontechnik. - In: Österreichische Musikzeitschrift. - Wien. 56. 2001, Nr. 3-4, S. 8-19.
Bibl. in 67 Anmerk. S. 18-19.

M-1563 Schmidt, Matthias: Klassiker? : **Mozart** - Beethoven - Schönberg. - In: Autorschaft als historische Konstruktion: Arnold Schönberg - Vorgänger, Zeitgenossen, Nachfolger und Interpreten / hrsg. von Andreas Meyer. - Stuttgart: Metzler, 2001, S. 65-90.
(Metzler Musik.)
Bibl. in 127 Fußnoten.

M-1564 Siegert, Stefan: Mozart: die Bildbiographie. - Berlin: Fest, 2001. - 208 S.
Bibl. S. 195-196; Diskographie S. 197-203; Zeittafel S. 204-207.

M-1565 Simkin, Benjamin: Medical and musical byways of **Mozart**iana. - Santa Barbara, Calif.: Fithian Press, 2001. - 237 S.
Bibl. in Anmerk. S. 219-237.

M-1566 Strebel, Harald: Mozarts Schwägerin Aloysia Lange und ihre Zürcher Aufenthalte von 1813 bis 1819. - Zürich: Hug, 2001. - 150 S.
(Neujahrsblatt der Allgemeinen Musikgesellschaft Zürich; 185.)
Quellen u. Bibl. S. 136-139 u. in 319 Anmerk. S. 84-99; die Zürcher Konzertprogramme Langes S. 100-105; Zürcher Dokumente zu Lange S. 106-118; Mozarts Kompositionen für Lange S. 119; Konzerte der Allgemeinen Musikgesellschaft Zürich mit Werken Mozarts von 1813 bis 1820 S. 120-124; Personen aus Langes Zürcher Umfeld S. 125-134: Biogramme im Namensalphabet; Personen-Register.

M-1567 Vieuille, Marie-Françoise: Mozart ou l'irréductible liberté. - Paris: Presses Universitaires de France, 2001. - 233 S.
(Musique et musiciens.)
Bibl. S. 203; Zeittafel S. 205-209; Verz. der Kompositionen S. 211-233.

M-1568 Aringer-Grau, Ulrike: Marianische Antiphonen von Wolfgang Amadeus **Mozart**, Johann Michael Haydn und ihren Salzburger Zeitgenossen. - Tutzing: Schneider, 2002. - 277 S.
(Münchner Veröffentlichungen zur Musikgeschichte; 60.)
Werkliste Marianischer Antiphonen von Salzburger Kirchenkomponisten S. 243-252; Quellen u. Bibl. S. 253-267 u. in Fußnoten; Personen- u. Werk-Register.

M-1569 Berk, Tjeu van den: Die Zauberflöte: een alchemistische Allegorie. - Zoetermeer: Meinema, 2002. - 469 S.
Bibl. S. 445-459; Register.

M-1570 Bieler, Maria: Binärer Satz - Sonate - Konzert: Johann Christian Bachs Klaviersonaten o. V im Spiegel barocker Formprinzipien und ihrer Bearbeitung durch **Mozart**. - Kassel: Bärenreiter, 2002. - 255 S.
Bibl. S. 244-253.

M-1571 Brown, Alfred Peter: The Symphonic repertoire: (in five volumes). - Bloomington, Ind.: Indiana University Press, 2002. - Vol. 2 [mehr noch nicht erschienen, Juli 2003].
2. The first golden age of Viennese symphony: Haydn, Mozart, Beethoven an Schubert. - 2002. - XXVII, 716 S.
Bibl. S. 659-690, im Text u. in Anmerk.; Register.

M-1572 Cadieux, Daniel: Linzer Schmerzensmann: de la Grande Messe en ut Mineur K.427 au fantasme "Ein Kind wird geschlagen". - In: Mozart-Jahrbuch. - Kassel. 2002, S. 37-86.
Bibl. in 121 Fußnoten.

M-1573 Conforti, Alberto: Mozart: das junge Genie. - Berlin: Parthas, 2002. - 143 S.
Verz. der Kompositionen S, 124-131; Diskographie S. 132-134; Bibl. S. 142-143.

M-1574 Eisen, Cliff: Mozart / Cliff Eisen and Stanley Sadie. - London: Macmillan, 2002. - 131 S.
(The New Grove: Grovemusic.)
Verz. der Kompositionen S. 59-99; Bibl. S. 101-126; Register.

M-1575 Günther, Georg: Mörike auf der Reise zu **Mozart**: über eine beinahe geschriebene Komposition zu Mörikes "Mozart-Novelle". - In: Acta Mozartiana. - Augsburg. 49. 2002, S. 7391.
Bibl. in 72 Fußnoten.

M-1576 Hoffmeister, Gerda: Mythos **Mozart**: Versuch einer persönlichen Annäherung. - Eppstein: G. Hoffmeister, 2002. - 290 S.
Bibl. S. 261-277; Personen-Register.

M-1577 Kilian, Gerald: Norm und Subjektivität im Spätstil **Mozart**s: zur Analyse, Didaktik und Methodik der späten Werke Mozarts. - Essen: Verlag Die Blaue Eule, 2002. - 165 S.
(Musikwissenschaft, Musikpädagogik in der Blauen Eule; 60.)
Diskographie S. 156-157; Bibl. S. 158-165.

M-1578 Painter, Karen: Mozart at work: biography and a musical aesthetic for the emerging German bourgeoisie. - In: The Musical quarterly. - Oxford. 86. 2002, S. 186-235.
Bibl. S. 224-225 u. in 130 Anmerk. S. 225-235.

M-1579 Rehm, Wolfgang: Stationen der "Neuen **Mozart**-Ausgabe: 1956 - 1991 - 2006. - In: Acta Mozartiana. - Augsburg. 49. 2002, S. 25-31.
Arbeits- u. Forschungsbericht; Bibl. in 10 Fußnoten.

M-1580 Ridgewell, Rupert: Mozart's publishing with Artaria in 1787: new archival evidence. - In: Music and letters. - Oxford. 83. 2002, S. 30-74.
Quellen u. Bibl. in 175 Fußnoten; Mozarts Klaviertrios, verlegt bei Artaria 1788-1800 S. 47; Ausgaben von Mozarts Klaviervariationen bei Artaria 1786-1800 S. 51.

M-1581 Rufino, Vincent Joseph: Mozart from "A" to "Z": an interdisciplinary study of Wolfgang Amadeus Mozart. - Madison, New Jersey: Dres University Diss., 2002. - XII, 330 S.
Bibl. S. 325-330.

M-1582 Strebel, Harald: Eine frühe Partiturabschrift aus dem Jahr 1795 von **Mozart**s "Zauberflöten"-Ouverture mit handschriftlichen Eintragungen Franz Xaver (Wolfgang) Mozarts. - In: Mozart-Jahrbuch. - Kassel. 2002, S. 135-153.
Bibl. in 22 Fußnoten; Abweichungen der Abschrift S. 143-146.

M-1583 Wunderlich, Werner: Das Kind im Künstler: Zuccalmaglios **Mozart** Erzählung. - In: Acta Mozartiana. - Augsburg. 49. 2002, S. 1-18.
Bibl. in 69 Fußnoten.

M-1584 Hahn, Oliver: Die Tinten des Zauberflöten-Autographs: Möglichkeiten und Grenzen neuer Analyseverfahren; ein Nachtrag zur Chronologie und eine biographische Pointe. / Oliver Hahn; Claudia Maurer Zenck. - In: Acta Mozartiana. - Augsburg. 50. 2003, S. 3-22.
Bibl. in 39 Fußnoten.

M-1585 Irving, John: Mozart's piano concertos. - Aldershot: Ashgate, 2003. - XX, 274 S.
Bibl. S. 252-270; Register.

M-1586 Keefe, Simon P.: The "Jupiter Symphonie in C, K.551: new perspektives on the dramatic finale and it's stylistic significance in **Mozart**'s orchestral oeuvre. - In: Acta musicologica. - Basel. 75. 203, S. 17-43.
Bibl. in 87 Fußnoten.

M-1587 Schmidt, Matthias: "Factus est": Zeitstrukturen des Sakralen in **Mozart**s c-Moll-Messe KV 427. - In: Kirchenmusikalisches Jahrbuch. - Regensburg. 87. 2003, S. 35-38.
Bibl. in 48 Fußnoten.

M-1588 Schmidt, Matthias: Gelesene Gegenwart: historiographische Anmerkungen zur Analyse von **Mozart**s "Jupiter-Symphonie". - In: Jahrbuch des Staatlichen Instituts für Musikforschung. - Berlin. 2003, S. 151-176.
Bibl. in 62 Fußnoten.

M-1589 Bletschacher, Richard: Mozart und da Ponte: Chronik einer Begegnung. - Salzburg: Residenz-Verlag, 2004. - 327 S.
Bibl. S. 321-327.

M-1590 Buch, David J.: "Die Zauberflöte", masonic opera, and other fairy tales. - In: Acta Musicologica. - Basel. 76. 2004, S. 193-219.
Bibl. in 76 Fußnoten.

M-1591 Jacobs, Helmut C.: Das Gerücht von **Mozart**s Vergiftung und seine Literarisierung: neu entdeckte Dokumente aus den Pariser Zeitungen des Jahres 1824. - In: Acta Mozartiana. Augsburg. 51. 2004, S. 3-350.
Bibl. in 110 Fußnoten.

M-1592 Köppen, Ludwig: Mozarts Tod: ein Rätsel wird gelöst. - Köln: Köppen, 2004. - 292 S.
Bibl. S. 276-288; Personenregister.

M-1593 Schmidt, Matthias: Schönberg und **Mozart**: Aspekte einer Rezeptionsgeschichte. - Wien: Lafite, 2004. - 351 S.
[Zugl.:] Habil.-Schr. Univ. Salzburg.
(Publikationen der Internationalen Schönberg-Gesellschaft; 5.)
Quellen u. Bibl. S.328-348; Personenregister.

M-1594 Durante, Sergio: The chronology of **Mozart**'s "La clemenza di Tito" reconsidered. - In: Music and letters. - Oxford. 80. 1999, S. 560-594.
Bibl. in 100 Fußnoten.

Mozart, Wolfgang Amadeus (Sohn)

*1791 Wien: +1844 Karlsbad (Böhmen), Komponist, Pianist, Kapellmeister; eigentl. Name: Franz Xaver Wolfgang Mozart

M-1595 Fuchs, Aloys: Biographische Skizze von Wolfgang Amadeus **Mozart** (dem Sohne). - In: Allgemeine Wiener Musik-Zeitung. - 4. 1844, S. 441-443.
Biographie mit Werkangaben u. Verz. d. Nachlasses.

M-1596 Rupprecht, J. B.: W. A. **Mozart**'s (des Sohnes) Vermächtniß an das Mozarteum zu Salzburg. - In: Wiener allgemeine Musik-Zeitung. - 5.

1845, Nr. 60/61, S. 237-239.
Verz. von Mozarts musikalischem Nachlaß; Fremde und eigene Kompositionen, Bücher, Autographen, Gemälde.

M-1597 Mozart, Wolfgang Amadeus (Sohn). - In: Wurzbach von Tannenberg, Constant: Biographisches Lexikon des Kaiserthums Österreich. - Wien. 19. 1868, S. 291-295.
Biographie mit Werkverz. u. Lit.

M-1598 Engl, Johann Evangelist: Die den Vater überlebenden Söhne: Carl und Wolfgang. - In: Jahresbericht der Internationalen Stiftung Mozarteum. - Salzburg. 13. 1893, S. 38-51.
Biobibliogr. Material im Text u. in Fußnoten.

M-1599 Engl, Johann Evangelist: Verzeichnis der Kompositionen von Wolfgang Amadeus **Mozart** (Sohn) im Mozarteumarchive. - In: Jahresbericht der Internationalen Stiftung Mozarteum. - Salzburg. 32. 1912, S. 22-25.

M-1600 Deutsch, Otto Erich: Eine Studie über Wolfgang Amadeus den Jüngeren. - In: Musica divina. - Wien. 2. 1914, S. 362-368.
Biobibliogr. Material im Text, in Fußnoten u. S. 368.

M-1601 Geiringer, Karl: W. A. **Mozart** the younger. - In: The Musical Quarterly. - New York. 27. 1941, S. 456-473.
Bibl. in 37 Fußnoten; S. 467-468: Verz. d. Kompositionen.

M-1602 Hummel, Walter: W. A. **Mozart**s Söhne: Quellen und Schrifttum ihrer Lebensbilder. - In: Mozart-Jahrbuch. - Salzburg. 1954, 65-72.
Quellen u. Bibl. im Text.

M-1603 Hummel, Walter: W. A. **Mozart**s Söhne. - Kassel, Basel, 1956. - X, 383 S.
S. 306-309: W. A. Mozarts Kinder, Tauf- u. Sterberegister; S. 312: Wohnungen der Familie Mozart in Wien; S. 314-321: Werkverzeichnis W. A. Mozart (Sohn); S. 324-352: Verlassenschaftsverz. W. A. Mozarts (Sohn); S. 346-352: Zeittafel zur Familie Mozart; Quellen u. Bibl. S. 354-372 u. in 491 Anmerk. S. 252-304; Namen- u. Ortsreg.

M-1604 Hurwitz, Joachim: Franz Xaver Wolfgang **Mozart**: Freemason. - In: Mitteilungen der Internationalen Stiftung Mozarteum. - Salzburg. 36. 1988, H. 1-4, S. 99-104.
Bibl. in 26 Fußnoten.

M-1605 Angermüller, Rudolph: Verschollene Briefe von und an Franz Xaver Wolfgang **Mozart**. - In: Mitteilungen der Internationalen Stiftung Mozarteum. - Salzburg. 40. 1992/93, S. 145-162.
Übersicht.

M-1606 Mozart, Franz Xaver Wolfgang: Reisetagebuch 1819-1821 / hrsg. und kommentiert von Rudolph Angermüller. - Salzburg, Bad Honnef: Bock, 1994. - 366 S.
Zeittafel S. 10-27; Reistagebuch 1819-1921 S. 33-331: Erläuterungen u. biobibliogr. Material in Fußnoten; Bibl. S. 333-341; Personen- u. Orts-Register.

M-1607 Angermüller, Rudolph: "Des Vaters Name war es eben, was deiner Tatkraft Keim zerstört": Franz Xaver Wolfgang **Mozart** - wie lebte er mit dem Erbe seines Vaters? - In: Mitteilungen der Internationalen Stiftung Mozarteum. - Salzburg. 46. 1998, H. 3-4, S. 29-48.
Quellen u. biobibliogr. Material im Text u. in 57 Fußnoten.

M-1608 Mancal, Josef: "Augsburg meine Vaterstadt" (L. **Mozart** 1756): "die vatterstadt meines Papa" (W. A. Mozart 1777); "meine eigendliche [sic!] Stammstadt" (Fr. X. W. A. Mozart 1821). - In: Acta Mozartiana. - Augsburg. 46. 1999, S. 3-31.
Quellen u. Bibl. in 119 Fußnoten; Materialien zu Mozart-Stätten u. Mozart-Beständen in Augsburg im Text.

M-1609 Fuchs, Aloys: W. A. **Mozart**'s (des Sohnes) Vermächtnis an das Mozarteum zu Salzburg. - In: Wiener allgemeine Musik-Zeitung. - Wien. 5. 1845, S. 237-239.
Notenmaterialien, Handschriften, Gemälde etc.

M-1610 Schmidt, August: W. A. **Mozart** (Sohn). - In: Schmidt, August: Denkstein: Biographien. - Wien: Mechitharisten, 1848, S. 75-93.
Biobibliograph. Material im Text u. in Fußnoten.

M-1611 Nemeth, Carl: Der "Fest-Chor" und ein unbekanntes Autograph von W. A. **Mozart** Sohn. - In: Österreichische Musikzeitschrift. - Wien. 13. 1958, S. 302-316.
Biobibliogr. Material im Text u. in 35 Anmerk. S. 315-316.

M-1612 Strebel, Harald: Eine frühe Partiturabschrift aus dem Jahr 1795 von **Mozart**s "Zauberflöten"-Ouverture mit handschriftlichen Eintragungen Franz Xaver (Wolfgang) Mozarts. - In: Mozart-Jahrbuch. - Kassel. 2002, S. 135-153.
Bibl. in 22 Fußnoten; Abweichungen der Abschrift S. 143-146.

Register / Index

12 Bläser und ein Kontrabaß   M-727
176 Tage W. A. Mozart in Mannheim   M-1153
1791 - Mozart's last year   M-1068
1791 - Mozarts letztes Jahr   M-1069

A

Aachen: Mozart, Wolfgang Amadeus   M-803
Abbamondi, Carla   M-1260
Abbé Maximilian Stadler   M-880
Abendempfindung bis Zufriedenheit   M-21
Abert, Anna Amalie   M-276,690
Abert, Hermann   M-30,48,209,364
Abraham, Gerald   M-434
Abstracts wissenschaftlicher Aufsätze in den Mitteilungen der Internationalen Stiftung Mozarteum 1981-1992   M-1271
Ackermann, Peter   M-798,976
Acta Mozartiana   M-359
Adamberger, (Familie)   M-1344
Adamberger, Valentin: Mozart, Wolfgang Amadeus   M-1317
Adamovics, Annette   M-37,1272
Adams, Frank John, jr.   M-719
Adams, Sarah Jane   M-1348
Addison, Anthony   M-1183
Aderlaß: Medizinische Literatur   M-1091
Adlung, Philipp   M-1419
Adult Mozart   M-1183
Ahnengeschichte: Mozart, Wolfgang Amadeus   M-615
Ahnenkreis: Augsburg   M-547
Ahnenliste: Ahnentafel: Mozart, Wolfgang Amadeus   M-300,731,1469
Aitenbichler, Heidrun   M-1538
Äkthetsfragor i Mozarts rekviem   M-529
Aktivitäten der Internationalen Stiftung Mozarteum von 1880 bis zum Ersten Weltkrieg   M-857
Albrecht, Constantin   M-152
Albrecht, Hans   M-467
Alcalde, Pedro   M-1273
Alchemie: Zauberflöte   M-1382
Alfred Roller's production of Mozart's "Don Giovanni"   M-1316
Algatzy, Anton   M-561
Allanbrook, Wye Jamison   M-742,935
Allegro: Formalaspekte   M-1200
Allihn, Ingeborg   M-38,1347
Allroggen, Gerhard   M-92,1365
Allzeit ein Buch   M-1195
Alston, Charlotte Lenora   M-720
Alte Mozartdrucke aus der SuUB Bremen   M-1154
Ältesten Aufsätze über Mozarts Grab   M-195
Amadeus   M-1011
Amadeus - die Popularisierung eines Komponisten?   M-1066
Amadeus pro/contra   M-1049

Amadeus: Co.   M-1181
- : Film   M-1187
- : Film   M-1329
- : Gottlieb: Theophil: Von Gott geliebt   M-1234
- : Shaffer, Peter   M-1187
Amadeus-Film   M-1329
Amadeus-Film: Mozart, Wolfgang Amadeus   M-1333
- : Mozart-Rezeption   M-1027
- : Salieri, Antonio   M-1333
Ameno Salieri e il "virtuoso" Mozart   M-1162
Amerika: Mozart-Pflege   M-363
An der Grabstätte W. A. Mozarts   M-232
Analysis, development of form, and interpretation of the epistle sonatas of Wolfgang Amadeus Mozart   M-995
André, Anton   M-111,113
André, Anton: Mozart-Handschriften   M-117
André, Johann Anton: Jahn, Otto: Mozart-Sammlung   M-1077
- : Requiem-Briefe   M-780
André-Archiv, Offenbach: Klavierkonzert KV 175   M-151
Anfossi, Pasquale: Finta giardiniera, La   M-1096
Angeblichen Zitate von Volksmusik in Werken der Wiener Klassik   M-1332
Angermüller, Rudolph   M-15,23,41,42,88,90,659, 704,721,732,743,744,749,759,769,770,778,799, 817,857,859-860,890,891,910,926,934,952,977, 978,997,1019,1020-1036,1049-1052,1088,1109, 1149,1150,1155,1156,1210,1274,1275,1278, 1349,1379,1402,1438,1475,1476,1494,1502, 1539,1605-1607
Angers (F): Ausstellung   M-1150
Anheisser, Siegfried   M-258
Anmerkungen zu Mozarts Biographie   M-1093
Annali mozartiani   M-412
Anspielungen auf Mozarts "Le nozze di Figaro" in Antonio Salieris "Falstaff" (1799)   M-1380
Anthropologie: Mozart, Wolfgang Amadeus: Theologie   M-591
Anti-da Ponte   M-1379
Antike: Mozart, Wolfgang Amadeus   M-1456
Anzeigen und Rezensionen von Mozart-Drucken in Zeitungen und Zeitschriften   M-1291
Apparition des oeuvres de Mozart en Russie   M-648
Archiv: St. Peter in Salzburg: Klavierkonzerte   M-104
Archivalisch-genealogische Notizen zum Mozartjahr   M-550
Arco, (Familie): Mozart-Briefe   M-16
Argentinien: Mozart, Wolfgang Amadeus   M-1290
Arien   M-1225
Arien, Szenen, Ensembles   M-794
Arien: Kontrabaß: Virtuosität   M-715
Aringer-Grau, Ulrike   M-1568
Armbruster, Richard   M-1380,1540
Arnhem, Gemeentemuseum: Ausstellung   M-435
Arnold, Karl   M-660,705

Arpa en la obra de Mozart ... M-1167
Artaria, August M-156
Artaria: Mozart, Wolfgang Amadeus M-1580
Arthur, John M-1439,1477
Articulation in Mozart's and Beethoven's sonatas for piano and violin M-1039
Ascanio in Alba M-1390
Aspects of Mozart's music in G minor M-1391
Aspekte der Mozart-Auffassung in deutschsprachigen Musikzeitschriften des 19. Jahrhunderts M-862
Aspekte der neuen Mozart-Ausgabe M-724
Assassination of Mozart M-702
Assmann, Jan N. M-1157
Ästhetische Literatur: Mozart, Wolfgang Amadeus: Philosophische Literatur M-353
Atwood, Thomas M-823
Auch ist das klopfende Herz angezeigt ... M-596
Auf den Spuren der Mozart-Überlieferung in Oberösterreich M-445
Auf den Spuren von Wolfgang Amadeus Mozart M-1472
Auf Mozarts Spuren in Italien M-332
Aufführung von Mozarts "Le Nozze di Figaro" in Donaueschingen 1787 M-1081
Aufführungsstatistik 1790-1975 M-828
Aufführungstradition: Idomeneo: Treitschke, Georg Friedrich M-961
Aufgaben und Ziele der Mozart-Forschung M-296
Aufgefundene Original-Handschrift der Nummer VIII und IX des Mozart'schen Requiems M-141
Aufklärung: Mozart, Wolfgang Amadeus: Opern M-1312
Augsburg meine Vaterstadt (L. Mozart 1756) M-97,1509,1608
Augsburg, Stadtarchiv: Mozart, Wolfgang Amadeus M-899
Augsburg: Ahnenkreis M-547
 - : Ausstellung M-77
 - : Fürstbischöflicher Hof M-559
 - : Gedenkstätten M-898
 - : Mozart, (Familie) M-2,97,1509,1608
 - : Mozart, Leopold M-77
 - : Mozart, Wolfgang Amadeus M-547,898
 - : Mozart-Bestände M-93,1398
 - : Mozarthaus M-60,1158
 - : Salzburg: Wien M-2
 - : Stift Heilig Kreuz M-312,565
Augsburger Ahnenkreis W. A. Mozarts M-547
Augsburger Künstlerfamilie Mozart M-10
Augsburger Mozartbuch M-302
Augsburger Mozartbuch, Neues M-563
Augsburger Mozarthaus und seine Sammlungen M-1158
Augsburger Mozartstätten M-898
Augsburger Vorfahren Mozarts M-1
Aus dem Schrifttum zum Mozart-Jahr 1956 M-421
Aus der Frühzeit der Mozart-Pflege in Italien M-684
Aus der Werkstatt der Wiener Klassiker M-758
Aus Mozarts Freundes- und Familienkreis M-207
Aus Mozarts schwäbischer Sippe M-333
Ausdeutungen der "Zauberflöte" M-208

Ausgewählte Werke M-47
Ausstellung: Angers (F) M-1150
 - : Arnhem, Gemeentemuseum M-435
 - : Augsburg M-77
 - : Berlin M-1267
 - : Bibliothek Mozarts M-1195
 - : Bremen M-1154,1357
 - : British Council, Wien M-399
 - : Busto Arsizio M-1440
 - : Colecao Imperatriz Leopoldina M-1223
 - : Don Giovanni M-1046
 - : Dortmund M-1362
 - : Flauto Magico M-984
 - : Graz, Universitätsbibliothek M-1254
 - : Ikonographie M-1121
 - : Internationale Stiftung Mozarteum Salzburg M-743,977,1021
 - : Juden M-1357
 - : Köln, Universitäts- und Stadtbibliothek M-1241
 - : Kunsthistorisches Museum, Wien M-1202
 - : Mannheim M-712
 - : Mannheim, Reiß-Museum M-1153
 - : Milano M-984
 - : Moskau M-461
 - : Mozart, (Familie) M-21
 - : Mozart, Leopold M-77,83,1190
 - : Mozart, Wolfgang Amadeus M-83,155,221,399, 410, 435,442,461,464,712,743,906,952,977,1020, 1021,1049,1120,1121,1150,1153,1154,1157, 1159,1190,1195,1202,1210,1213,1223,1232, 1241,1254,1260,1267,1357,1440,1533
 - : München M-1121
 - : New York M-1159
 - : Offenbach, Stadtmuseum M-906
 - : Österreichische Nationalbibliothek: Musiksammlung M-442,1232
 - : Oxford M-1213
 - : Pierpont Morgan Library M-1159
 - : Ponte, Lorenzo da M-1362
 - : Prag M-1046,1157
 - : Rio de Janeiro M-410
 - : Rom M-1260
 - : Salzburg M-21,221,977,1020,1021,1049,1210
 - : Salzburg zur Zeit der Mozart M-83,1190
 - : Staatsbibliothek Preußischer Kulturbesitz M-1267
 - : Stockholm M-464
 - : Wien M-155,1120,1501,1533
 - : Wolfenbüttel M-1195
 - : Zauberflöte M-221,984,1501
Auswahlbibliographie M-394
Auswahlbibliographie zu Mozarts Opernfiguren M-1288
Auszierungswesen in der Musik W. A. Mozarts M-389
Autexier, Philippe A. M-911,912,1022,1110, 1219, 1442
Autograph der "Zauberflöte" M-667
Autographe Mozarts und seiner Familie in der UdSSR M-669

Autographe Stimmen zu Mozarts Klavierkonzert KV 175 im Archiv André zu Offenbach M-151
Autographen in England: Mozart, Wolfgang Amadeus M-347
Autographen: Cambridge M-281
 - : Deutsche Staatsbibliothek M-620
 - : Erstdrucke M-580
 - : Gesellschaft der Musikfreunde in Wien M-1054
 - : Handschriften M-122,970
 - : Haydniana M-890
 - : Kirchensonaten M-1453
 - : Mozart, Wolfgang Amadeus M-141,256,281, 620,970,1044,1052,1054,1055,1062
 - : Mozart-Handschriften M-580
 - : Mozartiana M-890
 - : Musikhandschriften M-1052,1054,1055,1062
 - : Österreichische Nationalbibliothek M-1055
 - : Requiem-Handschrift M-141
 - : St. Peter in Salzburg M-890
 - : Wiener Stadt- und Landesbibliothek M-1062
Autographen-Fragmente von Wolfgang Amadeus Mozart M-517
Autographen-Fragmente: Mozart, Wolfgang Amadeus M-496
Autographenverzeichnis: Mozart, Wolfgang Amadeus M-1152
Automatic genius M-1514

B

Babitz, Sol M-644
Bach, J. C. M-1446
Bach, Johann Christian: Mozart, Wolfgang Amadeus M-1570
Bach, Johann Sebastian: Mozart, Wolfgang Amadeus M-334,594
Background and an analysis of Mozart's piano concerto no. 24 in C minor, K. 491 M-1306
Baden bei Wien: Mozart, Wolfgang Amadeus M-1269
Baden: Deutschland: Sängerin » Mozart, Constanze
Badura-Skoda, Eva M-466,722
Badura-Skoda, Paul M-466
Baer, Wolfram M-77,1158
Baker, Evan M-1316
Balestrini, Umberto M-1056
Balfoort, Dirk J. M-435
Balletmusik: Gelosie de serraglio, Le M-546
Ballin, Ernst August M-953
Banat, Gabriel M-1012
Bankl, Hans M-1276
Banks, C. A. M-1159
Bär, Carl M-584,723
Barak, Helmut M-1317,1344
Barbier, Jean-Joël M-395
Barblan, Guglielmo M-377,396
Barraqué, Jean M-598
Barreto, Roberto Menna M-954
Barth-Scalami, Guda M-94
Bartók und Mozart M-1007
Bartók, Bela: Klaviersonaten M-1328

Bartók, Béla: Mozart, Wolfgang Amadeus M-630, 1007,1328
Baser, Friedrich M-892
Bäsle-Briefe: Mozart, Wolfgang Amadeus M-815
Bass part in Haydn's early string quartets and in Austrian chamber music, 1750-1780 M-67,748
Bassoon in Mozart's operas M-1444
Batley, Edward Malcolm M-679
Bauer, Wilhelm A. M-560
Bauman, Thomas M-1023,1119
Baumann, Markus Alexander M-1541
Baumgartner, Ulrich M-397
Bayer, Friedrich M-217
Bayerische Akademie der schönen Künste M-443
Bayerische Staatsbibliothek München M-760,910
Bayerische Staatsbibliothek München: Konzertarien M-713
Bayerische Vereinsbank: München M-871
Beales, Derek M-1439
Beaumarchais, Mozart and Figaro M-1065
Beaumarchais, Pierre Augustin Caron de M-849
Beauvert, Thierry M-1478
Beck, Ottmar F. W. M-1053
Becker, Max M-1160
Bécsi klasszikusok M-641
Bedeutung der Zeichen Keil, Strich und Punkt bei Mozart M-467
Beethoven, Ludwig van M-638,758,1286,1481,1553
Beethoven, Ludwig van: Bartók, Béla M-630
 - : Erstausgaben M-642
 - : Haydn, Joseph M-500,642,682,883,1043
 - : Klassische Musik M-1099
 - : Klavierkonzerte M-1289
 - : Klaviersonaten M-682,1039
 - : Konversationshefte M-710
 - : Lieder M-500
 - : Mozart, Wolfgang Amadeus M-500,630, 642, 682,874,883,1039,1043,1099
 - : Mozart-Forschung M-710
 - : Quintette M-874
 - : Schönberg, Arnold M-1563
 - : Streichquartette M-883,1043
 - : Universitätsbibliothek Brünn M-642
Beghelli, Marco M-1366
Begräbnis: Mozart, Wolfgang Amadeus M-986,1111
Bei J. F. K. Rellstab in Berlin bis 1800 erschienenen Mozart-Drucke M-469
Beihilfe: Rekommendation M-78
Beiträge des Internationalen Leopold-Mozart-Kolloquiums, Augsburg 1994 M-95
Beiträge zur Genealogie der ältesten schwäbischen Vorfahren Wolfgang Amadeus Mozarts M-548
Beiträge zur Geschichte von Mozarts Requiem M-541
Beiträge zur Mozart-Autographie M-56,85
Beitrag von Johann Strauß (Sohn) zur Verbreitung von Mozarts Musik M-1248
Beitrag zur Geschichte der Temponahme bei Mozart M-782
Beitrag zur Kontroverse über die Vollendung von Mozarts Requiem M-522

Béla Bartók's edition of Mozart's piano sonatas   M-1328
Belgien: Mozart, Wolfgang Amadeus: Niederlande   M-1135
Bellaigne, Camille   M-218
Belletristik: Mozart, Wolfgang Amadeus   M-241,242,504,1547
- : Mozart-Literatur   M-391
Belletristische Mozart-Literatur in Österreich zwischen 1945 und 1956   M-1547
Belza, Igor F.   M-350,637
Bemerkungen zu den "Haydn"-Streichquartetten Mozarts und Haydns "Russischen" Streichquartetten   M-506
Bemerkungen zu Problemen der Edition von Mozart-Skizzen   M-1196
Bemerkungen zum Idomeneus-Stoff   M-732
Bemerkungen zur Quellenlage von Mozarts Klavierkonzert B-Dur KV 456   M-1048
Beránek, Jiri   M-1381
Berchtold zu Sonnenburg, Johann Joseph Sigismund   M-12,14
Berchtold, Maria Anna Reichsfreiin von   M-99
Berg, Hans-Walter   M-1161
Berger, Michael Ellsworth   M-65
Bergmann, Rupert   M-1277
Bericht über den Internationalen Mozart-Kongreß, Salzburg 1991   M-1278
Bericht über den Internationalen Musikwissenschaftlichen Kongress Wien, Mozartjahr 1956, 3. bis 9. Juni   M-484
Berichterstattung in den Musikzeitschriften und Tageszeitungen des 19. Jahrhunderts   M-837
Berk, Matheus Franciscus Maria van den   M-1382
Berk, Tjeu van den   M-1569
Berlin: Ausstellung   M-1267
- : Deutsche Staatsbibliothek   M-555
- : Königliche Bibliothek   M-160
- : Mozart-Autographen   M-160,555,568, 605,606,614
- : Mozart-Autographen, verschollene   M-613
- : Preußische Staatsbibliothek   M-568,605,606, 613,614
- : Staatsbibliothek Preußischer Kulturbesitz   M-1267
- : Verschollene Mozart-Autographe   M-605
Berliner Mozart-Abschriften der Sammlung Fuchs-Grasnick   M-718
Berliner Stadtbibliothek: Mozart-Bestände   M-1175
Berljand-Cernaja, Elena Semenovna   M-398
Bernhardt, Reinhold   M-225
Bertramhof: Mozart-Gedenkstätte: Bertramka v Praze   M-323
Bertramka, památník W. A. Mozarta a manzelu Duskovych   M-401
Besack, Michael   M-1542
Besetzung und Behandlung der Bläser im Orchester Mozarts am Beispiel der Opern   M-1484
Besuch bei Mozart   M-687

Beziehungen von Leopold und Wolfgang Amadeus Mozart zu Musikern des Augsburger Domstiftes   M-57,557
Biancolli, Louis   M-360
Biba, Otto   M-1054,1149,1329
Bibliografia mozartiana   M-376
Bibliographie analytique et critique de la littérature mozartienne publiée en français à l'occasion du Bicentenaire de la mort de Mozart   M-1331
Bibliographie der Faksimile-Ausgaben von Werken Mozarts   M-1517
Bibliographie der zu Mozarts Lebzeiten unternommenen Nachdrucke seiner Werke   M-1321
Bibliographie Mozartienne française   M-230
Bibliographie: Ikonographie   M-219
- : Mozart in Ungarn   M-501
- : Mozart-Schrifttum   M-834
Bibliographische Problematik: Köchel-Verzeichnis   M-971
Bibliography of Mozart records   M-446
Biblioteca del Conservatorio di Napoli: Neapel   M-661
Bibliotheca Mozartiana der Internationalen Stiftung Mozarteum Salzburg   M-688,858
Bibliothek Mozarts: Ausstellung: Wolfenbüttel   M-1195
Bibliotheken: Mozartiana: Schlesische Archive   M-512
Bibliotheks-Ausstellung in Mozarts Geburtshaus vom 27. 1. - 10. 2. 1974   M-743
Bibliothekskatalog: Internationale Stiftung Mozarteum Salzburg   M-144
Bibliothèque Nationale   M-427
Bi-centenaire de Mozart à travers la presse française   M-409
Bicentenarul nasterii lui Mozart   M-471
Biedermeierzeit: Mannheim: Mozart-Opern   M-887
Bieler, Maria   M-1570
Biener, Roland   M-98
Bilanz der dreißig Jahre   M-907
Bildbiographie: Ikonographie   M-444,519,1084
Bildergalerie: Ikonographie: Mozart-Opern   M-1191
Bilinska, Jolanta   M-1279
Binärer Satz - Sonate - Konzert   M-1570
Biographie eines Zeitgenossen   M-87
Biographie von Wolfgang Amadeus Mozart   M-115
Biographie W. A. Mozarts   M-602
Biographien: Mozart, Wolfgang Amadeus   M-1399
Biographische Skizze von Wolfgang Amadeus Mozart (dem Sohne)   M-1595
Birsak, Kurt   M-893
Bischoff, Ferdinand: Mozartiana: Musikaliennachlaß   M-618
Bitter, Christof   M-503,533
Bittner, Ivan   M-1227
Blaschitz, Mena   M-213
Bläserkonzertante KV Anh. 9/297B: Mozart, Wolfgang Amadeus   M-966
Blasorchester: Mozart-Bearbeitungen   M-1161
Bletschacher, Richard   M-1589

Blom, E.   M-534
Blomhert, Bastiaan   M-1024
Blume, Friedrich   M-569,570
Blumer, Andreas C.   M-1399
Blümml, Emil Karl   M-4,198,207,208
Boaglio, Gualterio   M-1162
Bockholdt, Rudolf   M-1163
Boehme, Gerhard   M-894
Boesch, Christian   M-955
Boetticher, Wolfgang   M-303
Böhme, Erdmann Werner   M-241,242,504
Böhme, Günther: Böhme, Johann August:
    Musikverlag, Hamburg   M-983
Böhmen: Mozart, Wolfgang Amadeus   M-261,1227
Böhmer, Karl   M-1503
Bollert, Werner   M-585
Borchmeyer, Dieter   M-1350
Born, Gunthard   M-979
Borowitz, Albert I.   M-733
Bory, Robert   M-321
Bossard, Rudolf   M-1280
Bossarelli, Francesco   M-661
Bourgeois, Jacques   M-662
Bourgogne: Burgund: Dijon: Mozart, Wolfgang
    Amadeus   M-1294
Brachtel, Karl   M-231
Brahms und Mozart   M-938
Brahms, Johannes   M-133
Brahms, Johannes: Klarinette: Mozart, Wolfgang
    Amadeus   M-607
Brandstetter, Gabriele   M-913
Branscombe, Peter   M-538,1164
Braunbehrens, Volkmar   M-998
Brauneis, Walther   M-1111,1281,1282,1318
Breakspeare, Eustace J.   M-168
Breazul, George   M-294,471
Breitkopf & Härtel: Briefe: Mozart, Constanze   M-30
Breitner, Karin   M-1165,1319
Bremen: Ausstellung: Juden: Mozart, Wolfgang
    Amadeus   M-1357
Bretzner, Christian Friedrich   M-872
Bridischer Garten: Mozart-Gedenkstätte: Rovereto   M-1147
Briefe   M-847,1034,1074
Briefe - nur "Briefe"?   M-89,1334
Briefe an seine Tochter   M-50,100
Briefe und Aufzeichnungen   M-560
Briefe von und an Constanze Nissen-Mozart vom
    September 1828 bis Februar 1837   M-42
Briefe W. A. Mozarts und seiner Familie   M-186
Briefe, Aufzeichnungen, Dokumente 1782-1842   M-29,205
Briefe: Breitkopf   M-30
  - : Mozart, Constanze: Mozart, Wolfgang Amadeus
    M-29,205
  - : Mozart, Leopold   M-50,100,186
  - : Mozart, Nannerl   M-50,100
Brieffunde zu Mozart   M-659
Briefschreiber: Mozart, Wolfgang Amadeus   M-1407
Briellmann, Alfred   M-1166,1420,1479
Brierley, Peter   M-322,325,328,329

Briggs, Wilfred Arnold   M-633
Brink, Guido   M-1521
British Council, Wien: Ausstellung   M-399
British Library   M-964,1133
British Museum   M-400
Broder, Nathan   M-478,523
Brodszky, Ferenc   M-430,501
Brophy, Brigid   M-586
Brosche, Günter   M-1055,1134,1232
Brown, Alfred Peter   M-1571
Brown, Bruce Alan   M-1383
Bruder Mozart   M-1436
Brück, Marion   M-1351
Brügge, Joachim   M-1352,1384,1443
Brukner, Fritz   M-247
Bruntzsch, Gerhard   M-687
Brusniak, Friedhelm   M-1259,1385
Bryan, Paul R.   M-750
Buch am Buchrain (Oberbayern): Hairer-Hainrich,
    (Familie)   M-751
Buch, David J.   M-1283,1522,1523,1590
Bücher über Mozart   M-449
Buchmayr, Friedrich   M-1421
Buchner, Alexander   M-401
Buchner, Georg   M-751
Budian, Hans   M-787,845
Buenos Aires: Mozart, Wolfgang Amadeus   M-1290
Buenzod, Emmanuel   M-229
Bürkli, Johann Georg   M-115
Buff, Adolf   M-1
Bühnenbild der Zauberflöte   M-335,456
Bühnenbilder zu den Mozart-Opern an der k. k. Wiener
    Hofoper bzw. Staatsoper von der Eröffnung bis
    zur Gegenwart   M-1015
Burg, To   M-634
Burgund: Bourgogne: Dijon: Mozart, Wolfgang
    Amadeus   M-1294
Burk, John N.   M-505
Burke, C. G.   M-351,402
Burns, Ellen J.   M-1353
Busoni, Ferruccio: Mozart-Rezeption im frühen 20.
    Jahrhundert   M-1145
Busto Arsizio: Ausstellung   M-1440
  - : Mozart, Wolfgang Amadeus   M-1440

C

Cadenzas to Mozart's Piano Concerto K.467   M-1408
Cadieu, Martine   M-635
Cadieux, Daniel   M-24,1480,1572
Calvo-Manzano, María Rosa   M-1167
Cambridge: Autographen   M-281
Candiani, Rosy   M-1354
Cannone, Belinda   M-1168
Cantatore, Liliana   M-105,1112
Caplin, William E.   M-1481
Carli Ballola, Giovanni   M-1113
Carlson, David Morris   M-68
Carr, Francis   M-35,999
Carter, Tim   M-1025
Casaglia, Gherardo   M-771
Castle, Eduard   M-468

Catalog der Werke Mozarts   M-109
Catalogo delle opere di Wolfgang Amadeus Mozart   M-771
Catalogo tematico (incipit) delle opere di W. A. Mozart   M-1056
Catalogue thématique des oeuvres de J. Haydn et W. A. Mozart, qui se vendant chez Artaria et Comp. à Vienne   M-110
Cavett-Dunsby, Esther   M-1089
Census of Mozart musical autographs in England   M-347
Cernaja, Elena Semenovna   M-571
Ceskokrumlovská Mozartiana   M-904
Chailley, Jacques   M-663
Challier, Ernst   M-176
Chant Mozartien: Chorgesänge   M-985
Charbon, Paul   M-1219
Cherbuliez, Antoine-Elisée   M-344,506
Cheriere, Georges   M-838
Chesnut, John Hind   M-772,788
Chevalier, Constance Renee   M-914
Child and the daemon   M-1559
Chiriacescu-Lüling, Sanda   M-1169
Choral church music of Wolfgang Amadeus Mozart (1756-1791)   M-633
Choralmusik: Kirchenmusik   M-633,1346
Chorgesänge: Chant Mozartien   M-985
Choruses in Mozart's "Opere Serie"   M-1410
Chronik der Internationalen Stiftung Mozarteum in Salzburg   M-340
Chronologisch-thematisches Verzeichnis sämtlicher Tonwerke Wolfgang Amade Mozart's   M-127,171,257,317,595
Chronology of Mozart's La clemenza di Tito reconsidered   M-1594
Cicerin, Georgij Vasil'evic   M-752
Cigareva, Evgenija I.   M-1524
Ciliberti, Galliano   M-1366
Cipriani Potter's edition of Mozart's pianoforte works   M-579
Clarinet and its use in the string trios and string quintets by Mozart and Brahms   M-607
Clark, Dale Roy   M-1444
Clark, Mark Ross   M-1422
Classical form   M-1481
Classical music   M-1286
Claudon, F.   M-1294
Clavier-violin sonatas of Wolfgang Amadeus Mozart   M-590
Cleary, Nelson Theodore   M-734
Clemens, Herzog von Bayern: Mozart, Wolfgang Amadeus: München   M-622
Clemenza di Tito   M-1358
Clemenza di Tito di Mozart   M-1470
Clemenza di Tito im Musikaliendruck   M-1359
Clemenza di Tito von Wolfgang Amadé Mozart im Spiegel der musikalischen Fachpresse zwischen 1800 und 1850   M-1360
Clemenza di Tito, La   M-520,1231,1246
Clemenza di Tito, La   M-1526,1594
Clemenza di Tito, La: Musikautomaten   M-1387

Clive, Peter   M-1320
Cloeter, Hermine   M-232,403
c-Moll-Messe KV 427: Mozart, Wolfgang Amadeus   M-1587
Col Basso and Generalbass in Mozart's keyboard concertos   M-939
Colecae Imperatriz Leopoldina: Ausstellung   M-1223
Collectanea Mozartiana   M-1057
Colletti, Rodolfo   M-377
Colloquium "Mozart und Italien"   M-800
Colloredo, (Familie): Mozart, Wolfgang Amadeus   M-1016
Comic vision in "Così fan tutte"   M-1327
Companion to Mozart's piano concertos   M-1488
Compleat Mozart   M-1151
Complete operas of Mozart   M-1014
Composition with modules   M-1446
Conceptions of Mozart in German critique and biography, 1791-1828   M-747
Concerning Mozart's Serenade in Bb for thirteen instruments, KV 361 (370a)   M-776
Concerti di Mozart   M-936
Concerti per pianoforte e orchestra di Mozart   M-1132
Concerto for clarinet in A major, K.622, by W. A. Mozart   M-736
Concerto for horn and orchestra in E-flat major, K. 370b + 371   M-1460
Concerto ritornellos   M-1369
Conforti, Alberto   M-1543,1573
Conrad, Leopold   M-304
Conte Almaviva - Don Giovanni - Guglielmo   M-1277
Contributions to a new Mozart documentary biography   M-1000
Copyright: Mozart, Wolfgang Amadeus: Urheberrecht   M-515
Cormican, Brendan   M-1170
Cornelissen, Thilo   M-572
Così fan tutte   M-668,739,801,814,941,942,955, 962,967,973,976,1231,1327,1344,1383,1392, 1417,1422
Così fan tutte auf der Schallplatte   M-811
Così fan tutte im Angebot der Musikverleger   M-833
Così fan tutte ossia La scuola degli amanti   M-1560
Così fan tutte: Diskographie   M-581,589,668,811,824
  - : Don Giovanni: Nozze di Figaro, Le   M-930
  - : Übersetzungen   M-913
Così?   M-1180
Cowdery, William   M-1151
Crabb, Richard Paul   M-956
Craig, Jean Teresa   M-753
Cramer, J. B.   M-1369
Crass, Eduard   M-444
Croce, Johann Nepomuk della   M-22
Croll, Gerhard   M-636,724,1335,1338
Csampai, Attila   M-901,924,925,944,967,1075
Csobádi, Peter   M-1148,1237
Cultural context of Mozart's "Magic Flute"   M-1178
Cumming, G. J.   M-267
Curzon, Henri Parent de   M-172,230,259
Czerni, Margret   M-1171

D

Da Ponte, Lorenzo M-1233
Da Ponte-Opern: Diskographie M-1212
Da Ponte's "Così fan tutte" M-739
Dahms-Schneider, Sibylle M-659
Dal Fabbro, Beniamino M-377
Dalchow, Johannes M-365,637,706
Damisch, Heinrich M-233,234,236,264
Damm, Peter M-839
Dance as expression in Mozart opera M-742
Danckwardt, Marianne M-789,1217
Darstellung der Konstanze Mozart in der neueren Mozart-Literatur M-38
Das klinget so herrlich, das klinget so schön M-1172
Das Mozart-Buch M-779
Daten zu Mozarts "La Finta giardiniera" M-1019
Davenport, Marcia M-404
Davidson, Michael M-1544
Davies, Peter J. M-957,1090
de la Grande Messe en ut Mineur K.427 au fantasme Ein Kind wird geschlagen: Linzer Schmerzensmann M-1572
Dearling, Robert M-915
Death and illness of W. A. Mozart - an update M-1437
Deininger, Friedrich M-563
Deininger, Heinz Friedrich M-535,548
Deiters, Hermann M-170
Delitiae Italiae - Mozarts Reisen in Italien M-1349
Della Corte, Andrea M-396
Della Croce, Luigi M-936,1173
Demuth, Dieter M-1445
Den Vater überlebenden Söhne M-27,1598
Denkmal Wolfgang Amadeus Mozart in der Prager Universitätsbibliothek M-657
Dennerlein, Hanns M-336
Dent, Edward J. M-945
Derr, Ellwood M-1446
Des Vaters Name war es eben, was deiner Tatkraft Keim zerstört M-1607
Deutsch, Otto Erich M-50,100,235,243,255,260, 277,352,366,405,406,536-538,560,587,1230,1600
Deutsche Grammophon Gesellschaft M-407
Deutsche Mozartfeste: Mozart, Wolfgang Amadeus M-907
Deutsche Mozartgesellschaft M-10,62,66,359
Deutsche Oper am Rhein: Köln: Mozartwoche 1970 M-693
Deutsche Sprache: Mozart, Wolfgang Amadeus M-190
Deutsche Staatsbibliothek Berlin: Mozart-Autographen M-555,620
Deutschland: Baden: Sängerin » Mozart, Constanze
Dew, John M-1392
Dialectical structure of W. A. Mozart's "Die Zauberflöte" M-1353
Dialektik: Mozart, Wolfgang Amadeus M-922
Dialogue in the first movements of Mozart's Viennese piano concertos M-1455
Dibelius, Ulrich M-725

Dichter: Mozart, Wolfgang Amadeus: Philosophen M-145
Dichtkunst: Mozarts Werke M-198
Dichtung seiner Zeit: Mozart, Wolfgang Amadeus M-290
Dichtung: Mozart in der modernen Dichtung: Magische Zeichen M-462
  - : Mozart, Wolfgang Amadeus M-252,436,868
  - : Mozartbild des 19. Jahrhunderts: Musik M-868
  - : Stoffgeschichte M-436
Dickerson, Susan Smith M-916
Dieckmann, Friedrich M-968,1174
Diener, Betty Sue M-1284
Dies irae, dies illa - Tag des Zornes, Tag der Klage M-1281
Dietrich, Margret M-735,802
Dijon: Bourgogne: Burgund: Mozart, Wolfgang Amadeus M-1294
Dimond, Peter M-1447
Dirigent: Hofkomponist: Salzburg » Mozart, Leopold
Discografia de Mozart M-408
Discographie: Mozart, Wolfgang Amadeus M-377,900
Discography of Mozart's piano concertos M-267
Diskographie: Così fan tutte M-581,589,668,824
  - : Da Ponte-Opern M-1212
  - : Don Giovanni M-539,603,646,678,905,1047,1367
  - : Don Juan M-1486
  - : Entführung aus dem Serail M-497,703
  - : Figaros Hochzeit M-576,1389
  - : Hochzeit des Figaro M-1368
  - : Idomeneo M-910
  - : Instrumentalmusik M-325,621
  - : Jupitersymphonie M-525
  - : Klavierkonzert C-Dur KV 467 M-585
  - : Klavierkonzert in d-Moll M-545
  - : Klavierkonzert in D-Moll, KV 466 M-1361
  - : Klavierkonzerte M-267,478,895
  - : Mozart, Wolfgang Amadeus M-36,265,267,268, 298,322,325,328,329,351,395,402,407,408,425, 432,441,446,472,478,486,487,497,523,525,530, 539,545,572,576,581,585,589,596,597,603,621, 626,631,632,634,635,640,643,646,668,676,678, 694,695,727,729,777,793,838,865,882,895,945, 996,1003,1101,1106,1110,1173,1184,1212,1214,1 252,1266,1270,1306,1313,1361,1367,1368, 1376,1431,1436,1478,1491,1508,1519,1525, 1541,1543,1544,1548,1564,1573,1577
  - : Mozart-Opern M-1172,1193
  - : Noces de Figaro M-1368
  - : Nozze di Figaro M-576,945,1368,1389
  - : Opern M-523,530,596,626,1184
  - : Opern in Salzburg M-640
  - : Orgelmusik M-634
  - : Ponte, Lorenzo da M-1525
  - : Ponte-Opern M-1212
  - : Requiem M-36,632,729,1003
  - : Requiem K. V. 626 M-486
  - : Sänger M-1172,1193
  - : Salzburger Festspiele M-1172,1193

Diskographie: Schallplatten   M-407
- : So machen's alle   M-824
- : Symphonie Nr. 41, C-Dur, KV 551   M-525
- : Symphonien   M-322,1173
- : Violinkonzerte   M-695
- : Vokalmusik   M-328,329
- : Zauberflöte   M-572,838,1164,1478
Disques de l'année Mozart   M-395
Dittmar, Karl   M-507
Divers marks in Mozart's autograph manuscripts   M-970
Divertimenti per Dio   M-1261
Divertimenti: Mozart, Wolfgang Amadeus: Serenaden   M-226
d-Major string quintet (K.593) of Wolfgang Amadeus Mozart   M-734
Dober, Irmgard   M-1176
Doblinger, Musikhaus: Mozartiana   M-1220
Dokumentation zur Uraufführung   M-802
Doldinger, Friedrich   M-249
Dommusikverein: Mozart-Brüder Vermächtnis: Mozarteum: Salzburg   M-656
Don Giovanni   M-105,150,539,603,646,662,678, 901,902,912,935,943,1073,1110,1112,1231,1273, 1330,1367,1392,1415,1431
Don Giovanni in der Literatur   M-674
Don Giovanni in Italia   M-819
Don Giovanni in New York   M-1177
Don Giovanni in video   M-1285
Don Giovanni in Wien 1768   M-503
Don Giovanni: Ausstellung   M-1046
  - : Cosi fan tutte   M-930
  - : Diskographie   M-539,603,646,678,905,1047,1367
  - : Don Juan   M-146,148,150,223,848,960,1476
  - : Don Juan de Mozart   M-367
  - : Donaueschingen   M-1041
  - : Erotischer Anarchist   M-1174
  - : Inszenierungsformen   M-533
  - : Italienische Oper   M-1006
  - : New York   M-1177
  - : Niederlande   M-150
  - : Nozze di Figaro, Le   M-930
  - : Opera buffa   M-1006
  - : Paris   M-960
  - : Pariser Oper   M-1476
  - : Prag   M-1031,1032,1038,1046
  - : Rezeption im 19. Jahrhundert   M-886
  - : Salzburger Festspiele   M-1415
  - : Singspiel   M-855
  - : Staatsoper   M-1316
  - : Tanzszene   M-726
  - : Théâtre de l'Académie Royale de Musique   M-960
  - : Videographie   M-1285
  - : Wiener Klassik   M-726
Don Juan   M-848,1020,1486
Don Juan de Mozart: Don Giovanni   M-223,367,662
Don Juan: Diskographie   M-1486
  - : Don Giovanni   M-146,148,150,223,848,960,1476
  - : Niederlande: Mozart-Aufführungen   M-150
  - : Pariser Oper   M-860,960

Don Juan: Strauss, Richard   M-1486
- : Théâtre de l'Académie Royale de Musique   M-960
Donaueschingen 1787: Nozze di Figaro, Le: Rezeptionsgeschichte   M-1081
Donaueschingen: Don Giovanni   M-1041
Donaueschinger Aufführungsmaterial von Mozarts "Le Nozze di Figaro"   M-1082
Don-Juan-Sage auf der Bühne   M-146
Donna Nannerl   M-105,1112
Dort finde ich Mozart   M-1124
Dortmund: Ausstellung: Ponte, Lorenzo da   M-1362
Dostal, Helga   M-1501
Downs, Philip G.   M-1286
Drama und Abschied   M-1499
Drama und Diskurs   M-1105
Dramatic functions of the ensemble in the operas of Wolfgang Amadeus Mozart   M-689
Dramaturg: Mozart, Wolfgang Amadeus   M-1324
Dramaturgie und Philologie der Zauberflöte   M-1555
Dramaturgie: Oper   M-304
Dramma giocoso "La Finta giardiniera"   M-1096
Drei Lieder für den Frühling: Frühlingslieder   M-255
Dresdener Staatsoper: Idomeneo   M-212
Drittes Reich: Mozart, Wolfgang Amadeus: Nationalsozialismus   M-1314
Drüner, Ulrich   M-1321
Du wirst, wenn uns Gott gesund zurückkommen läst, schöne Sachen sehen   M-90
Duda, Gunther   M-479,637,680,706,980,1355
Dudley, Sherwood   M-937
Düll, Siegrid   M-108
Dürigl, Günter   M-974
Dürr, Walther   M-1287
Dumesnil, René   M-367
DuMont, Mary   M-1525
Dunhill, Thomas Frederick   M-691
Dunnell, Rebecca Cotten   M-1448
Dunning, Albert   M-707
Duparcq, Jean-Jacques   M-409
Durante, Sergio   M-1211,1526,1594
Durch beyhülff hoher Recommendation   M-78
Duregger, Nikolaus   M-1114
Dusek, (Familie)   M-401

E

E. T. A. Hoffmann-"Kult" und "Don Giovanni"-Rezeption in Paris des 19. Jahrhunderts   M-960
Ebel, Beatrice   M-1449
Echtheitsbestimmung der kleineren kirchenmusikalischen Werke W. A. Mozarts   M-481
Echtheitsfrage bei Mozart   M-716
Echtheitsfragen in Mozarts Requiem   M-529
Echtheitsfragen: Requiem   M-112
Echtheitsstreit um Mozarts Totenmaske   M-980
Eckelmeyer, Judith Alice   M-681,1178
Edge, Dexter   M-1369,1423,1439,1545
Éditions françaises de Mozart 1765-1801   M-246
Eggebrecht, Hans Heinrich   M-726
Egk, Werner   M-62

Eibl, Joseph Heinz   M-11,560,617,790,815,1230
Eighteenth-century performing materials from the Archive of the Theater an der Wien and Mozart's Die Zauberflöte   M-1522
Einfache und das Komplizierte   M-1562
Eingeschobenen Dialogszenen in Mozarts "Don Juan" im 18./19. Jahrhundert   M-1076
Einheit: Zyklische Form   M-711
Einige bemerkenswerte Mozartiana in der Wiener Stadt- und Landesbibliothek   M-1062
Einige Gedanken zur bibliographischen Problematik des Köchel-Verzeichnisses   M-971
Einige Mozartiana aus Mähren   M-879
Einige ungeklärte Fragen zur Geschichte der Requiem-Vollendung   M-783
Einstein, Alfred   M-257,317,342,343,664
Eisen, Cliff   M-73-75,82,95,958,1000,1001,1225, 1371,1461,1574
Elements of expression in selected masses by Johann Michael Haydn, Franz Joseph Haydn, and Wolfgang Amadeus Mozart   M-737
Elsaß: Lexique des personnalités alsaciennes rencontrées par Mozart   M-1219
 - : Mozart, Wolfgang Amadeus: Straßburg   M-1356
Elvers, Rudolf   M-337,469
Emanuel Schikaneder und seine Zeit   M-1296
Emerson, Isabelle Putnam   M-791
Emig, Christine   M-1288
Engel, Erich Wilhelm   M-182
Engel, Hans   M-338,353,368,379,508,588
Engel, Karl   M-146
Engels, Irmgard   M-278
Engerth, Ruediger   M-665
Engl, Johann Evangelist   M-2,27,147,153,174, 1598,1599
Engländer, Richard   M-369
Englische Übersetzungen: Zauberflöte   M-1344
English connection: Mozart, Wolfgang Amadeus   M-1490
Enlightened transposition   M-1422
Enns, Margaret R.   M-1115
Entführung aus dem Serail   M-497,703,872,944,1023, 1024,1183,1231,1335
Entführung aus dem Serail von W. A. Mozart   M-516
Entführung aus dem Serail: Diskographie   M-497,703
 - : Türkenoper   M-179
Entstehung und erste Aufführungen von Mozarts "Le nozze di Figaro"   M-917
Epilegomena Mozartiana   M-714
Epistelsonaten   M-995
Erben, André   M-227
Erdmann, Hans   M-480
Ergänzungen zur Bibliographie des Mozart-Schrifttums   M-834
Ergebnisse der "Neuen Mozart-Ausgabe"   M-609
Ergebnisse der bisherigen Forschungen über die Echtheit des Mozartschen Requiem   M-112
Erinnerungs-Blätter an Wolfgang Amadeus Mozarts Säcularfest im September 1856 zu Salzburg   M-122
Erotik: Mozart-Opern: Sexualität   M-1180

Erotischer Anarchist: Don Giovanni   M-1174
Errors in Mozart performance: Mozart-Aufführungen   M-644
Erstaufführungen von Mozart-Opern in Graz und Mozarts Beziehungen zu Graz   M-521
Erstaufführungen von Mozarts Bühnenwerken in Mannheim   M-836
Erstausgaben: Mozart, Wolfgang Amadeus: Universitätsbibliothek Brünn   M-642
Erstdrucke der Werke von Wolfgang Amadeus Mozart   M-1004
Erstdrucke: Frühdrucke   M-269,580,786,1165,1319
Ersten Mozart-Aufführungen in Rumänien   M-294
Erwerbung des Mozart-Requiems durch die k. k. Hofbibliothek im Jahre 1838   M-696
Erwerbungen der Mozart-Autographe der Berliner Staatsbibliothek   M-555
Escher, Rudolf   M-435
Espagne, Franz   M-133
Essai de bibliographie Mozartine   M-172
Etheridge, David Ellis   M-736
Ettore, Guglielmo d'   M-1413
Evenden, Michael   M-1504
Evenson, Judith Joan Ungrodt   M-682
Eversole, James Atlee   M-638
Evertz, Leonhard   M-13,803,861
Evolution of Mozart's pianistic style   M-988
Exposiçao comemorativa do 2° centenário do nascimento de W. A. Mozart   M-410
Extended phrase structure and organic unity in Mozart's vespers   M-1346

F

Factus est   M-1587
Fälschungen: Falsifikate: Mozart-Autographen   M-854
Fairy-tale literature and "Die Zauberflöte"   M-1283
Fall Zauberflöte   M-1534
Falsche Mozartbildnisse   M-293
Familie: Schwaben   M-333
Familienbild Mozart   M-22
Familiengeschichte: Mozart, Wolfgang Amadeus   M-285
Famous Mozart operas   M-472
Farmer, Henry George   M-34,45,840
Favola per la ragione   M-928
Federhofer, Hellmut   M-470,481,549,618,708
Federhofer-Königs, Renate   M-645
Feicht, Hieronim   M-411,482
Fein, Fiona Morgan   M-1270
Feldman, Martha   M-1369
Fellerer, Karl Gustav   M-295,370,371,509, 619,754,773,981
Fellinger, Imogen   M-804,862,938,1322
Felsenstein, Walter: Komische Oper, Berlin: Zauberflöte   M-483
Ferguson, Linda Faye   M-939
Ferner, Lorenz   M-5
Fest-Chor und ein unbekanntes Autograph von W. A. Mozart Sohn   M-1611

Festgabe zum 50-jährigen Bestande der Wiener Bibliophilen-Gesellschaft und zu Ehren des Altmeisters der Wiener Kulturgeschichte Prof. Gustav Gugitz aus Anlaß seines Eintrittes in das 90. Lebensjahr M-573
Festpiele: Mozart-Inszenierungen: Salzburg M-1040
Festschrift: Mozart-Wohnhaus M-1438
- : Toyson, Alan M-1477
- : Wiener Bibliophilen-Gesellschaft M-573
Fierz, Gerold M-539,589
Figaro: Beaumarchais, Pierre Augustin Caron de M-1065
Figarohaus: Mozart-Gedenkstätte: Wien M-764,974,1414
Figaro-Inszenierung: Mozart, Wolfgang Amadeus M-1538
Figaro-Literatur seit 1925: Nozze di Figaro, Le M-796
Figaros Hochzeit M-923,1169,1183
Figaros Hochzeit: Diskographie M-576,1389
- : Nozze di Figaro M-576,639,849,917,923, 1366,1380,1389
Film: Amadeus M-1187,1329
- : Amadeus-Film: Mozart-Rezeption M-1027
- : Mozart, Wolfgang Amadeus M-1053,1434
- : Shaffer, Peter M-1187
Filmographie: Mozart, Wolfgang Amadeus M-1101, 1181,1399,1548
Final periods of Mozart, Beethoven, and Bartók M-630
Finale: Klavierkonzert KV 175 M-992
- : Opera buffa M-990
- : Opernchöre M-448
Finalsätze in Mozarts Konzerten M-1521
Finda, Margit M-639
Finscher, Ludwig M-524,917,1370
Finta giardiniera M-760,761,1096
Finta giardiniera, La: Anfossi, Pasquale M-1096
Finta Giardiniera, La: Librettist M-770
Finta giardiniera, La: München M-761
- : Singspielfassung M-623
Firmian, (Familie): Mailand: Troger-Forschung M-932
First nine symphonies of Mozart M-582
First-movement-cadenzas for Wolfgang Amadeus Mozart's Piano Concertos K. 466, 467, 482, 491, 503, and 537 M-1463
Fischer, Petra M-1323
Fischer-Colbrie, Gerald M-1179
Flauto magico di Mozart M-746
Flauto Magico: Ausstellung: Milano: Zauberflöte M-984
Flauto magico: Zauberflöte M-835,928,1097
Fleischer, Oskar M-167
Flöten: Holzbläser: Oboen: Tonartenwahl M-826
Floros, Constantin M-841
Flothuis, Marius M-268,683,1026,1424,1482
Flûte enchantée M-663
Flute enchantée de Mozart M-838
Flûte enchantée, Wolfgang Amadeus Mozart M-1478
Flûte enchantée: Zauberflöte M-1435

Flute magic: Zauberflöte M-843
Fogle, James C. M-737
Ford, Charles M-1180
Formal construction of Mozart's operatic ensembles and finales M-448
Formale Aspekte des ersten Allegros in Mozarts Konzerten M-1200
Forman, Denis M-709
Formans Amadeus-Film M-1329
Formans Amadeus-Film und die Folgen M-1333
Fornari, Giacomo M-1366
Forsberg, Carl Earl M-590
Forscher und Interpreten M-600
Forster, Robert M-1289
Fortepiannye trio Mocarta M-1028
Forza della parole M-1324
Fragmente: Mozart, Wolfgang Amadeus M-889
Frajese, Carlo M-1233
Frank, René M-379
Frankfurt/M., Städtische Volksbüchereien: Mozart, Wolfgang Amadeus M-416
Frankfurt/M.: Fulda: Mozartiana M-672
- : Mozart-Bestände: Stadt- und Universitätsbibliothek M-875
- : Mozart-Opern M-224
Frankfurter Mozart-Buch M-671
Frankreich: Elsaß M-1356
- : Mozart, Wolfgang Amadeus M-427,1218, 1263,1356
- : Mozart-Rezeption M-876
- : Paris M-427,1263
- : Straßburg M-1356
Franz Anton Mesmer und Mozart M-972
Franz Jakob Freystädtler (1761-1841) M-1458
Franz Xaver Niemetschek M-1318
Franz Xaver Wolfgang Mozart M-1604
Franze, Juan Pedro M-1290
Französische Literatur: Mozart, Wolfgang Amadeus M-1331
Französische Mozart-Ausgaben 1765-1801 M-246,262
Französische Mozart-Literatur M-230
Französisches Vorbild für Mozarts "Requiem" M-1033
Frauen im Leben Mozarts M-211
Frauenbild: Zauberflöte M-1418
Frauengestalten in Mozarts Opern M-362
Free variations of repeated passages in Mozart's keyboard music M-1377
Freimaurer und Illuminaten aus Alt-Bayern und Salzburg und ihre Beziehungen zu den Mozarts M-18
Freimaurer Wolfgang Amadé Mozart M-1257
Freimaurer: Loge "Zur Wohltätigkeit" im Orient von Wien M-1079
- : Loge zur Gekrönten Hoffnung M-921
- : Masonry M-476
- : Mozart, Franz Xaver Wolfgang M-1604
- : Mozart, Wolfgang Amadeus M-438,476,797, 921,1104,1140,1188,1206,1257,1259,1347,1436

Freimaurer: Musik M-1442
- : Öffentlichkeitsarbeit M-507
- : St. Johannis-Freimaurer-Loge M-1079
- : Wien M-1307
- : Wiener Logen M-1188
- : Zur Wohltätigkeit M-1079
- : Zur Wohltätigkeit im Orient von Wien M-1307
Freimaurerei: Königliche Kunst M-438
- : Mozart, Wolfgang Amadeus M-1308
Freimaurerkompositionen: Mozart, Wolfgang Amadeus M-1539
Freimaurer-Logen: Großloge von Wien: Musikgeschichte M-243
Freimaurer-Musik: Mozart, Wolfgang Amadeus M-1123
Freimaureroper: Zauberflöte M-663
Freisauff, Rudolf von M-148
Freitag, Wolfgang M-1181
Freundeskreis Mozarts in Salzburg M-159
Freyhan, Michael M-1002,1450
Freystädtler, Franz Jacob: Mozart, Wolfgang Amadeus M-1458,1493
Friedrich Nietzsches Aussagen über Mozart M-863
Friedrich Rochlitz und die Entstehung des Mozart-Bildes um 1800: Mozart-Bild M-1400
- : Rochlitz, Friedrich M-1400
Friedrich, Goetz M-483
Frieselfieber und Aderlaß im Spiegel der medizinischen Literatur zur Zeit Mozarts M-1091
Frühdrucke von Werken Wolfgang Amadeus Mozarts M-316
Frühdrucke: Erstdrucke M-786,1165,1319
- : Mozart, Wolfgang Amadeus M-1319
Frühe Mozart-Pflege in Amerika M-363
Frühe Mozartpflege und Mozartiana in der Steiermark M-470
Frühe Partiturabschrift aus dem Jahr 1795 von Mozarts Zauberflöten-Ouvertüre mit handschriftlichen Eintragungen Franz Xaver (Wolfgang) Mozarts M-1582,1612
Frühe Partitur-Ausgabe von Symphonien Haydns, Mozarts und Beethovens M-282
Frühesten Quellen zur Temponahme bei Mozart M-1030
Frühlingslieder: Drei Lieder für den Frühling M-255
Frullini, Andrea M-1546
Fuchs, Aloys M-109,116,118,1595,1609
Fuchs, Aloys: Mozart-Sammlung M-196
Fuchs, François M-1356
Fuchs, Ingrid M-1329
Führer durch die Mozart Gedenkstätte M-899
Führer durch die Mozart-Gedenkstätten der Internationalen Stiftung Mozarteum M-279
Führer durch Mozarts Werk: Guide to the musical works of Wolfgang Amadeus Mozart M-1151
Für den deutschen Mozart M-258
Fürstbischöflicher Hof: Augsburg M-559
Fürsterzbischof, Vizekapellmeister, Konzertmeister M-91,1364
Füssl, K. H. M-525

Fugen: Bach, Johann Sebastian M-594
- : Klavierwerke M-940
- : Mozart, Wolfgang Amadeus M-594,700
- : Religiöse Musik: Sakralmusik M-700
Fugenstil: Mozart, Wolfgang Amadeus M-518
Fugierte Stil bei Mozart M-518
Fugue dans la musique religieuse de W. A. Mozart M-700
Fugue process and tonal structure in the string quartets of Haydn, Mozart, and Beethoven M-1043
Fuhrich, Edda M-1172,1193
Fuhrich-Leisler, Edda M-842
Fuhrmann, Roderich M-1027,1058,1091,1182,1357
Fulda: Mozartiana M-672

G

Gagelmann, Hartmut M-1116
Gagné, David W. M-1059
Gajdamovic, Tat'jana M-1028
Gall, Hannes M-354
Gallarati, Paolo M-1324
Gamerra, Giovanni de M-759
Gammond, Peter M-843
Gampenrieder, Christian M-1452
Gantter, Ludwig M-125
Garnitschnig, Andrea M-1399
Gärtner, Heinz M-36,1003,1451
Gebhardt-Schoepflin, Judith Adell M-895
Gebler, Tobias Philipp von: Thamos M-477
Gedanken zu den Hornkonzerten von W. A. Mozart M-839
Gedanken zur Entstehung eines Mozart-Porträts M-878
Gedenkstätte W. A. Mozarts und der Eheleute Dusek M-401
Gedenkstätten Mozarts: Salzburg M-418
Gedenkstätten: Augsburg M-898
- : Köchel, Ludwig von M-1511
- : Mozartgedenkstätten M-341,898,1125, 1146,1198,1425,1433,1511
- : Salzburg M-341,1146,1433
- : Stein an der Donau M-1511
- : Wien M-1125,1198
Gefälschte Mozart-Autographen M-854
Gefälschte Mozart-Briefe M-587
Geffray, Geneviève M-107,1020,1049,1210
Gegen Unwahrscheinlichkeit und Frivolität M-808, 962
Gegenwärtige Stand der Mozart-Forschung M-795
Geheimgesellschaften: Mozart, Wolfgang Amadeus M-1064
Gehmacher, Friedrich M-600
Geiringer, Karl M-1601
Geist: Musik: Schicksal M-866
Gelesene Gegenwart M-1588
Gelosie de serraglio, Le: Balletmusik M-546
Gemälde: Mozart, (Familie) M-11
Gemeentemuseum Arnhem M-435
Genealogie: Mozart, Wolfgang Amadeus M-615, 730,731,877

Genée, Rudolph   M-177
Generalbass: Klavierkonzerte   M-939
Genesis of "Se di lauri"   M-1412
Georgescu-Breazul, George [N.]   M-471
Gersthofer, Wolfgang   M-1325,1386
Gerücht von Mozarts Vergiftung und seine Literarisierung   M-1591
Gesamtausgabe der Werke Mozarts   M-137
Gesamtverwandtschaft Wolfgang Amadeus Mozarts   M-730
Geschichte der Entstehung des Mozarthauses in Salzburg   M-1017
Geschichte Don Giovannis   M-1174
Geschichten um Mozart   M-1029
Geschichtliches und Statistisches zur Mozartpflege   M-313
Gesellschaft der Musikfreunde in Wien: Mozartiana   M-191
 - : Musikhandschriften   M-272,1054
Gesellschaft für Musikforschung   M-467
Gesellschaft zur Herausgabe von Denkmälern der Tonkunst in Österreich   M-484
Gesellschaftliche und politische Aspekte im Werk von Wolfgang Amadeus Mozart   M-1231
Gewiß, man hat mir Gift gegeben   M-479
Ghéon, Henri   M-265
Giazotto, Remo   M-412
Gibson, O. Lee   M-526
Giegling, Franz   M-413,595,599
Gilhofer: Ranschburg   M-250
Glasgow: Zavertal Collection at the University of Glasgow   M-840
Gleich, Clemens von   M-1030
Gleich, Clemens-Christoph von   M-1326
Glöckner, Hans-Peter   M-805,844
Glöggl, Franz Xaver: Mozart, Leopold: Mozart, Wolfgang: Süßmayr, Franz Xaver   M-87
Gmeiner, Joseph   M-1232
Gmeinwieser, Siegfried   M-666
Goebels, Franzpeter   M-959
Goehring, Edmund J.   M-1327
Göpfert, Carl Andreas   M-1393
Goerge, Dieter   M-22
Goes, Albrecht   M-847
Goethe, Cornelia   M-108
Goethe, Johann Wolfgang von: Mozart, Wolfgang Amadeus   M-1042,1350
 - : Zauberflöte   M-885,1350
Goethe, Mozart und die Zauberflöte   M-1350
Goldinger, Walter   M-550
Goldovsky, Boris   M-1183
Gossec, François-Joseph: Messe des Morts: Requiem   M-1033
Gosudarstvennyi central'nyj Muzej muzykal'noj kul'tury imeni Michaila Ivanovica Glinki: Ministerstvo kul'tury SSSR   M-461
Gottesbeweis: Mozart, Wolfgang Amadeus   M-1166
Gottfried, Baron van Swieten and his influence on Haydn and Mozart   M-651
Göttlicher Mozart   M-382

Gottlieb: Amadeus: Theophil: Von Gott geliebt   M-1234
Gottron, Adam Bernhard   M-339
Gould, Murray   M-699
Grab Leopold Mozarts in Salzburg   M-3
Grabstätte W. A. Mozarts auf dem St. Marxer Friedhof in Wien   M-403
Grabstätte: Mozart, Wolfgang Amadeus   M-232
Grammatik und Partnertausch   M-1417
Gran Partita   M-1457
Gran Teatro La Fenice: Mozart-Ausstellung: Venezia   M-918
Grand tableau de la famille Mozart   M-24
Gratzer, Wolfgang   M-1301
Grave, Floyd Kersey   M-738
Grayson, David   M-1369,1483
Graz, Universitätsbibliothek: Ausstellung   M-1254
Graz: Mozart, Wolfgang Amadeus   M-1186
Grazer Erstaufführungen: Mozart-Opern   M-521
Grazer Mozartfest 1956: Mozartstätten: Oper Graz   M-397
Greither, Aloys (Alois)   M-414,485,551
Grétry-Variationen: Mozart, Wolfgang Amadeus   M-1100
Groag-Belmonte, Carola   M-211
Gronda, Giovanna   M-1401
Große Gemälde der Mozartischen Familie   M-11
Grosse, Helmut   M-806,871
Großloge von Wien: Musikgeschichte   M-243
Gruber, Gernot   M-667,863,982,1117
Gründliche Violinschule   M-61
Grundner, Bernhard   M-1484
Grusnick, Bruno   M-424
Gülke, Peter   M-1485
Günther, Georg   M-1575
Gugitz, Gustav   M-199,574
Guide des opéras de Mozart   M-1184
Guide to the musical works of Wolfgang Amadeus Mozart: Führer durch Mozarts Werk   M-1151
Gustav Mahlers Figaro-Inszenierung anläßlich des Mozart-Jubiläumsjahres 1906   M-1538
Gutachten Otto Jahns über die Andrésche Mozart-Sammlung   M-1077
Gutman, Robert W.   M-1505
Guttmann Ben-Zwi, Ruth   M-1185

H

Haas, Fons de   M-1135
Haas, Robert   M-244,296,330
Haberkamp, Gertraut (Gertraud)   M-983,1004,1291
Haberl, Franz Xaver   M-149
Hadamowsky, Franz   M-415,442
Händel, Georg Friedrich   M-1553
Händels "Messias" in der Fassung von W. A. Mozart   M-1182
Härtel: Breitkopf   M-30
Hafner, Otfried (Ottfried)   M-755,896,1186
Hagen, G. Fr.   M-219
Hahn, Oliver   M-1584
Hahnl, Adolf   M-1275
Haidbauer, Birgit   M-1547

Hairer-Hainrich, (Familie): Buch am Buchrain (Oberbayern) M-751
Halliwell, Ruth M-25
Hamann, Heinz Wolfgang M-552
Hamburg 1793: Zauberflöte M-1450
Hamburg: Mozartjahr M-827
Hammer, Karl M-591
Hammerle, Alois Josef M-136
Handlungsräume des Weiblichen M-1548
Handschriften: Mozart, Leopold M-85,1217
- : Mozart, Wolfgang Amadeus M-122,178,200,970
- : Salzburg, Stift St. Peter M-200
- : Staatsbibliothek Berlin M-178
Hankla, Jesse R. M-1005
Hanswurst: Zauberflöte M-842
Harer, Ingeborg M-1187
Harmoniemusik of "Die Entführung aus dem Serail" by Wolfgang Amadeus Mozart M-1024
Harmoniemusik: Mozart, Wolfgang Amadeus M-1393
Harrandt, Andrea M-1527
Harrison, Michaelle Tramel M-1060
Harry Kupfer M-1192
Harutunian, John Martin M-897
Hase, Hellmuth von M-342
Haselböck, Martin M-1303
Haslinger, Paul M-1118
Hastings, Baird M-1092
Hatting, Carsten E. M-1093
Hatzfeld, Franz Ludwig von: Idomeneo-Partitur M-1558
Haug, Helmut M-1425
Haupt, Helga M-486
Hausmusik: Mozart, Wolfgang Amadeus M-278
Havlice, Dana Marie M-940
Hay, Beverly M-1061
Haydn and Mozart M-897
Haydn and the classical variation M-1341
Haydn, Johann Michael M-1568
Haydn, Joseph: Mozart, Wolfgang Amadeus M-500, 506,508,593,642,651,682,720,737,758,789,883, 897,908,916,989,1043,1130,1286,1481
Haydn, Michael M-737
Haydn, Michael: Kirchenmusik in Salzburg: Mozart, Leopold M-76
Haydn, Mozart und die Klassik M-508
Haydn, Mozart und Schubert auf der Bühne M-1527
Haydniana: Autographen: Mozartiana: St. Peter in Salzburg M-890
Head, Matthew M-1528
Heartz, Daniel M-1119
Heath-Marguerre, Charlotte M-1510
Heckmann, Eleonore M-416
Heidenreich, Carl L. M-280
Heidl, Alfred M-279
Heindl-Lau, Karin M-963
Heinzel, Mark Alexander M-1426
Hell, Helmut M-758
Hellinghaus, Otto M-204
Henkel, Heinrich M-162
Hennenberg, Fritz M-774,1292,1392

Henry, Jacques M-1188
Henze-Döhring, Sabine M-960,1006
Héritage Souabe de Mozart M-498
Herklotz, Renate M-1347
Herkunft der Familie Mozart M-6
Herren und Grafen von Arco und ihre Beziehungen zu den Mozarts M-16
Herrschaft und Revolte in "Figaros Hochzeit" M-1169
Herz, Josef M-548
Hess, Ernst M-417
Hesse, Vera M-372
Heussner, Horst M-961
Hévesy, André de M-248
Hickl, Tilman M-1399
Hier hat Mozart gespielt M-665
Hildesheimer, Wolfgang M-815,864
Hill, George R. M-699
Hilmar, Ernst M-1062
Hilmera, Jiří M-1031,1226
Hiltner, Beate M-1358,1359,1360,1387
Hime, Douglas D. M-1063
Himmlische Inspiration: Inspiracion celeste M-762
Hinter dicken Mauern, die Mozarts Klavierspiel verschluckten M-1209
Hirsch, Paul M-173,269
Historischen Mozart-Bestände der Stadt- und Universitätsbibliothek Frankfurt am Main M-875
Historisches Museum der Stadt Wien M-1120
Hochdramatische Mozart M-646
Hochradner, Thomas M-95,1453
Hochzeit der Eltern Mozarts M-71
Hochzeit der Susanna M-1389
Hochzeit des Figaro M-796,849,924,1169,1183,1392
Hochzeit des Figaro: Diskographie M-1368
- : Figaro-Literatur seit 1925 M-796
- : Mozart, Wolfgang Amadeus M-1368
- : Noces de Figaro: Nozze di Figaro M-1368
Hocquard, Jean-Victor M-487,488,848,1388
Höft, Brigitte M-845,1400
Höllerer, Elisabeth M-1389,1548
Hofbibliothek in Wien: Mozart-Autographen: Österreichische Nationalbibliothek M-193,349
Hofbibliothek: Mozart-Requiem M-696
Hoffmann, E. T. A. M-960
Hoffmann, Hans M-226
Hoffmeister, Gerda M-1576
Hofkomponist: Salzburg » Mozart, Leopold
Hofmusikkapelle: Kirchenmusik: Wien M-978
Hofoper Wien: Mozart-Opern: Staatsoper M-1015
Hoforganist: Freimaurer: Wien » Mozart, Wolfgang Amadeus
Hoftheater Wien: Mozart, Wolfgang Amadeus M-161
Holboeck, Ferdinand M-807
Holden, Raymond M-1427,1428,1486,1549
Holl, Hildemar M-1189
Holland, Dietmar M-901,924,925,944,967,1075
Holmes, Edward M-121
Holschneider, Andreas M-553
Holz, Hans M-270

Holzbläser in der Musik Mozarts und ihr Verhältnis zur Tonartenwahl: Flöten: Oboen M-826
Homering, Liselotte M-1153
Honegger, Geneviève M-1219
Horn bei Mozart M-865
Horn in the works of Mozart and Haydn M-750
Horn, Wolfgang M-1293
Horner, Johann M-142,144
Hornkonzerte M-839
Hortschansky, Klaus M-151,808,809,962
Hosenrollen bei Mozart und Richard Strauss M-1554
Hoyer, Johannes M-40
Hsu, Mei-Na M-1361
Hubek, Johannes M-1366
Huber, Heinrich M-6
Hüppe, Eberhard M-1487
Hughes, Rosemary M-380,578
Hughes, Spike M-472
Hummel, Johann Nepomuk M-1369
Hummel, Johann Nepomuk: Mozart, Wolfgang Amadeus M-616
Hummel, Walter M-9,43,44,101,102,251, 340,418,419,510,540,575,1602,1603
Humor as a concept in music M-1300
Humor: Musikalität M-556
Hundert Jahre Internationale Stiftung Mozarteum 1880-1980 M-859
Hunkemöller, Jürgen M-692,1007
Hunter, Mary M-1462
Hurwitz, Joachim M-1604
Hussey, Dyneley M-220
Hutchings, Arthur M-1488
Hybrid masses: Kirchenmusik M-1103

I

Ich bin hier sehr beliebt M-1337
Ich kannte Mozart M-969
Ich, Johannes Chrisostomus Amadeus Wolfgangus Sigismundus Mozart M-1155
Ideal and reality M-1242
Idealistische Mozart-Bild 1785-1860 M-1445
Idomeneo M-735,1075,1336,1503
Idomeneo: Diskographie M-910
 - : Dresdener Staatsoper M-212
 - : Strauss, Richard M-1428
 - : Treitschke, Georg Friedrich: Aufführungstradition M-961
Idomeneo-Bibliographie M-910
Idomeneo-Partitur: Hatzfeld, Franz Ludwig von: Seinsheim, Maximilian Clemens von M-1558
Idomeneus-Stoff M-732
Igrec, Srebrenka M-1328
Ikonographie: Bibliographie M-219
 - : Bildergalerie M-1191
 - : Mozart, Wolfgang Amadeus M-118,131,147, 166,175,182,197,202,214,219,239,248,287, 305,321,385,405,444,510,519,537,538,551,602, 878,1084,1121,,01292,1564
 - : Mozart-Bildnisse, falsche M-293
 - : Mozart-Opern M-1191
 - : München: Ausstellung M-1121

Ikonographie: Niederlande M-175
 - : Porträts M-1292
 - : Totenmaske M-305
Im Spiegel lokaler Tradition M-1453
Imagination in the music of Mozart M-914
Improvisation: Kadenzen M-856
Incontrera, Carlo de M-918
Index of missing Mozart autographs formerly in the Preußische Staatsbibliothek (now the Deutsche Staatsbibliothek in East Berlin) M-620
Inspiracion celeste: Himmlische Inspiration M-762
Institut für Theaterwissenschaft der Universität Köln M-693,806
Instrumentalmusik M-1130
Instrumentalmusik: Diskographie M-325
 - : Kirchenmusik M-217
 - : Mozart, Wolfgang Amadeus M-1304
Instrumentalwerke Johann Georg Leopold Mozarts M-59
Instrumentalwerke: Diskographie M-621
Instrumentation: Klavierkonzerte M-994
Instrumentationsgeschichte des 18. Jahrhunderts: Mozartorchester M-253
Inszenierungen von Mozarts "Idomeneo", "Die Entführung aus dem Serail", "Le nozze di Figaro", "Don Giovanni", "Cosi fan tutte" und "Die Zauberflöte" bei den Salzburger Festspielen ab 1962 M-1040
Inszenierungsformen: Don Giovanni M-533
Interaction between Meter and Phrase beginnings and endings in the mature instrumental music of Haydn and Mozart M-1130
Internationale Konferenz über das Leben und Werk W. A. Mozarts M-420
Internationale Stiftung Mozarteum Salzburg M-21, 140, 141,221,251,340,341,345,540,560,688,743, 759, 857-859,910,977,982,1094,1021,1094,1121, 1149
Internationale Stiftung Mozarteum Salzburg: Ausstellung M-743,977,1021
 - : Bibliotheca Mozartiana M-858
 - : Bibliothekskatalog M-144
 - : Mozart-Bibliothek M-688
 - : Mozartwoche M-1019
Internationaler Mozartkongreß 1991: Salzburg M-1278
Internationaler Musikwissenschaftlicher Kongreß zum Mozartjahr 1991, Baden, Wien M-1329
Internationaler Musikwissenschaftlicher Kongress: Mozartjahr 1956 M-484
Interpretation, Schallplatte, Mozart M-530
Interpretationsvergleiche zu. W. A. Mozarts Violinkonzert in A-Dur Nr. 5 KV 219 (1. Satz) M-1541
Interpreten: Künstler: Librettisten: Rezeption Mozartscher Bühnenwerke M-1080
Intorno al Flauto Magico M-984
Intorno all'Ascanio in Alba di Mozart M-1390
Introitus und Communio im Requiem M-1467
Introuvables du chant Mozartien M-985

Invito all'ascolto di Wolfgang Amadeus Mozart M-1252
Irmen, Hans-Josef M-1064
Irmer, Otto von M-959
Irony in Mozart's operas M-1284
Irving, John M-1454,1489,1585
Israel: Mozart-Aufführungen (KV 1185
Ist Johann Nepomuk della Croce der Maler des großen Mozartschen Familienbildes? M-22
Istvánffy, Tibor M-919
Italien: Bridischer Garten: Rovereto M-1147
  - : Mozart, Wolfgang Amadeus M-332,376, 383,396,554,685,705,800,1260,1519
  - : Mozart-Gedenkstätte M-1147
  - : Mozartiana M-553
  - : Mozart-Pflege M-684
Italienische Komponisten: Mozart, Wolfgang Amadeus M-870
Italienische Mozart M-554
Italienische Oper: Don Giovanni: Opera buffa M-1006
Italienische Sinfonien: Opernsinfonien M-1386
Italienische Vers und musikalische Syntax in Mozarts Opern M-1374
Italienreisen: Mozart, Wolfgang Amadeus M-311,1349
Itinéraires mozartiens en Bourgogne M-1294

J

Jacob, Heinrich Eduard M-866
Jacobs, Helmut C. M-1591
Jahn, Otto M-123,170,1077,364
Jahn, Otto: Mozart-Sammlung M-1077
Jahresbericht der Internationalen Stiftung Mozarteum in Salzburg M-140
Jan, Steven B. M-1391
Jansen, Johannes M-1234
Japan: Mozart, Wolfgang Amadeus M-1552
Jarocinski, Stefan M-361
Jauner, Ludwig M-279
Jefferson, Alan M-668
Jeffery-Fragment der University of Western Ontario in London, Kanada M-1010
Jelinek, Franz M-132
Jena, Stefan M-1366
Jenkins, John M-1490
Jerger, Wilhelm M-592
Johann Michael Puchberg M-1536
John Dew inszeniert Mozart M-1392
Jonas, Oswald M-317
Jones, David Wyn M-1122
Josephinische Wien und Mozart M-829
Josephson, Nors S. M-1295
Jost, Peter M-1550
Judaica: Mozart, Wolfgang Amadeus M-1495
Juden: Ausstellung: Bremen: Mozart, Wolfgang Amadeus M-1357
Jugend in Augsburg - Leopold Mozart 1719-1737 M-66
Jugend Mozarts M-288
Jugendopern: Mozart, Wolfgang Amadeus M-1156
Jugendsinfonien Mozarts M-338
Jung, Hans Rudolf M-61
Jung, Hermann M-1400
Jung-Kaiser, Ute M-1329,1400
Junker, Hildegard M-1330
Jungwirth, Augustin M-200
Jupiter Sinfonie (KV 551) M-850,1067,1293,1342,1586,1588
Jupitersymphonie: Diskographie M-525

K

Kabasta, Oswald: Mozart, Wolfgang Amadeus M-1531
Kadenzen: Improvisation M-856
  - : Klavierkonzert K.467 M-1408
  - : Klavierkonzerte M-1463
Kahl Willi M-421,527
Kahlweit, Manfred M-621
Kahn, Johannes M-227
Kaiser, Hartmut M-867
Kaiser, Joachim M-963
Kalbeck, Max M-1538
Kalomiris, Manolis M-489
Kammermusik: Mozart, Wolfgang Amadeus M-1035
  - : Streichquartette M-67,748
Kapst, Erich M-364
Karásek, Bohumil M-422,756
Karhausen, Lucien Richard M-1506
Karnevalsopern: Mozart, Wolfgang Amadeus M-1503
Karolingische Titus M-1529
Kaserer, Hans Peter M-15
Katalog M-273
Katalog der Ausstellung "Mozarts Dichter Lorenzo da Ponte, Genie und Abenteurer" M-1362
Katalog der Bücherei der "Internationalen Stiftung Mozarteum" in Salzburg M-144
Katalog des Mozart-Museums im Geburts- und Wohnzimmer Mozart's zu Salzburg M-142,174
Katalog einer Mozart-Bibliothek M-173
Katalog wystawy: Mozart, Wolfgang Amadeus M-437
Katalog zur Ausstellung Salzburg zur Zeit der Mozart ... M-83,1190
Kazenas, Bruno M-810
Kecskeméti, Istvan M-541
Keefe, Simon Patrick M-1455,1551,1586
Keil: Punkt: Strich M-467
Keller, Otto M-219
Kelsch, Wolfgang M-1123
Kenntnis Mozarts in Polen M-482
Kenyon, Max M-346
Kerner, Dieter M-423,473,542,543,583,637,706
Kerr, David Wallis M-1008
Kersting, Ann M-1154
Key and modulation in Mozart's instructions in figured bass for Thomas Atwood M-823
Kiefer, Thomas M-1393
Kielbasa, Marilyn M-757
Kierkegaard, Sören: Mozart-Rezeption M-1262
Kiess, Wolfgang M-1394
Kilian, Gerald M-1577

Kimoto, Yuko M-1552
Kind im Künstler M-1583
Kinder Mozarts M-4
King, Alec Hyatt M-256,281,297,347,373,424,425,595,694,964
King, Robert Francis, jr. M-593
Kino: Mozart, Wolfgang Amadeus M-1434
Kinosian, Craig Kasper M-1065
Kinsky, Georg M-227,235,271,282
Kirchenkomponisten: Salzburg M-1568
Kirchenmusik M-154,184,201,371,514,633, 754,929,981,1244,1261,1280,1329,1451,1452
Kirchenmusik in Mozarts Briefen M-184
Kirchenmusik in Salzburg: Haydn, Michael: Mozart, Leopold M-76
Kirchenmusik W. A. Mozarts M-981
Kirchenmusik: Choralmusik M-633,1346
- : Hybrid masses: Meßkompositionen M-1103
- : Instrumentalmusik M-217
- : Litaneien M-286
- : Liturgie M-754
- : Mozart-Autographen M-381
- : Musiksammlung M-381
- : Österreichische Nationalbibliothek M-381
- : Wien: Hofmusikkapelle M-978
Kirchenmusikautographen Mozarts in der Musiksammlung der Österreichischen Nationalbibliothek M-381
Kirchenmusiker: Komponisten: Salzburg M-810
Kirchensonaten: Autographen M-1453
Kirkendale, Warren M-594
Kirsch, Winfried M-1303
Kivy, Peter M-1553
Klangstil des Mozartorchesters M-253
Klangwelt Mozarts M-1202
Klarinette: Brahms, Johannes M-607
- : Mozart, Wolfgang Amadeus M-320,607
- : Piano: Transkriptionen M-767
Klarinetten: Konzert für Klarinette M-1430
Klarinettenkonzert in A-Dur, KV 622: Mozart, Wolfgang Amadeus M-736
Klassik: Haydn, Joseph: Mozart, Wolfgang Amadeus M-508
Klassiker? M-1563
Klassische Musik: Beethoven, Ludwig van: Mozart, Wolfgang Amadeus M-1099
Klavierbegleitung im Liede von Haydn, Mozart und Beethoven M-500
Klavierkonzert B-Dur KV 456: Quellenlage M-1048
Klavierkonzert C-Dur KV 467: Diskographie M-585
Klavierkonzert D-Dur KV 451 M-1163
Klavierkonzert in D-Moll, KV 466: Diskographie M-1361
Klavierkonzert in d-Moll: Diskographie M-545
Klavierkonzert in G Dur, KV453 M-1471
Klavierkonzert K.467: Kadenzen M-1408
Klavierkonzert KV 175: André-Archiv, Offenbach M-151
- : Finale M-992
Klavierkonzerte M-267,478,738,777,821,822, 895, 994,1132,1351,1369,1394,1455,1463,1488,1551

Klavierkonzerte: Archiv M-104
- : Beethoven, Ludwig van M-1289
- : Diskographie M-267,478,895
- : Generalbass M-939
- : Instrumentation M-994
- : Kadenzen M-1463
- : Piano concertos M-822
- : St. Peter in Salzburg M-104
Klaviermusik M-1377,1405
Klaviermusik des jungen Mozart M-959
Klaviermusik: Pianoforte works M-119
- : Pianomusik M-951
Klaviersonate met vioolbegeleiding in het Parijsche muziekleven ten tijde van Mozart M-266
Klaviersonaten: Bartók, Bela M-1328
- : Beethoven, Ludwig van M-682,1039
- : Haydn, Joseph M-682
- : Mozart, Leopold M-81
- : Mozart, Wolfgang Amadeus M-266,682, 1005,1039,1063,1328
- : Pariser Musikleben zur Zeit Mozarts M-266
- : Sonaten M-590
- : Violinbegleitung M-266,590
Klaviervariationstechnik: Mozart, Wolfgang Amadeus M-1078
Klavierwerke M-336,466,544,988,1544
Klavierwerke: Fugen M-940
- : Mozart-Ausgaben M-579
- : Piano variations M-851
- : Potter, Cipriani M-579
- : Schumann, Robert M-544
Klein, Hans-Günter M-920,1267
Klein, Herbert M-474
Kleine Galerie zu Mozarts Opern M-1191
Kleine Köchel M-342
Kleine Köcheliana M-604
Kleine Nachtmusik M-873,1008,1384
Kleinheisterkamp, Ingo-Yves M-1192
Klinget so herrlich, das klinget so schön M-1193
Klingsohrs Märchen: Zauberflöte M-867
Klose, Dietrich M-35,999
Knepler, Georg M-1194
Knotik, Cornelia M-1066
Kocevar, Érik M-1331
Koch, Klaus-Dietrich M-1456
Köchel 2000 M-1406
Köchel, Ludwig von M-126,127,171,257, 317,342,343,356,595,599
Köchel, Ludwig von: Gedenkstätten M-1511
Köcheliana: Mozartiana M-257
Köchel-Verzeichnis M-717
Köchel-Verzeichnis, 6. Aufl. M-931
Köchel-Verzeichnis: Bibliographische Problematik M-971
- : Köcheliana M-604
Köhler, Karl-Heinz M-555,710,1429
Köln, Universitäts- und Stadtbibliothek: Ausstellung: Mozart, Wolfgang Amadeus M-1241
Köln: Deutsche Oper am Rhein: Mozartwoche 1970 M-693
König, Barbara Maria M-1554

König, Rosemarie M-872,902,923,941
Königliche Bibliothek, Berlin: Mozart-Handschriften M-160,177
Königliche Kunst: Freimaurerei M-438
Können sie denn noch ein paar Zimmer anbauen lassen? M-23
Köppen, Ludwig M-1592
Kohler, Stephan M-910
Kolbin, Dmitri M-669
Koller, Walter M-758
Kolodin, Irving M-298
Komik, Humor und Musikalität in Mozarts Bäslebriefen M-556
Komische Oper, Berlin: Felsenstein, Walter: Zauberflöte M-483
Komlós, Katalin M-1236
Komorzynski, Egon M-426,775,986
Komponisten: Kirchenmusiker: Salzburg M-810
Konold, Wulf M-811
Konrad, Ulrich M-1195,1196,1297,1363,1371, 1400,1507
Konstanze Mozarts Briefe an Breitkopf und Härtel in Leipzig M-30
Kontrabaß: Arien: Virtuosität M-715
Konversationshefte Ludwig van Beethovens als retrospektive Quelle der Mozartforschung M-710
Konzert für Klarinette: Klarinetten M-1430
Konzertarien: Bayerische Staatsbibliothek München M-713
Konzerte, die schwitzen machen M-777
Konzerte: Mozart, Wolfgang Amadeus M-569
Konzertführer Wolfgang Amadeus Mozart 1756-1791 M-936,1197
Kopfsätze der Klavierkonzerte Mozarts und Beethovens M-1289
Kopisten: Mozart, Wolfgang Amadeus M-1545
Korten, Matthias M-1491,1508,1530
Kos, Koraljka M-1329,1332
Koubská, Vlasta M-1032
Kozár, Alois M-55,374
Kräftner, Johann M-1124
Kramer, Kurt M-739
Krankheit: Mozart, Wolfgang Amadeus M-270, 473,1506
Krankheiten großer Meister M-583
Krankheiten Mozarts M-365
Krankheiten Mozarts: Todesursache M-957
Kraus, Gottfried M-640,646,727
Kraus, Hedwig M-272
Krause, Peter M-818
Krémer, Julia M-641
Kretschmer, Helmut M-1125,1198
Kreutel, Claudia M-1344
Kreutzer, Hans Joachim M-868,1009
Kreyszig, Walter Kurt M-1010,1531
Krieg, Walter M-305
Kritik der Großen C-Moll-Messe: Messe in C-Moll M-181
Kritscher, Herbert M-1199
Krombach, Gabriela M-76
Krones, Hartmut M-1033

Kruijff, Jan de M-576
Krumauer Mozartiana: Tschechoslowakei M-904
Krummacher, Friedhelm M-1301
Kuckartz, Wilfried M-987
Kühn, Arnold M-556
Künstlerische und geistige Begabung in der Augsburger Mozart-Sippe M-8
Küster, Konrad M-1126,1200,1395
Kulturgeschichte des 18. Jahrhunderts M-55,374
Kumpf, Johann Heinrich M-84,1201
Kunsthistorisches Museum, Wien: Ausstellung: Mozart, Wolfgang Amadeus M-1202
Kunze, Stefan M-670,794,965,1034,1067,1492
Kupfer, Harry: Mozartinszenierungen M-1192
Kupferberg, Herbert M-1011
Kurhessen: Mozart, Wolfgang Amadeus M-1221
Kurth, Sabine M-1232
Kurthen, Wilhelm M-201
Kurze Biographie über die Familie Mozart M-5
KV 550 M-1352

L

Labie, Jean-François M-996
Lach, Robert M-188
Lacrimosa in Mozarts Requiem M-1468
Lambach Symphonies of Wolfgang and Leopold Mozart M-72,975
Lambacher Symphonie M-92,1365
Landon, Howard Chandler Robbins M-434,475,921, 1068,1069,1095,1127,1128,1203,1204
Landstraße (Wien, III. Bezirk): Mozart, Wolfgang Amadeus M-660
Lane, Timothy M-1298
Lang, Peter M-687
Lange vermißte Schlußstein der Mozart-Genealogie M-892
Lange, (Familie) M-1344
Lange, Aloysia: Zürich M-1566
Langegger, Florian M-70,812
Langsame Einleitung bei Haydn, Mozart und Beethoven M-1304
Langsame Einleitung, ihre Herkunft und ihr Bau bei Haydn und Mozart M-789
Langsamen Sätze in Mozarts Klavierkonzerten M-1351
LaRue, Jan M-699
Late chamber works for strings M-1035
Lauener, Dorothea M-362
Laurent, Christiane M-849
Lauretanische Litaneien: Mozart, Wolfgang Amadeus M-645
Lawson, Colin M-1430
Layer, Adolf M-8,10,57,58,66,557,558,559
Leben - Werk - Analyse M-1507
Leben und Sterben des Wolfgang Amadé Mozart M-869
Lebensbeschreibung des k. k. Kapellmeisters Wolfgang Amadeus Mozart M-818
Lebensgeschichte Mozarts M-134
Leeson, Daniel N. M-728,776,1457
Leeuwe, Hans de M-1129

Legenden: Tod Mozarts M-1256
Leibnitz, Thomas M-1232
Leipzig, Stadtbibliothek: Mozart-Handschriften M-299
Leipziger Opernaufführungen: Mozart, Wolfgang Amadeus M-1247
Leipziger Theater: Mozarts Opern M-1392
Leisching, Julius M-214
Leitzmann, Albert M-183,215
Leopold Mozart M-62,69,80,92,96,1365
Leopold Mozart als Mensch, Vater und Erzieher der Aufklärung M-51
Leopold Mozart discoveries M-74
Leopold Mozart revised M-86
Leopold Mozart und die Kindersinfonie M-53
Leopold Mozart zum 200. Todestag M-77
Leopold Mozart, Michael Haydn und die Kirchenmusik in Salzburg M-76
Leopold Mozarts Münchner Reise 1786 M-54
Leopold Mozarts Notenbuch von 1762 M-48
Leopold Mozart's Partita in D M-65
Leopold Mozarts Verlassenschaft M-88
Leopold und Wolfgang Amadeus Mozarts schwäbischer Bekannten- und Freundeskreis in Salzburg M-58,558
Lerma, Dominique-René de M-490
Lert, Ernst M-189
Lesure, François M-427,491
Lettura del Don Giovanni di Mozart M-1073
Lettura del Flauto magico M-1097
Letz, Gudrun M-577
Leutgeb, Joseph: Mozart, Wolfgang Amadeus M-697
Levey, Michael M-869
Levi, Vito M-492
Levin, Robert D. M-966,1070,1460
Lewicki, R. von M-191
Lewinski, Wolf-Eberhard von M-596,597,695
Lexikon: Mozart, Wolfgang Amadeus M-950
Lexique des personnalités alsaciennes rencontrées par Mozart: Elsaß: Straßburg M-1219
Libretti e librettisti italiani per Mozart M-1354
Libretti: Ponte, Lorenzo da M-327
Librettist: Finta Giardiniera, La M-770
Librettisten: Interpreten M-1080
 - : Mozart, Wolfgang Amadeus M-741,1080,1354
 - : Mozart-Sänger: Personen in Mozarts Opern M-1088
 - : Rezeption Mozartscher Bühnenwerke M-1080
Librettos of Mozart's operas M-1299
Lieder: Beethoven, Ludwig van: Haydn, Joseph M-500
 - : Mozart, Wolfgang Amadeus M-500,953
Ließ, Andreas M-428
Life and death of Mozart M-869
Lindmayr-Brandl, Andrea M-1396
Lingg, Ann M. M-740
Linz: Mozart, Wolfgang Amadeus M-1343
 - : Mozarts Aufenthalte in Linz M-1222
Linzer Flugschrift von 1794 über die Zauberflöte M-1179

Linzer Schmerzensmann: de la Grande Messe en ut Mineur K.427 au fantasme Ein Kind wird geschlagen M-1572
Lipp, Wolfgang M-1315
Lippmann, Friedrich M-685,800,813,870
Lister, Laurie-Jeanne M-1300
Litaneien: Kirchenmusik M-286
Litanies of Wolfgang Amadeus Mozart M-810
Literatur für das Mozartjahr 1956 M-390
Literatur: Mozartbild des 19. Jahrhunderts M-868
 - : Mozartjahr 1956 M-390
 - : Salzburger Autoren M-1189
 - : Zauberflöte M-1176
Literaturangaben im Köchel-Verzeichnis M-931
Liturgische Grundlagen der Kirchenmusik Mozarts M-754
Livanova, Tamara Nikolaevna M-429
Livet, Georges M-1219
Lochter, Ulrich M-871
Lodron, (Familie): Mozart, Wolfgang Amadeus M-947
Loge "Zur Wohltätigkeit" im Orient von Wien: St. Johannis-Freimaurer-Loge M-1079
Loge zur Gekrönten Hoffnung: Freimaurer M-921
London, Justin Marc M-1130
London, Kanada: Mozart-Autograph KV 386: University of Western Ontario M-1010
London: Manzuoli, Giovanni M-1416
 - : Mozart, Wolfgang Amadeus M-653
 - : Mozart, Wolfgang Amadeus M-1416
Longo, Alessandra M-918
Lönnecker, Harald M-1397
Lorenz, Franz M-129
Lorenz, Michael M-1458,1493
Lübbes Mozart Lexikon M-950
Lucia Silla M-1502
Lucio Silla M-759
Ludwig Anton Siebigks (1775-1807) Mozart-Biographie (Breslau 1801) M-1050
Ludwigslust: Mozart-Aufführungen M-480
Lühning, Helga M-745
Lütteken, Laurenz M-1370
Lützow, Maria Antonia: Lützow-Konzert M-991
Luin, Elisabeth Jeanette M-306,375,493
Lukas-Kindermann, Heinz M-1362
Luxon, Benjamin M-843
Luzern: Mozart, Wolfgang Amadeus M-1280
Lyre maçonne M-1442

M

M. Haydniana und Mozartiana M-890
Maas, Georg M-1329,1333
Macho, Peter M-1205
MacNab, Duncan Robert M-544
Macro-form in American piano sonatas, 1901-1965 M-682
Mähren: Mozart, Wolfgang Amadeus M-457,1227
 - : Mozartiana M-879
Magia transacional de "A Flauta Mágica" M-954
Magic flute: Zauberflöte M-679,843,1504,1542
Magische Zeichen M-462

Mahler, Gustav: Mozart, Wolfgang Amadeus M-1474,1538
Mahlers Mozart-Bild M-768
Mahlers Wiener Mozart-Taten M-832
Mahling, Christoph-Hellmut M-647
Mailand: Firmian, (Familie): Mozart, Wolfgang Amadeus: Troger-Forschung M-932
Mainz: Mozart, Wolfgang Amadeus M-339
Major, Ervin M-430,501
Malbos, Pierre M-814,848
Mancal, Josef M-78,79,89,91-93,95,97,898,899, 1334,1364,1365,1398,1509,1608
Mandelli, Alfredo M-376
Mandyczewski, Eusebius M-190,191
Manfredini, Anna M-1206
Mann muß eure Herzen leiten M-1418
Mann, Rosmarie M-1131
Mann, William M-792
Mannheim, Reiß-Museum: Ausstellung: Mozart, Wolfgang Amadeus M-1153
Mannheim: Ausstellung M-712
 - : Erstaufführungen M-836
 - : Mozart, Wolfgang Amadeus M-301,712, 836,1370
 - : Mozart-Gedenkstätten M-787
 - : Mozart-Opern: Biedermeierzeit M-887
Mannheimer Mozart-Buch M-845
Mannheimer Symphonik M-1370
Mantua: Mozart, Wolfgang Amadeus M-386
Manuskripte: Mozart-Archiv: Offenbach M-162
 - : Musikautographen M-156
Manzuoli, Giovanni: London: Mozart, Wolfgang Amadeus M-1416
Marginalien zur Mozart-Interpretation an der Wiener Hofoper in der Ära Gustav Mahlers M-1087
Margolin, Arthur M-922
Marguerre, Karl M-1510
Maria Theresia Paradis and Mozart M-315
Maria Theresia Paradis und Mozart M-326
Mariage de Figaro M-937
Marianische Antiphonen von Wolfgang Amadeus Mozart, Johann Michael Haydn und ihren Salzburger Zeitgenossen M-1568
Marks, F. Helena M-846
Marksteine der Geschichte der Internationalen Stiftung Mozarteum in Salzburg M-251
Maroli, Gerd M-1511
Marpurgs "Abhandlung von der Fuge" und Sechters Analyse des Finales von Mozarts Jupiter Sinfonie (KV 551) M-1293
Marriage of Figaro M-945
Marshall, Robert L. M-1224
Marty, Jean-Pierre M-1071
Marx, Karl M-711
Masonic thread in Mozart M-797
Masonry: Freimaurer: Mozart, Wolfgang Amadeus M-476
Massin, Brigitte M-511,1184
Massin, Jean M-511
Masters of the keyboard M-951
Matriken: Mozarts Kinder M-207

Mattern, Volker M-1096
Maunder, Richard M-1072,1459
Maurer Zenck, Claudia M-1584
Maurer, Claudia M-1555
Maurerische Trauermusik M-1309
Maximilian Clemens Graf von Seinsheim und Franz Ludwig Graf von Hatzfeld M-1558
Maximilian Stadler und Mozarts Nachlaß M-524
Maximilian Stadler und Wolfgang Amadeus Mozart M-310
Mayr-Kern, Josef M-1207
Mazakarini, Leo M-1208
Medaillen: Mozart, Wolfgang Amadeus: Münzen: Schaumünzen M-1205
Medical and musical byways of Mozartiana M-1565
Medici di Marignano, Nerina M-380,578
Medizin: Musik: Wiener Klassik M-1037
Medizinische Literatur: Aderlaß M-1091
Medizinische Porträts berühmter Komponisten M-894
Mein Name ist Sarastro M-963
Meine tag ordnungen M-107
Meinhold, Günter M-1330,1556
Meister liebten Mozart M-368
Mendelssohn-Bartholdy, Felix M-1236
Menuhin, Yehudi: Mozart, Wolfgang Amadeus M-1541
Mercado, Mario Raymond M-988
Mesmer und die Mozarts M-17
Mesmer, Franz Anton: Mozart, Wolfgang Amadeus M-972
Messe des Morts: Gossec, François-Joseph: Requiem von Mozart M-1033
Messe in C-Moll: Kritik der Großen C-Moll-Messe M-181
Messen: Mozart, Wolfgang Amadeus M-475
Messen-Typus von Haydn bis Schubert M-154
Messias: Händel, Georg Friedrich M-1182
Messias-Bearbeitung: Mozart, Wolfgang Amadeus M-225
Meßkompositionen: Hybrid masses M-1103
Messner, Dieter M-1209
Metastasio, Pietro: Mozart, Wolfgang Amadeus M-799
Meyer, Herbert M-712
Michel, Gérard M-900
Michot, Pierre M-1431
Mila, Massimo M-746,1073,1097
Milano: Ausstellung: Flauto Magico: Zauberflöte M-984
Milos Formans Film als musikhistorisches Phänomen M-1518
Minardi, Gian Paolo M-1132
Ministerstvo kul'tury SSSR: Gosudarstvennyj central'nyj Muzej muzykal'noj kul'tury imeni Michaila Ivanovica Glinki M-461
Mirow, L. M-163
Miscellanea Mozartiana I. M-580
Misch, Ludwig M-528
Mitchell, Donald M-434
Mitriadate: Se di lauri M-1412
Mitridate M-1413

Mitridate, re in Ponto   M-1419
Mitteilungen der Internationalen Stiftung Mozarteum   M-345
Mitteilungen für die Mozartgemeinde in Berlin   M-158
Mittendorfer, Monika   M-108
Mittwochskonzerte: Mozart, Wolfgang Amadeus: Trattnersaal Wien   M-948
MMV   M-1441,1520
Moberg, Carl Allan   M-529
Moberly, Robert Basil   M-741
Mocart   M-398
Mocart i avstrijskij muzykal'nyi teatr   M-571
Mocart i russkaja muzykal'naja kul'tura   M-429
Mocart i Salieri   M-350
Modern errors in Mozart performance   M-644
Mörderlegende: Salieri, Antonio   M-733
Mörike auf der Reise zu Mozart: Mörike, Eduard: Mozart-Novelle   M-1575
Mohr, Albert Richard   M-348,671
Mohr, Wolfgang   M-777
Moißl, Franz   M-184,185
Moldenhauer, Hans   M-431
Molteni, Angela   M-1098
Monostratos   M-1129
Mooser, R. Aloys   M-648
More slow introductions by Mozart to fugues of J. S. Bach?   M-594
Morenz, Siegfried   M-348
Morin, Göstaeth   M-494
Moser, Hans Joachim   M-388
Moskau: Ausstellung: Mozart, Wolfgang Amadeus   M-461
Moyses, Karl   M-128
Mozart - Amadeus   M-1234
Mozart - Da Ponte operas   M-1525
Mozart - Deutscher? Österreicher? oder Europäer?   M-1464
Mozart - Ritter vom Goldenen Sporn   M-375
Mozart "... beym Herzoge Clemens ..."   M-622
Mozart "Le Nozze di Figaro"   M-576
Mozart 1784   M-1018
Mozart à Paris   M-1218
Mozart a Praha   M-1157
Mozart Album der Internationalen Mozartstiftung   M-575
Mozart alla Biblioteca del Conservatorio di Napoli   M-661
Mozart als Freimaurer   M-1140
Mozart als Kirchen-Componist   M-149
Mozart als Lehrer   M-772
Mozart als Patient   M-423,473
Mozart als Schüler und Lehrer in der Musiktheorie   M-708
Mozart am Oberrhein   M-301
Mozart and his circle   M-1320
Mozart and his librettists   M-741
Mozart and his music   M-505
Mozart and his operas   M-1532
Mozart and Masonry   M-476
Mozart and modern research   M-237

Mozart and the Clarinet   M-320
Mozart and the English connection   M-1490
Mozart and the Enlightenment   M-1312
Mozart and the masons   M-921
Mozart and the pianist   M-1544
Mozart and Vienna   M-1204
Mozart as a teacher of elementary musical theory   M-772
Mozart at work   M-1578
Mozart auf dem Theater   M-189,806
Mozart auf dem Theater im 18. und 19. Jahrhundert   M-871
Mozart auf dem Weimarer Theater   M-468
Mozart auf der Durchreise   M-1207
Mozart auf der Reise nach Prag, Dresden, Leipzig und Berlin ...   M-1402
Mozart autographs in the British Museum   M-256
Mozart by Mahler   M-1474
Mozart companion   M-434
Mozart compendium   M-1128
Mozart der Dichter   M-868
Mozart diary   M-1447
Mozart e il divieto di successione   M-1546
Mozart e il suo tempo   M-918
Mozart e l'Italia   M-383
Mozart en Dufy   M-435
Mozart en France   M-427
Mozart és Magyarország   M-430,1251
Mozart et l'Alsace   M-1219
Mozart et ses opéras   M-882
Mozart fälschlich zugeschriebene Messen   M-475
Mozart family   M-25
Mozart fragments in the Mozarteum, Salzburg   M-909
Mozart frère Maçon   M-1188
Mozart from A to Z   M-1581
Mozart Handbook   M-360
Mozart hat nie gelebt ...   M-1116
Mozart im 19. Jahrhundert   M-977
Mozart im 20. Jahrhundert   M-952
Mozart im Dritten Reich   M-1314
Mozart im Familien- und Erbrecht seiner Zeit   M-1512
Mozart im Film   M-1053,1181
Mozart im Kino   M-1434
Mozart im Lebenswerk Egon Komorzynskis   M-775
Mozart im Musikhaus Doblinger   M-1220
Mozart im Roman des 20. Jahrhunderts: Salzburg-Buch von 1934   M-1228
Mozart im Spiegel der Geschichte   M-424
Mozart im Spiegel der Salzburger Presse um 1800   M-888
Mozart im steirischen Musikalienhandel vor 1800   M-896
Mozart im Urteil berühmter Musiker und Dichter   M-231
Mozart in Aachen 1763   M-803
Mozart in aller Welt   M-540
Mozart in Art 1900-1990   M-1121
Mozart in Belgien   M-1135
Mozart in Böhmen   M-261
Mozart in der deutschen Dichtung   M-252
Mozart in der Dichtung   M-436

Mozart in der Literatur   M-391
Mozart in der modernen Dichtung: Dichtung   M-462
  - : Zeichen, magische   M-462
Mozart in der Musik des 20. Jahrhunderts   M-1301
Mozart in der philosophischen und ästhetischen
   Literatur   M-353
Mozart in der schönen Literatur   M-241,242,504
Mozart in der Tanzkultur seiner Zeit   M-1136
Mozart in deutscher Übertragung   M-274
Mozart in Graz   M-1186
Mozart in Italia   M-396
Mozart in Italien   M-705
Mozart in Italy   M-1519
Mozart in Kurhessen   M-1221
Mozart in Linz   M-1222
Mozart in Mantua   M-386
Mozart in Meinungen und Gedanken von Dichtern und
   Denkern   M-1171
Mozart in München   M-443
Mozart in Neapel   M-617
Mozart in norddeutscher Resonanz   M-480
Mozart in Oberösterreich   M-238
Mozart in Passau   M-611
Mozart in person   M-1090
Mozart in populären literarischen Darstellungen
   Salzburger Autoren   M-1189
Mozart in Prag   M-165
Mozart in retrospect   M-373
Mozart in Salzburg   M-346,1433
Mozart in Schlesien   M-624
Mozart in Schweden   M-458
Mozart in the British Museum   M-400
Mozart in the musical life of Israel 1985-1990   M-1185
Mozart in Turin   M-1473
Mozart in Ungarn: Bibliographie   M-501
Mozart in Wien   M-998,1533
Mozart in Wirklichkeit   M-388
Mozart legacy   M-964
Mozart Lexikon   M-950
Mozart lirico   M-1138
Mozart Loge "Zur neugekrönten Hoffnung" im Orient
   von Wien   M-1104
Mozart Magyarországon   M-501
Mozart manuscripts at Cambridge   M-281
Mozart massone   M-1206
Mozart myths   M-1255
Mozart nach den Schilderungen seiner Zeitgenossen
   M-138
Mozart no Rio de Janeiro Oitocentista   M-1223
Mozart och Sverige, jubleumsåret 1956   M-628
Mozart on microgrove   M-351
Mozart on records   M-298,402
Mozart on the gramophone   M-425
Mozart opera   M-1313
Mozart operas on record   M-523
Mozart ou le plaisir du discophile   M-900
Mozart ou l'irréductible liberté   M-1567
Mozart piano concerto in G major, K.453   M-1471
Mozart pilgrimage   M-380
Mozart quergelesen   M-1264

Mozart recorded   M-322,325,328,329
Mozart repertory   M-1270
Mozart schrieb in deutscher Sprache   M-190
Mozart speaks   M-1224
Mozart studies   M-1225
Mozart the dramatist   M-586
Mozart topographisch   M-1198
Mozart und Constanze   M-35,999
Mozart und da Ponte   M-1589
Mozart und das geistliche Augsburg, insonderheit das
   Chorherrnstift Heilig Kreuz   M-312
Mozart und das hochgräfliche Haus Lodron   M-947
Mozart und das österreichische Musiktheater   M-571
Mozart und das Theater   M-693
Mozart und das Tourette-Syndrom   M-1479
Mozart und das Urheberrecht   M-515
Mozart und der "liebe Gott"   M-1451
Mozart und der fürstbischöflich augsburgische Hof
   M-559
Mozart und der Orden vom Goldenen Sporn   M-1397
Mozart und der Vers   M-813
Mozart und die Antike   M-1456
Mozart und die Colloredos   M-1016
Mozart und die Dichtung seiner Zeit   M-290
Mozart und die Freimaurerei   M-1308
Mozart und die italienischen Komponisten des 19.
   Jahrhunderts   M-870
Mozart und die Juden   M-1357
Mozart und die Landstraße   M-660
Mozart und die Nachwelt   M-982
Mozart und die Orchesterpraxis seiner Zeit   M-647
Mozart und die polnischen Komponisten des XVIII.
   und der ersten Hälfte des XIX. Jahrhunderts   M-649
Mozart und die Salzburger Tradition   M-784
Mozart und die Wiener Hofbibliothek   M-349
Mozart und die Wiener Logen   M-243
Mozart und einige Zeitgenossen   M-136
Mozart und England   M-399
Mozart und Graz   M-397
Mozart und Haydn in London   M-653
Mozart- und Köchel-Gedenkstätten in Stein an der
   Donau   M-1511
Mozart und Linz   M-1343
Mozart und Mähren   M-457,499
Mozart und Mailand   M-932
Mozart und Mainz   M-339
Mozart und Mannheim   M-712,1370
Mozart und Metastasio   M-799
Mozart und Olmütz ...   M-1302
Mozart und Prag   M-1535
Mozart und Salzburg   M-906
Mozart und seine Welt in zeitgenössischen Bildern
   M-538
Mozart und seine Werke im Lichte der Dichtkunst   M-198
Mozart und St. Stephan   M-1265
Mozart und Ungarn: Mozartiana hungarica   M-430
  - : Ungarische Mozartforschungen   M-430
Mozart und Wien   M-625
Mozart verstehen   M-1117

Mozart von der Wohltätigkeit   M-1079
Mozart w Polsce na przelomie 18 i 19 wieku   M-411
Mozart, (Familie)   » Mozart, (Familie)
Mozart, (Familie): Arco, (Familie)   M-16
 - : Augsburg   M-2,97,1509,1608
 - : Ausstellung   M-21
 - : Gemälde   M-11
 - : Mesmer, Franz Anton   M-17
 - : Mozart-Briefe   M-16
 - : Salzburg   M-2,21
 - : Schwaben   M-20
 - : Steuern   M-84,1201
 - : Vorarlberg   M-20
 - : Wien   M-2
Mozart, Anna Maria: Pertl, Anna Maria   M-71
Mozart, Carl   M-27
Mozart, Constanze   M-1340,1347,1494
Mozart, Constanze: Breitkopf   M-30
 - : Briefe   M-29,205
 - : Mozart, Wolfgang Amadeus   M-29,38,205
Mozart, da Ponte, and the dramaturgy of opera buffa   M-1432
Mozart, der Briefschreiber   M-1407
Mozart, Franz Xaver Wolfgang   M-1605,1606,1607
Mozart, Franz Xaver Wolfgang: Freimaurer   M-1604
Mozart, Guglielmo d'Ettore and the composition of "Mitridate" (K.87/74a)   M-1413
Mozart, Johann Georg Leopold: Mozart, Leopold   M-561
Mozart, Konstanze   M-1347
Mozart, Leopold: Augsburg   M-77
 - : Ausstellung   M-77,83,1190
 - : Briefe   M-50,100,186
 - : Glöggl, Franz Xaver   M-87
 - : Grab   M-3
 - : Handschriften   M-85,1217
 - : Haydn, Michael   M-76
 - : Kirchenmusik in Salzburg   M-76
 - : Klaviersonaten   M-81
 - : Mozart, Johann Georg Leopold   M-561
 - : Mozart, Nannerl   M-50,100
 - : Mozart, Wolfgang   M-87
 - : Mozart, Wolfgang Amadeus   M-83,89,91,95, 1190,1334,1364
 - : Mozartgedenkstätten   M-13
 - : Nachlaß   M-88
 - : Salzburg zur Zeit der Mozart   M-83,1190
 - : Süßmayr, Franz Xaver   M-87
Mozart, Nannerl   M-102,108,560
Mozart, Nannerl: Briefe   M-50,100
 - : Mozart, Leopold   M-50,100
Mozart, Schüler und Bekannte - in einem Wiener Musikbericht von 1808   M-785
Mozart, Takt und Tempo   M-1326
Mozart, Vater und Sohn   M-70,812
Mozart, Wolfgang Amadeus (der Jüngere): Nachruf   M-1595
Mozart, Wolfgang Amadeus (Sohn)   » Mozart, Wolfgang Amadeus (Sohn)
Mozart, Wolfgang Amadeus von: Opernbearbeitungen   M-773

 - : Zuccalmaglio, A. W. von   M-773
Mozart, Wolfgang Amadeus, (Sohn)   M-1609,1610,1611,1612
Mozart, Wolfgang Amadeus: Aachen   M-803
 - : Adamberger, Valentin   M-1317
 - : Ahnengeschichte   M-615
 - : Ahnenkreis   M-547
 - : Ahnenliste   M-1469
 - : Ahnentafel   M-300,731
 - : Amadeus-Film   M-1333
 - : André, Johann Anton   M-780
 - : André-Archiv, Offenbach   M-151
 - : Anfossi, Pasquale   M-1096
 - : Angers (F)   M-1150
 - : Anthropologie   M-591
 - : Antike   M-1456
 - : Argentinien   M-1290
 - : Arnhem, Gemeentemuseum   M-435
 - : Artaria   M-1580
 - : Ästhetische Literatur   M-353
 - : Aufklärung   M-1312
 - : Augsburg   M-547,898
 - : Augsburg, Stadtarchiv   M-899
 - : Ausstellung   M-83,155,221,399,410,435,442,461, 464,712,743,906,952,977,1020,1021,1049,1120, 1121,1150,1153,1154,1157,1159,1190,1195, 1202,1210,1213,1223,1232,1241,1254,1260, 1267,1357,1440,1533
 - : Autographen   M-122,141,256,281,620,970, 1044,1052,1054,1055,1062
 - : Autographen in England   M-347
 - : Autographen-Fragmente   M-496
 - : Autographenverzeichnis   M-1152
 - : Bach, Johann Christian   M-1570
 - : Bach, Johann Sebastian   M-334,594
 - : Baden bei Wien   M-1269
 - : Bäsle-Briefe   M-815
 - : Balletmusik   M-546
 - : Bartók, Béla   M-630,1007,1328
 - : Bayerische Staatsbibliothek München   M-713
 - : Beaumarchais, Pierre Augustin Caron de   M-1065
 - : Beethoven, Ludwig van   M-500,630,642,682, 874,883,1039,1043,1099
 - : Begräbnis   M-986,1111
 - : Belgien   M-1135
 - : Belletristik   M-241,242,504,1547
 - : Berlin   M-1267
 - : Bibliographie   M-219
 - : Bibliothek Mozarts   M-1195
 - : Bildbiographie   M-444,519
 - : Bilderbiographie   M-1084
 - : Biographien   M-1399
 - : Bläserkonzertante KV Anh. 9/297B   M-966
 - : Böhmen   M-261,1227
 - : Bourgogne   M-1294
 - : Brahms, Johannes   M-607
 - : Bremen   M-1154,1357
 - : Briefe   M-29,205
 - : Briefschreiber   M-1407
 - : British Council, Wien   M-399

Mozart, Wolfgang Amadeus: British Library M-964
- : Buenos Aires M-1290
- : Burgund M-1294
- : Busto Arsizio M-1440
- : Cambridge M-281
- : Choralmusik M-633
- : Clemens, Herzog von Bayern M-622
- : c-Moll-Messe KV 427 M-1587
- : Colecae Imperatriz Leopoldina M-1223
- : Colloredo, (Familie) M-1016
- : Copyright M-515
- : Cosi fan tutte M-581,589,668
- : Da Ponte-Opern M-1212
- : Deutsche Mozartfeste M-907
- : Deutsche Sprache M-190
- : Deutsche Staatsbibliothek M-620
- : Dialektik M-922
- : Dichter M-145
- : Dichtung M-252,436
- : Dichtung seiner Zeit M-290
- : Dijon M-1294
- : Diskographie M-36,265,267,268,298,322,325,
  328,329,351,377,395,402,407,408,425,432,441,
  446,472,478,486,487,497,523,525,530,539,545,
  572,576,581,585,589,596,597,603,621,626,631,
  632,634,635,640,643,646,668,676,678,694,695,
  727,729,777,793,838,865,882,895,900,945,996,
  1003,1101,1106,1110,1173,1184,1212,1214,
  1252,1266,1270,1306,1313,1361,1367,1368,
  1376,1431,1436,1478,1491,1508,1519,1525,
  1541,1543,1544,1548,1564,1573,1577
- : Divertimenti M-226
- : Don Giovanni M-539,603,646,678,1273,
  1367,1415
- : Don Juan M-1486
- : Dramaturg M-1324
- : Drei Lieder für den Frühling M-255
- : Drittes Reich M-1314
- : Echtheitsfragen M-112
- : Einheit M-711
- : Elsaß M-1219,1356
- : English connection M-1490
- : Entführung aus dem Serail M-497
- : Erstaufführungen M-836
- : Erstausgaben M-642
- : Erstdrucke M-786,1165,1319
- : Familie M-333
- : Familiengeschichte M-285
- : Figaro M-1065
- : Figarohaus M-974
- : Figaro-Inszenierung M-1538
- : Figaros Hochzeit M-576
- : Film M-1053,1434
- : Filmographie M-1101,1181,1399,1548
- : Finta giardiniera, La M-761,1096
- : Firmian, (Familie) M-932
- : Fragmente M-889
- : Frankfurt/M., Städtische Volksbüchereien M-416
- : Frankreich M-427,1218,1263,1356
- : Französische Literatur M-1331
- : Frauen M-211

Mozart, Wolfgang Amadeus: Freimaurer M-
  476,921,1104,1140,1188,
  1206,1257,1259,1347,1436
- : Freimaurerei M-438,797,1308
- : Freimaurerkompositionen M-1539
- : Freimaurer-Musik M-1123
- : Freystädtler, Franz Jacob M-1458,1493
- : Frühdrucke M-786,1165,1319
- : Frühlingslieder M-255
- : Fugen M-594,700
- : Fugenstil M-518
- : Gebler, Tobias Philipp von M-477
- : Gedenkstätten M-341,898,1125,1146, 1198,
  1425,1433,1511
- : Geheimgesellschaften M-1064
- : Gelosie de serraglio, Le M-546
- : Genealogie M-615,730,731,877
- : Gesellschaft der Musikfreunde in Wien M-272,
  1054
- : Glasgow M-840
- : Goethe, Johann Wolfgang von M-1042,1350
- : Gottesbeweis M-1166
- : Grabstätte M-232
- : Graz M-1186
- : Graz, Universitätsbibliothek M-1254
- : Grétry-Variationen M-1100
- : Handschriften M-122,178,200,970
- : Harmoniemusik M-1393
- : Hausmusik M-278
- : Haydn, Joseph M-500,506,508,593,642,651,682,
  720,883,897,908,916,989,1043,1130
- : Hochzeit des Figaro M-1368
- : Hofbibliothek M-349
- : Hoftheater M-161
- : Hornkonzerte M-839
- : Hummel, Johann Nepomuk M-616
- : Idomeneo M-1503
- : Ikonographie M-118,131,147,166,175,182, 197,
  202,214,219,239,248,287,305,321,385,405,444,
  510,519,537,538,551,602,878,1084,1121,1292,
  1564
- : Institut für Theaterwissenschaft der Universität
  Köln M-806
- : Instrumentalmusik M-325,1304
- : Instrumentalwerke M-621
- : Instrumentation M-994
- : Internationale Stiftung Mozarteum M-743,
  977,1021
- : Interpreten M-1080
- : Italien M-332,376,383,396,554,685,705,
  800,1260,1519
- : Italienische Komponisten M-870
- : Italienreisen M-311,1349
- : Japan M-1552
- : Josephinisches Wien M-829
- : Judaica M-1495
- : Juden M-1357
- : Jugendopern M-1156
- : Jupitersymphonie M-525
- : Kabasta, Oswald M-1531

121

Mozart, Wolfgang Amadeus: Kadenzen M-1463
- : Kammermusik M-1035
- : Kanons im Urtext M-433
- : Karnevalsopern M-1503
- : Katalog wystawy M-437
- : Kino M-1434
- : Kirchenmusik M-184,201,371,514,633,754,929, 981,1244,1280,1451
- : Klarinette M-320,607
- : Klarinettenkonzert in A-Dur, KV 622 M-736
- : Klassik M-508
- : Klassische Musik M-1099
- : Klavierkonzert B-Dur KV 456 M-1048
- : Klavierkonzert C-Dur KV 467 M-585
- : Klavierkonzert in d-Moll M-545
- : Klavierkonzert in D-Moll, KV 466 M-1361
- : Klavierkonzert KV 175 M-151
- : Klavierkonzerte M-267,478,777,821,822,895, 994, 1132,1394,1463
- : Klaviermusik M-119,1377
- : Klaviersonaten M-266,682,1005,1039,1063,1328
- : Klaviervariationstechnik M-1078
- : Klavierwerke M-336,466,544,988,1544
- : Köln, Universitäts- und Stadtbibliothek M-1241
- : Königliche Kunst M-438
- : Konzertarien M-713
- : Konzerte M-569
- : Konzertführer M-936
- : Kopisten M-1545
- : Krankheiten M-270,473,957,1506
- : Kritik der Großen C-Moll-Messe M-181
- : Krumauer Mozartiana M-904
- : Kunsthistorisches Museum, Wien M-1202
- : Künstler M-1080
- : Kurhessen M-1221
- : Landstraße (Wien, III. Bezirk) M-660
- : Lauretanische Litaneien M-645
- : Leipziger Opernaufführungen M-1247
- : Leutgeb, Joseph M-697
- : Lexikon M-950
- : Lexique des personnalités alsaciennes rencontrées par Mozart M-1219
- : Libretti M-327
- : Librettisten M-741,1080,1354
- : Lieder M-500,953
- : Linz M-1343
- : Literatur M-1189
- : Liturgie M-754
- : Lodron, (Familie) M-947
- : Loge zur Gekrönten Hoffnung M-921
- : London M-653,1416
- : Luzern M-1280
- : Mähren M-457,1227
- : Mahler, Gustav M-768,832,1474,1538
- : Mailand M-932
- : Mainz M-339
- : Mannheim M-301,712,836,1370
- : Mannheim, Reiß-Museum M-1153
- : Mantua M-386
- : Manzuoli, Giovanni M-1416

Mozart, Wolfgang Amadeus: Masonry M-476
- : Medaillen M-1205
- : Menuhin, Yehudi M-1541
- : Mesmer, Franz Anton M-972
- : Messe in C-Moll M-181
- : Messen M-475
- : Messias-Bearbeitung M-225
- : Metastasio, Pietro M-799
- : Mittwochskonzerte M-948
- : Mörderlegende M-733
- : Moskau M-461
- : Mozart, Constanze M-29,38,205
- : Mozart, Leopold M-83,89,91,95,1190,1334,1364
- : Mozartgedenkstätten M-898,1125
- : Mozart-Porträt M-878
- : Mozarts Tod M-1170
- : München M-443,622,761,1121,1503
- : Münzen M-1205
- : Musikalienhandel M-896
- : Musikerporträts M-250
- : Musikgeschichte M-784
- : Musikhandschriften M-272,1052,1054, 1055, 1062
- : Musikinstrumente M-271
- : Musiksammlung M-1232
- : Musiksprache M-946,979
- : Musiktheater M-677
- : Musiktheorie M-708
- : Nachlaß M-880,1513
- : Nationalsozialismus M-1314
- : Neapel M-617
- : New York M-1159
- : Niederlande M-143,175,1135
- : Nielsen, Carl M-1301
- : Niemetschek, Franz Xaver M-1318
- : Nietzsche, Friedrich M-863
- : Nissen, Georg M-562
- : Noces de Figaro M-1368
- : Nottebohm, Gustav M-1322
- : Nozze di Figaro M-576,945,1368
- : Oberösterreich M-238,1207
- : Oberrhein M-301
- : Österreichische Musikzeitschrift M-1268
- : Österreichische Nationalbibliothek M-349,442,1055,1232
- : Offenbach, Stadtmuseum M-906
- : Oistrach, David M-1541
- : Olmütz M-1302
- : Olomouc M-1302
- : Opern M-414,523,530,596,626,689,1085, 1184, 1226,1312
- : Opern in Salzburg M-640
- : Opernführer M-1014
- : Opern-Rezeption M-1279
- : Orchesterpraxis M-647
- : Orden vom Goldenen Sporn M-1397
- : Orgel M-314
- : Orgelmusik M-627,634,916
- : Ouvertüren M-1295
- : Oxford M-1213

Mozart, Wolfgang Amadeus: Paradis, Maria Theresia M-315,326
- : Paris M-427,934,1218,1263,1448
- : Pariser Musikleben zur Zeit Mozarts M-266
- : Passau M-611
- : Philosophen M-145
- : Philosophische Literatur M-353
- : Photogramme M-658
- : Piano concertos M-822
- : Pianoforte works M-119
- : Pierpont Morgan Library M-1159
- : Polen M-411
- : Polen 1783-1830 M-1279
- : Polnische Komponisten M-649
- : Ponte, Lorenzo da M-327,10085,1277,1379,1589
- : Ponte-Opern M-1212
- : Porträts M-166,250,1292
- : Prag M-165,261,1157,1226,1402,1535
- : Psychoanalytische Studie M-949
- : Quellenlage M-1048
- : Quintette M-874
- : Religiöse Musik M-700
- : Requiem M-36,112,522,529,570,632,729, 1003, 1170,1378,1491,1508
- : Requiem K. V. 626 M-486
- : Requiem-Briefe M-780
- : Requiem-Handschrift M-141
- : Requiem-Vollendung M-783
- : Rezeption Mozartscher Bühnenwerke M-1080
- : Rezeption ungarischer Musik M-919
- : Rhein-Fahrt 1763 M-1375
- : Rio de Janeiro M-410
- : Rom M-306,1260
- : Rondo-Arien M-1115
- : Rumänien M-463
- : Russische Ausgaben M-566
- : Rußland M-429,648
- : Sakrale Musik M-700,929,1451
- : Salieri, Antonio M-350,733,1162,1333
- : Salzburg M-221,228,341,346,977,1020,1021, 1049,1146,1210,1433
- : Salzburg zur Zeit der Mozart M-83,1190
- : Salzburg, Stift St. Peter M-200
- : Salzburger Autoren M-1189
- : Salzburger Festspiele M-577,1415
- : Salzburger Presse um 1800 M-888
- : Salzburger Symposion 1990 M-1237
- : Salzburger Tradition M-784
- : Schallplatten M-407
- : Schaumünzen M-1205
- : Schikaneder, Emanuel M-1296,1523
- : Schlesien M-624
- : Schneiderhan, Wolfgang M-1541
- : Schönberg, Arnold M-1563,1593
- : Schubert, Franz M-825,1287
- : Schuh, Oscar Fritz M-1249
- : Schumann, Robert M-544
- : Schwaben M-333
- : Schwabenland M-1425
- : Schwäbische Ahnen M-535

Mozart, Wolfgang Amadeus: Schwäbisches Erbe M-498
- : Schweden M-458,628
- : Schweizer Reise M-675
- : Sechs Streichquartette M-989
- : Serenaden M-226
- : Söhne M-43,1602
- : Sonatenstil M-897
- : Sonnenburg, Berchtold von M-14
- : Sowjetunion M-648
- : Spanischsprachige Literatur M-1209
- : St. Stephan in Wien M-1265
- : Staatsbibliothek Berlin M-178
- : Staatsbibliothek Preußischer Kulturbesitz M-1267
- : Stadler, Maximilian M-310,524,880
- : Stammtafel M-300,730
- : Steiermark M-896
- : Stockholm M-464
- : Stoffgeschichte M-436
- : Straßburg M-1219,1356
- : Strauß, Johann (2, Sohn) M-1248
- : Strauss, Richard M-1427,1428,1549
- : Streichkonzerte M-908
- : Streichquartette M-506,883,1043,1310
- : Summa summarum M-1148
- : Swieten, Gottfried van M-651
- : Symphonie Nr. 41, C-Dur, KV 551 M-525
- : Symphonien M-322,582,593,720,915, 1108, 1122,1173,1325
- : Tagebuchblätter Nannerl Mozarts M-102
- : Tanzkultur M-1136
- : Tanzmusik M-1069
- : Teatro Colon M-1290
- : Temponahme M-782,1030
- : Text und Musik M-414
- : Textvertonungen M-1138
- : Thamos M-477
- : Theater M-189,677,806,871
- : Theater auf der Wieden M-1523
- : Theologie M-591
- : Thun-Hohenstein, (Familie) M-308
- : Tito and the music of rhetorical strategy M-853
- : Tod M-199,1170
- : Todesursache M-957,1239
- : Topographie M-665
- : Totenmaske M-305,980
- : Totenmesse M-680
- : Totenschädl M-1276
- : Tourette-Syndrom M-1479
- : Trattnersaal M-948
- : Troger-Forschung M-932
- : Tschechoslowakei M-904
- : Ungarn M-919,1229,1251
- : Universitätsbibliothek Brünn M-642
- : Universitätsbibliothek Prag M-657
- : Unterrichtsheft M-880
- : Urheberrecht M-515
- : Vers M-813
- : Videographie M-1101,1541

Mozart, Wolfgang Amadeus: Violinbegleitung   M-266
- : Violinkonzerte   M-695
- : Vokalmusik   M-328,329
- : Vorfahren   M-228,877
- : Weihnachtsfeste   M-1058
- : Weimarer Theater   M-468
- : Wien   M-155,161,625,829,948,974,998, 1120,1125,1143,1198,1204,1533
- : Wien, St. Stephan   M-1265
- : Wiener Logen   M-1188
- : Wiener Philharmoniker   M-459
- : Wiener Stadt- und Landesbibliothek   M-1062
- : Wolfenbüttel   M-1195
- : Zaide   M-531,564
- : Zauberflöte   M-208,221,572,838,946,1123,1214
- : Zavertal Collection at the University of Glasgow   M-840
- : Zeitgenossen   M-234,1320
- : Zinzendorf   M-460
- : Zuccalmaglio, Anton Wilhelm Florentin von   M-1529,1583
- : Zyklische Form   M-711
Mozart, Wolfgang: Glöggl, Franz Xaver   M-87
- : Mozart, Leopold   M-87
- : Süßmayr, Franz Xaver   M-87
Mozart-Abschriften im Archiv der Theatinerkirche in München   M-666
Mozart-Abschriften: Sammlung Fuchs-Grasnick   M-718
Mozart-Almanach   M-236
Mozartanalyse   M-1507
Mozart-Archiv: Manuskripte: Offenbach   M-162
- : Salzburg   M-132
Mozart-Arien   M-1225
Mozart-Aspekte   M-725
Mozart-Aspekte in der modernen Literatur   M-701
Mozart-Auffassung: Musikzeitschriften des 19. Jahrhunderts   M-862
Mozart-Aufführungen 1909-1956: Rio de Janeiro   M-440
- : Teatro municipal   M-440
Mozart-Aufführungen des frühen Ottocento in Italien   M-685
Mozart-Aufführungen: Don Giovanni: Don Juan   M-150
- : Errors in Mozart performance   M-644
- : Israel   M-1185
- : Ludwigslust   M-480
- : Niederlande   M-150
- : Rumänien   M-294
- : Salzburger Musikfeste 1877-1910   M-744
Mozart-Ausgabe   M-413,724
Mozart-Ausgabe, neue   M-355,673,1242,1243
Mozart-Ausgabe, Neue - 1965   M-609
Mozart-Ausgaben um 1780   M-958
Mozart-Ausgaben: Erstdrucke   M-269
- : Klavierwerke   M-579
- : Potter, Cipriani   M-579
Mozart-Ausstellung 1956: Österreichische Nationalbibliothek   M-415

Mozart-Ausstellung: Gran Teatro La Fenice   M-918
- : Venezia   M-918
Mozart-Autograph KV 386: London, Kanada: University of Western Ontario   M-1010
Mozart-Autographe bei Anton Stoll und Joseph Schellhammer   M-549
Mozart-Autographe im Besitz der Internationalen Stiftung Mozarteum Salzburg   M-1052
Mozart-Autographe: Berlin: Preußische Staatsbibliothek   M-606
Mozart-Autographen, verschollene: Berlin: Preußische Staatsbibliothek   M-613
Mozart-Autographen: Berlin   M-160,555,568,605,614
- : Deutsche Staatsbibliothek   M-555
- : Fälschungen   M-854
- : Falsifikate   M-854
- : Hofbibliothek in Wien   M-193
- : Kirchenmusik   M-381
- : Königliche Bibliothek   M-160
- : Musikhandschriften   M-124
- : Musiksammlung   M-381
- : Österreichische Nationalbibliothek   M-193,381
- : Preußische Staatsbibliothek   M-568,605,614
- : Rußland   M-669
- : Schellhammer, Joseph   M-549
- : Schweden   M-513
- : Sowjetunion   M-669
- : Staatsbibliothek Preußischer Kulturbesitz   M-920
- : Stoll, Anton   M-549
- : UdSSR   M-669
- : Verschollene Mozart-Autographe   M-605
- : Wien   M-193
- : Wiener Sammlungen   M-439
- : Wiener Stadtbibliothek   M-275
Mozart-Autographie: Schriftchronologie   M-56
Mozart-Bearbeitungen für Blasorchester   M-1161
Mozartbearbeitungen im frühen 19. Jahrhundert   M-295
Mozart-Bearbeitungen: Blasorchester   M-1161
Mozart-Bestände: Augsburg   M-93,1398
- : Berliner Stadtbibliothek   M-1175
- : Frankfurt am Main: Stadt- und Universitätsbibliothek   M-875
Mozart-Bibliographie   M-337,778,817,926,1036
Mozart-Bibliographie 1986-1991   M-1274
Mozart-Bibliographie 1992-1995   M-1475
Mozart-Bibliothek   M-173
Mozart-Bibliothek: Internationale Stiftung Mozarteum: Salzburg   M-688
Mozartbild des 19. Jahrhunderts: Dichtung: Literatur: Musik   M-868
Mozart-Bild: Friedrich Rochlitz und die Entstehung des Mozart-Bildes um 1800   M-1400
- : Rochlitz, Friedrich   M-1400
Mozart-Bildnisse   M-537
Mozart-Bildnisse, falsche: Ikonographie   M-293
Mozart-Biographie: Nissen, Georg   M-704
- : Siebigk, Ludwig Anton   M-1050
Mozart-Briefe: Arco, (Familie): Mozart, (Familie)   M-16
- : Theater   M-831

Mozart-Brüder Vermächtnis: Dommusikverein: Mozarteum: Salzburg   M-656
Mozart-Buch   M-131
Mozartbuch, Salzburger   M-608
Mozart-Da Ponte operas   M-1085
Mozart-Datenbank für das Jahr 1791   M-1118
Mozart-Denkmal: Salzburg   M-1275
Mozart-Drucke   M-235
Mozart-Drucke bei "Günther: Böhme" in Hamburg   M-983
Mozart-Drucke bis 1800: Rellstab, J. F. K., Berlin   M-469
Mozart-Erinnerungen im Stadt-Museum   M-283
Mozarteum   M-1345
Mozarteum Salzburg: Mozartfragmente   M-213
Mozarteum: Dommusikverein   M-656
 - : Internationale Stiftung Mozarteum   M-251,340,345,540,859,1094
 - : Mozart-Brüder Vermächtnis   M-656
 - : Mozart-Fragmente   M-909
 - : Salzburg   M-251,340,345,540,656,859,909,1094,1596,1609
Mozarteum-Archiv: Mozartiana: Salzburg   M-128
Mozarteums-Mitteilungen   M-192
Mozart-Familien in Augsburg, Salzburg und Wien   M-2
Mozartfest Würzburg   M-654
Mozart-Forschung   M-89,296,588,795,1334,1373
Mozartforschung und Meisterarchiv   M-244
Mozart-Forschung: Beethoven, Ludwig van: Konversationshefte   M-710
Mozart-forskningen   M-33
Mozart-Fragmente: Mozarteum Salzburg   M-909
Mozartfragmente: Mozarteum Salzburg   M-213
Mozart-Gedenkbüchlein   M-284
Mozart-Gedenkstätte: Bridischer Garten: Rovereto   M-1147
 - : Prag: Bertramhof   M-323
 - : Wien: Figarohaus   M-764
Mozartgedenkstätten   M-1124
Mozart-Gedenkstätten in Salzburg   M-341,1109
Mozart-Gedenkstätten in Wien   M-1137
Mozart-Gedenkstätten Salzburg   M-418
Mozartgedenkstätten: Augsburg   M-898
 - : Gedenkstätten   M-898,1125
Mozart-Gedenkstätten: Mannheim   M-787
Mozart-Gedenkstätten: Mozart, Leopold   M-13
Mozart-Gedenkstätten: Mozart-Museum   M-279
 - : Prag   M-1472
 - : Rovereto   M-1258
 - : Salzburg   M-279,608,687,1109,1472
 - : Stiftung Mozarteum   M-279
Mozartgedenkstätten: Wien   M-1125,1137,1472
Mozartgemeinde in Berlin   M-158
Mozartgemeinde Wien   M-240,600,1057,1465
Mozartgemeinde: Salzburg   M-216
Mozart-Genealogie   M-892
Mozart-Gesamtausgabe in Österreich   M-495
Mozart-Gesellschaft, Deutsche   M-359
Mozart-Handbuch   M-561

Mozarthandschriften der Stadtbibliothek Leipzig   M-299
Mozart-Handschriften der Wiener Stadtbibliothek   M-275
Mozart-Handschriften: André, Anton   M-117
 - : Autographen: Erstdrucke   M-580
 - : Königliche Bibliothek, Berlin   M-177
 - : Leipzig, Stadtbibliothek   M-299
Mozarthaus in Augsburg   M-60,1158
Mozarthaus: Salzburg   M-1017
Mozart-Häuser: Wien   M-233
Mozartian dialectic   M-922
Mozartiana   M-139,175,428,574
Mozartiana aus dem Nachlaß von Johann Nepomuk Hummel   M-616
Mozartiana aus der Sammlung Hans Wertitsch   M-997
Mozartiana aus Tirol   M-455
Mozartiana der Gesellschaft der Musikfreunde in Wien   M-191
Mozartiana hungarica: Mozart und Ungarn: Ungarische Mozartforschungen   M-430
Mozartiana im Musikaliennachlaß von Ferdinand Bischoff   M-618
Mozartiana im Paulinerkloster zu Tschenstochau   M-650
Mozartiana in einem alten Katalog aus Mähren   M-601
Mozartiana in Fulda und Frankfurt   M-672
Mozartiana in schlesischen Archiven und Bibliotheken   M-512
Mozartiana in Schweden   M-513
Mozartiana Judaica   M-1495
Mozartiana: Autographen   M-890
 - : Bibliotheken   M-512
 - : Bischoff, Ferdinand   M-618
 - : Doblinger, Musikhaus   M-1220
 - : Epilegomena   M-714
 - : Frankfurt/M.   M-672
 - : Fulda   M-672
 - : Gesellschaft der Musikfreunde in Wien   M-191
 - : Haydniana   M-890
 - : Italien   M-553
 - : Köcheliana   M-257
 - : Mähren   M-879
 - : Mozarteum-Archiv   M-128
 - : München   M-666
 - : Musikaliennachlaß   M-618
 - : Polen   M-650
 - : Salzburg   M-128,283
 - : Schlesische Archive   M-512
 - : St. Peter in Salzburg   M-890
 - : Stadtmuseum   M-283
 - : Theatinerkirche   M-666
 - : Tirol   M-455
 - : Tschenstochau   M-650
 - : Wien   M-1220
Mozart-Instrumente   M-271
Mozart-Inszenierungen bei den Salzburger Festspielen   M-577
Mozart-Inszenierungen: Festpiele Salzburg   M-1040
Mozartinszenierungen: Kupfer, Harry   M-1192
Mozart-Interpretation   M-466

Mozart-Interpretation: Hofoper, Wien   M-1087
Mozartjahr 1756-1956   M-441
Mozartjahr 1956: Internationaler Musikwissenschaftlicher Kongress   M-484
- : Literatur   M-390
Mozartjahr 1991   M-1264
Mozartjahr: Hamburg   M-827
Mozart-Jahr: Öffentlichkeitsarbeit: Freimaurer   M-507
Mozart-Jahrbuch   M-209,331
Mozart-Kadenzen: Improvisation   M-856
Mozart-Kanons im Urtext   M-433
Mozart-Kompendium   M-1203
Mozart-Kritik im 18./19. Jahrhundert   M-509
Mozart-Lieder: Chant Mozartien: Chorgesänge   M-985
Mozart-Literatur, Neue   M-447
Mozart-Literatur, Neuere   M-194,222,276
Mozart-Literatur, Salzburger   M-185
Mozart-Literatur: Belletristik   M-391
Mozart-Loge "Zur Wohltätigkeit" im Orient von Wien 1783 bis 1785   M-1307
Mozart-Melodie-Verzeichnis   M-1520
Mozart-Messen   M-1561
Mozart-Museum in Mozarts Geburtshaus   M-781
Mozart-Museum Salzburg der Stiftung Mozarteum   M-273
Mozart-Museum zu Salzburg   M-216
Mozart-Museum: Mozart-Gedenkstätten   M-279
- : Salzburg   M-142,174,273,279,781
- : Stiftung Mozarteum   M-279
Mozart-Musik auf Schallplatten   M-407
Mozart-müvek a Liszt Ferenc Zenemüvészeti Föiskola, Zenetöténeti Kutatókönyvtárában   M-1215
Mozart-Nachdrucke   M-1321
Mozart-Neuerscheinungen   M-1216
Mozart-Nissen, Constanze: Nissen, Constanze   M-32
Mozart-Novelle: Mörike, Eduard   M-1575
Mozart-Opern: Biedermeierzeit   M-887
- : Bildergalerie   M-1191
- : Diskographie   M-1172,1193
- : Erotik   M-1180
- : Frankfurt/M.   M-224
- : Grazer Erstaufführungen   M-521
- : Hofoper   M-1015
- : Ikonographie   M-1191
- : Mannheim   M-887
- : Pariser Theater   M-769
- : Rezeption   M-619
- : Sänger   M-1172,1193
- : Salzburger Festspiele   M-1172,1193
- : Sexualität   M-1180
- : Staatsoper   M-1015
- : Stuttgarter Hof 1790-1810   M-1403
- : Tänze als Ausdrucksmittel   M-742
- : Übersetzungen   M-258
- : Wien   M-1015
Mozartorchester: Instrumentationsgeschichte des 18. Jahrhunderts   M-253
Mozartpflege der Wiener Philharmoniker   M-459
Mozartpflege in Linz   M-592
Mozartpflege und Mozartiana: Steiermark   M-470

Mozart-Pflege: Amerika   M-363
- : Italien   M-684
Mozartpflege: Statistik   M-313
- : Steiermark   M-755
Mozart-Pflege: USA   M-363
Mozart-Portraits   M-166,405
Mozart-Porträt: Ikonographie   M-878
Mozart-Reisen: Deutschland   M-264
Mozart-Requiem: Hofbibliothek: Österreichische Nationalbibliothek   M-696
Mozart-Rezeption im 19. Jahrhundert in Ungarn   M-881
Mozart-Rezeption im frühen 20. Jahrhundert: Busoni, Ferruccio   M-1145
Mozart-Rezeption in Japan   M-1552
Mozart-Rezeption: Amadeus-Film   M-1027
- : Frankreich   M-876
- : Kierkegaard, Sören   M-1262
- : Pariser Presse 1793-1829: Opern   M-1168
- : Schönberg, Arnold   M-1516
- : Ungarn   M-881
Mozarts   M-26
Mozarts Abstammung und Ahnenerbe   M-300
Mozarts Ahnentafel   M-309
Mozarts Akademie im Trattnersaal 1784   M-1144
Mozarts Arie mit obligatem Kontrabaß   M-715
Mozarts Aufenthalt in Rom   M-306
Mozarts Aufenthalte in Linz: Linz   M-1222
Mozarts Aufstieg und Fall   M-1045
Mozart's Augsburger Vorfahren   M-1
Mozarts Bäsle-Briefe   M-815
Mozarts Bearbeitungen eigener und fremder Werke   M-683
Mozarts Begräbnis   M-1111
Mozarts Beitrag zum deutschen Sprechtheater   M-477
Mozarts Beziehungen zu den Familien von Thun-Hohenstein   M-308
Mozarts Bläserkonzertante KV Anh. 9/297B und ihre Rekonstruktionen im 19. und 20. Jahrhundert   M-966
Mozarts Bühnenwerke: Mannheim   M-845
Mozart's catalogue of his works   M-406
Mozarts Claviermusik   M-1405
Mozart's concerto for flute and harp, K.299   M-1448
Mozart's concerto form   M-709
Mozart's death   M-1256
Mozart's death - Mozart's Requiem   M-1170
Mozarts Don Giovanni in der Literatur   M-674
Mozarts Don Giovanni in der Prä-LP-Ära   M-678
Mozarts Don Giovanni in Donaueschingen   M-1041
Mozarts Don Juan 1787-1887   M-148
Mozarts dramatische Meisterwerke im Teatro Colon   M-1290
Mozarts Dramaturgie der Oper   M-304
Mozart's early concertos, 1773-1779   M-1372
Mozarts einsames Begräbnis   M-986
Mozarts Eltern   M-71
Mozart's four-hand piano sonatas with a theoretical and performance analysis of K.358 in B flat major and K.497   M-1005
Mozarts Freundeskreis: Salzburg   M-159

Mozarts frühe Sinfonien (bis 1772)   M-1325
Mozarts frühe Streichquartette   M-1310
Mozarts frühe Tänze für Orchester   M-1396
Mozarts Fugenfragmente   M-502
Mozarts Grab   M-195
Mozarts Grétry-Variationen   M-1100
Mozarts Haftungserklärung für Freystädtler   M-1493
Mozarts Handschriften im Stifte St. Peter in Salzburg   M-200
Mozart's illnesses and death   M-957
Mozarts Instrumentation anhand autographer Quellen   M-1550
Mozarts italienische Sinfonien und die italienische Opernsinfonia der Zeit   M-1386
Mozarts Jugend   M-288
Mozarts Jugendopern im 20. Jahrhundert   M-1156
Mozarts Jugendsinfonien   M-338
Mozarts Kammermusik mit Klavier   M-1510
Mozarts Kanons   M-707
Mozarts Kinder   M-4
Mozarts Kinder: Matriken   M-207
Mozarts Kirchenmusik   M-371,1303
Mozarts Kirchenmusik in der Praxis   M-1244
Mozarts kirchenmusikalische Studien im Spiegel seiner Zeit und Nachwelt   M-514
Mozarts Klavierkonzert in d-Moll   M-545
Mozarts Kompositionen für Konstanze   M-31,289
Mozarts Konzerte und ihre Überlieferung   M-569
Mozarts Konzertreisen 1762   M-1339
Mozarts Krankheiten   M-479
Mozarts Krankheiten und sein Tod   M-270
Mozarts La clemenza di Tito und der deutsche Nationalgedanke   M-1526
Mozarts Lauretanische Litaneien KV 109 (74e) und 195 (186d)   M-645
Mozarts Le Nozze di Figaro auf den Wiener Bühnen   M-639
Mozarts Leben und Werke   M-125
Mozarts Lebenswerk, seine Bergung und Erschließung   M-451
Mozart's letters, Mozart's life   M-1557
Mozarts letztes Lebensjahr - die Entstehungszeit des Requiems   M-1232
Mozarts Maurerische Trauermusik KV 477/479a   M-1309
Mozarts Münchener Aufenthalt 1774/75 und die Opera buffa "La Finta giardiniera"   M-761
Mozarts Münchener Aufenthalt 1774/75: München   M-760
Mozarts Musik - ein Gottesbeweis?   M-1166
Mozarts Musiksprache   M-979
Mozarts Musiktheater als Ort der Aufklärung   M-1498
Mozarts mütterliche Familie   M-245
Mozarts Nachlaß   M-352
Mozarts Nachlaß und die Andrés   M-1513
Mozarts Nachruhm   M-1282
Mozarts oberbayrische Vorfahren   M-751
Mozarts Opera seria "Mitridate, re di Ponto"   M-1419
Mozart's operas   M-1119
Mozarts Opern   M-965
Mozarts Opern für Prag   M-1226

Mozarts Opern im biedermeierlichen Mannheim   M-887
Mozarts Opern im Frankfurt des 18. Jahrhunderts   M-224
Mozarts Opern in Salzburg   M-640
Mozarts Opern in Skandinavien   M-493
Mozarts Opern: Leipziger Theater   M-1392
Mozarts Persönlichkeit   M-183
Mozart's Piano Concerto in D minor, K. 466   M-1361
Mozart's piano concertos   M-822,1369,1551,1585
Mozart's piano concertos, K. 413, 414, 415   M-895
Mozart's piano sonatas   M-1454
Mozart's pianoforte works   M-121
Mozart's publishing with Artaria in 1787   M-1580
Mozarts Reisen in Deutschland und ins Ausland   M-264
Mozarts Reisewege   M-236
Mozarts Requiem   M-632
Mozart's Requiem   M-1072,1378
Mozarts Requiem KV 626   M-1530
Mozarts Requiem und die Geschäfte der Constanze M.   M-36,1003
Mozarts Requiem und seine Bearbeitungen   M-1491
Mozarts Requiem und seine Bearbeitungen im 20. Jahrhundert   M-1508
Mozart's sacramental litanies and their forerunners   M-286
Mozart's Salzburg copyists   M-82
Mozarts Salzburger Freunde und Bekannte   M-1409
Mozarts Salzburger Vorfahren   M-228
Mozarts Schaffensweise   M-1297
Mozarts Schnorrer Leutgeb   M-697
Mozarts Schülerkreis   M-552,584
Mozarts Schwägerin Aloysia Lange und ihre Zürcher Aufenthalte von 1813 bis 1819   M-1566
Mozarts Schwester Nannerl   M-101
Mozart's Serenade KV 361   M-776
Mozart's severe illness after his return from Italy   M-1506
Mozarts Sinfonie in G-Moll KV 550 und Schuberts Sinfonie B-Dur D 485   M-1352
Mozarts Singspiel "Die Entführung aus dem Serail"   M-497
Mozart's Skizze der Ballettmusik zu "Le gelosie del serraglio"   M-546
Mozart's slow-fast rondo arias   M-1115
Mozarts Söhne   M-44,419,1603
Mozart's son - Karl   M-45
Mozart's Spuren in Wien   M-1125
Mozart's spurious wind octets   M-728
Mozart's Sterbehaus - seine letzte Wohnung   M-861
Mozarts Streichquartette   M-1482
Mozarts Streichquintette   M-1371
Mozarts Streichtrio KV 563: eine quellen- und textkritische Erörterung   M-1496
Mozart's string quartets   M-691
Mozart's symphonies   M-1108
Mozarts symphonisches Jugendwerk: Symphonien   M-927
Mozart's teaching of intonation   M-788
Mozarts Thamos und der Kontext   M-1395

Mozart's thematic catalogue   M-1133
Mozart's Tito and the music of rhetorical strategy   M-853
Mozarts Tod   M-1592
Mozarts Tod, 1791-1971   M-706
Mozarts Tod: Requiem   M-1170
 - : Sowjetische Diskussion   M-612
Mozarts Todeskrankheit   M-542
Mozarts und die Steuern   M-84,1201
Mozarts unfreiwilliges Vermächtnis   M-1500
Mozart's variations reconsidered   M-1089
Mozart's verblijf in Nederland en het muziekleven aldaar in de laatste helft der achtiende eeuw   M-143
Mozarts Verhältnis zur Orgel und zur Orgelkomposition   M-627
Mozarts Verleger   M-366
Mozarts Verzeichnis seiner Werke seit dem Jahre 1784   M-169
Mozart's Viennese copyista   M-1545
Mozarts Werke in Straßburg 1778-1789   M-1356
Mozart's Werke und die Wiener Hof-Theater   M-161
Mozarts Werke: Dichtkunst   M-198
Mozarts Wiener Vorfahren   M-1469
Mozarts Wiener Wohnungen   M-453
Mozart's wife - Konstanze Weber   M-34
Mozarts Wohnhaus: Salzburg   M-1139
Mozarts Zaide und der Verfasser der vermutlichen Textvorlage   M-531
Mozarts Zauberflöte   M-1497
Mozarts Zauberflöte und "Klingsohrs Märchen"   M-867
Mozarts zweifache genealogische Bindung an Wien   M-1143
Mozartsammlung des Aloys Fuchs   M-196
Mozart-Sammlung: André, Johann Anton   M-1077
 - : Fuchs, Aloys   M-196
 - : Jahn, Otto   M-1077
 - : Wertitsch, Hans   M-997
Mozart-Sammlungen: Salzburg   M-384
Mozart-Sänger: Librettisten   M-1088
 - : Personen in Mozarts Opern   M-1088
Mozartschädel   M-1199
Mozart-Schätze in Augsburg   M-93,1398
Mozartsche Kompositionen in periodischen Musikpublikationen des späten 18. und frühen 19. Jahrhunderts   M-804
Mozartsche Spuren in böhmischen und märhischen Archiven   M-1227
Mozartsches Familienarchiv: Salzburg: St. Peter   M-19
Mozart-Schriften   M-1217
Mozart-Schrifttum: Bibliographie   M-834
Mozart-Schüler   M-552
Mozartsippe in Schwaben und Vorarlberg   M-20
Mozart-Skizzen der Universitätsbibliothek Uppsala   M-369
Mozartstätten im Schwabenland   M-1425
Mozartstätten: Grazer Mozartfest 1956: Oper Graz   M-397
Mozart-Studien   M-841

Mozart-Studies   M-1461
Mozart-Überlieferung im Stift Heilig Kreuz zu Augsburg   M-565
Mozart-Überlieferung: Oberösterreich   M-445
Mozart-Überlieferungen und Mozart-Bild um 1800   M-370
Mozartuv Don Giovanni   M-1046
Mozartwoche 1941   M-292
Mozartwoche 1970: Deutsche Oper am Rhein: Köln   M-693
Mozartwoche: Internationale Stiftung Mozarteum   M-1019
Mozart-Wohnhaus: Festschrift   M-1438
 - : Salzburg   M-23
Mozart-Wohnung   M-764,974
Mozart-Wohnungen: Wien   M-453
Mozart-Wörterbuch   M-1022
Mück, Hans-Dieter   M-1121
Mühlberger, Josef   M-436
Müll, Elfriede   M-1137,1149
Müller von Asow, Erich Hermann   M-54,284,285,299,307
Müller, Karl Franz   M-343
Müller, Ulrich   M-1177,1228
Müller-Arp, Eberhard   M-1304
Müller-Asow, Erich H. von   M-317,600
München: Ausstellung: Ikonographie   M-1121
 - : Bayerische Vereinsbank   M-871
 - : Clemens, Herzog von Bayern   M-622
 - : Finta giardiniera, La   M-761
 - : Mozart, Wolfgang Amadeus   M-443,622,761,1121,1503
 - : Mozartiana   M-666
 - : Mozarts Münchener Aufenthalt 1774/75   M-760
 - : Theatinerkirche   M-666
Münster, Robert   M-92,562,601,622,623,713,760,761,910,927,1337,1365,1558
Münzen: Medaillen: Schaumünzen   M-1205
Munzlinger, Tony   M-1155
Muricy, Andrade [Vorr.]   M-440
Music and drama in the "Opera buffa" finale   M-990
Music and Mozart in the life of Goethe   M-1042
music of recognition in Mozart's operas   M-1411
Music of Wolfgang Amadeus Mozart   M-915
Musical style of Mozart's fugues for keyboard   M-940
Musik   M-250
Musik Mozarts in Griechenland   M-489
Musik som lyssnandets konst   M-1086
Musik und Freimaurerei   M-438
Musik und Medizin   M-1037
Musik: Dichtung: Literatur   M-868
 - : Freimaurer   M-1442
 - : Geist   M-866
 - : Medizin   M-1037
 - : Mozartbild des 19. Jahrhunderts   M-868
 - : Schicksal   M-866
 - : Werkstatt   M-758
 - : Wiener Klassik   M-1037
 - : Wiener Klassiker   M-641,758
Musikalien des Mozartschen Familienarchivs im Stift St. Peter   M-19

Musikalien-Anzeigen Mozartscher Werke aus seiner Lebenszeit M-164
Musikalienhandel: Mozart, Wolfgang Amadeus: Steiermark M-896
Musikaliennachlaß: Bischoff, Ferdinand: Mozartiana M-618
Musikaliensammlung der Erzabtei St. Peter in Salzburg M-63,698
Musikalischer Spaß (KV 522) M-1300
Musikalität: Humor M-556
Musikautographe von W. A. Mozart im Archiv der Gesellschaft der Musikfreunde in Wien M-1054
Musikautographen: Manuskripte M-156
Musikautomaten: Clemenza di Tito, La M-1387
Musikerporträts: Mozart, Wolfgang Amadeus M-250
Musikgeschichte: Freimaurer-Logen: Großloge von Wien M-243
  - : Mozart, Wolfgang Amadeus: Salzburger Tradition M-784
  - : Wien M-243
Musikhandschriften: Autographen M-1052,1054, 1055,1062
  - : Gesellschaft der Musikfreunde in Wien M-272, 1054
  - : Mozart, Wolfgang Amadeus M-124,272,1052, 1054,1055,1062
  - : Österreichische Nationalbibliothek M-1055
  - : Wiener Stadt- und Landesbibliothek M-1062
Musikinstrumente im Tanzmeistersaal M-893
Musikinstrumente: Mozart, Wolfgang Amadeus M-271
Musikmanuskripte Wolfgang Amadeus Mozarts M-227
Musiksammlung: Österreichische Nationalbibliothek M-381,1134,1232
Musiksprache: Mozart, Wolfgang Amadeus M-946, 979
  - : Zauberflöte M-946
Musiktheater: Mozart, Wolfgang Amadeus M-677
Musiktheorie: Mozart, Wolfgang Amadeus M-708
Musikverein für Steiermark M-397
Musikzeitschriften des 19. Jahrhunderts: Mozart-Auffassung M-862
Musiol, Karol M-437,512,624,649,650
Musique classique M-1099
Musique religieuse de Mozart M-929
Musto, Renato M-928
Muxeneder, Therese M-1475
Mystères d'Isis (1801) und Don Juan (1805, 1834) auf der Bühne der Pariser Oper M-860
Mythos Mozart M-1576

N

N. N. revisited M-1477
Nachlaß: Mozart, Leopold M-88
  - : Mozart, Wolfgang Amadeus M-880,1513
  - : Stadler, Maximilian M-880: Unterrichtsheft `M-880
Nachruf: Mozart, Wolfgang Amadeus (der Jüngere) M-1595

Nachterfahrung in Wolfgang Amadeus Mozarts Zauberflöte und die Erfahrungswelt 10 bis 13jähriger Schüler M-1083
Nachtmusik, Eine kleine: Serenade G-Dur KV 525 M-873
Nägele, Reiner M-1403
Nannerl Mozart M-106
Nannerl Mozart und ihr musikalischer Nachlaß M-104
Nannerl Mozarts Stiefkinder M-103
Nannerl Mozarts Tagebuchblätter M-102
Nannerl, Wolfgang Amadeus Mozarts Schwester M-101
Napolitano, Ernesto M-928
Nationalsozialismus: Mozart, Wolfgang Amadeus M-1314
Neapel: Biblioteca del Conservatorio di Napoli: Mozart, Wolfgang Amadeus M-617
Nemesszeghy, Lajos M-1229
Nemeth, Carl M-1611
Nettl, Paul M-261,363,379,438,476
Neue Ausgabe sämtlicher Werke M-378
Neue "Beyträge zu Mozarts Lebensbeschreibung" M-1537
Neue Brieffunde zu Mozart M-659
Neue Forschungen zur Ahnengeschichte Wolfgang Amadeus Mozarts M-615
Neue Funde zu Mozarts symphonischem Jugendwerk M-927
Neue Mozart-Ausgabe M-355,673,1242,1243
Neue Mozart-Literatur M-447
Neue Mozartiana M-303,527
Neue Mozartiana in Italien M-553
Neue Quellen zu Werken Mozarts M-452
Neuere Mozart-Literatur M-194,222,276
Neues Augsburger Mozartbuch M-563
Neues über Leopold Mozart M-79
Neues zu Mozarts erster Italienreise M-311
Neuesten Schätze der Musiksammlung in der Berliner Königlichen Bibliothek M-177
Neukomm, Sigismund von M-721
Neukomm-Lobenstein, Irmengard M-625
Neumaier, Otto M-108
Neumann, Frederick M-1013
Neumann, Friedrich-Heinrich M-564
Neumayr, Anton M-1037
Neve, Victoria Rider M-851
New light on the Mozart's London visit M-1416
New Mozart documentary biography M-1000
New Mozart documents M-1230
New Mozartiana M-840
New York: Ausstellung: Pierpont Morgan Library M-1159
  - : Don Giovanni M-1177
Newly discovered autograph source for Mozart's Aria, K.365a (Anh. 11a) M-1423
Neznámá mozartova autografní torsa M-517
Niederlande: Ikonographie M-175
  - : Mozart, Wolfgang Amadeus M-143,175,1135
  - : Mozart-Aufführungen: Don Giovanni M-150
Nielsen, Carl: Mozart, Wolfgang Amadeus M-1301

Niemetschek, Franz Xaver M-818,969,1318
Nietzsche, Friedrich: Mozart, Wolfgang Amadeus M-863
Nindler, Peter M-1231
Nissen, Constanze von: Mozart-Nissen, Constanze M-32,602
Nissen, Georg Nikolaus von M-602
Nissens "Biographie W. A. Mozarts" M-562
Nissens Kollektaneen für seine Mozartbiographie M-704
Noce de Figaro, Le: Figaros Hochzeit M-849
Noces de Figaro: Diskographie M-1368
Nohl, Ludwig M-138
Noll, Anton M-1366
Norm und Subjektivität im Spätstil Mozarts M-1577
Notes on the composition of Mozart's "Così fan tutte" M-973
Notes on the iconography of Wolfgang Amadeus Mozart M-197
Nottebohm, Gustav M-139,1322
Novello, Mary M-380,578
Novello, Vincent M-380,578
Nowak, Leopold M-381,415,439,442,696
Nozze di Figaro, Le M-849,935,1025,1231,1368
Nozze di Figaro, Le: Cosi fan tutte M-930
 - : Diskographie M-576,945,1368,1389
 - : Don Giovanni M-930
 - : Donaueschingen 1787 M-1081
 - : Figaro-Literatur seit 1925 M-796
 - : Figaros Hochzeit M-576,639,796,849,917, 923,945,1366,1368,1380,1389
 - : Rezeptionsgeschichte M-1081
Nun kömt eine merkwürdige Reise! M-1375
Nys, Carl de M-729,929

O

Oberösterreich: Mozart, Wolfgang Amadeus M-238, 1207
 - : Mozart-Überlieferung M-445
Oberon, König der Elfen: Zauberflöte M-757
Oberrhein: Mannheim: Mozart, Wolfgang Amadeus M-301
Oboen: Flöten: Holzbläser: Tonartenwahl M-826
Oboen-Konzert M-1404
Obras de W. A. Mozart M-440
Öffentlichkeitsarbeit: Freimaurer: Mozart-Jahr M-507
Oehl, Kurt Helmut M-1076
Öllerer, Anton M-382
Österreichische Columbia Graphophon Gesellschaft M-441
Österreichische Musikzeitschrift: Mozart, Wolfgang Amadeus M-1268
Österreichische Nationalbibliothek, Musiksammlung M-1134,1232
Österreichische Nationalbibliothek: Ausstellung M-442,1232
 - : Hofbibliothek M-193,349,696
 - : Kirchenmusik M-381
 - : Mozart-Ausstellung 1956 M-415
 - : Mozart-Autographen M-193,381,1055
 - : Mozart-Requiem M-696

 - : Phonogrammarchiv M-244
Oeuvre de Mozart en France de 1793 à 1810 M-491
Oeuvres témoins de Mozart M-911
Offenbach, Stadtmuseum: Ausstellung M-906
Offenbach: Manuskripte: Mozart-Archiv M-162
Offenbacher, Eric M-1495
Ogris, Werner M-1512
Ohlsson, Eric Paul M-874
Oistrach, David: Mozart, Wolfgang Amadeus M-1541
Oldman, Cecil B. M-235,237,579
Olleson, D. E. M-651
Olmütz: Olomouc: Mozart, Wolfgang Amadeus M-1302
Omaggio a Wolferl M-1233
On Giovanni M-1401
Ongarese M-919
Oper entsteht M-603
Oper Graz: Grazer Mozartfest 1956: Mozartstätten M-397
Opera buffa M-1344,1432
Opera buffa in Mozart's Vienna M-1462
Opera buffa: Finale M-990
Opera incerta im Werk W. A. Mozarts M-1443
Opera seria, Opera buffa und Mozarts "Don Giovanni" M-1006
Operas de Mozart M-1388
Operas of Mozart M-792
Operas of Mozart on Microgroove M-626
Opern: Aufklärung M-1312
 - : Diskographie M-523,530,596,626,1184
 - : Mozart, Wolfgang Amadeus M-414,523,530, 596,626,689,1085,1184,1226,1312
 - : Mozart-Rezeption M-1168
 - : Pariser Presse 1793-1829 M-1168
 - : Ponte, Lorenzo Da M-1085
 - : Prag M-1226
 - : Text und Musik M-414
Opern-Rezeption: Mozart, Wolfgang Amadeus: Polen 1783-1830 M-1279
Opern in Salzburg: Diskographie: Mozart, Wolfgang Amadeus M-640
Opern Mozarts M-690,965
Opern Mozarts bei den Salzburger Musikfesten 1877-1910 M-744
Opern Mozarts im 18. und 19. Jahrhundert auf Spielplänen der Pariser Theater M-769
Opern Mozarts in der Auffassung des 19. Jahrhunderts M-1009
Opernbearbeitungen: Mozart, Wolfgang Amadeus von: Zuccalmaglio, A. W. von M-773
Opernchöre: Finale M-448
Opernführer: Mozart, Wolfgang Amadeus M-1014
Opernhandschriften Mozarts im Berliner Besitz M-178
Opernsinfonien: Italienische Sinfonien M-1386
Opernzitat bei Mozart M-1540
Opery Mocarta v kontekste kul'tury ego vremeni M-1524
Opvoeringen van Mozart's "Don Juan" in Nederland M-150

Orchester und Solist in den Konzerten von W. A. Mozart M-1515
Orchesterpraxis: Mozart, Wolfgang Amadeus M-647
Orden vom Goldenen Sporn: Mozart, Wolfgang Amadeus M-1397
Orel, Alfred M-379,477,513
Organ music of Haydn and Mozart M-916
Orgel: Mozart, Wolfgang Amadeus M-314
Orgelkompositionen Mozarts? M-686
Orgelmusik: Diskographie M-634
 - : Haydn, Joseph M-916
 - : Mozart, Wolfgang Amadeus M-627,634,916
Orientalism, masquerade and Mozart's turkish music M-1528
Originalhandschriften Wolfgang Amadeus Mozarts in der Österreichischen Nationalbibliothek M-1055
Originaltext: Zauberflöte M-1002
Ornamentation and improvisation in Mozart M-1013
Ornamentation as applied to selected soprano concert arias, operatic arias and sacred works of Wolfgang Amadeus Mozart M-1466
Osborne, Charles M-843,1014
Osborne, Conrad L. M-626
Osthoff, Wolfgang M-1315
Ostoja, Andrea M-383
Oswald Kabasta (1896-1946) als Mozartinterpret im Kontext seiner Dirigententätigkeit M-1531
Ott, Alfons M-443
Ottaway, Hugh M-852
Ouvertüren: Mozart, Wolfgang Amadeus M-1295
Oxford: Ausstellung: Mozart, Wolfgang Amadeus M-1213

P

P'ng, Tean-Hwa M-1463
Pahlen, Kurt M-779,816,872,902,923,941
Painter, Karen M-1578
Paldi, Cesare M-1138
Paldi, Ida M-1138
Palm, Albert M-686
Panagl, Clemens M-96
Panagl, Oswald M-1177
Pape, Matthias M-1464
Paradis, Maria Theresia M-315,326,600
Parakiles, James Paul M-853
Parenti, Roberto M-1113
Paris: Don Giovanni: Don Juan M-960
 - : Mozart, Wolfgang Amadeus M-427,934,1218,1263,1448
 - : Théâtre de l'Académie Royale de Musique M-960
Pariser "Don Juan"-Rezensionen 1805 bis 1866 M-1476
Pariser Musikleben zur Zeit Mozarts: Klaviersonaten M-266
Pariser Oper: Don Giovanni M-1476
 - : Don Juan M-860
Pariser Presse 1793-1829: Mozart-Rezeption: Opern M-1168
Pariser Theater: Mozart-Opern M-769
Parouty, Michel M-1234

Passau: Mozart, Wolfgang Amadeus M-611
Patera, Jaroslav M-323
Paul Wranitzky's "Oberon, König der Elfen" M-757
Pauli, Friedrich Wilhelm M-603
Paumgartner, Bernhard M-50,100,530,652,1338
Pensée de Mozart M-488
Perfahl, Jost M-969,1029
Performance edition of W. A. Mozart's "Eine kleine Nachtmusik", K.525 ... M-1008
Performance medium as a compositional determinant M-1059
Performance problems in the concert arias of Mozart for the tenor voice M-933
Performer's approach to adapting the mechanical clock pieces of Wolfgang Amadeus Mozart for organ M-1060
Perkins, Lucia M-1235
Perl, Helmut M-1534
Perry-Camp, Jane M-970
Personen in Mozarts Opern: Librettisten: Mozart-Sänger M-1088
Perspectives on Mozart performance M-1236
Pertl, Anna Maria: Mozart, Anna Maria M-71
Pesic, Peter M-1559
Pesková, Jitrenka M-904,1046
Pestelli, Giorgio M-1099
Peter, Christoph M-946
Peter Shaffers "Amadeus" M-1187
Petersen, Wilhelm M-301
Petrobelli, Pierluigi M-819
Petzoldt, Richard M-444
Pfannhauser, Karl M-445,495,514,604,714
Phänomen Mozart im 20. Jahrhundert M-1237
Philologischer Befund: Stilkritische Interpretation: Zauberflöte M-667
Philosophen: Dichter: Mozart, Wolfgang Amadeus M-145
Philosophische Literatur: Mozart, Wolfgang Amadeus: Ästhetische Literatur M-353
Phobie du petit Mozart M-1480
Phonogrammarchiv: Österreichische Nationalbibliothek M-244
Piano: Klarinette: Transkriptionen M-767
Piano concertos: Klavierkonzerte M-822,1488
Piano variations: Klavierwerke M-851
Pianoforte works: Klaviermusik M-119
Pianomusik: Klaviermusik M-951
Piècen aus "La Clemenza di Tito" von Mozart, Wolfgang Amadeus M-1387
Pieck, Werner M-26
Pierpont Morgan Library: Ausstellung: New York M-1159
Pincherle, M. M-262
Pirani, Federico M-1366
Pirckmayer, Friedrich M-134
Pirie, Peter J. M-446
Pisarowitz, Karl Maria M-697
Place of the piano concerto in the career of Mozart M-719
Planyavsky, Alfred M-715

Plath, Wolfgang M-56,85,92,95,580,605,606,672, 716,780,795,854,979,1077,1217,1365
Platoff, John M-990
Platt, Norman M-943
Poggi, Amadeo M-1238
Pohl, C. F. M-653
Pohlmann, Hansjörg M-515
Polen: Mozart, Wolfgang Amadeus M-411
- : Mozartiana: Tschenstochau M-650
Polen 1783-1830: Mozart, Wolfgang Amadeus: Opern-Rezeption M-1279
Polnische Komponisten: Mozart, Wolfgang Amadeus M-649
Ponte, Lorenzo da M-327,739,814,824,848,849,902, 913,941,942,943,945,1061,1085,1212,1277,1367, 1368,1379,1401,1432,1560,1589
Ponte, Lorenzo da: Diskographie M-1525
- : Dortmund: Ausstellung M-1362
- : Libretti M-327
Ponte-Opern: Diskographie M-1212
Popularisierung der Unmoral M-805
Portowitz, Adena L. M-1372
Porträts: Ikonographie M-166,250,1292
- : Mozart, Wolfgang Amadeus M-166,250,1292
Posch, Franz M-51
Possessor and the possessed M-1553
Potter, Cipriani: Mozart-Ausgaben M-579
Potter, Philip Cipriani M-119
Prag: Ausstellung M-1046,1157
- : Bertramhof M-323
- : Don Giovanni M-1031,1032,1038,1046
- : Mozart, Wolfgang Amadeus M-165,261,1157, 1226,1402,1535
- : Mozart-Gedenkstätten M-323,1472
- : Opern M-1226
- : Salzburg: Wien M-1472
Prager Symphonie M-1461
Preface to the Magic flute M-679
Preibisch, Walther M-179
Preiss, Cornelius M-238,308
Preiß, Roswitha M-1139
Premières versions françaises du "Mariage de Figaro" de Mozart M-937
Pressel, Gustav M-141
Presseschau im Mozartjahr M-507
Preußische Staatsbibliothek Berlin: Mozart-Autographen M-568,605,606,613,614
- : Verschollene Mozart-Autographe M-605,613
Prieger, Karl M-145
Problem, Mozart zu geigen M-695
Probleme der Echtheitsbestimmung der kleineren kirchenmusikalischen Werke W. A. Mozarts M-481
Probleme der Mozart-Rezeption im Frankreich der ersten Hälfte des 19. Jahrhunderts M-876
Probleme der Mozartforschung M-588
Probleme der Neuen Mozart-Ausgabe M-413
Process of articulation in Mozart's piano concertos M-738
Procházka, Rudolph von M-165,261
Proctor, Carroll Milton M-855

Pröger, Johannes M-627
Prokop, Otto M-1239
Prossnitz, Gisela M-842
Proteus Mozart M-1009
Protz, Albert M-516
Prvá vydání del Josepha Haydna, Wolfganga Amadea Mozarta a Ludwiga van Beethovena v Universitní Knihovne v Brne M-642
Psychoanalytische Studie: Mozart, Wolfgang Amadeus M-949
Ptácková, Vera M-1038,1226
Publig, Maria M-1015,1240
Puchberg, Johann Michael M-1536
Punkt: Keil M-467
- : Strich M-467
Puntscher Riekmann, Sonja M-930

Q

Quarg, Gunter M-1241,1305
Quartets and quintets for mixed groups of winds and strings M-1348
Quellenlage: Klavierkonzert B-Dur KV 456 M-1048
Quellenstudien zu Mozarts "Entführung aus dem Serail" M-179
Quelques éditions anciennes de Mozart M-262
Quintets for piano, oboe, clarinet, horn and bassoon by Wolfgang Amadeus Mozart and Ludwig van Beethoven M-874

R

Raab, Armin M-95
Rabin, Ronald Jay M-1432
Racek, Jan M-496,517
Ramirez, Miguel J. M-1404
Rampe, Siegbert M-1405
Ramsauer, Gabriele M-90
Ranschburg: Gilhofer M-250
Ratterree, Jack L. M-607
Rauschenberger, Walther M-300,309
Recapitulation procedures in the nature somphonies of Haydn and Mozart M-720
Réception des opéras de Mozart dans la presse parisienne M-1168
Rech, Géza M-337,384,385,608,687,688,781,859
Recording Don Juan M-1486
Recurrent melodic structures and libretto continuity in Mozart's Die Zauberflöte M-681
Rediscovery of the 18th century score and parts of "Die Zauberflöte" showing the text used at the Hamburg Premiere in 1793 M-1450
Reeser, Eduard M-266
Rehabilitierung der Sinnlichkeit M-1323
Rehm, Wolfgang M-497,545,580,581,605,609,673, 1094,1149,1242,1243,1513,1579
Reiber, Joachim M-1344
Reich, Willi M-447
Reifen, Paul van M-1561
"Reigen" M-830
Reijen, Paul Willem van M-595,717,931,971, 1078, 1100,1406

Reimers, Lennart M-628
Reinalter, Helmut M-1140
Reinthaler, Anton M-1244
Reise-Aufzeichnungen 1763-1771 M-49,202
Reise der Familie Mozart durch die Schweiz M-675
Reisetagebuch 1819-1821 M-1606
Reiß-Museum der Stadt Mannheim M-1153
Rekommendation: Beihilfe M-78
Relation between analysis and performance of W. A. Mozart's D-major flute concerto (K 314/285D) in accordance with contemporaneous writings M-1298
Religiöse Musik: Fugen M-700
Religion und Theologie bei Wolfgang Amadeus Mozart ... M-1452
Reliquien Mozarts M-1276
Rellstab, J. F. K., Berlin: Mozart-Drucke bis 1800 M-469
Remus, Matthias M-1245
Rendleman, Ruth M-856
Repertorio delle fonti sonore e audiovisive mozartiane esistenti in Italia M-1101
Requiem M-36,112,522,529,570,632,729,1003, 1134,1170,1225,1232,1281,1378,1491,1508
Requiem: Diskographie M-36,486,632,729,1003
 - : Echtheitsfragen M-112
 - : Mozarts Tod M-1170
 - : Tod M-1170
Requiem KV 626 M-486,1530
Requiem de Mozart M-729
Requiem für Theophil M-1142
Requiem und die Requiemfrage M-153
Requiem und kein Ende M-570
Requiem von Mozart: Gossec, François-Joseph: Messe des Morts M-1033
Requiem, aber keine Ruhe M-1363
Requiem-Briefe M-780
Requiem-Briefe: André, Johann Anton M-780
Requiem-Handschrift: Autographen M-141
Requiem-Vertonungen M-1467
Requiem-Vollendung M-783
Resch, Maria M-1465
Retkesné Szilvássy, Ildikó M-1215
Reuther, Hans M-443
Revisit M-1457
Rexroth, Dieter M-873
Rezeption Mozartscher Bühnenwerke: Interpreten: Librettisten M-1080
Rezeption der Mozart-Opern am Stuttgarter Hof 1790 bis 1910 M-1403
Rezeption im 19. Jahrhundert: Don Giovanni M-886
Rezeption ungarischer Musik: Mozart, Wolfgang Amadeus M-919
Rezeption von Mozarts "Le Nozze di Figaro" bei den Zeitgenossen M-796
Rezeption von Mozarts Opernschaffen in Polen von 1783-1830 M-1279
Rezeption: Mozart-Opern M-619

Rezeptionsgeschichte: Donaueschingen 1787: Nozze di Figaro, Le M-1081
Rezeptionsgeschichtliche Aufarbeitung des Lebens von Wolfgang Amadé Mozart im Jahre 1782 M-37, 1272
Rhapsodie philologique à propos du "Don Giovanni" de Mozart M-912
Rhee, Meehyun M-1306
Rhein-Fahrt 1763: Mozart, Wolfgang Amadeus M-1375
Rhythmic gesture in Mozart M-935
Rice, John A. M-1246
Richard Strauss M-1427
Richard Strauss' performing version of Idomeneo M-1428
Richard Strauss, an organised Mozartian M-1549
Richards, Annette M-1514
Richter, Brigitte M-1221,1247
Ridgewell, Rupert M-1580
Riedel, Friedrich M. M-1303
Rieger, Eva M-106
Riehn, Rainer M-820
Riggs, Robert Daniel M-883,1039
Rio de Janeiro: Ausstellung: Mozart, Wolfgang Amadeus M-410
 - : Mozart-Aufführungen 1909-1956: Teatro municipal M-440
Ritornell und Solo in Mozarts Klavierkonzerten M-821
Ritter, Wolfgang M-1102
Robinson, William Pressly M-747
Rochlitz anecdotes M-1225
Rochlitz, Friedrich: Friedrich Rochlitz und die Entstehung des Mozart-Bildes um 1800 M-1400
Rösing, Helmut M-1329
Rogge, H. C. M-150
Rohrmoser, Albin M-83,1190
Role of counterpoint in the formation of Mozart's late style M-791
Rom: Ausstellung M-1260
 - : Mozart, Wolfgang Amadeus M-306,1260
Rondo-Arien: Mozart, Wolfgang Amadeus M-1115
Rosenberg, Alfons M-610
Rosenthal, Albi M-1133,1213
Rosenthal, Karl August M-286
Rossell, Denton M-448
Roth, Ernst M-578
Rovereto: Mozart-Gedenkstätten M-1147,1258
Rovero, Giuliana M-984
Rubey, Norbert M-1248
Rudolf, Max M-782
Rückward, Fritz M-181
Ruf, Wolfgang M-796
Rufino, Vincent Joseph M-1581
Ruile-Dronke, Jutta M-821
Ruiz Tarazona, Andres M-762
Rumänien: Mozart, Wolfgang Amadeus M-463
 - : Mozart-Aufführungen M-294
Ruppe, Hans M-449,450
Rupprecht, J. B. M-1596

Rushton, Julian M-905,1336
Russische Ausgaben der Mozart-Werke im 18. Jahrhundert M-566
Russland: Mozart, Wolfgang Amadeus M-429, 648,669
 - : Mozart-Autographen M-669

S

Saam, Josef M-611
Sabel, Hans M-310
Sabin, Paula Louise M-822
Sadie, Stanley M-629,1373,1439,1532,1574
Sänger: Diskographie: Mozart-Opern: Salzburger Festspiele M-1172,1193
Sängerin: Baden » Mozart, Constanze
Saint-Foix, Georges de M-180,246,254,356
Sakrale Musik: Kirchenmusik M-929,1261
Sakralmusik: Fugen M-700
Salfellner, Harald M-1535
Salieri and the "murder" of Mozart M-733
Salieri, Antonio: Amadeus-Film M-1333
 - : Mozart, Wolfgang Amadeus M-350,733,1162, 1333
 - : Mörderlegende M-733
Salinger, Nicole M-1218
Salmen, Walter M-1136
Salvetti, Guido M-1390
Salzburg Tales M-1228
Salzburg zur Zeit der Mozart: Ausstellung M-83,1190
Salzburg, Erzabtei St. Peter: Musikaliensammlung, Katalog M-63,698
Salzburg, Stift St. Peter: Handschriften M-200
Salzburg-Buch von 1934: Mozart im Roman des 20. Jahrhunderts M-1228
Salzburg: Augsburg M-2
 - : Ausstellung M-21,221,977,1020,1021,1049,1210
 - : Bibliotheca Mozartiana M-858
 - : Dommusikverein M-656
 - : Festpiele M-1040
 - : Gedenkstätten M-341,1146,1433
 - : Hofkomponist » Mozart, Leopold
 - : Internationale Stiftung Mozarteum M-144,251, 340,345, 540,688,858,859,977,1021,1094,1149
 - : Kirchenkomponisten M-1568
 - : Kirchenmusiker M-810
 - : Mozart, (Familie) M-2,21
 - : Mozart, Wolfgang Amadeus M-221,228,341, 346, 977,1020,1021,1049,1146,1210,1433
 - : Mozart-Archiv M-132
 - : Mozart-Bibliothek M-688
 - : Mozart-Brüder Vermächtnis M-656
 - : Mozart-Denkmal M-1275
 - : Mozart-Fragmente M-909
 - : Mozart-Gedenkstätten M-279,608,687, 1109,1472
 - : Mozart-Inszenierungen M-1040
 - : Mozart-Museum M-142,174,273,279,781
 - : Mozart-Sammlungen M-384
 - : Mozart-Wohnhaus M-23

Salzburg: Mozarteum M-251,340,345,540,656,859, 909,1094,1596,1609
 - : Mozarteum-Archiv M-128
 - : Mozartgemeinde M-216
 - : Mozarthaus M-1017
 - : Mozartiana M-128,283
 - : Mozarts Freundeskreis M-159
 - : Mozarts Wohnhaus M-1139
 - : Mozartsches Familienarchiv M-19
 - : Prag M-1472
 - : St. Peter M-19
 - : Stadtmuseum M-283
 - : Stiftung Mozarteum M-279
 - : Vorfahren M-228
 - : Wien M-2,1472
 - : Zauberflöte M-221
Salzburger Autoren: Literatur M-1189
Salzburger Festspiele: Diskographie M-1172,1193
 - : Don Giovanni M-1415
 - : Mozart, Wolfgang Amadeus M-577,1415
 - : Mozart-Opern: Sänger M-1172,1193
Salzburger Mozart-Denkmal M-1275
Salzburger Mozart-Literatur M-185
Salzburger Mozart-Sammlungen M-384
Salzburger Mozartbuch M-608
Salzburger Mozartfragmente M-213
Salzburger Musikfeste 1877-1910: Mozart-Aufführungen M-744
Salzburger Presse um 1800: Mozart, Wolfgang Amadeus M-888
Salzburger Requiemtradition im 18. Jahrhundert M-1449
Salzburger Symposion 1990: Mozart, Wolfgang Amadeus M-1237
Salzburger Tradition: Mozart, Wolfgang Amadeus: Musikgeschichte M-784
Sammlung Fuchs-Grasnick: Mozart-Abschriften M-718
Sarti, Laura M-943
Satztechnik: Streichquartette M-1105
Sauder, Gerhard M-1407
Scenography of Mozart's Don Giovanni in Prague M-1038
Schaal, Richard M-337,718
Schaefer, Hartmut M-875
Schallplatten: Diskographie M-407
Scharberth, Imrgard M-806
Schaumünzen: Medaillen M-1205
Schellhammer, Joseph: Mozart-Autographen: Stoll, Anton M-549
Schellhous, Rosalie Athol M-823
Schenk, Erich M-52,228,245,311,318, 386,387,393,484,600,763
Scheurleer, Daniel François M-143,175
Schickling, Dieter M-783
Schicksal der Mozart-Opern in Italien M-492
Schicksal: Geist: Musik M-866
Schiedermair, Ludwig M-186,206
Schikaneder, Emanuel M-843,968,1114,1214, 1296,1523,1556,1569
Schintlmeister, Eva M-1141

Schlesien: Mozart, Wolfgang Amadeus M-624
Schlesische Archive: Bibliotheken: Mozartiana M-512
Schlie, Reimar M-1438
Schlimmer, Alexa Jackson M-1466
Schlosser, Johann Aloys M-114
Schmid, Ernst Fritz M-53,312,324,332-334, 378,451,452,498
Schmid, Manfred M-19
Schmid, Manfred Hermann M-63,81,104,698,784, 1374,1467,1468,1515
Schmidt, August M-1610
Schmidt, Ernst Fritz M-7
Schmidt, Matthias M-1516,1562,1563, 1587, 1588,1593
Schmidt, Siegrid M-1249
Schmuckler, Alon M-1142
Schneider, Erich M-20
Schneider, Gabriele M-1536
Schneider, Hans M-654
Schneider, Herbert M-876
Schneider, Otto M-337,388,561,655,674,778, 817,926,1036
Schneiderhan, Wolfgang: Mozart, Wolfgang Amadeus M-1541
Schnepel, Julie M-1103
Schnerich, Alfred M-154
Schönberg und Mozart M-1593
Schönberg, Arnold M-1562
Schönberg, Arnold: Beethoven, Ludwig van M-1563
- : Mozart, Wolfgang Amadeus M-1563,1593
- : Mozart-Rezeption M-1516
Schöny, Heinz M-453,764,765,974,1143,1469
Scholz, Detlef M-1288
Schrade, Rorianne M-1408
Schrey, Dietlinde M-1040
Schriftchronologie: Mozart-Autographie M-56
Schroder, Charles Frederick M-630
Schubert, Franz: Mozart, Wolfgang Amadeus M-825, 1287
- : Sinfonie B-Dur D 485 M-1352
Schüler Mozarts M-584
Schülerkreis Mozarts M-552
Schünemann, Georg M-274
Schützeichel, Harald M-1303
Schuh, Oscar Fritz: Mozart, Wolfgang Amadeus M-1249
Schuler, Heinz M-12,14,16,18,71,103,730,731, 751, 766,877,932,947,948,991,1016,1079,1080,1104, 1123,1144,1250,1307-1309,1339,1375,1409
Schuler, Manfred M-17,39,972,1041,1081,1082,1340
Schultes, Lothar M-1222
Schultz, Klaus M-824
Schumann, Robert: Klavierwerke: Mozart, Wolfgang Amadeus M-544
Schurig, Arthur M-29,49,202,205,210
Schusser, Adelbert M-878,974,1414
Schwaben: Familie M-333
- : Mozart, (Familie) M-20
Schwabenland: Mozart, Wolfgang Amadeus M-1425

Schwäbische Ahnen: Mozart, Wolfgang Amadeus M-535
Schwäbischen Freunde der Mozarts in Wien M-39,1340
Schwäbisches Erbe: Mozart, Wolfgang Amadeus M-498
Schwäbisches Mozart Buch M-324
Schwarzbauer, Michaela M-1083
Schweden: Mozart, Wolfgang Amadeus M-458,628
- : Mozart-Autographen M-513
Schweizer Reise: Mozart, Wolfgang Amadeus M-675
Schwierigste Mozart-Sinfonie M-597
Schwindt-Gross, Nicole M-1105
Se di lauri: Mitriadate M-1412
Sebestyén, Ede M-1251
Sechs Streichquartette: Haydn, Joseph: Mozart, Wolfgang Amadeus M-989
Sechter, Simon M-1293
Seedorf, Thomas M-1145
Seeger, Horst M-454
Sehnal, Jiří M-879
Seifert, Ilka M-1560
Seiffert, Max M-47
Seiffert, Wolf-Dieter M-1310,1371,1461,1496
Seinsheim, Maximilian Clemens von: Idomeneo-Partitur M-1558
Seipel, Wilfried M-1202
Senici, Emanuele M-1470
Senigl, Johanna M-1146,1274,1433,1517
Senn, Walter M-455,531,546,565,656,785,815,880
Sequenzentechnik in Mozarts Klaviersonaten M-344
Sequeri, Pier Angelo M-1261
Serenadas and divertimenti of Mozart M-526
Serenade G-Dur KV 525: Nachtmusik, Eine kleine M-873
Screnaden: Divertimenti M-226
Seria im Gewand der Buffa M-589
Sermonti, Vittorio M-1233
Seroff, Victor M-631
Serralonga, Carme M-1214
Sertl, Otto M-1438
Seventeenhundredandninetyone: Siebzehnhunderteinundneunzig M-1068
Sexualität: Erotik: Mozart-Opern M-1180
Sgrignoli, Franco M-1252
Shaffer, Peter: Amadeus: Film M-1187
Sheftel, Sara M-949
Shrader, James A. M-1410
Sieben großen Opern Mozarts M-414
Siebigk, Ludwig Anton: Mozart-Biographie M-1050
Siebzehnhunderteinundneunzig: Seventeenhundredandninetyone M-1068
Siegert, Stefan M-1084,1564
Siegmund-Schultze, Walther M-1311
Sievers, Gerd M-595
Sigismund Ritter von Neukomm M-721
Silence and selfhood M-1504
Simkin, Benjamin M-1565
Sinfonie B-Dur D 485: Schubert, Franz M-1352
Sinfonie C-Dur KV 551: Jupitersinfonie M-850
Sinfonie di Mozart M-1173

Sinfonie g-Moll, KV 550   M-903
Singspiel and the singspiel adaption of Mozart's Don Giovanni   M-855
Singspielfassung: Finta giardiniera, La: Verstellte Gärtnerin   M-623
Sinnlichkeit: Zauberflöte   M-1323
Sisman, Elaine Rochelle   M-1341,1342,1461
Six "Haydn" string quartets   M-989
Sjoeqvist, Viggo   M-33
Skalicki, Wolfram   M-335,456
Slatner, Alfred   M-1017
Slevogt, Max   M-968
Smets, Irène   M-1135
Smith, Herbert   M-840
So machen's alle: Così fan tutte: Diskographie   M-824
So manchen's alle   M-913
Söhne: Mozart, Wolfgang Amadeus   M-43,1602
Sören Kierkegaards Mozart-Rezeption   M-1262
Soerensen, Inger   M-1253
Solliers, Jean de   M-849
Solomon, Maynard   M-1225
Solovokalensembles in W. A. Mozarts Opern   M-884
Some early Mozart editions   M-269
Some lost Mozart editions of the 1780s   M-958
Somfai, László   M-881
Sonata: its form and meaning as exemplified in the piano sonatas by Mozart   M-846
Sonaten: Klaviersonaten: Violine   M-590
Sonaten-Tabelle   M-176
Sonatenstil: Haydn, Joseph: Mozart, Wolfgang Amadeus   M-897
Sonnenburg, Berchtold von: Mozart, Wolfgang Amadeus   M-14
Sotto voce   M-1263
Sowjetische Diskussion: Mozarts Tod   M-612
Sowjetunion: Mozart-Autographen   M-669
- : Rußland   M-648,669
Spaethling, Robert   M-1042,1557
Spanischsprachige Literatur: Mozart, Wolfgang Amadeus   M-1209
Spanner, Petra   M-1254
Special study of Mozart's hybrid masses   M-1103
Speller, Jules   M-1497
Speyer, Edward   M-197
Spiel, Christian   M-869
Splitt, Gerhard   M-1344,1498
Spohr, Wilhelm   M-287
Sponheuer, Bernd   M-992
Sprache der Musik in Mozarts Zauberflöte   M-946
Spurious Mozart letters   M-587
St. Gilgen und die Mozarts   M-15
St. Johannis-Freimaurer-Loge: Loge "Zur Wohltätigkeit" im Orient von Wien   M-1079
St. Peter in Salzburg: Archiv   M-104
- : Autographen: Haydniana: Mozartiana   M-890
- : Klavierkonzerte   M-104
St. Peter: Mozartsches Familienarchiv   M-19
- : Salzburg   M-19
St. Stephan in Wien: Mozart, Wolfgang Amadeus   M-1265
Staatsbibliothek Berlin: Handschriften   M-178

Staatsbibliothek Preußischer Kulturbesitz: Ausstellung   M-1267
- : Mozart-Autographen   M-920
Staatsoper Wien: Don Giovanni   M-1316
- : Hofoper: Mozart-Opern   M-1015
Stadler, Anton   M-1430
Stadler, Maximilian: Mozart, Wolfgang Amadeus   M-310,524,880
- : Nachlaß: Unterrichtsheft   M-880
Stadt- und Universitätsbibliothek: Frankfurt am Main: Mozart-Bestände   M-875
Stadtmuseum Offenbach   M-906
Stadtmuseum Salzburg: Mozartiana   M-283
Staehelin, Lukas E.   M-675
Staehelin, Martin   M-1195,1537
Stafford, William   M-1255,1256
Stahl, Ernst Leopold   M-301
Stammtafel: Ahnentafel: Genealogie   M-730
Stand und Ergebnisse der rumänischen musikwissenschaftlichen Forschung über die Beziehungen der Werke Mozarts zu Rumänien   M-463
Stationen der Neuen Mozart-Ausgabe   M-1579
Statistik: Mozartpflege   M-313
Stead, Christina   M-1228
Stearns, Monroe   M-676
Stedron, Bohumír   M-457,499
Steffen, Uwe   M-963
Steglich, Rudolf   M-389
Steiermark: Mozartpflege und Mozartiana   M-470,755
- : Musikalienhandel   M-896
Stein an der Donau: Gedenkstätten   M-1511
Stein der Weisen, Mozart, and collaborative Singspiels at Emanuel Schikaneder's Theater auf der Wieden   M-1523
Steinhauser, Isolde   M-825,907
Steinpress, Boris   M-566
Stempel, Maxim   M-458
Stenke, Emilie   M-252
Stenson, John Frank   M-933
Stephanie, (Familie)   M-1344
Stephanie, Gottlieb, d. J.   M-872
Steptoe, Andrew   M-1085
Sterbehaus Mozarts   M-861
Sterneck, Carl von   M-159
Stettoe, Andrew   M-1439
Steuern: Mozart, (Familie)   M-84,1201
Stift Heilig Kreuz: Augsburg   M-312,565
Stiftung Mozarteum Salzburg: Mozart-Gedenkstätten: Mozart-Museum   M-279
Stilkritische Interpretation: Zauberflöte   M-667
Stockfelt, Ola   M-1086
Stockholm: Ausstellung: Mozart, Wolfgang Amadeus   M-464
Stöckl, Ernst   M-612
Stoffels, Ludwig   M-1499
Stoffgeschichte: Dichtung   M-436
Stoll, Anton: Mozart-Autographen: Schellhammer, Joseph   M-549
Stolzenburg, Andreas   M-1147
Stoverock, Dietrich   M-288

Stowell, Robin   M-86,1236
Stradner, Gerhard   M-1202
Straßburg: Lexique des personnalités alsaciennes rencontrées par Mozart   M-1219
- : Mozart, Wolfgang Amadeus   M-1219,1356
Strauss, Richard   M-910
Strauss, Richard: Don Juan   M-1486
- : Idomeneo   M-1428
- : Mozart, Wolfgang Amadeus   M-1427,1428,1549
Strauß, Johann (2, Sohn): Mozart, Wolfgang Amadeus   M-1248
Strebel, Harald   M-1257,1566,1582,1612
Streichkonzerte: Haydn, Joseph: Mozart, Wolfgang Amadeus   M-908
Streichquartett KV 593   M-734
Streichquartette   M-506,883,1043,1310,1482
Streichquartette: Beethoven, Ludwig van   M-883,1043
- : Haydn, Joseph   M-506,883,1043
- : Kammermusik   M-67,748
- : Satztechnik   M-1105
Strich: Keil: Punkt   M-467
Stricker, Rémy   M-882
String Quartets of Haydn, Mozart and Beethoven   M-883
Stromenger, Karol   M-567
Strukturierung und Sinn   M-1273
Strumenti per Mozart   M-1258
Stuber, Robert   M-500
Studie über Wolfgang Amadeus den Jüngeren   M-1600
Studien zu Mozarts Musiktheater   M-677
Studien zu W. A. Mozarts kirchenmusikalischen Jugendwerken (bis zur ersten italienischen Reise)   M-201
Studien zur "Don-Giovanni"-Rezeption im 19. Jahrhundert, (1800-1850)   M-886
Studien zur kompositorischen Mozart-Rezeption im frühen 20. Jahrhundert   M-1145
Study of classic and romantic elements in the piano works of Mozart and Schuman   M-544
Study of improvisatory techniques of the eighteenth-century through the Mozart cadenzas   M-856
Study of orchestrational style through the analysis of representative works of Mozart and Beethoven   M-638
Study of tempo deviations in recorded performance of selected symphonies by Haydn and Mozart   M-593
Stuttgarter Hof 1790-1810: Mozart-Opern   M-1403
Subscribers to Mozart's private concerts   M-277
Subskribenten der Mozart'schen Mittwochskonzerte im Trattnersaal zu Wien anno 1784   M-948
Süßmayr's work in Mozart's Requiem   M-1459
Süßmayr, Franz Xaver   M-1459,1467
Süßmayr, Franz Xaver: Glöggl, Franz Xaver: Mozart, Leopold   M-87
Summa summarum: Mozart, Wolfgang Amadeus   M-1148
Survey of recent Mozart literature   M-297
Svenska Mozartkommittén   M-628
Svobodová, Marie   M-657

Swieten, Gottfried van: Haydn, Joseph: Mozart, Wolfgang Amadeus   M-651
Symphonic repertoire   M-1571
Symphonie Nr. 41, C-Dur, KV 551: Diskographie: Jupitersymphonie   M-525
Symphonien: Diskographie   M-322,1173
- : Haydn, Joseph   M-593,720
- : Mozart, Wolfgang Amadeus   M-322,582,593, 720, 915,1108,1122,1173,1325
- : Mozarts symphonisches Jugendwerk   M-927
Symphonies of Leopold Mozart   M-75
Symphonies of Leopold Mozart and their relationship to the early symphonies of Wolfgang Amadeus Mozart   M-73,1001
Symposium zu W. A. Mozarts 200. Todestag   M-1259
Systematischer Katalog über sämtliche im Mozarteums-Archive zu Salzburg befindliche Autografe und sonstige Reliquien W. A. Mozarts   M-128
Szabo-Knotik, Cornelia   M-1434,1518
Szilvássy, Johann   M-1199,1276

T

Table of selected productions of Don Giovanni at Prague theatres   M-1032
Tänze: Tanzmusik für Orchester   M-1396
Tänze als Ausdrucksmittel: Mozart-Opern   M-742
Tagebuch meines Brief/Wechsels in Betref der Mozartischen Biographie   M-41,1494
Tagebuchblätter Nannerl Mozarts: Mozart, Wolfgang Amadeus   M-102
Tagliavini, Luigi Ferdinando   M-1390
Takt: Tempo   M-1326
Taling-Hajnali, Maria   M-518
Tanzkultur: Mozart, Wolfgang Amadeus   M-1136
Tanzmeistersaal in Mozarts Wohnhaus, Salzburg, Mozartplatz 8   M-891
Tanzmusik für Orchester: Tänze   M-1396
Tanzmusik: Mozart, Wolfgang Amadeus   M-1069
Tanzszene: Don Giovanni: Wiener Klassik   M-726
Teatro Colon: Mozart, Wolfgang Amadeus   M-1290
Teatro di Mozart a Roma   M-1260
Teatro municipal: Mozart-Aufführungen 1909-1956: Rio de Janeiro   M-440
Teichl, Robert   M-349
Telec, Vladimir   M-642
Tempo: Takt   M-1326
Tempo indications of Mozart   M-1071
Temponahme: Mozart, Wolfgang Amadeus   M-782, 1030
Tendenzen der Fabel   M-809
Tendenzen moderner Mozart-Rezeption in Film und Theater, unter anderem   M-1027
Tenschert, Roland   M-31,222,239,289,379,459
Tepping, Susan E.   M-1043
Terrasson, René   M-1435
Testament der Constanze Mozart-Nissen   M-32
Testament philosophique de Mozart   M-1435
Text und Musik: Opern   M-414
Texture and sonata form in the late string chamber music of Haydn and Mozart   M-908

Textvertonungen: Mozart, Wolfgang Amadeus M-1138
Thamos M-1370,1395
Thamos: Gebler, Tobias Philipp von: Mozart, Wolfgang Amadeus M-477
Theater: Institut für Theaterwissenschaft der Universität Köln M-806
- : Mozart, Wolfgang Amadeus M-189,677,806,871
- : Mozart-Briefe M-831
Theater an der Wien: Zauberflöte, Die M-1522
Theater auf der Wieden: Mozart, Wolfgang Amadeus M-1523
Theater im Spiegel und Urteil der Mozartbriefe M-831
Theatinerkirche: München: Mozartiana M-666
Theatre of Mozart's Don Giovanni M-1031
Théâtre de l'Académie Royale de Musique: Don Juan: Paris M-960
Theiß, Ernst Ludwig M-59
Thematic catalogue of Mozart's pianoforte works, with and without accompaniment M-119
Thematic locator for Mozart's works M-699
Thematisches Verzeichnis der sämtlichen Compositionen von W. A. Mozart M-116
Thematisches Verzeichnis der Streich- und Clavier-Trios, Quartette M-152
Thematisches Verzeichnis derjenigen Originalhandschriften von W. A. Mozart ... welche Hofrath André ... besitzt M-117
Thematisches Verzeichnis sämmtlicher Kompositionen von W. A. Mozart, so wie er solches vom 9ten Februar 1784 an, bis zum 15ten November 1791 eigenhändig niedergeschrieben hat M-111
Thematisches Verzeichnis werthvoller meist noch ungedruckter Original-Handschriften W. A. Mozarts M-124
Theologie: Anthropologie: Mozart, Wolfgang Amadeus M-591
Theophil: Amadeus: Gottlieb: Von Gott geliebt M-1234
Thieme, Carl M-253
Thomas, Walter M-292
Thomson, Katharine M-797
Thun-Hohenstein, (Familie): Mozart, Wolfgang Amadeus M-308
Tichy, Gottfried M-1500
Tiella, Marco M-1258
Tiénot, Yvonne M-356
Tiersot, Julien M-223
Till, Nicholas M-1312
Tinten des Zauberflöten-Autographs M-1584
Tirol: Mozartiana M-455
Titel-, Bei- und Übernamen von Mozart-Kompositionen M-280
Tito and the music of rhetorical strategy: Mozart, Wolfgang Amadeus M-853
To gange fuldkommen lykkelig M-33
Tod: Mozart, Wolfgang Amadeus M-199,1170
- : Mozarts Tod: Requiem M-1170
Tod Mozarts: Legenden M-1256
Todd, R. Larry M-1236

Todesursache: Krankheiten Mozarts M-957,1239
Toeplitz, Uri M-826
Togl, Margarete M-390
Tonartenwahl: Flöten: Holzbläser: Oboen M-826
Tondorf, Franz-Josef M-884
Topographie: Mozart, Wolfgang Amadeus M-665
Torno, Armando M-1261
Totenmaske: Ikonographie M-305,980
Totenmesse: Mozart, Wolfgang Amadeus M-680
Totenschädl: Mozart, Wolfgang Amadeus M-1276
Tourette-Syndrom: Mozart, Wolfgang Amadeus M-1479
Toward the original text of Mozart's "Die Zauberflöte" M-1002
Towards a reconstruction of W. A. Mozart's Oboe Concerto in C Major, K.271k (314/285d) M-1404
Toyson, Alan: Festschrift M-1477
Transcriptions for clarinet and piano from original music for piano, four hands by Mozart, Beethoven, Schubert, Mendelsohn and Schumann M-767
Trattnersaal Wien: Mittwochskonzerte M-948
Treitschke, Georg Friedrich: Aufführungstradition: Idomeneo M-961
Trimmer, Maud Alice M-908
Triumph der neuen Tonkunst M-1485
Troger-Forschung: Firmian, (Familie): Mailand M-932
Tschechoslowakei: Krumauer Mozartiana M-904
Tschenstochau: Mozartiana M-650
Tschitscherin, Georgi W. M-752
Tschuggnall, Peter M-1262
Tschulik, Norbert M-393
Türkenoper: Entführung aus dem Serail M-179
Turner, J. Rigbie M-1159
Turner, Walter James Redfern M-263
Types of soprano voices intended in the Da Ponte Operas of Mozart M-1061
Tyson, Alan M-909,973,989,1044,1133,1225,1369

U

UdSSR: Mozart-Autographen M-669
Über den Gebrauch der Instrumente in den Kirchen- und Instrumentalwerken von Wolfgang Amadeus Mozart M-217
Über den Umfang der musikalischen Produktivität W. A. Mozart's M-126
Über den Ursprung von Mozarts Oper "La Clemenza di Tito" M-520
Über die Mozartschen Serenaden und Divertimenti M-226
Über einige Fragmente Mozarts M-889
Über einige zweifelhafte Werke Mozarts M-417
Über Mozarts Jugendsinfonien M-338
Über Mozartsche Manuskripte M-162
Ueberschlag, Doris M-1529
Übersetzungen: Cosi fan tutte M-913
- : Mozart-Opern M-258
Übersicht der Musikmanuskripte W. A. Mozarts in den Vereinigten Staaten von Amerika M-431

Übersicht der seit 1956 neu aufgefundenen Briefe   M-9
Ulibischeff, Alexander   M-125
Ullrich, Hermann   M-315,326,600
Ulmer, Martin   M-1399
Um dem europäischen Meister der Töne - Mozart - zu huldigen   M-1385
Um Mozarts Totenmaske   M-305
Unbekannte Autographen-Fragmente von Wolfgang Amadeus Mozart   M-496
Unbekannte Berichte über frühe Mozartpflege in der Steiermark   M-755
Unbekannte Mozart   M-336
Unbekannte Mozart-Studien Nottebohms   M-1322
Unbekannte Mozartiana aus Graf Zinzendorfs Tagebüchern und anderen Dokumenten   M-460
Unbekannte Mozartiana von 1766/67   M-474
Unbekannter Brief Leopold Mozarts   M-52,318
Unbekannter Brief von Constanze Nissen, verwitwete Mozart   M-40
und dann Organist!   M-634
Ungarische Mozartforschungen: Mozartiana hungarica   M-430
Ungarn: Mozart, Wolfgang Amadeus   M-919,1229, 1251
 - : Mozart-Rezeption   M-881
 - : Rezeption ungarischer Musik   M-919
Ungelöste Rest als Differenz   M-1516
University of Western Ontario: London, Kanada: Mozart-Autograph KV 386   M-1010
Universitäts- und Stadtbibliothek Köln   M-1241
Universitätsbibliothek Brünn: Erstausgaben: Beethoven, Ludwig van: Haydn, Joseph: Mozart, Wolfgang Amadeus   M-642
Universitätsbibliothek Graz   M-1254
Universitätsbibliothek Prag: Mozart, Wolfgang Amadeus   M-657
Universitätsbibliothek Uppsala: Mozart-Skizzen   M-369
Unterdrückte Kreativität   M-108
Unterrichtsheft: Mozart, Wolfgang Amadeus: Stadler, Maximilian   M-880
Unumgängliche Mozart   M-621
Uppsala: Mozart-Skizzen: Universitätsbibliothek Uppsala   M-369
Urekljan, L. A.   M-461
Urheberrecht: Copyright: Mozart, Wolfgang Amadeus   M-515
Urteile bedeutender Dichter, Philosophen und Musiker über Mozart   M-145
USA: Mozart-Pflege   M-363
Use of folk idiom in Mozart's German operas   M-1235

V

Vachon, Maurice   M-700
Valentin Adamberger - Mozarts Belmonte und Freund   M-1317
Valentin, Erich   M-32,80,290,291,313,319,357, 391, 462,519,950,993
Valentin, Hans E.   M-701
Vallora, Edgar   M-1238

Vancea, Zeno   M-463
Vecsey, Jenö   M-501
Venezia: Gran Teatro La Fenice: Mozart-Ausstellung   M-918
Vereinigte Bühnen Stadt Graz   M-397
Vereins- und Westbank, Hamburg   M-827
Vergleichende Studien zur Klaviervariationstechnik von Mozart und seinen Zeitgenossen   M-1078
Vermächtnis der Brüder Mozart an "Dommusikverein und Mozarteum" in Salzburg   M-656
Vermarktung von Musik am Beispiel Wolfgang Amadeus Mozarts oder wieviel könnte Wolfgang Amadeus Mozart heute verdienen?   M-1141
Vers: Mozart, Wolfgang Amadeus   M-813
Verschollene Briefe von und an Franz Xaver Wolfgang Mozart   M-1605
Verschollene Mozart-Autographe   M-613
Verschollene Mozart-Autographe: Berlin: Preußische Staatsbibliothek   M-605
Verstellte Gärtnerin: Finta giardiniera, La: Singspielfassung   M-623
Versuch über die Wiener Klassik   M-726
Verwalter von Strobl: H   M-12
Verzeichnis aller Abbildungen Wolfgang Amadeus Mozarts   M-118
Verzeichnis aller meiner Werke   M-260,307
Verzeichnis der autographen Mozart-Handschriften der k. k. Hofbibliothek in Wien   M-193
Verzeichnis der im Mozart-Archive, Chiemseegasse Nr. 8, 1. Stock, zu Salzburg aufbewahrten Relikten Mozarts und dessen Familie   M-132
Verzeichnis der Kompositionen von Wolfgang Amadeus Mozart (Sohn) im Mozarteumarchive   M-1599
Verzeichnis der Musikhandschriften W. A. Mozarts im Besitze der Königlichen Bibliothek in Berlin   M-160
Verzeichnis der verschollenen Mozart-Autographe der ehemaligen Preußischen Staatsbibliothek Berlin   M-568,605,606,614
Verzeichnis sämmtlicher Werke von W. A. Mozart, L. van Beethoven, F. Mendelssohn Bartholdy   M-135
Verzeichnis von musikalischen Autographen   M-156,157
Verzeichnisz alles desjenigen was dieser 12jährige Knab seit seinem 7ten Jahr componirt, und in originali kann aufgezeigt werden   M-599
Vettori, Romano   M-1258
Videographie: Don Giovanni   M-1285
 - : Mozart, Wolfgang Amadeus   M-1101,1541
Vie de Mozart   M-248
Vieuille, Marie-Françoise   M-1567
Vila, Marie Christine   M-1263
Vill, Susanne   M-801,805,828
Violin Concerti   M-1012
Violinbegleitung: Klaviersonaten: Pariser Musikleben zur Zeit Mozarts   M-266
Violine: Klaviersonaten   M-590
 - : Sonaten   M-590
Violinkonzerte: Diskographie   M-695

Violinschule, gründliche M-61
Violinsonaten Wolfgang Amadeus Mozarts M-1426
Virneisel, Wilhelm M-317
Virtuosity in Mozart's independent piano variations M-851
Virtuosität: Arien: Kontrabaß M-715
Vocal music of Leopold Mozart (1719-1787) M-68
Vogel, Emil M-166
Vogel, Martin M-1045
Voigt, Anton M-87,1222,1343
Vokalmusik: Diskographie M-328,329
Vol'fgang Amadej Mocart M-461
Volek, Tomislav M-520,1046,1226,1227
Volksmusik: Wiener Klassik M-1332
Volkstümliches in Mozarts Opern M-1235
Vom Bürgerschreck zum "rechtschaffensten Mann" M-1421
Vom Kaiser zum Sklaven M-1088
Vom Salzburger Hanswurst zum Welterfolg der "Zauberflöte" M-842
Von Gott geliebt: Amadeus: Gottlieb: Theophil M-1234
Von Jugend auf mir diesen Styl ganz eigen gemacht M-1280
Von Modellen und Rastern M-1287
Vorarlberg: Mozart, (Familie): Schwaben M-20
Vorfahren Wolfgang A. Mozarts M-731
Vorfahren Wolfgang Amadeus Mozarts M-766
Vorfahren: Mozart, Wolfgang Amadeus M-228,877
- : Salzburg M-228
Vretblad, Åke M-464

W

W. A. Mozart M-120,123,170,254,268,292,343, 356,364,379,454,486,532,637,762,905,1023, 1025,1164,1246,1383
W. A. Mozart - "den Göttern gegeben" M-1355
W. A. Mozart - eine theologische Deutung M-591
W. A. Mozart - Innovation und Praxis M-1487
W. A. Mozart (Sohn) M-1610
W. A. Mozart 1756-1791 M-1241
W. A. Mozart als Klavier-Komponist M-129
W. A. Mozart als Theoretiker M-188
W. A. Mozart in der Hausmusik M-278
W. A. Mozart in der Schilderung seiner Biographen, in seiner körperlichen Erscheinung und im Bilde M-147
W. A. Mozart in Wien und Prag M-1344
W. A. Mozart the younger M-1601
W. A. Mozart und Salzburg M-1146
W. A. Mozart, sa vie musicale et son oeuvre M-180
W. A. Mozarts "Idemeneo" und die Tradition der Karnevalsopern in München M-1503
W. A. Mozart's (des Sohnes) Vermächtnis an das Mozarteum zu Salzburg M-1596,1609
W. A. Mozarts frühe Sonaten für Violine und Klavier M-692
W. A. Mozarts Klavierkonzerte M-1394
W. A. Mozarts Krankheiten M-365
W. A. Mozarts Krankheiten und sein Tod M-543
W. A. Mozarts Leben und Werke im Bilde M-182
W. A. Mozarts Messias-Bearbeitung und ihre Drucklegung in Leipzig 1802-1803 M-225
W. A. Mozarts musikalische Umwelt in Paris (1778) M-934
W. A. Mozarts Musikhandschriften im Besitze der Gesellschaft der Musikfreunde in Wien M-272
W. A. Mozarts Söhne M-43,44,419,1602,1603
W. A. Mozart's sonatas for solo clavier M-1063
W. A. Mozart's thematischer Catalog, so wie er solchen vom 9. Februar 1784 bis zum 15. November 1791 eigenhändig geschrieben hat M-113
W. A. Mozarts Totenmesse M-680
Wade, Luther Irwin M-689
Wagner, Guy M-1436
Wagner, Hans M-829
Wagner, Karl M-1345
Wagner, Manfred M-850,903,1264
Waissenberger, Robert M-974
Waldersee, Paul von M-137,171,343
Waldoff, Jessica Pauline M-1411
Wallerstein, Lothar M-910
Wallfahrt zu Mozart M-578
Wallner, Berta Antonia M-194
Wallner, Viktor M-1269
Walner, Peter A. M-521
Waltershausen, Hermann Wolfgang von M-203
Walzer von Mozart M-844
Wanderung mit Mozart M-265
Wandlungen in den Inszenierungsformen des "Don Giovanni" von 1787 bis 1928 M-533
Wandrey, Horst M-1074
Wang, Esther M-1471
Warburton, Ernest M-1299
Ward, Martha Kingdon M-320
Webb, Frank M-1313
Weber, Aloysia M-1566
Weber, Genovefa von M-3
Weber, Gottfried M-112
Weber, Horst M-677,830
Weber, Michael M-1366
Webster, James M-1225,1369,1462
Webster, James Carson M-67,748
Webster, Michael Fanning M-767
Wege zu Mannheimer Mozartgedenkstätten M-787
Wege zu Mozart M-291,1047
Wegele, Ludwig M-60,62,547,615
Weibliche Dienstboten in der Stadt des ausgehenden 18. Jahrhunderts M-94
Weidmann, Walter M-1259
Weihnachtsfeste: Mozart, Wolfgang Amadeus M-1058
Weikl, Rudolf M-994
Weimarer Theater: Mozart, Wolfgang Amadeus M-468
Weinmann, Alexander M-595
Weiser, Peter M-1149
Weiss, David M-702
Weiss, Walter M-885
Weiss, Walter M. M-1472
Weißensteiner, Johann M-1265

Weitere Berichtigungen und Ergänzungen zur sechsten Auflage des Köchel-Verzeichnisses M-717
Weiterleben der "Zauberflöte" bei Goethe M-885
Welck, Karin von M-1153
Weltner, Albert Josef M-161
Welzel, Auguste Ulrike M-831
Wenborn, Neil M-1376
Wendelin, Lidia F. M-501
Wenig bekannte Mozart-Gedenkstätte im Bridischen Garten in Rovereto (Italien) M-1147
Wenn Mozart ein Tagebuch geführt hätte M-392
Wer war der Librettist von "La Finta Giardiniera"? M-770
Werba, Robert M-678,703,768,832,1087
Werke M-133
Werke Wolfgang Amadé Mozarts in der Bearbeitung für Harmoniemusik von Carl Andreas Göpfert M-1393
Werkstatt: Musik M-758
 - : Wiener Klassiker M-758
Werner, Andrew J. M-1437
Werner, Herbert M-1149
Werner-Jensen, Arnold M-1106
Werner-Jensen, Karin M-833,886
Wertitsch, Hans: Mozart-Sammlung M-997
Wessely, Othmar M-834
Which craft? M-1542
Whitlock, Prentice Earle M-995
Whitwell, David M-728,776
Whitwell, David Elbert M-582
Who wrote the Mozart Four-Wind Concertante M-1070
Why did Mozart compose his last three symphonies? M-1122
Wichtigsten Bildnisse und Musikinstrumente im Mozart-Museum zu Salzburg M-510
Wie feierte Mozart die Weihnachtszeit? M-1058
Wiedererrichtung des Mozart-Wohnhauses M-1438
Wien: Augsburg M-2
 - : Ausstellung M-155,1120,1501,1533
 - : Doblinger, Musikhaus M-1220
 - : Figarohaus M-764,974,1414
 - : Freimaurer-Logen M-243
 - : Gedenkstätten M-1125,1198
 - : Großloge von Wien M-243
 - : Hofbibliothek in Wien M-193
 - : Hofmusikkapelle M-978
 - : Hoftheater M-161
 - : Loge "Zur Wohltätigkeit" im Orient von Wien M-1079
 - : Mittwochskonzerte M-948
 - : Mozart, (Familie) M-2
 - : Mozart, Wolfgang Amadeus M-155,161,625, 829, 948,974,998,1120,1125,1143,1198,1204, 1533
 - : Mozart-Autographen M-193
 - : Mozart-Gedenkstätten M-764,1125,1137,1472
 - : Mozart-Häuser M-233
 - : Mozart-Opern M-1015
 - : Mozart-Wohnungen M-453

Wien: Mozartgemeinde M-1057,1465
 - : Musikgeschichte M-243
 - : Prag M-1472
 - : Salzburg M-2,1472
 - : St. Johannis-Freimaurer-Loge M-1079
 - : Staatsoper M-1015
 - : Trattnersaal M-948
 - : Zauberflöte M-1501
 - : Zur Wohltätigkeit im Orient von Wien M-1079,1307
Wien, St. Stephan: Mozart, Wolfgang Amadeus M-1265
Wiener Bibliophilen-Gesellschaft: Festschrift M-573
Wiener Fassungen des "Idomeneo" M-735
Wiener Figaro M-240
Wiener Klassik: Don Giovanni: Tanzszene M-726
 - : Medizin: Musik M-1037
 - : Volksmusik M-1332
Wiener Klassiker: Musik M-641,758
 - : Werkstatt M-758
Wiener Logen: Freimaurer M-1188
Wiener Mozart-Autographen M-439
Wiener Mozart-Häuser M-233
Wiener Musikbericht von 1808 M-785
Wiener Musikleben zur Zeit Mozarts und Salieris M-1049
Wiener Philharmoniker: Mozart, Wolfgang Amadeus M-459
Wiener Sammlungen: Mozart-Autographen M-439
Wiener Stadt- und Landesbibliothek: Musikhandschriften M-1062
Wiener Stadtbibliothek: Mozart-Autographen M-275
Wienke, Gerhard M-632
Wiest, Klaus M-1266
Wignall, Harrison James M-1412,1413,1473
Williamson, Richard Anthony M-1346
Willis, Andrew Samuel M-1377
Wissenschaftliche Beiträge in den Mitteilungen 1952-1975 M-749
Wissmann, Wolfgang M-1314
Wittwer, Jörg M-1399
Witzenmann, Wolfgang M-835
Wlcek, Walter M-522
Wodnansky, Wilhelm M-327
Wörner, Karl Heinrich M-502
Wörsching, Joseph M-314
Wössner, Margot M-806
Wolf, Eugene K. M-1370
Wolfenbüttel: Ausstellung: Bibliothek Mozarts M-1195
Wolff, Christoph M-883,1018,1225,1369,1378,1460
Wolff, Konrad M-951
Wolfgang A. Mozarts Bildnisse M-214
Wolfgang Amadé Mozart M-114,210,220,485, 1194,1439
Wolfgang Amadé Mozart in Selbstzeugnissen und Bilddokumenten M-551
Wolfgang Amadeus M-1148
Wolfgang Amadeus Mozart - Genie und Musik M-1315
Wolfgang Amadeus Mozart (1756-1791) M-1440

Wolfgang Amadeus Mozart (1756-1791) im Spiegel der Briefe seines Vaters Leopold Mozart M-55,374
Wolfgang Amadeus Mozart 1756-1791 M-1150,1266
Wolfgang Amadeus Mozart in der Österreichischen Musikzeitschrift M-1268
Wolfgang Amadeus Mozart in Schweden M-494
Wolfgang Amadeus Mozart in seinen Beziehungen zu den Ungarn, 1761-1791 M-1229
Wolfgang Amadeus Mozart und Baden M-1269
Wolfgang Amadeus Mozart und die Orgel M-314
Wolfgang Amadeus Mozart, Don Giovanni, in der Prager Fassung von 1787 M-1415
Wolfgang Amadeus Mozart's "Grand Mass" in C minor K.427/4 17A M-956
Wolfgang Amadeus Mozarts Leben M-215
Wolfgang Amadeus Mozarts Opern auf dem Leipziger Theater M-1247
Wolfgang Amadeus Mozarts schwäbische Ahnen M-535
Wolfgang Amadeusz Mozart M-361
Wolters, Gottfried M-433
Woodfield, Ian M-1416
World of Mozart M-753
Wort-Ton-Verhältnis in den klavierbegleiteten Liedern Mozarts M-953
Würtz, Roland M-836,845,887,1370
Würzburg: Mozart-Fest M-654
Wunderlich, Werner M-1399,1417,1583
Wurde Mozart ermordet? M-1102
Wurzbach von Tannenberg, Constantin M-131
Wyzewa, Teodor de M-180,254,356

Z

Zaide: Mozart, Wolfgang Amadeus M-531,564
Zaisberger, Friederike M-888
Záloha, Jirí M-904
Zaluski, Iwo M-1519
Zaslaw, Neal M-72,92,975,1108,1151, 1270, 1365,1369
Zauberflöte M-203,221,247,348,610,681,746,816, 820,925,954,987,1129,1178,1214,1231,1283, 1305,1344,1353,1382,1424,1497,1501,1534, 1569,1584
Zauberflöte in Kritik und Literatur M-1114
Zauberflöte in der Inszenierung Walter Felsensteins an der Komischen Oper Berlin, 1954 M-483
Zauberflöte in der Literatur M-655
Zauberflöte in der deutschsprachigen Literatur M-1176
Zauberflöte und Zauberflöten-Rezeption M-1556
Zauberflöte von W. A. Mozart M-572
Zauberflöte, Die M-1083,1555
Zauberflöte, Die: Diskographie M-1164
 - : Theater an der Wien M-1522
Zauberflöte, masonic opera, and other fairy tales M-1590
Zauberflöte: Alchemie M-1382
 - : Ausstellung M-221,984,1501
 - : Bühnenbild M-335,456

Zauberflöte: Diskographie M-572,838,1478
 - : Englische Übersetzungen M-1344
 - : Felsenstein, Walter M-483
 - : Flauto magico M-835,928,984,1097
 - : Flute magic M-843
 - : Flûte enchantée M-1435
 - : Frauenbild M-1418
 - : Freimaurer-Musik M-1123
 - : Freimaureroper M-663
 - : Goethe, Johann Wolfgang von M-885,1350
 - : Hamburg 1793 M-1450
 - : Hanswurst M-842
 - : Klingsohrs Märchen M-867
 - : Komische Oper, Berlin M-483
 - : Linz M-1179
 - : Literatur M-1176
 - : Magic Flute M-1504
 - : Magic flute M-679,1542
 - : Milano M-984
 - : Mozart, Wolfgang Amadeus M-208,221,572,838,946,1123,1214
 - : Musiksprache M-946
 - : Oberon, König der Elfen M-757
 - : Originaltext M-1002
 - : Philologischer Befund M-667
 - : Salzburg M-221
 - : Sinnlichkeit M-1323
 - : Stilkritische Interpretation M-667
 - : Wien M-1501
Zauberflöten-Ensemble des Jahres 1791 M-1250
Zauberflöten-Ouvertüre M-1582,1612
Zauberflötenwunder M-1429
Zaubertöne M-1120
Zaubertöne von Mozarts Musik M-825
Zavertal Collection at the University of Glasgow: Mozart, Wolfgang Amadeus M-840
Zech, Christina M-1418
Zedda, Alberto M-376
Zehetgruber, Josef M-1441,1520
Zeichen, magische: Mozart in der modernen Dichtung M-462
Zeileis, Friedrich Georg M-1048
Zeitgenossen Mozarts M-234
Zeitgenossen schildern Mozart M-138
Zeleny, Walter M-275
Zeman, Herbert M-1047,1344
Zenger, Max M-293
Zenger, Maximilian M-538
Ziegler, Frank M-1152,1191
Zietsch, Heinz M-837
Zimmerschied, Dieter M-616
Zinzendorf: Mozart, Wolfgang Amadeus M-460
Zouhar, Zdenek M-394
Zu den Kirchenmusik-Produktionen der k. k. Hofkapelle Wien 1820-1896 M-978
Zu den Klaviersonaten von Leopold Mozart M-81
Zu den Verzeichnissen von Mozarts nachgelassenen Fragmenten und Entwürfen M-636
Zu einigen Handschriften des "Flauto magico" M-835
Zu Leopold Mozarts Leben M-98
Zu Mozarts Leipziger Bach-Erlebnis M-334

Zu Mozarts Tod   M-199
Zu Mozarts dramatischen Ouvertüren   M-1295
Zuccalmaglio, Anton Wilhelm Florentin von: Mozart, Wolfgang Amadeus   M-1529,1583
Zuccalmaglios Bearbeitungen Mozartscher Opern   M-773
Zürcher, Johann   M-889
Zürich: Lange, Aloysia   M-1566
Zum 150. Todestage Wolfgang Amadeus Mozarts   M-285
Zum musikalischen Rahmenprogramm während der böhmischen Krönungsfeierlichkeiten für Leopold II. im Jahre 1791   M-1381
Zum Namen Mozart   M-7
Zum Personalstil Wolfgang Amadeus Mozarts   M-1384
Zum Problem des doppelten Finales in Mozarts "erstem" Klavierkonzert KV 175   M-992
Zur Aufführung von Mozarts ernster Oper Idomeneus im Staatsopernhause zu Dresden 1925   M-212
Zur Dedidaktionsträgerin von Mozarts "Lützow-Konzert" KV 246   M-991
Zur Echtheitsfrage bei Mozart   M-716
Zur Einheit der zyklischen Form bei Mozart   M-711
Zur Entstehungsgeschichte von Mozarts "Titus"   M-745
Zur Entstehungsgeschichte von Mozarts und Beethovens Kompositionen für die Spieluhr   M-528
Zur Frage der Autorschaft der unechten Mozart-Messen KV Anh. 185 und Anh. 186   M-1561
Zur Geschichte der handschriftlichen Konzertarien W. A. Mozarts in der Bayerischen Staatsbibliothek   M-713

Zur Identifizierung des Mozartschädels   M-1199
Zur Instrumentation in Mozarts Klavierkonzerten   M-994
Zur Kritik der Großen C-Moll-Messe Mozarts   M-181
Zur Lebensgeschichte Mozarts   M-134
Zur Mozart-Kritik im 18./19. Jahrhundert   M-509
Zur Rezeption Mozartscher Bühnenwerke im 18. Jahrhundert   M-1080
Zur Rezeption von Mozarts Oper um die Wende des 18./19. Jahrhunderts   M-619
Zur sowjetischen Diskussion über Mozarts Tod   M-612
Zur Todesursache von W. A. Mozart   M-1239
Zur Vorgeschichte der Zaide   M-564
Zur Wohltätigkeit im Orient von Wien: Freimaurer   M-1307
Zur Wohltätigkeit: Loge "Zur Wohltätigkeit" im Orient von Wien: St. Johannis-Freimaurer-Loge   M-1079
Zusammenstellung neuer Forschungsergebnisse über Mozartgedenkstätten der "Großen Kunstreise der Familie Leopold Mozart 1763-1766"   M-13
Zwei frühe Wiener Partitur-Abschriften von Mozarts "Zauberflöte"   M-1305
Zweifelhafte Werke Mozarts   M-417
Zweig, Stefan   M-1133
Zwischen Kritik und Provokation   M-798
Zwölf Bläser und ein Kontrabaß   M-727
Zychowicz, James L.   M-1474
Zyklische Form: Einheit   M-711

K · G · Saur Verlag

THOMSON

Musikhandschriften aus der Staatsbibliothek zu Berlin – Preußischer Kulturbesitz – und aus der Jagiellonischen Bibliothek Krakau

Teil 4: Die Mozart-Sammlung

Mikrofiche-Edition
Herausgeber: Staatsbibliothek zu Berlin – Preußischer Kulturbesitz und Uniwersytet Jagielloński – Biblioteka Jagiellońska in Kraków

2004–2006. Ca. 1.118 Silberfiches, davon ca. 280 Farbfiches. 5 Lieferungen. Inkl. Begleithefte. Lesefaktor 24x
€ 8.900,– (unverbindl. Preisempfehlung)
ISBN 3-598-34461-9

Mus.ms.autogr. W. A. Mozart 168, f. 7v. KV 168: Streichquartett F-Dur: Trio aus dem Menuett. Autograph

Die **Mozart-Sammlung** der ehemaligen Preußischen Staatsbibliothek, die weltweit größte und bedeutendste Sammlung von Originalhandschriften des Komponisten, **umfasst etwa 15.650 Seiten Autographe und fast 60.000 Seiten Abschriften**: nahezu alle Opern, zahlreiche Sinfonien, etliche der Wiener Klavierkonzerte, eine große Zahl von Messen und anderen geistlichen Werken bis hin zur c-Moll-Messe KV 427 sowie bedeutende Werke aus dem Bereich der Kammer- und Klaviermusik.

Über die einmalige Bedeutung der Handschriften hinaus erhält die Edition ihren besonderen Wert dadurch, dass die seit Kriegsende in Krakau lagernden Autographe Mozarts nach mehr als 60 Jahren hier wieder mit dem Berliner Bestand vereint werden. Damit werden willkürlich auseinander gerissene Partituren – Werke wie „Idomeneo", „Le nozze di Figaro" und „Così fan tutte" – endlich wieder in ihrer originalen Einheit zusammengeführt.

Diese Mikrofiche-Edition macht nun den wertvollen Bestand der Forschung zugänglich.
Die Handschriften werden in der Reihenfolge der Signaturen abgebildet. Die Werkautographe sind in Farbe und in höchster Qualität wiedergegeben und können so bis ins kleinste Detail studiert werden.

Begleithefte verzeichnen Signatur und Fichenummer und erschließen die Edition.

Mus.ms. 15153/1, Bd. 1 pag. 4. KV 588: *Così fan tutte*: Beginn der Ouvertüre. Abschrift Wien ca. 1800

www.saur.de

K · G · Saur Verlag
A Part of The Thomson Corporation

Postfach 70 16 20 · 81316 München · Deutschland
Tel. +49 (0)89 7 69 02-300 · Fax +49 (0)89 7 69 02-150/ 250
e-mail: saur.info@thomson.com   http://www.saur.de